幕末維新人物事典

本書の読み方

本書は弊社刊『Truth In Fantasy 29 幕末維新 新撰組・勤皇志士・佐幕藩士たちのプロフィール』(1997年刊)を再編集し、加筆修正の上、改題したものです。幕末期に活躍した352人を身分、所属、思想、関連事件などのデータとともに、五十音順に紹介しています。また、活躍した人物には、軍事力、経済などの能力値を設定しています。

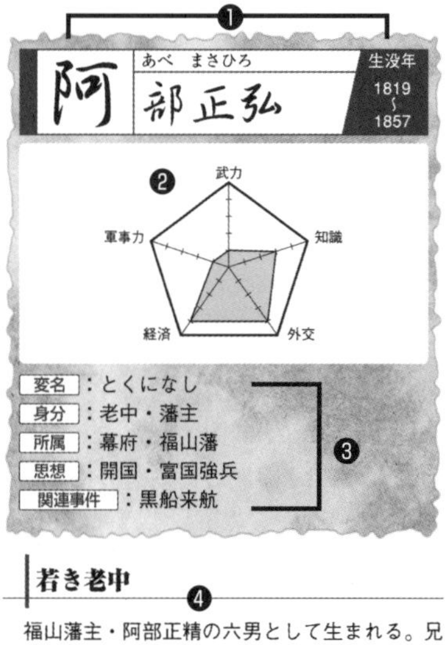

❶氏名、読み、生没年を表記しています。

❷能力値

特定の人物に対して、以下の5つの能力を1〜5の5段階(5が最もよい)で設定しています。

武　力…武人としての強さを考えて設定しています。
知　識…知識欲や先見性を考えて設定しています。
外　交…交渉能力を考えて設定しています。
経　済…経済に対して明るかったかどうかを考えて設定しています。
軍事力…戦術や戦略に長けていたかどうかを考えて設定しています。

❸以下の5つの項目のデータを記載しています。

変　　名…激動の時代のなかで、名前を変えた人については、変えた名前を表記しています。
身　　分…藩士、家老、公家、学者などの身分を表記しています。
所　　属…幕府、朝廷、各藩など所属していた組織を表記しています。
思　　想…尊皇攘夷、佐幕などの思想を表記し(P4〜5参照)、変化した場合は、併せて表記しています。
関連事件…その人物が関わった事件について表記しています。

❹本文

各人物のエピソードをまとめています。

目次

幕末の思想

幕末維新という混沌の時代にあって、各人の掲げる思想は多種多様であった。本書内では、データとして各人物の思想を取り上げているが、一部の人々は、時代の変遷や周囲の状況によって思想を何度か変えている。

おおまかなところで、尊皇、佐幕、倒幕、攘夷、開国はこの時代の基本的な思想だった。これらのうち、佐幕と倒幕、攘夷と開国は対極的な思想である。後には、相反する思想がミックスされたり進化して、公武合体、富国強兵思想などが生まれ、時代の主流となっていった。

●佐幕

徳川幕府を奉じる思想。幕府は戦国時代以降約300年に渡って日本の政治を引き受けてきた。徳川家は全国の武士を掌握する棟梁でもあるため、当然、士族階級には佐幕派が多い。儒学思想との結びつきが強く、儒学者らは佐幕思想を人々に植え付けた。

●公武合体

旧来の政治機構である朝廷と、政治の実権を握る幕府を合体させ、新しい政府を作ろうとする思想。そもそも朝廷と幕府は対立する組織であり、当初はただの理想論でしかなかったが、時代の流れとともに公武合体思想は主流派となっていった。

●攘夷

開国や貿易を迫って来日する諸外国人をすべて打ち払うべきという思想。鎖国固持派といい換えてもよい。確かに幕末期の黒船来航などによって、国内の平安は乱されたので、「外国と関わるべきではない」という考えが生まれたのは道理である。

●開国

積極的に諸外国と接すべきとする思想。攘夷思想とは対極にある思想といえる。開国によって諸外国からもたらされる知識や科学を吸収し、鎖国によって沈滞した日本という国を活性化・近代化(西洋化)させるのを究極の目的としている。

●富国強兵

諸外国の侵略を予想し、これに対抗するために国力を蓄え、近代的な軍隊を整備すべきという思想。維新前後に盛んに論じられ、維新後に主流となった考えであり、見方によっては「実力を備えた攘夷」「開国論の最終目的のひとつ」ともいえる。

●征韓

朝鮮に出兵、もしくは他の手段で朝鮮に軍を駐留させ、日本への侵略を企む諸外国に睨みを利かせるべきだという思想。諸外国への牽制もあるが、没落した士族階級を移住させる策でもあった。こうして新政府に向けられていた士族の不満を国外へ向け、治安を向上させるわけだ。維新以降の西郷隆盛などが主張していた。

●王政復古

天皇の手に政治の実権を取り戻そうとする思想。尊皇思想とよく似ているが、正確には朝廷の内部ではなく、天皇自らが政治を行うべきであるという考えである。つまり、ひとりの君主(西洋でいう専制君主)による独裁政治を望むというものだ。

●尊皇

朝廷とその中心である天皇を奉じ、朝廷主導の政治を行おうとする思想。朝廷は日本に古来から存在する政治機構であるため、大義名分として立てやすい。このため、朝廷を盾に実権を握ろうとする者が尊皇思想を唱える例も多かった。また、尊皇思想は攘夷派との結びつきも強い。

●一君万民

君主である天皇のもと、すべての国民が平等な存在として、これに従うべきであるという思想。合理性を追求した政治形態といえる。吉田松陰が唱えたもので、厳密な階級制度が存在する時代にあって、非常に特異な思想であった。

●倒幕

腐敗し、崩壊しつつある幕藩体制を嫌う一派。幕府を倒し、体制を破壊することを究極の目的とし、その先のことは論じていないことが多い。こうしたことから、尊皇・佐幕・公武合体などの確固たる思想に比べれば、先見性に欠ける場合がある。

人物事典

あ

アーネスト・メイソン・サトウ

ERNEST MASON SATOW

生没年 1843〜1929

身分：外交官
所属：英国
関連事件：下関戦争、江戸城開城、戊辰戦争

サトウという名前から、外国に帰化した日本人を思い浮べるかもしれない。だが、彼はスウェーデン人の父親と英国人の母親を持つ、れっきとした西洋人だ。

ロンドン生まれのサトウはユニバーシティ・カレッジに学び、英国外務省通訳生試験に合格後、日本の領事部門に入省した。文久2年(1862)9月に領事館付日本語通訳学生として横浜に到着し、慶応元年(1865)に通訳官、明治元年(1868)に書記官へと昇進した。

サトウは18歳の時、ローレンス・オリファントの『支那日本訪問見聞録』を読んで日本に憧れていたという。そんな彼は来日後、横浜のサミュエル・ボビンズ・ブラウン博士から日本語を習い、江戸下町の言葉から、大名旗本の言葉、会津弁までを理解し、候文の読み書きができるまでに上達した。

当時、彼ほど日本語に長けた外交官はいなかった。サトウは幕末維新時代の日英交渉に大活躍したほか、伊藤博文、井上馨、西郷隆盛、木戸孝允らと積極的に交際し、明治新政府樹立に大きく貢献した。

江戸城開城時は、勝海舟と英公使パークスの連絡役となって内乱の早期終結に努めた。また、戊辰戦争時には列強が内政に干渉するのを抑えている。

明治2年(1869)に一度帰国し、回想録『一外交官の見た明治維新』をまとめた。翌年には、また日本へ戻って勤務を続けている。その後はアジア各国を飛び回って外交活動を行い、引退後はデボンジャーの小さな村で個人の研究に専念。そして1929年、86歳でこの世を去った。

サトウは、研究者としても日本に深い関心を示していた。彼は神道をはじめ、日本でのイエズス会やシャム関係史を研究し、多くの著書を残している。

また記録では生涯独身だが、日本人の武田カネとの間に3人の子をもうけている。植物学者の武田久吉はサトウの息子である。

会沢《あいざわ》正志斎《せいしさい》

生没年 1782〜1863

変名：とくになし
身分：藩士・儒学者
所属：水戸藩
思想：尊皇・攘夷
関連事件：とくになし

藤田幽谷に学び、幕末の尊皇攘夷運動に大きな影響を与えた学者。

藤田東湖らとともに徳川斉昭の藩主擁立に尽力。斉昭の下で藩校弘道館を設立し、自らその督学となった。

斉昭の隠居と同時に処罰されたが、斉昭の復帰で許される。以後は弘道館教授として水戸藩に大きな影響を与え、藩政の中心となった。一橋慶喜に開国論を説いたことでも知られる。

会沢正志斎といえば、著書の『新論』が有名である。これは文政8年(1825)に著されたもので、諸外国の脅威に打ち勝つための国策や海防などについて論じている。ただ、内容があまりに過激であったため、水戸藩によって出版を禁じられた。しかし、『新論』を読んで感動した門人たちは、内容を書き写したものを世間に流布させたという。

赤根《あかね》武人《たけと》

生没年 1838〜1866

変名：柴屋和平
身分：藩士
所属：長州藩→奇兵隊
思想：一君万民
関連事件：馬関戦争

天保9年(1838)、周防国岩国領の柱島の医者・松崎三宅の息子として生まれる。嘉永5年(1852)、15歳で遠崎の妙円寺の住職・月性の門人になり、その紹介で赤根家の養子となった。少年期の彼は浦《うら》靱負《ゆきえ》、吉田松陰、梅田雲浜などについて学んでいる。

武人は高杉晋作とともに英国公使館を焼き討ちし、文久3年(1863)10月、奇兵隊に参加した。

元治元年(1864)、尊攘志士の中でも穏健派として知られていた彼は、俗論党の説得に成功する。しかし高杉晋作がクーデターを起こしたために、その努力は無駄になった。それどころか、慶応2年(1866)になって、かつての仲間によって処罰されてしまうのである。

正義党と称する主戦派は、武人が馬関戦争で敵前逃亡したと主張した。しかし白石正一郎の日記には「山県たちが退却した後も、赤根は数10の兵とともに前田砲台に踏みとどまった」とある。

武人は権力闘争に巻き込まれ、でっち上げの罪で処刑された。1月25日のことである。武人処刑の報を聞いた長州長府藩主・毛利元周《もとちか》は、自ら藩庁に赴いて助命を求めたが、すでに刑は執行された後だった。

政敵であった山県有朋は軍政の実権を握り、武人の名誉回復の動きをことごとく握り潰している。このため、公式な記録では彼は未だに罪人なのである。

昔の話だが、武人は吉田松陰の2番弟子だったにも関わらず松下村塾を去って、梅田雲浜の門弟となった。松陰は梅田を「志士にあらず、商人なり」と卑下していた。また武人の親友だった入江九一や吉田稔麿がすでに死亡していたのも不運だった。長州尊攘派といえば、松陰門下生が中核を占めており、武人を裏切り者と決めつけてしまったのだ。

赤根は処刑を前に辞世の句を残した。「真は誠に偽りに似、偽りはもって真に似たり」

浅野右近《あさの　うこん》

生没年 1829〜1897

変名：とくになし
身分：家老
所属：芸州藩
思想：佐幕→尊皇
関連事件：第二次長州征伐

家老三原浅野家10代忠敬の五男として生を受ける。安政3年(1856)4月、28歳で家督を相続。このころに大阪から冶工を招いて大砲を鋳造し、翌年5月には三原兵学師範・筑紫文一郎を広島に呼び、家臣に西洋銃法を練習させた。さらに文久2年(1862)、三原郊外に砲台を築造するなど、軍備拡充策を実行した。

第二次長州征伐では幕府の命を受け、安芸国佐伯郡に出陣している。

慶応4年(1868)8月には大阪から英国人ブラックモールを招き、松浜に洋学館を設けて家臣に英学や銃法を習わせ、藩の近代化に努めた。

浅野斎粛《あさの　なりたか》

生没年 1817〜1868

変名：とくになし
身分：藩主
所属：芸州藩
思想：佐幕
関連事件：とくになし

安芸広島藩8代藩主・斉賢の嫡子として、文化14年(1817)9月に江戸中屋敷で生まれ、後に世子と認められる。

しかし父が死亡した時、わずか15歳だったため、叔父・浅野右京との間で後継者争いが発生した。藩はまっぷたつに割れるが、斎粛派の関蔵人が敵勢力を切り崩し、君主となる。天保2年(1831)のことだった。

斎粛は不幸な君主だった。天保4年(1833)に冷害、7年(1836)に大洪水と冷害、9年(1838)に虫害と冷害、11年(1840)に大洪水、さらに嘉永2年(1849)と3年(1850)にも洪水に見舞われたのである。こうして芸州の収入は、かつての4分の3にまで減ってしまった。しかも暴動や一揆も続発し、藩内には効果的な改革を行える人物はいなかった。

安政4年(1857)9月に起こった米公使ハリスの上府問題をきっかけに、斎粛は諸大名とともに幕政改革を建議したが、その後は目立った活躍はしていない。また病弱ということもあって、翌年には隠居させられている。

朝比奈《あさひな》茂吉《もきち》

生没年 1851〜?

変名：とくになし
身分：藩士
所属：郡上藩・凌霜隊
思想：佐幕
関連事件：会津戦争

嘉永4年(1851)、郡上藩の江戸家老・朝比奈藤兵衛の子として、美濃国に生まれた。

慶応4年(1868)1月下旬、郡上藩は東山道先鋒総督・岩倉具視から出兵を命じられた。国家老の鈴木兵左衛門はこれを快諾し、今後の情勢がどちらに転んでもいいように策を練った。

兵左衛門は密かに徳川救援部隊も編成した。隊長には17歳の若者であった朝比奈茂吉を抜擢し、副隊長兼参謀として速見小三郎を付けた。そして官軍に対しては「一部の若者の暴走」といってのけたのである。

4月11日、凌霜隊と名づけられたこの部隊は江戸を出発。下野小山で官軍と交戦し、日光街道から会津に入城した。茂吉以下47名は、ここで白虎隊隊長・日向内記の指揮下に入って奮戦した。

死闘およそ20日の後、会津は陥落し、茂吉は「朝敵の首謀者」と大書された罪人駕籠で郡上藩へ送られ、投獄されている。

明治3年(1870)3月に赦免されているが、政治の道具にされた人生であった。

安島《あじま》帯刀《たてわき》

生没年 1811〜1859

変名：とくになし
身分：家老
所属：水戸藩
思想：尊皇・攘夷
関連事件：将軍継嗣問題

文政12年(1829)、水戸藩の継嗣問題が起こると、兄の戸田蓬軒とともに徳川斉昭の擁立に尽力した。斉昭が藩主の地位に就くと、信頼されて郡奉行や勘定奉行を任され、藩政改革を助けた。

弘化元年(1844)、斉昭が隠居させられると、その取り消しを求めて運動し、処分を受けた。嘉永2年(1849)に許され、以後は家老として慶篤を助けた。

将軍継嗣問題では一橋派に属し、幕府の井伊直弼と対立。その後、戊午の密勅が水戸藩に下されると、いよいよ井伊に憎まれ、安政の大獄に連座して拘禁される。そして安政6年(1859)8月、切腹を命ぜられた。

姉小路《あねこうじ》公知《きんとも》

生没年 1839〜1863

変名：とくになし
身分：公家
所属：朝廷
思想：尊皇・攘夷
関連事件：和宮降嫁

三条実美と親しい尊皇攘夷派の少壮公家。文久2年(1862)、和宮降嫁に尽力した岩倉具視らを弾劾。同年9月には実美とともに攘夷別勅使となり、家茂に攘夷を迫った。翌年の2月、国事参政となり、孝明天皇の賀茂・岩清水両神社への攘夷祈願に供奉。4月には兵庫沿海の巡視など攘夷活動に尽力し、勝海舟とも交流した。同年5月、刺客に襲われ25歳の若さで死亡している。

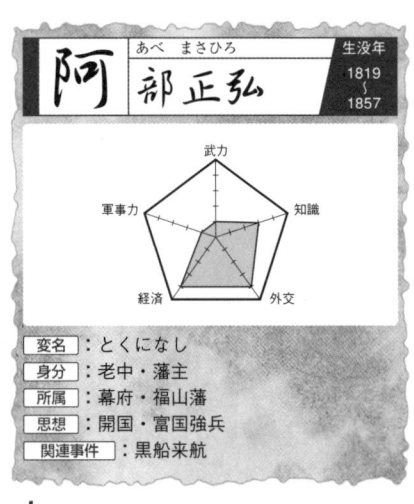

阿部《あべ》正弘《まさひろ》

生没年 1819〜1857

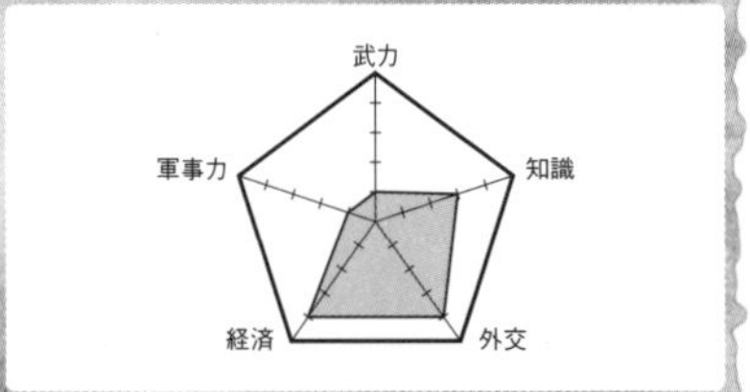

変名：とくになし
身分：老中・藩主
所属：幕府・福山藩
思想：開国・富国強兵
関連事件：黒船来航

若き老中

福山藩主・阿部正精の六男として生まれる。兄の正寧が隠居した後、天保7年(1836)に福山藩主となった。寺社奉行として名を馳せ、天保14年(1843)には幕府の老中に就任。この時、わずか25歳であった。弘化元年(1844)には海防掛、翌年には水野忠邦の後任として老中首席の地位を得ている。

嘉永6年(1853)にペリー艦隊が浦賀に来航すると、幕府の前例を破って諸大名や幕臣に広く意見を求めた。そして翌年にはペリーと日米和親条約を結び、日本の鎖国を解いた。

正弘は幕政に関わっている間に、岩瀬忠震や勝海舟など有能な人材の発掘を行っている。岩瀬の影響を受けた彼は開国論と富国強兵論を支持していた。

限りなく大きな影響

正弘は松平慶永、徳川斉昭、島津斉彬ら有力大名と協力して政治を行った。それまで幕府では、譜代大名と旗本が政治を司り、いくら有力でも外様大名が口を挟むことはできなかった。彼はその前例を破ったのである。

中でも島津斉彬とは親しく、島津一門の篤姫(後の天璋院)を徳川家定に嫁がせたほどだった。また尊皇攘夷で知られる徳川斉昭を幕政に加えたのも異例のことだ。また講武所や洋学所、長崎海軍伝習所の設置なども正弘の業績である。こういった先進的な学問所から、勝海舟など維新に関わる人材が出てきたことを考えれば、阿部正弘が維新にいかに大きな影響を与えたかが理解できるだろう。

反動による失脚

あまりに革新的すぎる正弘の政策は、井伊直弼など譜代大名たちの激しい反発を招いた。

追い詰められた彼は、老中首席の地位を溜《たまり》間《ま》詰《づめ》大名のひとりである堀田正睦に譲ることになる。以後は内政に専念し、幕政全般の改革を狙っていたが、安政4年(1857)6月、志半ばで病死してしまう。39歳の若さであった。

彼こそ幕末動乱期におけるすべての種を蒔いた男といえる。もっと長生きしていたら幕末の状況は変わっていたかもしれない。

甘粕備後《あまかす　びんご》

生没年 1832〜1869

変名：新保勘左衛門
身分：藩士
所属：米沢藩
思想：佐幕
関連事件：戊辰戦争

またの名を甘粕継成という。幼少時代は神童と呼ばれ、10歳にして藩校・興譲館に学んでいる。安政5年(1858)に助読、文久2年(1862)には学館典籍となった。この年の末より、藩主に従って京都と江戸を往来し、元治2年(1865)正月には34歳で記録頭取に任ぜられた。

藩籍に精通し、史学にも優れていたという。『西洋通紀』、『俄羅斯戦記』、『亜米利加国史』など多くの著作を発表し、歴史書の編纂に活躍した。

戊辰戦争では、軍務参謀を務めたが、学者肌との評価があり、戦闘に関しては、雲井竜雄ほどの評価は受けていない。出陣した千坂高雅の後を継いで本国で指揮を執っていたが、軍略に疎い備後には、千坂の抜けた穴を補うことはできなかった。

戦後、謹慎した後に許され、明治2年(1869)に待詔院下局出仕となるも、まもなく病没した。享年38歳。

天野八郎《あまの　はちろう》

生没年 1831〜1868

変名：とくになし
身分：農民→幕臣→隊士
所属：彰義隊
思想：佐幕
関連事件：上野戦争、箱館戦争

上野国甘楽郡磐戸村の豪農・吉五郎の次男に生まれる。幼少より文武を好み、長じて直心影流の使い手となった。

文久元年(1861)に出府した彼は、慶応元年(1865)に定火消御役与力の養子となり、御譜代席の幕臣となったがすぐに離縁された。その後、天野将曹という幕臣の養子となったともいわれているが、確たる証拠はない。

30歳後半ごろから天野八郎と名乗っている。一説には、出身地の磐戸が「天の岩戸」に通じるので天野を名乗ったといわれる。

慶応4年（1868）、彰義隊結成当時は副頭取であったが、権力闘争に勝って渋沢喜助を追い出し、頭取となる。

上野に陣取った天野の彰義隊は、各藩から集まった諸隊を抱え込み、数千人にまで膨れ上がった。江戸城は4月に無血開城していたが、官軍と彰義隊の睨み合いは続き、7月に入ってついに交戦となる。よく抵抗したものの官軍のアームストロング砲に押され、彰義隊は上野に火を放って撤退をはじめた。

再起を図って潜伏していたが、7月13日に捕らえられ、11月に獄死した。

荒井《あらい》郁之助《いくのすけ》

生没年 1835〜1909

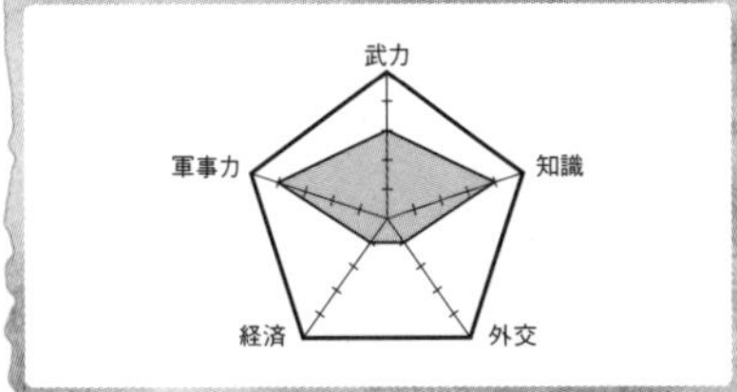

- 変名：とくになし
- 身分：幕臣→学者
- 所属：幕府→蝦夷共和国
- 思想：佐幕
- 関連事件：箱館戦争

大身の武人

天保6年（1835）、奥州桑折の代官・荒井顕道の子として江戸に生まれる。昌平坂学問所に学び、安政4年（1857）に長崎海軍伝習所に入所して航海術を専攻した。卒業後は海軍操練所頭取、軍艦・順動の艦長などに任ぜられた。

この後、陸軍総裁であった勝海舟に請われて陸軍に移り、文久3年（1863）には講武所取締役、慶応2年（1866）には歩兵頭に進んだ。フランス軍事顧問団のメッスローに学び、「気をつけ」「前へ進め」などの号令を日本語訳した人物として知られる。

箱館に捨てた剣

榎本艦隊品川脱出に同行し、後に共和国海軍奉行となる。一説によると総裁に推されるほどの人望があったが、根っからの武人であったため、その座を政治上手の榎本に譲ったという。箱館戦争では、総司令官として軍艦・回天に乗船した。

五稜郭降伏後、明治5年（1872）に出獄した郁之助は二度と軍務に就かないと誓った。勝海舟や榎本は彼の才能を惜しんだが、決意を翻すことはなかったという。

以後は開拓使として明治10年（1877）まで働き、北海道大学の前身・札幌農学校のそのまた前身である開拓使農学校（東京で開校）の校長と開拓使女学校の校長を兼任した。

語らぬ功労者

明治12年（1879）以降は、内務省測量局長、気象台長を歴任し、後に学者に転じた。功名は菊池大麓に譲っているが、播州赤穂の沖を太陽が直射した時を正午とする標準時を定めた。

明治42年（1909）に74歳で死去するが、昭和15年（1940）に記録された六男の荒井陸男氏の証言によると「父は酒も飲まず、真面目一点張りで、自分の手柄話など何ひとつしなかった」という。

有栖川宮《ありすがわのみや》熾仁《たるひと》

生没年 1835〜1895

- 変名：とくになし
- 身分：親王
- 所属：朝廷→政府
- 思想：尊皇
- 関連事件：戊辰戦争、西南戦争

有栖川宮家の長男として生まれ、明治維新後に宮家の軍人として活躍した。親王という身分から、慶応3年（1867）に新政府が成立すると「総裁」という新政府の最高職に就いた。戊辰戦争では東征大総督として全軍の指揮を執り、江戸城を接収して大総督府を置く。明治3年（1870）には兵部卿として陸海軍の創設に尽力。西南戦争では征討総督、その後の日清戦争では総参謀長を歴任し、生涯を通じて軍のトップとして活躍した。

有馬新七

ありま しんしち

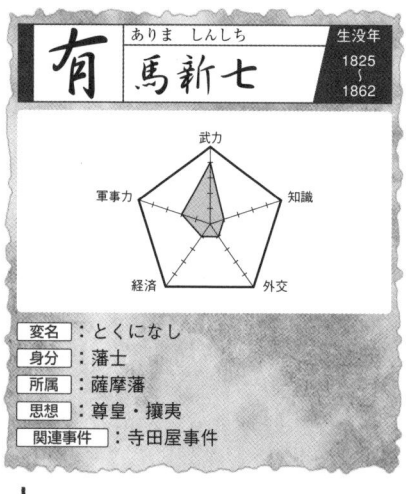

生没年 1825〜1862

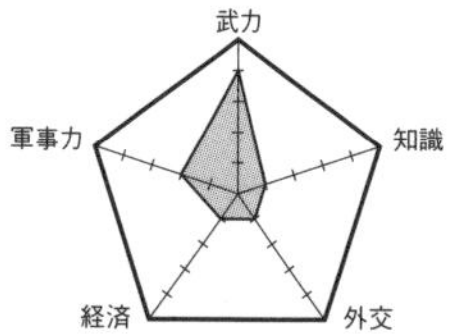

変名：とくになし
身分：藩士
所属：薩摩藩
思想：尊皇・攘夷
関連事件：寺田屋事件

純情一直線

元服のころから新陰流を学び、独学で崎門学(山崎闇斎派の朱子学)を修めた。安政2年(1855)、江戸に遊学して崎門学の権威・山口菅山の門人となり、翌年には江戸藩邸内学問所教授となる。

新七は以後、梅田雲浜ら諸藩の志士と交わり、尊攘運動に奔走した。一片の余裕も感じられない几帳面な男で、尊皇攘夷に対して常に純粋だったという。同志だった清河八郎は、「有馬は清濁のうち濁は絶対に飲めない性格で、駕籠に乗るにしても、乗った瞬間から駕籠賃を手の中に握りしめているような男だ」と評している。

薩摩大挙上洛

文久2年(1862)3月16日。藩父・島津久光は兵を率いて鹿児島を出発した。有馬はその随行に加えられると、一足先に出立し、久留米の真木和泉ら志士を集めて久光の到着を待った。

この行動は倒幕活動と解釈され、真木和泉の門下・平野国臣や清河八郎、久坂玄瑞、品川弥二郎、入江九一、山県狂介(有朋)など全国から筋金入りの尊攘志士が300人近くも集まってきた。宮部鼎蔵などは、街道で久光の供に直接加わろうとしたほどである。

三条実美をはじめとする7人の公卿もこの倒幕の挙に名分を与えるべく運動していた。

血に消えた野火

しかし久光は、運動に参加した薩摩藩出身者を厳罰に処した。当時の久光は中央で通用する権威を持っておらず、その劣等感が彼をことさら頑迷にしていたのである。

文久2年(1862)4月23日夜。伏見の寺田屋に集まった新七らは、薩摩藩の使者と壮絶な斬り合いを演じた。

道島五郎兵衛と斬り結んだ新七は、刀が折れて組み打ちとなった。そして、助太刀に入ろうとした橋口吉之丞に「おいごと刺せ」と命じる。

橋口の刃は、ふたりを串刺しにして寺田屋の壁に刺さった。有馬新七は38歳にして壮絶な死を遂げたのだった。

後に起こる禁門の変も、この寺田屋事件の延長線上にある。洛中を覆った倒幕の野火は、志士の血潮で鎮火されたのである。

有馬藤太

ありま とうた

生没年 1837〜1924

変名：とくになし
身分：藩士
所属：薩摩藩→政府
思想：尊皇・攘夷→尊皇
関連事件：戊辰戦争、明治6年の政変
西南戦争

天保8年(1837)、鹿児島城下に生を受ける。

慶応4年(1868)4月、東山道先鋒総督府副参謀として彦根藩兵300を率いて千住に至り、甲府で敗走した甲陽鎮撫隊の近藤勇が流山へ向かったという情報を得た。流山を包囲し、近藤捕縛に成功したのはその2日後のことである。

藤太は近藤を一軍の将と認め、馬に乗せて粕壁(現・春日部)の本営経由で板橋の本営に護送した。この時、上司である参謀の伊地知正治に向けて手紙も付けている。自分が戻るまで近藤の処分を保留し、相応の待遇を頼むという内容であった。

しかし、新撰組を憎む谷干城ら土佐の強硬派は近藤を処刑し、首を京都へ送ってしまった。藤太はこれを非常に悔やみ、「近藤は敵であったが、徳川氏にとっては忠臣。また朝廷に牙を剥く男でもなかった」と漏らしている。これは後年、子母澤《しもざわ》寛《かん》が『新撰組始末記』に載せた聞き書きによるもので、新撰組というテロ集団を率いながらも、人徳があった近藤の人柄を偲ばせる逸話となっている。

その後、藤太は宇都宮戦で負傷したものの、明治以降は功績を認められ、政庁入りした。

明治6年(1873)、西郷隆盛の下野に従って野に下り、明治10年(1877)の西南戦争の際には大阪で呼応して挙兵を企むも、事前に捕らえられて投獄された。出獄後は満州(現在の中国北東部)に渡り、大正時代になって没している。

有村治左衛門《ありむら　じざえもん》

生没年 1838〜1860

変名：とくになし
身分：藩士→志士
所属：薩摩藩
思想：尊皇・攘夷
関連事件：桜田門外の変

大老・井伊直弼の首を獲ったことで有名な薩摩の武士。

実兄の海江田信義や大久保利通を中心とする精忠組に所属していた。

安政の大獄後、薩摩の攘夷志士は井伊を暗殺する計画を進めていた。これを知った島津久光は精忠組を公認して志士をなだめ、江戸に潜伏した者を国元に呼び戻した。治左衛門もこれに従ったが、後に脱藩。そして水戸の同志ら17名とともに決起する。

安政7年(1860)3月3日。彼は井伊を串刺しにして引きずり出し、その首を掻き切った。しかし、首を持って逃げようとするところを追っ手に斬りつけられてしまう。傷を負って、逃走をあきらめた彼は遠藤担馬守辻番所にて自刃を遂げている。

安藤信正《あんどう　のぶまさ》

生没年 1819〜1871

変名：とくになし
身分：老中・藩主
所属：幕府・磐城平藩
思想：尊皇・佐幕・開国
関連事件：和宮降嫁、ヒュースケン殺害事件
坂下門外の変、戊辰戦争

井伊直弼亡き後、久世広周とともに幕閣の中心人物となり、公武合体政策を推進した。また諸外国との条約締結やヒュースケン殺害事件など、外交問題の処理での活躍も目立つ。

戊午の密勅の返却を巡って水戸藩に圧力をかけたという過去があり、文久2年(1862)1月15日に坂下門下で水戸浪士に襲われて負傷し、老中を退いている。

戊辰戦争では奥羽列藩同盟側について戦った。

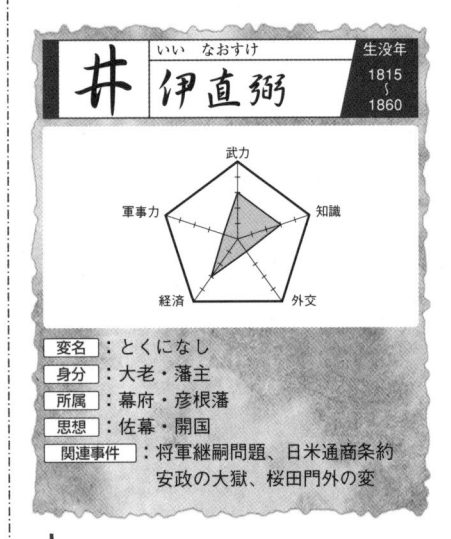

井伊直弼《いい　なおすけ》

生没年 1815〜1860

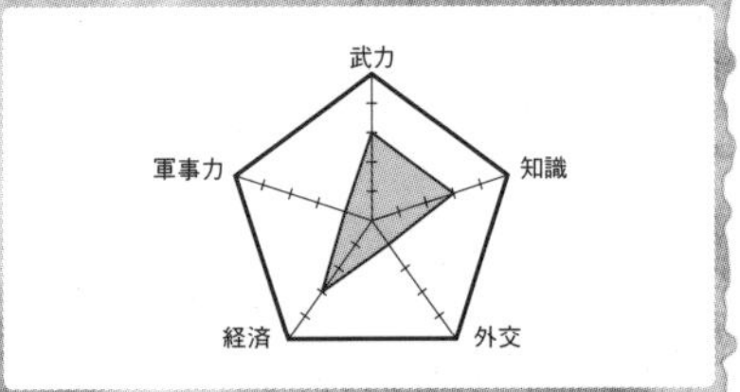

変名：とくになし
身分：大老・藩主
所属：幕府・彦根藩
思想：佐幕・開国
関連事件：将軍継嗣問題、日米通商条約
安政の大獄、桜田門外の変

彦根に生まれる

井伊家は有力な譜代大名として徳川政権の一翼を担っていた名門で、代々、彦根藩の藩主を務めていた。直弼は11代藩主・井伊直中の一四男として彦根城中で生まれている。

家督はすでに兄の直亮《なおあき》が継いでおり、直弼は隠居した父の寵愛を一身に受けて成長した。武術の

他、名門らしく茶の湯などの作法の教育も受けている。

埋もれた人生

父が亡くなった後、17歳の直弼は城下の屋敷に移った。当時の彦根藩では、世子以外の子供は他家の養子となるのが普通だったが、直弼は養子となる機会に恵まれなかった。彼は自分の屋敷を「埋木《うもれきの》舎《や》」と名づけた。屋敷に埋もれたまま、一生を過ごすつもりだったのだろう。

そしてひたすら居合術、禅、茶道を極め、それぞれ奥義を極めるまでになったという。

学問にも励み、京都に近いこともあって国学を熱心に学んだ。この時、国学の師匠となったのが、後に腹心の部下となる長野主膳だった。

名門のプライド

弘化3年(1846)、意外なことが起きた。藩主の後継者・直元が急死したのである。現藩主の直亮は高齢で、他の兄弟たちは養子入りした後、そして直弼だけが彦根に残っていた。こうして彼は家督を継ぐため、直亮の養子となった。32歳の時のことである。

彼は江戸城にも出仕し、有力譜代大名が集まる溜《たまり》間《ま》詰《づめ》に勤務するようになった。

他の譜代大名と接するうち、直弼は井伊家の家格の高さを強く意識するようになる。しかし、養父の直亮はあまり政治に熱心でなかった。

直弼は、そのうちに井伊家の家名に傷がつくことが起こるのではないかと密かに心配していたが、それはまもなく現実のものとなった。弘化4年(1847)、彦根藩は相模の海防を命じられたが、藩兵の怠慢さが悪評を呼んだのである。この経験が、後に海防を真剣に考えるようになった一因である。

黒船来航

嘉永3年(1850)、直亮の病死後、直弼は彦根藩主となった。彼は国学の師・長野主膳を召し抱え、自身のブレインとした。このころ、直弼は譜代大名から成る派閥内で中心人物になりつつあった。

嘉永6年(1853)、浦賀にペリー率いるアメリカ艦隊が来航し、日本を混乱に陥れた。

これに対し、老中・阿部正弘は全国の大名や幕臣、そして庶民にまで意見を求めた。返ってきた答えのほとんどは鎖国の堅持と攘夷論だったが、直弼は積極的な開国論を唱えている。

過熱する政治闘争

阿部は、この難局を有力大名との協力で乗り切ろうとした。

幕政は譜代大名によって執行されてきたが、阿部は水戸の徳川斉昭を中心とする雄藩大名らを幕政に参加させようとした。これに反対したのが有力譜代大名たちで、その中心には直弼がいた。譜代大名と雄藩大名は激しく対立し、間に挟まれた阿部は老中首席の座を溜間詰の堀田正睦に譲って問題解決を図ろうとした。

南紀派と一橋派

ペリーが来航後まもなく将軍・家慶が亡くなり、家定が将軍となった。しかし、家定は心身に障害があり、子供もなかったので将軍継嗣の問題が起こった。将軍後継者は血縁によって決められ、例外は許されなかった。家定の従兄弟の紀州藩・徳川慶福が将軍を継ぐのが筋だったが、慶福はまだ10歳と幼かった。そこで雄藩大名たちは徳川斉昭の子供で一橋家を継いだ慶喜を将軍に擁立した。

ここで慶福を擁立する譜代大名の派閥「南紀派」と、慶喜を立てる雄藩大名の派閥「一橋派」が対立することになった。ところが安政4年(1857)6月、阿部正弘が死ぬと一橋派は後ろ盾を失う。こうして南紀派は徐々に勢いを増していくことになる。

日米通商条約勅許問題

そのころ、アメリカはハリスを日本に送って日米通商条約の締結を狙っていた。

外国とこれ以上交流したくない幕府はなかなか条約を結ぼうとしなかったが、ハリスの強引な工作についに負けてしまう。幕府は締結の意を大名らに示したが、尾張藩の徳川慶勝などが「朝廷に勅許を求めるべし」と主張したため、堀田正睦が京都に送られた。

ところが天皇自らが条約締結に反対し、また一橋派が慶喜の将軍後継を絡めた政治工作に出たため、堀田は勅許を得ることができなかった。

この情勢を見た南紀派、そしてそのリーダーだった直弼はついに一橋派との全面対決を決意する。

大老就任

安政5年(1858)4月、南紀派の綿密な工作により、直弼は大老に就任した。彼は岩瀬忠震と井上清直に全権を与え、6月19日、日米通商条約に調印させた。

違勅の罪は自分ひとりで受けるという覚悟をした上での断行だった。米公使ハリスはじわじわと圧力をかけてきており、いずれにしてもこれ以上の猶予はなかったのである。

23日には、一橋派に転じた堀田正睦を罷免し、幕閣を刷新した。そして強引な政策に抗議する徳川斉昭らを無視し、将軍後継者を慶福に定めたことを公表した。さらに斉昭らを不時登城の罪で処分。7月6日に将軍家定が病死すると、慶福は家茂と名を改めて14代将軍となった。

直弼の鮮やかな電撃戦の前に、一橋派は敗れ去ったのである。

戊午の密勅

通商条約の調印、そして一橋派が処分されたことを知った朝廷は激怒し、一部の公家と志士たちは巻き返しの計画を進めた。

安政5年(1858)8月、朝廷は水戸藩に密勅を下した。幕府の条約無断調印と徳川斉昭らの処分を咎める内容の勅で、直弼らの失脚を狙うためのものであった。安政5年が戊午の年だったことから、これを「戊午の密勅」と呼ぶ。

幕府の了解を得ず、朝廷が諸藩に直接に勅命を下す。これは幕府権力の否定であり、幕政のトップに立っていた直弼にとって絶対に許せないことであった。

彼は自分に反対する勢力の一斉弾圧を開始した。

安政の大獄

命を受けた懐刀の長野は京都の情勢を探り、梅田雲浜を密勅の首謀者と断定。彼は京都所司代に雲浜の捕縛を迫った。

安政5年(1858)9月7日、梅田逮捕を皮切りに安政の大獄ははじまった。強硬派の間部詮勝が京都入りして指揮を執るようになると、弾圧は厳しさを増した。

この事件で逮捕されたのは、京都の志士だけではない。公家や地方志士、それに幕臣にまでおよんだのである。翌年にかけて、大獄の処分者は100名近くにもなった。

命を落とした有名人には、頼三樹三郎、橋本左内、吉田松陰などがいる。頼は梅田雲浜と並ぶ「悪謀の四天王」とされ、橋本は松平慶永の意向で動いていたため、吉田は間部詮勝の暗殺を計画したためであった。西郷吉之助(隆盛)も容疑者を匿ったため、入水自殺未遂という経験をする羽目になっている。

幕府を守ろうとする思いから、直弼はこの処置を断行したわけだが、これは反対派からのさらなる深い恨みを買う原因となった。また岩瀬忠震など優秀な人材を幕政から退けるという望まざる結果も生んでしまったのだ。

幕府の権力は一時的に強くなったが、独裁者の直弼が倒れれば、幕府も崩壊してしまう。彼は自ら爆弾を抱えてしまったのである。

直弼に迫る危機

安政の大獄で、直弼は水戸藩に厳しい罰を与えた。前藩主・斉昭は永蟄居、藩主・慶篤は差控、斉昭の子供の一橋慶喜にも謹慎が申し渡された。さらに家老・安島帯刀は切腹、密勅に関係した鵜飼吉左衛門らの藩士は死罪に処せられている。水戸藩に下された密勅は幕府に返還するよう迫り、返さなければ水戸藩を滅亡させるとまで脅した。

勅諚の返還を巡って水戸藩はふたつに割れたが、結局、返還を拒む激派は水戸から脱出した。

脱藩した激派が直弼を襲う可能性は十分にあった。直弼と交流のある大名のひとりは警護の人数を増やすよう忠告したが、直弼は無視している。

大老ともあろう者が幕府の慣例を違えて警護を増やすことはできないというのが理由だったが、一説に彼は自分の末路を悟っていたのだともいわれる。

悲しき独裁者の最期

安政7年(1860)3月3日、その日は春には珍しく雪が降っていた。直弼は上巳の節句の賀詞を述べるために江戸城へ向かった。

桜田門に近づいた時、武士の一団が襲いかかった。関鉄之介ら水戸浪士18名である。警護の武士団が前方に移動した時、一発の銃声が響き、隠れていた残りの浪士たちが直弼の駕篭に殺到した。

警護の武士たちは雪で濡れないように刀を柄袋で覆っていたため、すぐに抜刀できず、奇襲に遅れをとった。

しかも最初の発砲が命中していたらしく、居合の達人であるはずの直弼はまったく反撃できなかった。彼は駕篭ごと串刺しにされた後、引きずり出されて首を掻かれている。

直弼の死により、家康の代から続いてきた幕府独裁政治は終わりを告げた。この桜田門外の変以降、幕府、朝廷、諸藩が入り乱れる激動の時代がはじまったのである。

井伊直憲《いい なおのり》

生没年 1848〜1904

変名：とくになし
身分：藩主
所属：彦根藩
思想：尊皇
関連事件：天誅組の乱、禁門の変
長州征伐、鳥羽伏見の戦い

嘉永元年(1848)4月、江戸生まれ。幕府の大老・井伊直弼の次男であり、万延元年(1860)、父の死後に彦根藩主となった。

文久2年(1862)3月、わずか15歳で将軍家茂の名代となり、京都で孝明天皇と謁見している。しかし父の政敵である尊皇攘夷派が台頭したため、8月に京都守護職を免じられ、35万石のうち10万石も減封されている。ちなみに京都守護職は井伊家歴代が名誉としていた役職であった。

直憲は横浜港護衛や天誅組の乱に出兵、元治元年(1864)の禁門の変にも出動した。こうした働きが認められ、3万石と蒲生郡奥島山の旧領を復活させた。以後も長州征伐や京都大阪の警護などを務め、幕府や朝廷からの信頼を回復した。

慶応4年(1868)の鳥羽伏見の戦いでは幕軍に最初の砲弾を撃ち込み、戊辰戦争では関東、東北まで遠征して功を賞賛され、朝廷から2万石の賞与を受ける。

維新後は、旧領での教育や産業の振興に貢献した。そのため地元では今でも深く尊敬されている。

飯岡助五郎《いいおか すけごろう》

生没年 1792〜1859

変名：とくになし
身分：漁師・博徒
所属：なし
思想：佐幕
関連事件：とくになし

相模国三浦郡生まれ。若くして江戸に出て、18歳で江戸相撲・友綱部屋に弟子入りする。しかし親方の友綱が死亡し、弟子入りからわずか1年余りで廃業、下総国海上郡に流れて漁師となった。

文化14年(1817)、助五郎は飯岡一帯に縄張りを持つ博徒の親分兼網元・銚子の五郎蔵の子分となる。元相撲取りだった体格は荒仕事に大いに役立ち、助五郎はすぐに有名人となった。そして、わずか5年で飯岡浜一帯の縄張りを譲り受けるに至る。

漁師であり博徒でもあった彼だが、ここで関東取締役の役人として十手を握ることにもなった。

弘化元年(1844)、利根川一帯を勢力下に置く笹川繁蔵との縄張り争いが激化した。助五郎は繁蔵の暗殺に成功し、笹川一家を圧倒して、房総3州を手中に収めた。

「大利根河原の血闘」として知られるこの争いは、後に講釈師・宝井琴凌によって『天保水滸伝』という読み物にされ、また浪曲にもなった。

飯沼貞吉《いいぬま さだきち》

生没年 1854〜1931

変名：とくになし
身分：志士
所属：会津藩・白虎隊
思想：佐幕
関連事件：会津戦争

会津藩士・飯沼時衛の次男として生まれる。10歳で日進館に入学、慶応4年(1868)春、白虎士中2番隊に入隊。年齢制限があったため、嘉永6年(1853)生まれと偽って入隊した。年齢制限といっても、白虎隊隊士の平均年齢は16〜17歳であった。

会津戦争勃発後、彼の所属する隊は戸ノ口原で戦い、37名中19名を失って飯盛山に退却した。そこで真紅の炎を上げる若松城下と黒煙に包まれる天守閣を見て、会津が滅んだものと思い、少年たちは絶望して自害を決意する。

隊長の篠田儀三郎が詩を吟じ、それが終わると同時に、ひとりが腹に刀を突き立てて突っ伏す。喉を突く者、互いに差し違える者や腹を切る者もいた。

貞吉も脇差で咽喉を突いたが、切っ先が骨に当たって通らなかった。前に倒れてその重みで切ろうしたが、そのまま意識を失ってしまう。その後、知り合いの婦人がまだ息のある彼を発見、その介抱を受けて命を取りとめた。

維新後は貞雄と改名。明治5年(1872)、工部省技術教場に入所、電信建築技師となった。会津でのことは晩年まで語らなかったという。仙台で病没したが、後年、飯盛山に分骨建墓された。

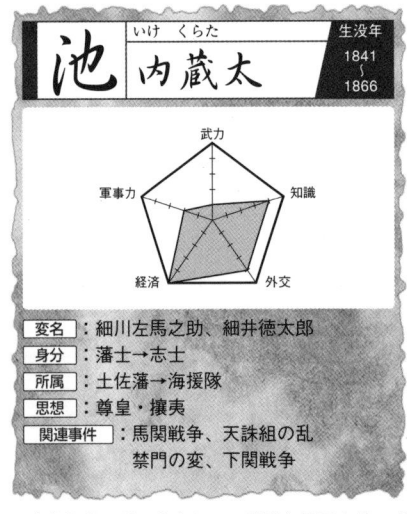

池《いけ》内蔵太《くらた》

生没年 1841〜1866

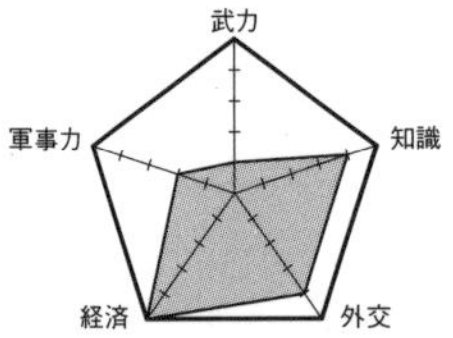

変名：細川左馬之助、細井徳太郎
身分：藩士→志士
所属：土佐藩→海援隊
思想：尊皇・攘夷
関連事件：馬関戦争、天誅組の乱
禁門の変、下関戦争

池内蔵太ほど、志士として華麗な経歴を持つ者は少ないだろう。

江戸遊学時に安井息軒の門で学びながら勤皇志士と交わり、土佐帰国後は武市半平太の土佐勤皇党の結成に発足時の盟約者として加わった。

文久3年(1863)、藩の保守論に嫌気がさして脱藩。長州に身を寄せるが、同年の長州藩・下関砲台による外国艦船砲撃には、遊撃隊参謀として参加している。

天誅組の挙兵時には洋銃隊隊長として参戦し、大和五条の幕府代官所を襲って代官の鈴木源内を斬り、その後も大和内の山岳地帯を転戦している。

元治元年(1864)の禁門の変では、長州軍忠勇隊に所属し、敗北して長州に帰ると海軍力の必要性を説いて回った。

4か国連合艦隊による下関砲撃の報復に対しても、再び参謀となって奮戦している。

その後、同じく土佐脱藩組の坂本龍馬らの亀山社中の結成に加わるが、社中での声望も高く「たとえ龍馬が倒れようとも、内蔵太さえいれば倒幕は成せる」とまでいわれた。

慶応2年(1866)、龍馬の提案で薩摩藩が購入した風帆船ワイルウェフ号に彼は乗船した。ところが、船は塩屋崎沖で暴風雨に遭い、内蔵太は沈没するワイルウェフ号と運命をともにしてしまったのである。享年26歳。明敏で沈着知勇の人と讃えられ、戦歴からも人望からもこれからの活躍を嘱望されていた勇士の、はかない最期だった。

池内《いけうち》大学《だいがく》

生没年 1814〜1863

変名：池内陶所、池内退蔵
身分：儒学者
所属：朝廷
思想：尊皇・攘夷
関連事件：戊午の密勅、安政の大獄

京都の商家に生まれ、儒学を学ぶ。知恩院宮、青蓮院宮の侍読となり、公家の子弟を教えた。将軍後継問題では慶喜の擁立を図る。戊午の密勅に関係したと見なされ(実際には無関係)、幕府から敵視された。一度は伊勢に逃れたが、京都で自首し、大阪に追放される。幕府の処分が軽かったことから裏切ったと見なされ、尊皇攘夷派の志士に斬殺される。この時の下手人は土佐藩の岡田以蔵といわれている。

伊地知正治《いじち まさはる》

生没年 1828〜1886

変名：とくになし
身分：藩士
所属：薩摩藩→政府
思想：尊皇
関連事件：薩英戦争、禁門の変
鳥羽伏見の戦い

薩摩に伝わる兵学を学び、藩校教官を経て軍奉行となる。

文久3年（1863）の薩英戦争、元治元年（1864）の禁門の変で軍功を立て、戊辰戦争では東山道先鋒総督府参謀を務める。

新政府では左院議長となり、明治8年（1875）、侍講（天皇の諮問補佐役）、明治10年（1877）には修史館総裁に就任した。新政府下で、順調に出世街道を歩いた男である。

板垣退助《いたがき たいすけ》

生没年 1837〜1919

変名：とくになし
身分：藩士
所属：土佐藩→政府
思想：尊皇・佐幕→尊皇・倒幕
関連事件：薩土倒幕の密盟、戊辰戦争

板垣退助は乾姓であったが、先祖が甲斐の武将・板垣信形であることから、維新後は板垣姓に改名している。

幼少より近所でも評判の暴れ者で、隣町の後藤象二郎とは幼なじみであった。板垣の暴れぶりは長じても収まらず、このために罰を受けて蟄居した。この時、吉田東洋によって諭され、以後は態度を改め、東洋に師事することになる。

東洋が藩政に復職すると免奉行に登用され、さらに江戸藩邸付きになって会計職、軍事職などを務めた。

文久3年（1863）ごろ、彼は土佐を脱藩した中岡慎太郎に感化され、土佐藩における倒幕派の急先鋒となっている。藩の実権を握る老公・山内容堂は退助の活動を好まなかったが、人間的に愛していたためにとがめはなかったという。

退助は仕置役を経て大監察となり、後藤とともに藩政の中核となったが、意見が受け入れられずに辞職した。慶応元年（1865）には、江戸で遊学しながら洋式騎兵など先進軍事技術を研究している。板垣は維新後の活動で政治家として名が知られるが、彼の才はむしろ軍事にあった。軍事研究の成果は、維新前後の戦乱で活かされることになる。

その後は京都に上り、中岡慎太郎や西郷吉之助（隆盛）と会談し、薩土秘密倒幕同盟を結ぶと、故郷に戻って藩の兵制改革を行っている。

戊辰戦争では大隊司令・総督府参謀になり、東山道先鋒を率いて進撃し、甲府で近藤勇の甲陽鎮撫隊を破った。さらに奥州街道を北上して会津に入り、難攻不落の会津若松城を攻めて数日で落とすという大功を立てた。

この戦役では町民や農民が積極的に官軍に協力したが、退助はここから（民衆主体である）自由民権運動の着想を得た。

戦後は土佐に戻って藩政に携わるが、明治4年（1871）には政府に召されて参議となった。明治6年（1873）征韓論に敗れて野に下り、翌年、後藤象二郎、副島種臣、江藤新平らと愛国党を組織して民撰議員設立建白書を政府に提出。以後は高知に立志社を設立し、自由民権運動の先頭に立って活動した。明治14年（1881）には自由党を結成し、初代党首に選ばれている。

板垣退助といえば明治15年（1882）4月6日岐阜遊説中に暴漢に襲われ、「板垣死すとも自由は死せず」と叫んだことで知られるが、これは側近の台詞だったという説もある。

大正8年（1919）、83歳で没した。

板倉勝静《いたくら かつきよ》

生没年 1823〜1889

変名：とくになし
身分：老中・藩主
所属：幕府・松山藩
思想：佐幕
関連事件：安政の大獄、鳥羽伏見の戦い
戊辰戦争

備中松山藩主。安政の大獄では五手掛に任命されたが、あまりの弾圧に反対したため井伊直弼に罷免された。だが文久2年(1862)には老中に昇進、慶喜の徳川宗家相続と将軍就任に尽力した。

鳥羽伏見の戦いに敗れると慶喜に従って江戸に逃れ、老中を辞任。

その後は官軍によって日光に幽閉されたが、大鳥圭介に救出され、戊辰戦争に身を投じた。明治以後は隠遁生活に入り、上野東照宮の神官となった。

市川三左衛門《いちかわ さんざえもん》

生没年 1818〜1869

変名：とくになし
身分：家老
所属：水戸藩・諸生党
思想：佐幕
関連事件：天狗党の乱、戊辰戦争

水戸藩の名家・市川家に生まれ、諸生党の指導者として天狗党と対立。天狗党の乱が起こると、諸生党から成る追討軍を指揮した。

元治元年(1864)6月には執政として藩の実権を握ったが、王政復古により立場が逆転。慶応4年(1868)3月、佐幕派を率いて水戸を脱出し、会津や北越を転戦。10月に水戸に戻って水戸藩兵と戦ったが、これに敗れて逃亡。翌年に東京で捕まり、生晒の上で逆磔という極刑に処せられた。

伊東甲子太郎《いとう かしたろう》

生没年 1835〜1867

変名：宇田兵衛、藤原武明
身分：隊士
所属：新撰組→高台寺党
思想：佐幕→尊皇・倒幕
関連事件：とくになし

常陸志筑藩の郷目付の家に生まれ、鈴木大蔵と名乗った。水戸で神道無念流、江戸深川で北辰一刀流を修める。この時、師の伊東精一に気に入られ、伊東家の養子に入った。

元治元年(1864)、新撰組に入る。このころの彼は人柄よく物腰柔らかで、隊士の間でも人気者だった。肖像画が残っているが、目元涼しく優しげな表情が印象的だ。

新撰組は荒くれ者の集まりだったが、甲子太郎は知性あふれる人物だった。局長の近藤勇なども彼に傾倒していたふしがある。しかし副長・土方歳三は隊内分裂を恐れた。結局、甲子太郎は数人の仲間を連れて新撰組を去っている。

その後、彼は御陵衛士(孝明天皇御陵)となった。御陵衛士隊は高台寺月真院に本拠を構えたため、高台寺党と呼ばれた。

この時期の甲子太郎は一転、倒幕志士との親交を深めている。坂本龍馬に会い、新撰組が命を狙っていると忠告したこともあり、その一方で敵に回った近藤とも談合していたというから、よほど人望のある人物だったのだろう。

しかし高台寺党が規模を拡大すると、新撰組はいよいよ彼を敵視するようになる。密偵として高台寺党に加入していた新撰組隊士・斉藤一が幹部に現状を伝えると、近藤と土方は談合と称して甲子太郎を呼び出した。もてなされ、酔って帰宅する途中、彼は油小路で暗殺された。慶応3年(1867)11月18日のことである。

伊藤軍兵衛《いとう ぐんべえ》

生没年 1840〜1862

変名：とくになし
身分：藩士
所属：松本藩
思想：攘夷
関連事件：ニール中佐暗殺未遂事件

文久元年(1861)、水戸浪士たちによる東禅寺襲撃事件が起こった。そこは当時、英国仮公使館に使われていたのである。

襲撃事件以降、幕命を受けた松本藩は大垣と岸田の両藩と共同で約500名の藩兵を出し、寺の警備を行っていた。

ここで軍兵衛は、公使の暗殺を決意したという。彼は外国人の横暴な態度や、警備で藩の金が浪費されることに怒っており、また外国人のために同胞同志が血を流すという事実を憂いていたのだ。

文久2年(1862)5月15日、軍兵衛は単身で代理公使ニール中佐の寝室に近づくが発見され、英国水夫ふたりを斬って逃走。その翌日、松本藩邸で自刃した。

その後、軍兵衛の願い通り、松本藩は警備から

外された が、幕府は英国に1万ポンドの賠償金を支払う羽目となった。

伊東玄朴《いとう げんぼく》

生没年 1800～1871

変名：とくになし
身分：蘭方医
所属：佐賀藩→幕府
思想：開国
関連事件：安政の大獄

肥前に生まれ、長崎でシーボルトから医学を学ぶ。江戸で蘭方医として開業し、また、象先堂という私塾を開いて医者を育てた。天保2年（1831）、肥前藩の藩医となる。弘化3年（1846）、種痘に成功し、安政4年（1857）には志を同じくする蘭方医とともに神田種痘所を設置した。

こうして蘭方医の能力を世間に認めさせ、蘭方医として初めて幕府の奥医師となった。ちなみに彼の種痘所は医学所を経て、後に東京大学医学部となる。

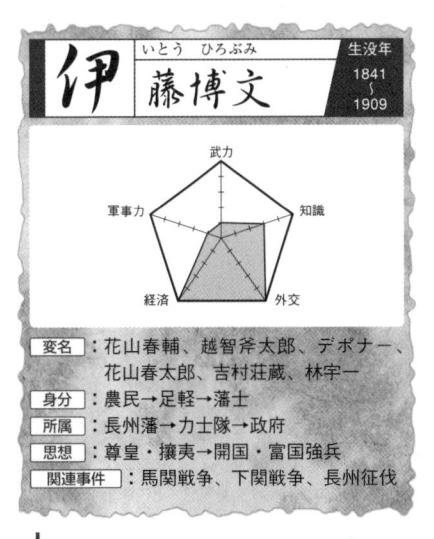

伊藤博文《いとう ひろぶみ》

生没年 1841～1909

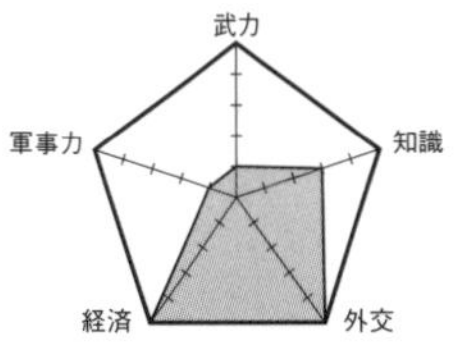

変名：花山春輔、越智斧太郎、デポナー、花山春太郎、吉村荘蔵、林宇一
身分：農民→足軽→藩士
所属：長州藩→力士隊→政府
思想：尊皇・攘夷→開国・富国強兵
関連事件：馬関戦争、下関戦争、長州征伐

利助

伊藤博文は、天保12年（1841）、熊毛郡束荷村出身の作男・林十蔵の息子として生まれ、山下新兵衛組下の足軽・伊藤直右衛門の養子となった。

親のつけた名前は「利助」だが、これは曾祖父・利八郎と祖父・助左衛門からそれぞれ1文字を取ったものらしい。しかし、本人はいかにも軽いこの名前を嫌い、少しずつ名前を変えていった。まず「利助」から字を「利介」に変え、次に「利介」の読みを「としすけ」と変えている。

安政4年（1857）9月、奉公先の作事吟味役・来原良蔵の紹介で吉田松陰の21番目の弟子となる。この時、来原の添状には「利助」となっていたが、松陰から出される宿題には「利輔《としすけ》」と署名した。この改名は以後も続いていく。

江戸にて

安政5年（1859）10月27日、桂小五郎（木戸孝允）の郎党になった博文は江戸・麻布の藩邸に到着し、2日前に刑死した師・吉田松陰の改葬を行っている。遺骸は橋本左内の墓の隣に葬り、桂が「二十一回猛士之墓」と墓標に書いた。

博文はしばらくの間、桂と行動をともにするようになる。桂の代理として各藩の同志のところに使いに行ったり、打ち合わせの場所に案内するなどの仕事をした。「利輔」の字を「俊輔」と変え、読みも「しゅんすけ」と改めるのはこのころである。

御盾組の犯罪

文久2年（1862）5月、伊藤は桂に従って上洛した。同年11月23日、久坂玄瑞や高杉晋作が結成した御盾組（御盾隊とは別組織）に加盟し、英国公使館焼き討ちに参加する。

焼き討ち事件の犯人はすぐに長州藩士の犯行とわかったが、外国奉行・水野忠徳《みずのただのり》はこれを揉み消した。高杉らが役人の持っている提灯を斬り、焼き玉で無人の建物に放火したためである。

人を斬ったり傷つければ、これは重罪だ。しかし、現実には死傷者はひとりもいないし、葵の紋入り提灯を斬られた役人は失態を演じたとして、責任を問われてしまう。御盾組一派はかなりの知能犯だったわけだ。

また、博文は尊皇派の敵と見なされる学者・塙《はなわ》次郎《じろう》を暗殺している。こうした活動を認めた桂が藩に働きかけたため、3月20日、博文は士族になった。正式に伊藤姓を名乗ることを許されたのである。

ちゃっかり洋行

文久3年（1863）、長州藩は志道聞多（井上馨）ほか2名の英国留学を許可した。志道らは江戸に出るが、ここで留学にひとり千両かかるという事実を知る。資金は全部で600両しかなかったため、留学計画は頓挫しそうになった。

そこへ、ちょうど洋式銃の買いつけに来ていた博文が現れる。彼は麻布の藩邸に用意されている鉄砲購入用資金1万両に目をつけ、「留学は生きた器械を買うのと同じこと」などと兵学教授・村田蔵六（大村益次郎）を説得し、この金を流用させた。下手をすれば公金横領である。

この時、志道は養家に迷惑がかかるのを恐れ、実家の井上姓に戻っている。一方、博文はちゃっかり留学団に加わった。

上海に着いた後、博文と井上は他の留学生と別ルートを取っている。ふたりはペガサス号という船に乗り、インド洋を越えるのだが、これは辛い旅となった。

博文は「井上は海軍だ」と紹介するつもりで「ネービーゲーション」といってしまった。これが船長に「航海の勉強がしたい」と誤解され、正規の船賃を支払っているのに、水夫として扱われる羽目になったのだ。ふたりの間に戦友意識が芽生えたのは、このころかもしれない。

9月にロンドン入りしたふたりは、造船所や工場を見学しながら英語の勉強に励んだ。

馬関戦争

そのころ、日本は大きく揺れていた。6月に馬関戦争、7月に薩英戦争、8月の七卿落ち……博文ら留学生は、ロンドン・タイムズの記事で、列強艦隊が長州を痛めつけようとしているのを知った。

元治元年（1864）3月、博文と井上はロンドンを出発し、6月に帰国した。ふたりはオールコック英国公使と密会し、平和的解決のための談合を行い、公使の親書を持って長州へ急いだ。

しかし、藩論は攘夷一色に染まっており、彼らの努力は水泡に帰する。博文はこの後、4か国連合艦隊との講和を命じられた高杉について馬関に向かった。

ふたりが現地に到着したのは、戦争が終わった後だった。講和の席で高杉は機転を利かせて長州を救ったが、この時、高杉に「戦争責任を幕府に転嫁する」という策を授け、また通訳を務めたのが博文である。

名脇役として

幕府の第一次長州征伐が本格化してくると、藩内の幕府恭順派が幅を利かせるようになった。井上は闇討ちされ、尊攘派の理解者であった周布政之助は自決に追い込まれている。この状況下、博文の行動は素早かった。外国艦隊の脅威に備えるためと称し、30名の力士隊を手兵とし、そのリーダーに収まったのだ。

尊攘派が勢いを盛り返すきっかけとなる功山寺での決起に際しては、力士隊を高杉に貸し、活路を開かせている。

その後、博文は長崎で武器の購入に忙しく立ち回った。戊辰戦争には直接関わっていないが、陰の功労者といえるだろう。

忙しい日々

新政府が発足してからは語学力を買われ、外国事務掛、外国事務局判事、兵庫県知事などを務めた。明治2年（1869）になって、彼は「博文」と名を改めている。

明治4年（1871）10月、岩倉使節団の一員として欧米を歴訪。またこの時期には、大久保利道の知遇を得ている。

彼は後に大久保の後継者となり、工部卿から内務卿に就任。政府内での指導的地位を固めていった。その後の功績としては大日本帝国憲法の作成とその発布があげられる。また、初代総理大臣として有名だが、明治42年（1909）にハルビンで韓国人・安重根に暗殺された。

井上馨《いのうえ かおる》

生没年 1835〜1915

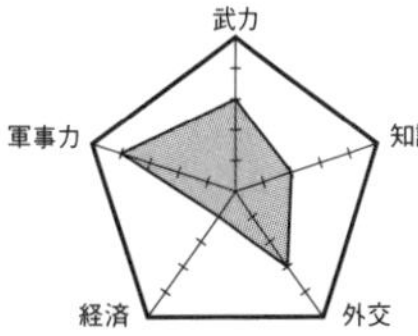

変名：春山花輔、山田新助、今出頑八、高田春太郎、世界庵聞多、奈良屋文七
身分：藩士
所属：長州藩→鴻城隊→政府
思想：開国
関連事件：下関戦争、長州征伐、戊辰戦争

資金集めの才

幼少のころ、志道家に養子入りし、志道聞多と称する。彼は若くして文武に優れており、藩内でも一流の師について精進した。その能力を認められ、毛利敬親の小姓役となる。

文久2年（1862）、御盾組（御盾隊とは別組織）の一員として、高杉晋作や伊藤博文らとともに英国公使館を焼き討ちした。同年6月、ジャーデン・マジソン商会の世話でイギリスに留学する。この時の資金集めは伊藤博文と協力して行ったが、手段はいささか強引だった。

このため志道姓を井上姓に戻し、養家に迷惑がかからないよう配慮している。集金工作は得意だったらしく、同年の高杉晋作の上海行きの時も、彼が資金集めを請け負った。

ふたつの幸運

元治元年（1864）、禁門の変を口実に幕府は長州征伐に乗り出した。この時、馨は恭順派である俗論党を説得するのに成功したが、そのために山口・讃井町の袖解橋で反対派の刺客に襲われた。

この時、肌身放さず持っていたお守りの鉄の鏡が下腹部へのひと刺しを妨ぎ、さらに幸運なことに運び込まれた自宅ですぐに手術を受けられたので、一命は取りとめた。お守りは、英国留学の際に妹尾という女性からもらった物、そして自宅には適塾で医学を学んだ美濃の浪士・所郁太郎が訪ねて来ていたのである。

同年末、復帰した馨は功山寺決起に呼応した一揆勢を部隊に編成し直し、鴻城隊と名づけた。四境戦争（第二次長州征伐）や戊辰戦争において、彼はこの鴻城隊を率いて転戦している。

三井の番頭

維新後は、参与、外国事務掛、大蔵大輔などを歴任したが、明治6年（1873）に辞職。明治8年（1875）に外務卿、以後は内閣で大臣を務めた。

馨は政商・三井と癒着し、西郷隆盛から「三井の番頭」と呼ばれるほどであった。政治家として決して潔白ではなかったが、この財界との癒着は近代日本に資本主義を確立させていく一因となったのである。

井上清直《いのうえ きよなお》

生没年 1809〜1867

変名：とくになし
身分：幕臣
所属：幕府
思想：開国
関連事件：日米通商条約

川路聖謨の実弟。安政2年（1855）に阿部正弘の抜擢を受け、下田奉行としてハリスと応接。安政5年（1858）6月、岩瀬忠震とともに全権委員として日米通商条約に調印した。

その後、横浜開港問題で井伊直弼に疎まれて左遷。文久2年（1862）に外国奉行として復帰を果たす。家茂が攘夷実行を約束すると、これに反対して将軍の辞職を求めるという熱烈な開国派だった。

井上源三郎《いのうえ げんざぶろう》

生没年 1829〜1868

変名：とくになし
身分：隊士
所属：浪士組→新撰組
思想：佐幕
関連事件：池田屋事件、禁門の変
鳥羽伏見の戦い

試衛館道場に出入りしており、近藤に従って京に入った。隊士の中では年長者であり、副長助勤と6番隊長を歴任した。

性格は無口で真面目。また頑固で思い詰める面もあり、鳥羽伏見の戦いでは引き時に引かなかったため、銃弾に倒れた。

新撰組の研究に長けた子母澤寛《しもざわかん》の著書によると40歳で世を去ったとされているが、佐藤彦五郎の長男の書き残しによれば30歳になっている。

伊庭八郎《いば はちろう》

生没年 1844〜1869

変名：とくになし
身分：幕臣
所属：幕府遊撃隊→蝦夷共和国
思想：佐幕
関連事件：鳥羽伏見の戦い、箱館戦争

心形刀流8代目・伊庭秀業の子として江戸下谷御徒町に生まれる。15歳の時に父を失ったが、若年を理由に家督を父の弟子に譲った。

元治元年(1864)に奥詰勤務となり、奥詰と講武所詰の者が遊撃隊として編成されると、そのまま遊撃隊士となった。

鳥羽伏見の戦いでの敗戦で江戸に戻ると、遊撃隊の一部を連れて箱根に転戦。三枚橋で左手首を斬り落とされたが、怯まずに敵兵を倒したので、以後は勇名を馳せることになった。

後に榎本武揚軍に加わって北上しようとしたが乗っていた船が座礁してやむなく上陸、潜伏する。

明治元年(1868)11月、機を見て北海道に渡り、蝦夷共和国に参加したが、木古内で負傷して箱館に移される。

通説では、療養中の5月16日に五稜郭にて服毒死したといわれるが、史談会記録によれば、病没した彼を看取った者がいる。享年27歳。

八郎は眉目秀麗、色白で背は低く華奢で美貌の剣士として知られ、後に錦絵にもなった。

入江九一《いりえ くいち》

生没年 1837〜1864

変名：河島小太郎
身分：足軽→志士
所属：長州藩→奇兵隊
思想：尊皇・攘夷
関連事件：禁門の変

安政5年(1858)以降、松下村塾でごく短期間学んだが、四天王に数えられるほどの英才であった。吉田稔麿の判じ絵の逸話で、彼は荒削りな才気にあふれる木剣として描かれている。

吉田松陰の命を受けては江戸に赴き、尊攘活動に専念したが、幕府に捕らえられた経験がある。

出獄後は高杉晋作の進めた奇兵隊創設に協力し、元治元年(1864)の禁門の変に出陣。久坂玄瑞らとともに鷹司邸に籠って奮戦した。

久坂に後事を託された彼は京都脱出を図るも失敗し、切腹して果てた。

色部長門《いろべ ながと》

生没年 1825〜1868

変名：とくになし
身分：家老
所属：米沢藩
思想：佐幕
関連事件：戊辰戦争

色部家は、謙信以来、上杉家に仕え続けている忠臣の家柄である。歴代の多くは、江戸家老や奉行を勤仕している。

長門は幼少より藩校・興譲館に学び、嘉永6年(1853)5月に家督を継いだ。安政6年(1859)に侍組頭兼江戸家老を経て、慶応元年(1865)には京都警護を命じられた藩主名代の茂憲に従って上洛。総奉行として御所南門の警備にあたった。

戊辰戦争においては、米沢藩軍総督として越後に出陣。新潟に駐屯し、重要拠点・新潟港の警備に従事している。

しかし新発田藩の寝返りと同時に官軍の新潟攻撃がはじまると、彼は戦場に赴き、銃弾に倒れ自刃して果ててしまう。この事件で、色部家は反逆首謀者の疑いをかけられて家名断絶となったが、これは後年になって許されている。

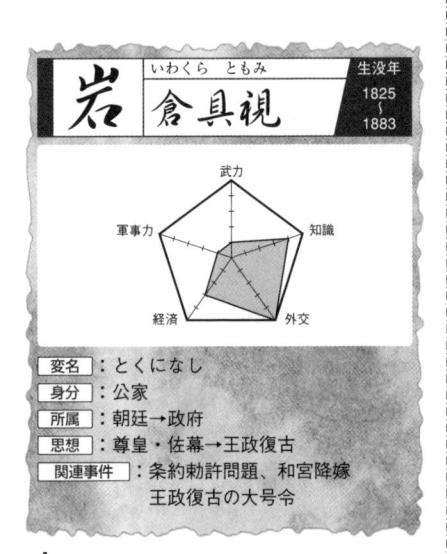

岩倉具視《いわくら ともみ》

生没年 1825〜1883

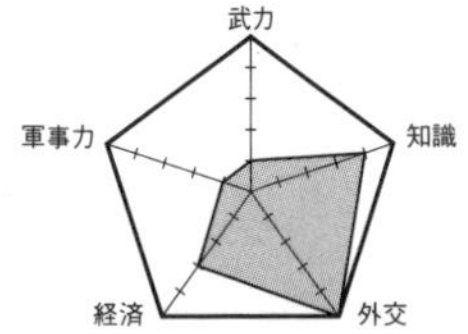

変名：とくになし
身分：公家
所属：朝廷→政府
思想：尊皇・佐幕→王政復古
関連事件：条約勅許問題、和宮降嫁
王政復古の大号令

朝廷での活動

岩倉具視は、公家の堀河康親の次男として生まれた。幼い時より知恵に富み、それを見込まれて14歳の時に岩倉家の養子となった。

岩倉家は下級の公家であり、第6代の尚具が宝暦事件に関わって処分されるなど尊王の風潮の強い家系であった。これが具視の王政復古の思想に強い影響を与えたと見られる。

ちなみに宝暦事件とは、宝暦8年（1758）に学者の竹内式部が桃園天皇に尊王論を講義したことがもとで起こった事件だ。幕府との摩擦を恐れた京都所司代は、関わった公家を処分したという。

さて、具視は前関白・鷹司政通の歌道の弟子になった。鷹司は岩倉と接するうちに非凡な才能に気づき、信頼するようになる。鷹司は朝廷に隠然たる影響を持ち、徳川斉昭の親戚だったこともあって公家としては珍しく内外の情勢に通じていた。その推薦があって、具視は安政元年（1854）、孝明天皇の侍従となった。

最初の策謀

安政5年（1858）、日米通商条約の勅許を求めて堀田正睦が上洛してきた。天皇は反対したが、朝廷の意見はなかなか統一されない。関白・九条尚忠が幕府にすべてを委任する案を出したため、具視はそれを阻止するために動き出した。

幕府を苦々しく思っていた彼は、その要求をはねつけることで、朝廷の勢力を拡大しようと考えていた。具視は条約勅許に反対する88人の公家を集めて参朝し、九条関白案を批判する書状を提出させた。この運動で九条関白は案を撤回し、条約勅許は幕府に与えられなかった。具視の策謀はうまくいったが、幕府も朝廷の意向を無視し、単独で条約を締結してしまう。

和宮降嫁

安政の大獄が起きると、具視は京都所司代の酒井忠義と会って公武合体論を説き、朝廷要人に被害がおよぶのを防いだ。これは後に、将軍家茂と和宮との結婚問題にも繋がっていく。

幕府が朝廷へ正式に和宮降嫁を要請すると、具視は賛成した。降嫁を認める代わり、幕府に朝廷への忠誠を誓わせるべきだ……そう天皇に進言し、公武合体派の公家とともに、降嫁運動に尽力したのである。結果、文久元年（1861）には和宮の江戸への東下、翌年の2月に婚儀が成立した。

幕府は和宮降嫁に成功したものの、攘夷の約束と朝廷への忠誠を誓わねばならなかった。またしても具視の策謀は成功したのである。

攘夷過激派台頭

文久2年（1862）4月、島津久光が幕政改革を掲げて上洛してきた。具視は久光に期待し、朝廷への取りなしを引き受けている。彼は朝廷の勢力を確保するために、薩摩のような雄藩と手を組むべきだと考えていた。

久光の江戸入りに際し、具視は大原重徳を勅使として推薦した。しかし、その間にアクシデントが発生した。藩論を攘夷に統一した長州藩の毛利敬親がやって来たため、京都は尊皇攘夷を叫ぶ過激派に制圧されてしまったのである。

過激派は「天誅」と称して佐幕派の要人を暗殺していった。そして、三条実美ら攘夷派公家が朝廷で幅を利かせるようになった。

具視は和宮降嫁で活躍したため、幕府と内通する姦物と見なされ、暗殺の標的となった。動きが取れなくなった彼は要職を離れたが、攘夷派は弾劾文や脅迫状で追い討ちをかけた。しかたなく具視は文久2年（1862）8月に出家し、法名を友山と変え、隠遁生活に入った。

恐怖の日々

襲撃を恐れた具視は寺を転々とし、最終的には京都の北にある岩倉村に落ち着いた。大工の家を買い取って、そこに潜伏していたが、毎日が恐怖の連続だった。攘夷派浪士と思われる男たちが探しに来た時などは、納屋に隠れて難を逃れたという。

やがて8月18日の政変が起こって攘夷過激派が京都から追放されると、やっと安心して暮らせるようになった。しかし、世間には「岩倉は幕府の内通者」という印象が定着しており、朝廷から許しが出ることもなかった。彼は政治的に孤立したまま、5年ほどを過ごすことになる。

動き出す具視

慶応元年（1865）、松尾相永《すけなが》と藤井九成のふたりが具視のもとを訪れた。彼らは柳の図子《ずし》党という志士の集まりの中心人物だった。以前から具視と親しかった松尾は、世間から忘れ去られた具視を気の毒に思って、情報を伝えに来たのである。

それからの具視は彼らの協力を得て、潜伏したまま政治工作を行っている。この時期には朝廷へ意見書を提出し、多くの志士と出会って親交を深めた。具視に会った志士は誰もがその見識に驚き、味方となったという。

また、具視は公武合体の王権拡大から幕府抜きの王政復古へと思想を変化させた。そして、長州再征を巡って幕府と対立中の薩摩藩との共闘を望むようになる。慶応2年（1866）8月、具視の意思を受けた中御門経之、大原重徳ら22人の公家は列参し、佐幕派の中川宮と二条関白の辞職、具視らの朝廷復帰を建言した。

しかし、孝明天皇は怒り、逆に中御門たちに閉門謹慎を言い渡している。朝廷工作は失敗し、王政復古派の公家たちは追放されてしまった。

急転

慶応2年（1866）12月、孝明天皇が崩御した。具視は大きな衝撃を受けたが、これは劣勢を挽回するまたとない機会だった。翌慶応3年（1867）正月。新帝が践祚すると、薩摩藩の工作もあって王政復古派の公家たちが朝廷に復帰した。具視自身はまだ表舞台に立てなかったが、和宮降嫁の時に協力した中山忠能や正親町三条実愛らとも関係を修復した。そして中岡慎太郎の仲介で、太宰府にいた三条実美とも和解が成立した。

ここに至って佐幕派の中川宮らに対抗しうる、王政復古派の公家集団が結成された。そして、この背後には薩長と幕府との対決があった。

王政復古の大号令

慶応3年（1867）10月、王政復古派の公家は薩長2藩に倒幕の密勅を与えた。これを察知した幕府側は先手を打ち、大政奉還によって徳川家の存続を図る。具視は幕府にさらに対抗して、王政復古のクーデターを画策した。

12月9日、許された具視は朝廷に参内。薩長など5藩の兵が宮門を固めた上で、具視、中山、正親町三条の奏上を受けて天皇が王政復古の大号令を発した。これによって徳川慶喜、中川宮、二条関白は実権を奪われてしまう。

その晩、小御所において土佐藩の山内容堂が具視と激しく口論した。しかし、同情的佐幕派の容堂がいくら騒いでも、動き出した時の流れはもう止めようがなかった。策謀合戦で最後に勝ったのは具視だったのである。

明治新政府の重鎮

具視は三条実美とともに新政権のトップとなった。諸藩連合をまとめるには朝廷内部の者が必要だったし、彼には優れた政治力もあった。

明治6年の政変において、彼はその手腕を存分に発揮した。具視が不平等条約改正のために欧米を歴訪している間に、西郷隆盛が朝鮮開国を主張し、朝鮮国への使者となることが決まった。これに対して大久保利通は内政の充実を図るべきだと主張し、西郷と対立したのである。

折よく帰国した具視は大久保と組んで西郷の計画を挫折させた。西郷は下野し、これが西南戦争の原因ともなった。

王政復古を貫いた人生

明治新政府は近代化を進めるためにも、立憲君主制の道を歩もうとしていた。しかし、具視はこの動きに反対だった。日本は天皇を中心とした政府であるべきで、西洋型の立憲政治はなじまないと考えていたのである。彼の思想はどこまでも王政復古だったらしい。

そのためか、具視は皇室を擁護する華族制度の確立に尽力した。華族銀行として国立第十五銀行を開設し、亡くなる直前には京都御所の保存運動にも手をつけている。

明治16年(1883)7月20日、具視は病気で他界した。死後、太政大臣の位を贈られている。

岩崎弥太郎《いわさき　やたろう》

生没年 1834〜1885

変名：とくになし
身分：藩士
所属：土佐藩
思想：開国
関連事件：とくになし

岩崎弥太郎は土佐安芸郡井ノ口村の地下浪人の家に生まれた。地下浪人とは土佐特有の階級で、無禄無役、最下級の武士のことである。

弥太郎は父・弥次郎とともに村でも悪名高い厄介者であった。郡代役人に逆らって入牢した時、木材密売で牢に入っていた商人の教えを受け、算用と商才に目覚めたといわれる。

出牢した弥太郎は高知城外の鴨田村に寺小屋を構えたが、これが生涯の転機となった。鴨田村からほど近い長浜村に、蟄居中の吉田東洋が私塾を開いており、門下生の後藤象二郎が宿題の答案作成を弥太郎に頼んだ。これを見た東洋は内容に驚き、弥太郎は塾に招かれることになった。

東洋が藩政に復帰した際、ほとんどの門下生は要職に就いたが、その身分が災いして、弥太郎は下級警吏の職しか得られなかった。自負心の強い彼はすぐに辞職。材木商となるが、藩の専売法のために破産してしまう。開成館にも出仕したが、ここでも小役人にしかなれず、結局は井ノ口村へ戻った。

その弥太郎を、藩政改革に奔走する後藤が抜擢した。長崎に藩営の貿易会社を作るにあたって、商才のある者を探していたのである。

土佐商会の主な業務は、土佐の物産の交易と、艦船や銃砲の買い入れ、それと長崎での情報収集にある。弥太郎は存分に才を発揮したが、別の問題も起こった。

実は後藤は「破れ風呂敷」とあだ名がつくほどの浪費家であり、そのツケが弥太郎に押しつけられたのである。明治になると、後藤は土佐藩の艦船や藩外の財産をすべて弥太郎に与え、ついでに藩の負債も背負わせた。維新のどさくさの中でのことだ。

弥太郎は土佐商会を三川商会と改め、さらに三菱商会を興し、後に日本郵船会社の元になる三菱汽船会社に発展させた。この会社は政府の保護を得て、征台の役や江華湾事件、西南戦争などの輸送船業務を一手に引き受けた。岩崎家は東洋の海運王と呼ばれる存在になり、大財閥三菱の礎を築いた。ちなみに、三菱という社名とマークの由来は、土佐山内家の家紋である三枚柏と岩崎家の家紋の三階菱からきている。

岩瀬忠震《いわせ　ただなり》

生没年 1818〜1861

変名：とくになし
身分：幕臣
所属：幕府
思想：開国
関連事件：日米通商条約

阿部正弘に抜擢された幕吏。ロシア使節プチャーチンとの接触から開国派となり、以後のほとんどの対外条約調印に参加した。また、洋式帆船の建造や英語教育の推進などの功績もある。

言論に優れ、通商条約勅許を求める堀田正睦の上洛にも同行したが、成果はなかった。安政の大獄に連座して謹慎。

優秀な人材だったが、その後は幕政に復帰することもなく、文久元年(1861)に世を去った。

岩村高俊《いわむら たかとし》

生没年 1845〜1906

変名：とくになし
身分：藩士
所属：土佐藩→陸援隊→政府
思想：尊皇
関連事件：天満屋騒動、戊辰戦争、萩の乱

岩村高俊（精一郎）は慶応3年（1867）藩命により上京し、国事に奔走していた。この年の11月に坂本龍馬、中岡慎太郎が暗殺される。ふたりはすでに天下の英雄であり、土佐藩邸は騒然となった。

下手人について流れるさまざまな噂の中に、いろは丸事件の報復として紀州和歌山藩士・三浦休太郎が首謀者だという説があった。三浦が犯人だと断定した陸奥陽之助（宗光）は復讐に向かい、高俊はこの一団に加わっている。

やがて戊辰戦争が起こると、高俊は東山道先鋒総督軍を率いて信越に出征した。小千谷慈眼寺において長岡藩家老・河井継之助と会談するが、河井が希望する中立国構想を高俊が拒否したため、長岡藩は徹底抗戦を決意した。これが戊辰戦争最大規模といわれる長岡戦争の原因である。

官軍は一度は長岡城を落とすが、河井の奇襲を受けて長岡城を奪還されてしまう。これで劣勢になったが、最終的には増援を得て敵を圧倒した。高俊はさらに奥羽まで転戦し、軍功を賞されている。

戦後は宇都宮、神奈川県などの権参事となるが、佐賀県令となった明治7年（1874）、江藤新平の乱を鎮定している。

以後は県令や知事を歴任し、貴族員議員となって男爵位を授けられた。

上杉斉憲《うえすぎ なりのり》

生没年 1820〜1889

変名：とくになし
身分：藩主
所属：米沢藩
思想：佐幕→尊皇
関連事件：戊辰戦争

上杉家12代斉定の子。

寛永年間、米沢上杉家は断絶の危機に陥ったが、会津藩祖・保科正之の奔走によって救われた経験がある。また上杉謙信の「生を捨てて義を取る」という遺訓もあり、斉憲は藩論を救会津論に統一した。

官軍参謀・世良修蔵が暗殺されたのを知ると、白石に東北諸藩の重臣を集め、奥羽列藩同盟を結成させた。この同盟には後に越後6藩も加わっている。征討軍撃滅と会津救済を叫んで戦闘に突入したまではよかったが、長岡城が陥落し、越後に出動していた家老・色部長門が戦死すると、急に弱腰になってしまう。

彼は全軍に撤退命令を下し、籠城を続ける会津若松城を見捨て、官軍へ降伏を申し入れた。この後、奥羽追討の先鋒を買って出て、米沢藩の処分を軽くさせた（斉憲自身の隠居のみ）。

国を守るのに成功はしたが、裏切りによって、東北諸藩から後々まで深い怨みを買うことになった。

宇田川玄真《うだがわ げんしん》

生没年 1769〜1834

変名：とくになし
身分：蘭方医
所属：なし
思想：開国
関連事件：とくになし

伊勢生まれ。最初は杉田玄白の養子となったが離縁され、江戸に出て大槻玄沢、宇田川玄随に蘭学を学ぶ。宇田川玄随亡き後、宇田川家を継いだ。

翻訳に優れ、オランダの医学書の和訳の他、ショメールの百科全書を訳した『厚生新編』がある。わが国初の化学書『舎密開宗』を訳したことで知られる宇田川榕庵は彼の養子である。

梅田《うめだ》雲浜《うんびん》

生没年 1815〜1859

変名：とくになし
身分：藩士→学者
所属：小浜藩
思想：尊皇・攘夷
関連事件：将軍継嗣問題、安政の大獄

若狭国小浜藩士・矢部岩十郎義比の次男として生まれ、後に祖父の実家に引き取られ、梅田姓を名乗った。

文政5年(1822)、8歳にして藩校・順造館に入学。文政12年(1829)に上京し、崎門学派の学塾・望楠軒に学び、翌年に江戸へ出向き、望楠軒学派の正統を継ぐ山口管山門下に入った。天保11年(1840)、10年ぶりに小浜に帰郷したが、翌年に京都へ行き、そこで湖南塾を開く。後に望楠軒塾の講師に迎えられ、崎門学者として広く世に知られた。

雲浜は藩政や海防策についての意見書を、藩主・酒井忠義に書き送ったが、これは藩政批判と受け取られ、嘉永5年(1852)に士籍を剥奪、浪人に落とされた。

ペリー来航後は江戸で吉田松陰など尊攘志士と交流、その後は京都で交易業の傍ら、梁川星巌に次ぐ尊攘派指導者となった。

安政5年(1858)、将軍継嗣問題が起こるや一橋派につき、井伊直弼を批判した。同年8月、水戸藩に降下した戊午の密勅についても、雲浜が青蓮院宮に提出した意見書が参考にされたといわれている。

もちろん、これらの活動は大老の謀臣・長野主膳の知る所となった。雲浜は「悪謀四天王」のひとりと目され、安政の大獄最初の犠牲者になってしまう。

彼は安政6年(1859)に小倉藩主・小笠原忠義の元に送られるが、取り調べの途中、病にかかって他界した。

エ

EVFIMII VASIL' EVICH PUTYATIN

ウフェミィ・ヴァシリエヴィチ・プチャーチン

生没年 1803〜1883

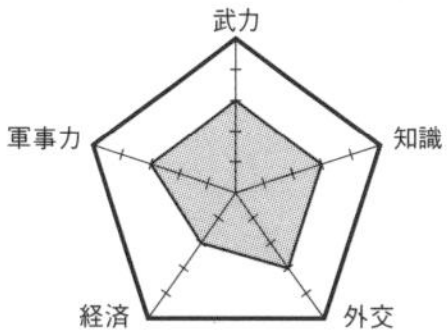

身分：外交官・軍人
所属：露国
関連事件：日露和親条約

不運の提督

海軍兵学校出身のロシア海軍提督。若くから外交に長じ、性格は温厚で誰にでも友好的な態度で接したという。

嘉永6年(1853)7月、ロシア使節極東艦隊司令官としてフリゲート艦パルラダをはじめとする軍艦4隻を率いて長崎に来航。開港を迫った。

プチャーチンはペリーと競争する形でほぼ同時に日本に向かっている。しかし、長崎にたどり着いたのは1853年の8月。1か月ばかり、ペリーに遅れをとってしまった。しかも幕府の拒絶にあって、交渉は失敗に終わっている。

船舶界への貢献

安政元年(1854)、日米和親条約締結を知った彼は、ディアナ号1隻のみで大阪に来航した。同年12月に日露和親条約は締結されたが、乗艦は安政の大地震による大津波で大破。応急処置を行うも、下田回航の途中で嵐に遭って沈没した。

彼は日本(西伊豆戸田)滞在中に、江川太郎左衛門らと協力して、スクーナー型帆船・戸田号を完成させている。これはロシアの雑誌に載っていた船の設計図をもとに制作されたもので、日本で作られた最初の洋式帆船である。

この後、プチャーチンは長崎を2度訪れて条約を追加、安政5年(1858)には長崎と箱館の開港にこぎ着けた。

帰国後はこれら一連の功により海軍大将に昇進し、伯爵となっている。また文部大臣や参議院議員を務め、80歳の時、パリでこの世を去っている。

明治14年（1881）、明治政府はプチャーチンに勲一等旭日章を与え、日露交渉の功を賞した。静岡県の緑道公園内には、引き揚げられたディアナ号の錨とともに彼の像が建てられている。

江川担庵《えがわ　たんあん》

生没年 1801〜1855

変名：とくになし
身分：学者・幕臣
所属：幕府
思想：佐幕・開国
関連事件：蛮社の獄、黒船来航

伊豆韮山に古くから続く江川家の36代目。江川家当主は代々、太郎左衛門と称し、幕府の代官を務めてきた。担庵は天保6年（1835）に代官を継ぎ、二宮尊徳の意見を取り入れて民政に力を入れたので、「世直し江川大明神」と呼ばれた。

水戸藩の幡崎鼎《はたさきかなえ》、次いで渡辺華山に蘭学を学ぶ。老中・水野忠邦の信任が厚く、海防のために南関東から伊豆の巡視・測量を行った。この時に蘭学者の協力を受けたため、鳥居耀蔵らの守旧派に睨まれ、蛮社の獄で処分されそうになったが、水野忠邦の取り成しで難を逃れた。

天保12年（1841）、幕府に命じられて高島秋帆から西洋式砲術を学ぶ。翌年には砲術を教える塾を開いたが、ここには幕臣の川路聖謨、松代藩の佐久間象山らが入門した。また伊豆韮山に反射炉を築いて西洋砲の鋳造を行うなど、幕府の兵制を火器中心に変革しようと試みた。

水野忠邦の失脚とともに中央では重く用いられなくなったが、黒船来航に伴う品川台場の建設など最後まで海防に心を砕いた。

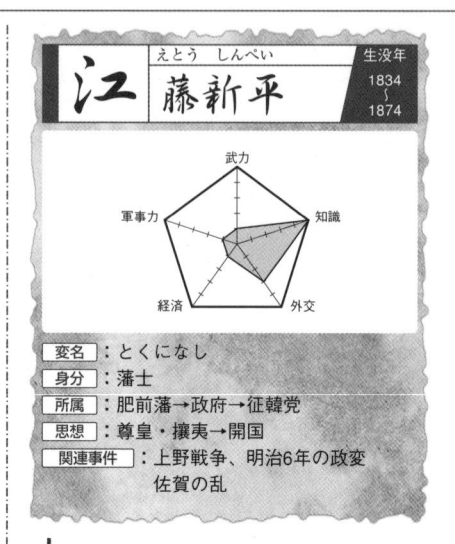

江藤新平《えとう　しんぺい》

生没年 1834〜1874

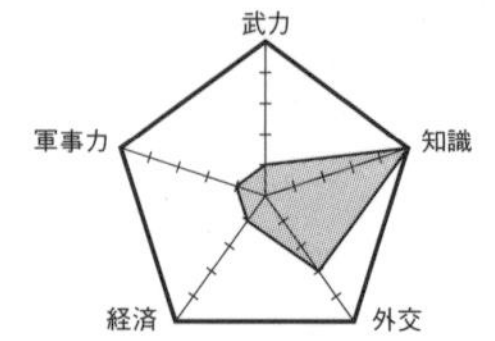

変名：とくになし
身分：藩士
所属：肥前藩→政府→征韓党
思想：尊皇・攘夷→開国
関連事件：上野戦争、明治6年の政変
佐賀の乱

手明槍

肥前には「手明槍」という有名な武装集団があった。戦時には槍一本具足一領で出陣するが平時は無役という、いわば下級武家である。肥前国佐賀郡八戸村《やえむら》の江藤家は、880家からなるこの手明槍の一家だった。

江藤新平は助右衛門胤光の長男として、天保5年（1834）に生まれている。彼は貧窮の生活を送りながらも上昇志向が強く、藩校・弘道館では異彩を放つ勉学ぶりで知られていた。

開国論に転ず

嘉永3年（1850）、枝吉神陽《えだよししんよう》の主宰する義祭同盟に参加、中野晴虎や大木喬任、島義勇らと親交を結び、後に「図海策」という論文の中で開国論を唱えた。当初は尊攘派だったが、このころから開国派に転じている。

頭脳明晰なことを認められて要職に就き、雄藩連合を目指して運動を開始した。しかしこれが認められず、文久2年（1862）、大木喬任に費用を都合してもらって佐賀藩初の脱藩を決行する。

新平は上洛し、開国派だった公卿・姉小路公知を通じて密書を上奏する。この時、長州の桂小五郎（木戸孝允）とも接触した。

不死鳥

結論からいえば、活動の成果は、はかばかしくなかった。その後は命に従って帰藩、藩への建白をこめた「京都見聞」を提出した後、金福寺という廃寺に永蟄居となったが、王政復古後に許された。

慶応4年(1868)、東征大総督府の軍監となって江戸へ行き、彰義隊討伐や東京遷都に尽力する。江戸城開城にあたっては、他の物には目もくれず、真っ先に政治関係の文献や記録の類を押収したという。その後は佐賀藩の改革にあたったが、すぐに新政府に出仕した。

明治2年(1869)9月、維新の功労者に賞典禄が下された時、佐賀藩で唯一100石を受けた。志士としては成功しなかったが、その努力は認められたのだ。

国家プランナー

明治5年(1872)、司法卿となり司法の独立や警察制度の統一、民法草案の編纂に努めた。汚職を厳しく摘発したため、特に長州閥から恨みを買うことになる。

また新平は当時の日本に数えるほどしかいなかった国家プランナーで、日本を法治国家とすべく運動していた。一方、同じ国家プランナーである大久保利通は官僚が支配する行政国家を目指しており、このためにふたりは対立することになる。

明治6年(1873)の政変で、新平は西郷隆盛側について政界を離れる。このころ、日本は維新による社会構造の歪みで病み、特に没落した不平士族は不穏な動きを見せはじめていた。

翌年、彼は征韓論者や過激な攘夷主義者・憂国党を抑えるために帰省したが、逆に乱の首魁に祭り上げられた。

佐賀の乱

明治7年(1874)2月1日払暁、新平は自身が党首となった征韓党と島義勇が率いる憂国党、合わせて3000の兵を率いて佐賀城を攻撃した。佐賀の乱のはじまりである。

政府軍は久留米北方の朝日山へ中原・田手・神崎から攻め込む本隊(野津少将指揮下)、筑後川を渡って江見方面へ向かう佐久間支隊(佐久間少佐指揮)、三瀬口から進出して佐賀を突く別動隊(小笠原大尉指揮)の3方から迅速に侵攻した。また佐賀の第三勢力である県庁党も政府軍に加勢した。こうして征韓党と憂国党は防戦一方に追い込まれ、あっというまに壊滅した。乱が簡単に鎮圧されたのには、主にふたつの理由がある。

まず新平や島が現場にいなかったことだ。彼ら幹部は他県の士族に援護を求めに行ったのだが、どこでも冷たくあしらわれている。征韓論を唱えた西郷でさえ協力しなかったという。また、軍は新平が帰省すると同時に動員されていた。こちらは新平の政敵である大久保の手によるものである。

日本初の手配写真

佐賀の乱鎮圧後、手配書が全国に回るが、これが日本初の写真による手配書となった。司法機構を創り上げた本人が追われる身になるとは、皮肉な話である。

3月27日、新平は土佐・甲ノ浦で捕吏の浦正胤によって発見、逮捕された。

弁護人も審議もない臨時裁判に引き出された彼は身分を剥奪され、晒し首という厳しい刑を課せられた。これは当時の最高刑であり、4月13日に執行された。死に臨み、新平は一句を遺している。

「ただ皇天后土のわが心を知るのみ」

その後、彼のさらし首の写真を撮り、焼き増しして売った者がいたが、政府も警察もこれを黙認した。しかし、新平は佐賀では義民として扱われ、墓前に参れば病気が治るとか、霊は県庁に出仕して民政を聞くなどと信仰された。

エドワード・ジョン・ニール

EDWARD JOHN NEALE

生没年 ?〜1866

身分：外交官・軍人

所属：英国

関連事件：生麦事件、薩英戦争

文久2年(1862)の生麦事件が勃発した時の英国公使。

強行外交に訴え、幕府に補償金10万ポンドと犯人をイギリス士官立ち会いのもとで処刑することを要求した。さらに遺族扶助費と負傷者への慰謝料として2万5千ポンドを請求した。

これは直接報復に出ようとする在日英民を抑えた結果の行動である。しかし、彼の努力は実らず、薩英戦争が勃発する。

慶応2年(1866)に死亡。

榎本《えのもと》武揚《たけあき》

生没年
1836
～
1908

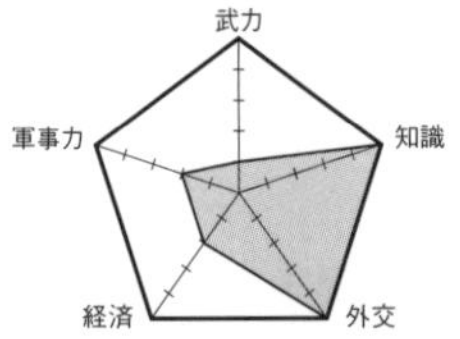

変名：とくになし
身分：幕臣
所属：幕府→蝦夷共和国→政府
思想：佐幕・開国
関連事件：江戸城開城、箱館戦争

サラブレッド

天保7年(1836)8月25日、江戸・下御徒町の通称「三味線堀の組長屋」に生まれる。

父は榎本園兵衛武規といい、伊能忠敬の内弟子として「大日本沿海輿地図」の完成に携わった英才である。武揚はその次男で、はじめは釜次郎と名乗っていた。

園兵衛は武揚を役人にするため、田辺石菴に師事させた。明晰かつ優しい性格の子で、父が勉学の褒美として菓子を与えると、他の子にも分けたという。

やがて昌平坂学問所に入学した武揚は、新井白石の『読史余論』や『婦嬰新説』を好んで読んだ。この時期、中浜万次郎の英語塾に通って欧米の知識も吸収した。後に箱館で共闘する大鳥圭介と知り合ったのもこのころである。

長崎での勉学

学問所卒業試験の結果はかんばしくなく、武揚は役職に就けなかった。それで、学友の伊沢謹吾の父・伊沢美作守に頼み込み、長崎海軍伝習所に入所している。

武揚には科学者としての素養があった。伝習所では航海術、戦術、造船、語学、地理学、蒸気学、化学などを学び、筆頭教授カッティンディケから「品性卓越し、絶大な熱心さを持った計画性のある人物」と評されている。

モールス符号の会得

文久2年(1862)、幕府はオランダにフレガット(フリゲート)蒸気軍艦1隻を発注し、同時に技術修得のための留学生を派遣する。この時、江川太郎左衛門に学び、オランダ語も修得していた武揚は15人のメンバーのひとりに選ばれた。27歳の時のことである。

彼は留学中に起こったデンマークの内乱を観戦し、戦争に荷担したプロシアがデンマーク領土をもぎ取っていく様を見た。内戦を起こせば、それに干渉する他国に領土を奪われる……後に勝海舟が唱えた内戦防止論に彼が共鳴したのはこういう経験をしたためだろう。

また武揚はプロシアの勝因のひとつである電信に強く関心を示した。そして日本人で初めてモールス符号を修得し、電信機を持ち帰ることになるのである。

開陽丸での航海

元治元年(1864)10月20日、完成した船は「開陽丸」と名づけられた。木造螺旋推進式(スクリュー式)と3本マストを備え、400名を乗せるこの蒸気軍艦には26門のクルップ砲が搭載されていた。

訓練を終えた留学生らは開陽丸で大西洋を越え、リオデジャネイロ、蘭領インドのアンボイナを通過し、慶応3年(1867)3月26日に横浜へ到着した。

日本で最強の軍艦である開陽丸は即日、幕府海軍の旗艦となる。そして武揚は船将と軍艦奉行を兼任することになった。

榎本艦隊北へ

日本ではすでに内戦がはじまっていた。鳥羽伏見の戦いの後、武揚は幕府艦隊を率いて品川沖の制海権を確保し、江戸の無血開城を支援している。

勝海舟はパークスを通じ、薩長軍に政治的な圧力をかけた。もし江戸を攻撃すれば、海軍が黙っていないというわけである。勝はその代わりに江戸城を開いたのであった。

慶応4年(1868)8月15日、榎本艦隊は田安亀之助(徳川家達)を駿府に送った。これによって徳川宗家の新体制下での存続が約束されたのである。

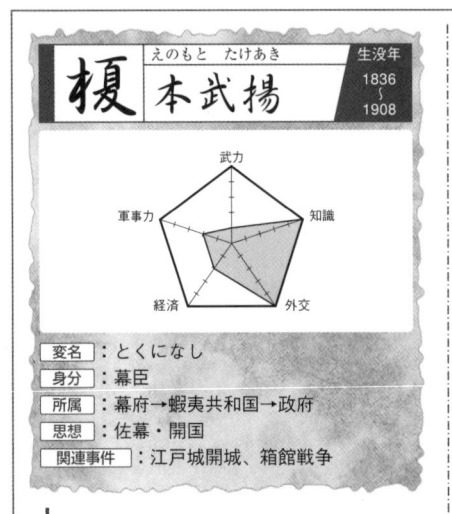

幕臣として最後の役目を終えた海軍だが、新政府への艦艇引き渡しを拒み、慶応4年(1868)8月

19日、品川を脱出して北へ進んだ。勝海舟を通じて鎮将府に提出した「徳川家臣大挙告文」にある通り、「旧幕臣のための蝦夷地開拓および再三要請のあった奥羽列藩同盟への支援」を目的とした行動である。一行は仙台で大鳥圭介らと合流し、さらに北へ向かう。この間に元号は明治と改まった。

北海道上陸

明治元年(1868)10月20日、艦隊は当時は和名がなかった「ヴォルカノベイ」(現在の内浦湾)から回り込み、鷹の木村の浜(北海道茅部郡森町)に上陸した。国際情勢に通じていた武揚は、混乱を避けるため、諸外国の領事館のある箱館を避けて蝦夷へやって来たのである。

新政府軍との交戦に先立ち、彼は各国領事館にフランス語で「徳川脱藩家臣団」と署名した声明書も届けた。

事実上の政権

11月8日、榎本は開陽丸上で英仏の領事と会見し、覚書を求めた。数日後、英仏はそれぞれ覚書を持ってきた。内容は以下のようなものである。

「英仏はこの国内問題に対して厳正中立の立場を取る。箱館港封鎖など交戦団体としての特権を認めない。榎本らを事実上の政権として認める」

武揚はこれを読んでほくそ笑んだ。幕府残党は反乱分子だが、国際的には新政府とは別の独立政権として認められたのである。今後の戦いに外国が干渉してくることはない。自軍の士気は上がり、敵軍もおいそれとは手を出せなくなるだろう。

彼は一方で朝廷に嘆願書を出している。これは却下され「徳川家没落の今、これ以上の交戦は無意味だから降伏せよ」という内容の返事をもらっている。

新政府は、武揚らに寛大な処置を取ろうとしていた。「寛典の詔」を発し、激しい抵抗をした会津藩の松平容保に対してすら死一等を減じている。

しかし12月7日、箱館に入った幕府残党の手によって、事実上の独立宣言が発せられた。蝦夷共和国の誕生である。

蝦夷共和国総裁

12月28日。東京では岩倉具視がパークスを動かし、欧米列強の局外中立を撤回させている。

その日、箱館では士官以上の入れ札による選挙が実施された。武揚は155票を得て共和国の総裁に就任する。

彼は新政府に対し、常に政治的に先手を打っていった。軍事的な業績はほとんどないが、政治手腕は世界的に見ても一流であった。ただし共和国は北海道の人々とは無縁の存在であり、軍費捻出のために重税をかけたこともあって、地元では反感を買っていた。

箱館戦争は明治2年(1869)3月から5月にピークを迎えるが、要衝・弁天台場の降伏をきっかけに終了した。武揚が降伏勧告を受け入れ、拠点となっていた五稜郭が新政府軍に明け渡されたのは5月18日のことである。

前代未聞の特赦

武揚は明治2年(1869)6月30日に東京の軍務官牢に投獄された。

木戸孝允は極刑を主張したが、箱館戦の指揮を執った黒田清隆、そして大久保利通は寛典を唱えたため、判決はなかなか出ない。

フランス軍将校が共和国に参加していたこともあり、諸外国との関係が深い武揚を罰するのは政治的に難しかった。また彼は官軍捕虜を人道的に扱っていたことで知られ、東京や奥羽方面からも助命嘆願があった。さらに箱館で売り出された武揚の写真を外国人が争って買い求めている始末である。

以上の理由から、明治5年(1872)1月6日、共和国首脳の特赦が発表された。ただし形式上、武揚だけは3月6日まで兄・武与宅にて謹慎を命じられている。

千島樺太交換条約

謹慎明け早々に開拓使四等官(県知事に相当)に命ぜられた武揚は、北海道で石狩川の水運開発や石狩湾新港の計画立案を行った。

明治6年(1873)、この年の政争をきっかけに、樺太問題の早期解決が望まれるようになった。翌年1月14日、武揚はこの大任に抜擢され、海軍中将に昇進、また駐露全権公使に着任した。

ロシア皇帝アレクサンドル2世と謁見し、老獪な外交官スツレモーホフと渡り合った末、彼は千島樺太交換条約を締結させる。明治8年(1875)8月23日のことだった。

江戸っ子葬

明治12年（1879）以降は政府内で高官を務め、職務を確実にこなしていった。

武揚は若いころから快活で情にもろく、それでいて口数は多くなかった。しかし話す時は誠実で、何事も包み隠すことがなかったため、多くの人々から信頼された。容貌も男らしく魅力的で、女性のファンが多かったともいう。

明治41年（1908）10月26日、病死した際には多くの人々が詰めかけている。このことから、武揚の葬儀は「江戸っ子葬」と呼ばれた。

遠藤《えんどう》允信《さねのぶ》

生没年 1836〜1899

変名：とくになし
身分：藩士
所属：仙台藩
思想：尊皇
関連事件：とくになし

19歳の時、父・元良に代わって奉行となる。藩内の尊皇攘夷派の領袖となったが、性格については酷烈な評価を受けている。

文久2年（1862）、独断で攘夷決行の上書をし、藩論を尊皇に導こうとした。しかし翌年の政争で敗れ、閉門を命じられる。維新後は、奉行に復職し、戊辰戦争の戦後処理に尽力する。後年は神職に転じ、各地の宮司を務めた。

大木《おおき》喬任《たかとう》

生没年 1832〜1899

変名：とくになし
身分：藩士
所属：肥前藩→政府
思想：尊皇・攘夷→富国強兵
関連事件：萩の乱、秋月の乱、神風連の乱

天保3年（1832）、佐賀藩士・大木知喬の長子として生まれる。藩校・弘道館に学び、嘉永3年（1850）、義祭同盟に参加、中野晴虎や江藤新平、島義勇らと親交を結んだ。

維新後、江藤とともに「東京遷都」を建白し、その功により初代東京府知事となる。明治6年（1873）、江藤の後を受けて参議兼司法卿となり、萩の乱や神風連の乱の裁判処理にあたった。

元老院議長と民法編纂総裁を兼任し、法典を整備した功績も大きく、以後も政界で活躍した。寡言、公明正大、慎重堅実な態度で知られる。

正親町三条《おおぎまちさんじょう》実愛《さねなる》

生没年 1820〜1909

変名：とくになし
身分：公家
所属：朝廷
思想：王政復古
関連事件：戊午の密勅

万延元年（1860）議奏、文久2年（1862）国事御用掛に任ぜられる。慶応2年（1866）22卿列参に加わって謹慎処分。翌年、明治天皇の践祚で許され、王政復古を画策。同年10月には倒幕の密勅を薩長両藩に出すことに成功。王政復古で議定。維新後は輔弼、刑部卿の職に就く。

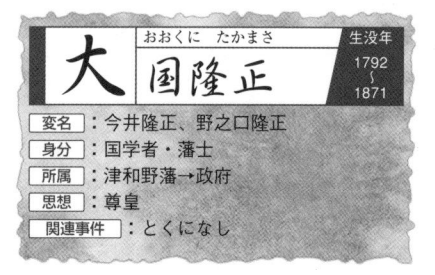

大国《おおくに》隆正《たかまさ》

生没年 1792〜1871

変名：今井隆正、野之口隆正
身分：国学者・藩士
所属：津和野藩→政府
思想：尊皇
関連事件：とくになし

津和野藩士の子として江戸に生まれる。文化4年（1807）、平田篤胤の門に入り、国学を学ぶ。後に脱藩し、関西で国学を教える。

徳川斉昭や関白・鷹司政通の知遇を得て、京都の公家たちに皇室の復興を説いた。その名声により嘉永4年（1851）に津和野藩への復帰が許され、以後は津和野藩校・養老館で人材育成に努めている。

維新後は神祇事務局に入り、国家神道の確立に全力を傾けた。明治初期の神道政策は彼の構想によるものが大きい。

大久保忠寛《おおくぼ　ただひろ》

生没年 1817～1888

変名：とくになし
身分：幕臣
所属：幕府→政府
思想：佐幕・開国
関連事件：第二次長州征伐、江戸城開城

名は「一翁《いちおう》」とも称する。

阿部正弘に登用され、目付や長崎奉行などを務める。また海防掛として、岩瀬忠震とともに外交交渉にあたった。

安政の大獄では、一橋派に属していたために罷免される。文久元年(1861)に許されて外国奉行、勘定奉行などを歴任。

慶応4年(1868)正月、会計総裁、若年寄に任命され、勝海舟とともに幕府最後のトップとして新政府との交渉を行った。江戸城無血開城および徳川家の存続に功績を残し、後に政界入りした。

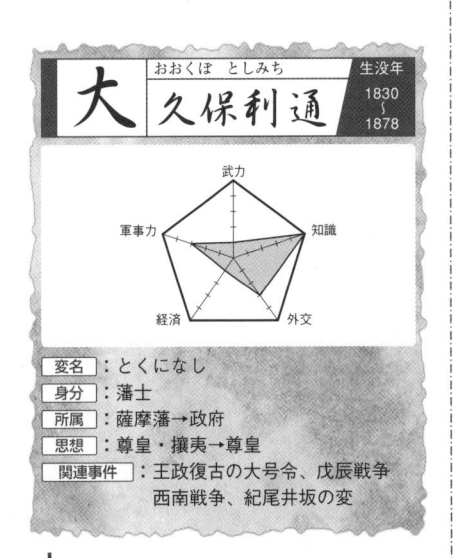

大久保利通《おおくぼ　としみち》

生没年 1830～1878

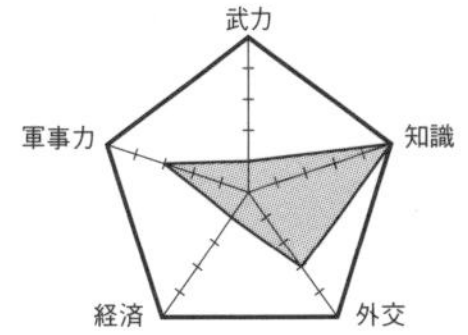

変名：とくになし
身分：藩士
所属：薩摩藩→政府
思想：尊皇・攘夷→尊皇
関連事件：王政復古の大号令、戊辰戦争
西南戦争、紀尾井坂の変

騒動に巻き込まれる

文政13年(1830)8月10日、大久保利通は薩摩藩の下鍛冶町に生を受けた。

父・次右衛門(利世)の代に士籍を得た大久保家はまずまずの生活ぶりであった。父は琉球館附役であり、利通も17歳にして藩の記録所書役助に就いたというから、彼は順調にエリートコースを歩いているはずだった。

しかし、嘉永2年(1849)、次右衛門はお由良騒動に関与して、鬼界が島に流された。利通も免職され、以後の生活は貧窮苛烈を極めた。

囲碁政道

嘉永4年(1851)、幕府の介入によって、島津斉彬は28代藩主になった。利通は復職できたが、斉彬は在位7年で急死し、島津久光と保守派が再び実権を握った。これに対抗するため、急進派の若者は精忠組という徒党を組んだ。その中で利通は西郷隆盛と並ぶ幹部であった。

彼は藩内で孤立するのを避け、権力機構を逆に利用することを目論んだ。そのためには、久光に接近する必要がある。利通は、久光の遊び相手である吉祥院から囲碁を習い、彼を通じて献策を行った。こうして久光は精忠組を認めるようになったのである。

利通は尊攘派のリーダーとして、同時に久光の片腕として手腕を振るった。特に西郷は久光と不仲だったため、彼の存在は必要不可欠となった。

冷徹なるリアリスト

文久2年(1862)に寺田屋事件が起こった時、利通は強い発言力を有するようになっていたが、あえて沈黙を守った。殺されたり処刑された者の大部分は精忠組の同志だったが、現実を見据え、こらえたのである。

第二次長州征伐の際、幕府老中の板倉勝静は薩摩を説得し、劣勢を挽回しようとした。この時、利通は「第二次長州征伐には何の大義名分もない」として、これを拒んでいる。老中が下した幕命を拒否するのには、相当な度胸と知謀が必要だっただろう。しかし彼はさまざまな策を講じて切り抜けた。

慶応3年(1867)の王政復古のクーデターは、利通と岩倉具視が筋書きを書いたものだが、その手腕を見て徳川慶喜は「わが陣営に西郷や大久保ほどの者がいるか」と嘆いたという。

明治になると、利通は文官として遷都、版籍奉還、廃藩置県などの重要懸案を手掛け、やがて内務卿として全権を掌握するようになる。

西郷などは「家を築造したり、ぶち壊すのは自分が上だが、内部整備なら大久保がはるかに上だ。

自分は厠の隅を修理するにも足りない」といっている。明治10年（1877）の西南戦争では、この無二の親友である西郷を敵に回すことになったが、利通は鋼の意志で日本の近代化のために舵取りを行った。

斬奸状

大久保利通の暗殺直前、各新聞社に「斬奸状」が送られている。そこには石川県士族の島田一郎、長連豪ほかの名が実印とともに連ねられていた。石川県の政治結社・忠告社の分派、三光寺派の面々である。彼らは大久保利通が私利私欲のために政治を行っていると告発した。

暗殺される2日前、利通本人も予告状を受け取っている。暗殺は卑劣な手段だが、そんなところにさえ武士道が生きていた時代であった。

利通はこれを不平士族の単純な嫌がらせと判断し、内務省の同僚たちに「わしの処にこんなものが来た」と、紙片をひらひらさせたという。

内務省は大手町にあったが、大久保邸から職場まではずっと政府の建物が並んでいて、刺客が待ち伏せできる場所はなかった。これでは暗殺は難しい。しかし、三光寺派は内務卿の利通が参議を兼任していることに目をつけた。参議は月のうち何日か赤坂離宮に出仕する。そこを狙ったのだった。

明治11年（1878）5月14日。利通は赤坂に出かけた。

赤坂見附から清水谷に至る道の途中に共同便所がある。暗殺者たちはここに潜み、利通襲撃を成功させた。世にいう紀尾井坂の変である。襲われた時、利通は朋友・西郷隆盛の手紙を読んでいたという。遺骸は17日午後2時に出棺され、東京・青山墓地に埋葬された。

借金の山

利通は政府高官の地位にあったため、巷では彼がどれほど莫大な財を貯えていたか話題になった。そもそも、私腹を肥やしているという疑いから暗殺されたわけだし、実際に多くの政治家は実業界と癒着して巨利を手にしていた。

たとえば井上馨は三井と深い関係にあったし、山県有朋に至っては政府を潰しかねないほどの汚職を行っている。

しかし、結果は意外であった。親族が遺産を調べてみると、現金140円（約500万円）しかなかったのだ。それどころか家も土地も抵当に入り、借金が8000円（約2億8500万円）もあったのである。

新国家の建設のため、政府は次々と事業を進めたが、財源は足りなかった。利通は個人的に借金し、それを政府につぎ込んでいたのだ。裏工作を得意としていた利通だが、その実は清廉潔白の国士であった。

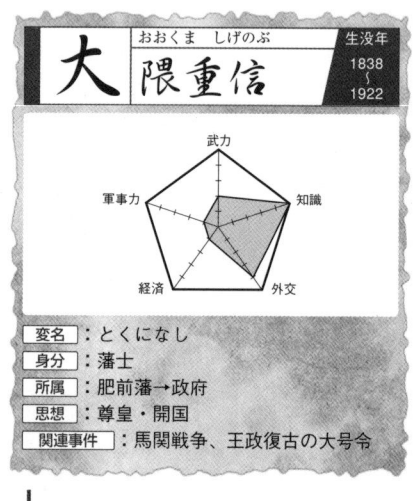

大隈《おおくま》重信《しげのぶ》

生没年 1838〜1922

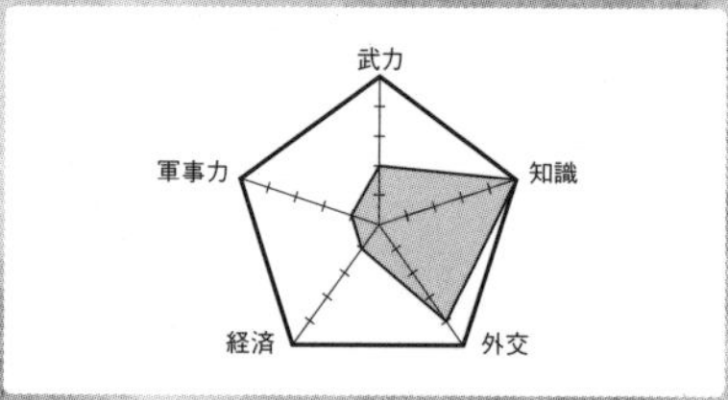

変名：とくになし
身分：藩士
所属：肥前藩→政府
思想：尊皇・開国
関連事件：馬関戦争、王政復古の大号令

悪筆

天保9年（1838）、佐賀藩士・大隈信保の子として生まれる。大隈家は35石取りの名家で、信保も石火矢頭（砲術奉行）を務めていたが、早くに亡くなっている。

藩校・弘道館に学び、漢学のほか、剣は真影流、槍は種田流を修行した。安政元年（1854）に義祭同盟に参加する。同年、保守的な校風と衝突し、翌年、江藤新平とともに弘道館を退学させられた。

安政3年（1856）、進取を求めて蘭学寮に入り、後に弘道館と蘭学寮が合併した時には蘭学教授となった。また長崎の致遠館の門を叩き、フルベッキから英学も学んでいる。

重信は弘道館時代、悪筆のためにずいぶん損をしたと伝えられる。そのため、自分は字を書かぬと公言するようになった。人から本を借りた時など、写本を作る代わりに内容をすべて暗記したという。逸話どおり、彼は死ぬまでほとんど字を書かなかったらしい。現存する重信の真筆で確実な物は、少年時代の送別の寄せ書きと伯爵の辞令の受け書だけである。

藩主への進言

慶応3年（1867）に副島種臣と脱藩、上洛して徳川慶喜の謀臣・原市之進と接触を図るが失敗、藩吏に捕らえられて1か月の謹慎処分を受ける。

同年12月に再び脱藩し、大政奉還の報を持って帰国した。そして熱弁を奮い、直ちに兵を率いて上洛するよう藩主・鍋島直正を説く。しかし、藩主の反応は「委細聞きおく」と冷たかった。このため、肥前は維新というバスに乗り遅れることになったのである。

浦上信徒弾圧事件

慶応4年（1868）2月、長崎裁判所が開かれた。「裁判所」といっても今日のそれではなく行政府のことで、長崎奉行所の機能をそのまま受け継いでいた。この時、大隈は副参謀という役職に就く。対外折衝担当者である。

4月、重信は成立したばかりの新政府から、三条実美の命で呼び出された。前年6月、長崎奉行は浦上のキリシタン68名を逮捕したが、これに外国が抗議していた。特にイギリスが強硬だったが、薩長の者は幕末期に英国の世話になったので交渉には向かず、そして公卿は外交に疎い。つまり中央政府内に適任者がいなかったため、重信に白羽の矢が立ったのである。

パークス公使は通訳のサトウとともに、全権を任された重信を中心とする交渉団を訪ねてきた。

重信は「信徒の釈放とキリスト教解禁の要求には応じられません。日本がその法によって日本人を処罰する。これは独立国の権利であって、他国の干渉を受ける謂れはありません」と切り出す。

折しも奥羽列藩同盟との全面戦争が開始される時期であり、政府としてはこれ以上内紛の種を抱えるわけにはいかなかったのである。

両者は昼食も取らずに6時間も論争を続けたが、やがてパークスが憮然として席を立つ。交渉の結果、日本側が譲歩したのは「邪宗門」の記述を改めることだけであった。

以後、対外交渉の最高責任者である山階宮と伊達宗城は、外交折衝を重信に一任するようになった。また、これによって維新にあまり功績がなかった肥前出身者も政府中枢に入れるようになった。

築地の梁山泊

明治4年（1871）、岩倉使節団が出発した。重信は留守を預かる西郷隆盛の側近として着々と地歩を固めていった。やがて、明治6年（1873）の政変で西郷が下野すると、大久保利通は彼を伊藤博文と並ぶ片腕とし、大蔵省を委ねた。

重信は財政家としてお世辞にも有能とはいえず、また贅沢な生活ぶりが伝えられている。たいそうな邸宅に50人もの食客（居候）を侍らせた様は「築地の梁山泊」などと評された。

彼は10人の参議のひとりに名を連ね、明治13年（1880）2月に首席参議に推され、事実上の総理大臣となった。その後は失脚したが、立憲改進党を結成し、また早稲田大学の前身となる学校も創立した。

明治22年（1889）、爆弾テロによって右足を失ったが、「これで血の巡りがよくなった」などと豪放な台詞を吐いている。大正11年（1922）1月、胆石症のため没したが、その葬儀には30万人が参列し、沿道の人出は150万人に上ったと伝えられる。

大倉喜八郎《おおくら　きはちろう》

生没年 1837〜1928

変名：とくになし
身分：商人
所属：なし
思想：とくになし
関連事件：上野戦争

天保8年（1837）、越後の庄屋の三男として生まれる。18歳で江戸に出て、3年後に商人として独立。下谷に「大倉屋」ののれんを上げ、最初は乾物屋を営んでいたが、慶応元年（1865）武器商人に転身した。

慶応4年（1868）の上野戦争では、彰義隊に捕らえられ、「なぜ京都方（官軍）に武器を納め、我らには売らぬのか」と詰問された。この時、彼は「商人は商売が命。そちらに売らぬのは金を払ってくれないからだ」とタンカを切り、無事に帰された。また後年、政府高官の黒田清隆と取っ組み合って階段を転げ落ちたというエピソードもあり、肝っ玉の太い性格が伺える。

明治5年(1872)、民間人初の洋行を行い、2年後にはロンドン支社を開設。明治11年(1878)には軍服の服地であるラシャの国産化に成功。以後、政商として財を成し、後の大倉財閥の基礎を作る。

大島高任《おおしま たかとう》

生没年 1826〜1901

変名：とくになし
身分：藩医・学者
所属：盛岡藩
思想：佐幕・開国
関連事件：戊辰戦争

「南部の神童」と呼ばれていた秀才。天保13年(1842)、江戸に出て坪井信道門下で蘭学を修める。その後は長崎に留学し、西洋砲術や鋳金、冶金を学び、嘉永6年(1853)、水戸の藤田東湖に頼まれて水戸那珂湊《なかみなと》に反射炉を築き、大砲製造に成功した。

しかし材料に使った出雲砂鉄は不適切とわかり、盛岡釜石の磁鉄鉱に目をつけた。そして安政4年(1857)、オランダ式溶鉱炉を使って、日本で初めて磁鉄鉱の生産に成功した。

楢山佐渡のブレインを引き受けていたが、高任の提唱した教育、軍備、産業、経済などの改革は、藩政が混乱していたために行われなかった。

また彼は戊辰戦争にも参加している。

戦後、明治2年(1869)には政府から特別任用されて、鉱山経営に参加。明治4年(1871)の岩倉具視使節団に加わって欧州の鉱山を視察した。

大洲鉄然《おおず てつねん》

生没年 1834〜1902

変名：とくになし
身分：僧侶・隊士
所属：真武隊→義勇隊→護国団
思想：尊皇・攘夷
関連事件：長州征伐

天保5年(1834)、周防大島の久賀に浄土真宗の僧・覚法寺住職の子として生まれた。勤皇の僧・月性が主宰する清狂堂に学んだ後、29歳で修行を極める。しかし、当時から寺の住職になるためには多大な献金が必要だった。そんな風習に反発した鉄然は下山し、泉州堺にて剣術道場を開いた。

その後、幕末の長州に迫った危機に際して帰国し、真武隊や義勇隊に参加する。

慶応2年(1866)、征長軍に対抗するために故郷の大島に帰り、護国団を編成。自ら隊長となって大島口で奮戦した。

維新後は、功労者のひとりとして宗教界に発言力を持ち、「廃仏毀釈」に反対して仏教を護った。明治11年(1878)、要請により西本願寺本山執行長となる。

太田黒伴雄《おおたぐろ ともお》

生没年 1835〜1876

変名：とくになし
身分：神官・志士
所属：肥後藩→神風連
思想：尊皇・攘夷
関連事件：神風連の乱

天保6年(1835)、肥後熊本生まれ。父の名は太田熊助と伝えられる。初めは飯田鉄兵衛安国と称し、後に大野家の養子となるが、養父に実子・宗三郎が誕生したため離縁された。その後まもなく、飽託郡内田村新開太神宮司官・太田黒氏を継ぎ、太田黒伴雄と改称する。このころから国学者・林《はやし》桜園《おうえん》の門に学んで神道に傾倒し、師の後継者となった。

幕末期は藩命によって江戸に潜入して、さまざまな情報収集活動に従事していたが、帰藩後は肥後勤皇党の重鎮となる。

明治2年(1869)に師の林とともに東上し、有栖川宮や岩倉具視と会見。神道万能を説くが聞き入れてもらえず、失意のまま帰国した。

このころの彼は狂信的な神道主義者となっていた。電線の下を歩く時は、汚れが移らぬように頭を扇で覆い、洋式の紙幣は汚れたものとして触らない。西洋嫌いは、それほどまでに徹底していたという。

故郷で神風連の頭首となった伴雄は、廃刀令や断髪令などに怒り、明治9年(1876)10月24日夜半、ついに決起した。これが神風連の乱である。

神意により決起した170余名の同志は、左肩に「勝」と書いた白布をつけ、古風な軍装で熊本鎮台の兵舎を襲った。夜襲にあたっては「天」「地」の合い言葉を使い、同士討ちを避けたと伝えられる。

神風連残党の証言によると、当初はなるべく徴兵で集められた兵卒は斬らず、武士の出である士官だけを目標にするという約束があったらしい。武士の腐った根性に天誅を下すというわけである。しかし、いざ戦いになると、合い言葉に反応できない者には無差別に斬りつけるという結果となった。

奇襲は成功し、兵舎の将兵は皆殺しになった。しかし連隊長・与倉中佐がほっかむりをして逃れ、部隊を指揮し、戦いはじめると、乱は一夜にして鎮圧された。伴雄も官軍の銃撃に遭って負傷。最後は同志に、首を落とさせたという。

なお、彼の子孫は今日も新開太神宮司官を務めている。

大谷千乗《おおたに せんじょう》

生没年 1844〜1867

変名：大谷刑部国次
身分：僧侶→隊士
所属：赤報隊
思想：尊皇・攘夷
関連事件：戊辰戦争

弘化元年（1844）、博徒・国定忠治の息子として生まれ、幼名は寅次といった。7歳の時に父の忠治が刑死し、野州流山千手院満願寺に預けられている。

慶応3年（1867）、相楽総三たちが満願寺に倒幕の誓文を納めて挙兵した時、還俗してこれに参加した。この時、大谷《おおたに》刑部《ぎょうぶ》国次《くにつぐ》と名乗っている。

足利藩・栃木陣屋で戦うも、敗退して捕縛された。

大槻玄沢《おおつき げんたく》

生没年 1757〜1827

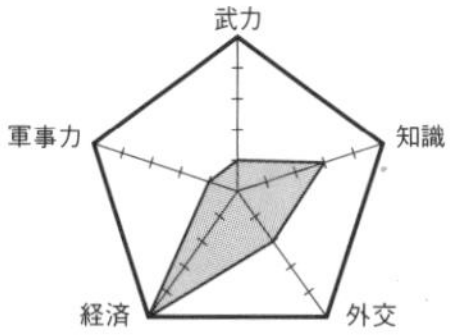

変名：とくになし
身分：蘭方医
所属：なし
思想：開国
関連事件：とくになし

一関藩の藩医の子として生まれる。杉田玄白、前野良沢について蘭学を習得。仙台藩の江戸詰藩医として務める傍ら、私塾・芝蘭堂を開き、蘭方医の育成に力を尽くした。門弟の中には宇田川玄真、稲村三伯、橋本三吉らがいる。

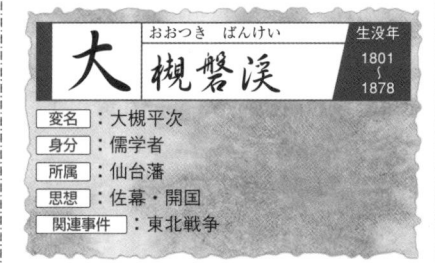

大槻磐渓《おおつき ばんけい》

生没年 1801〜1878

変名：大槻平次
身分：儒学者
所属：仙台藩
思想：佐幕・開国
関連事件：東北戦争

大槻玄沢の次男。江戸に生まれ、昌平坂学問所に学ぶ。長崎で蘭学を学ぼうとしたが、シーボルト事件の影響で果たせず、江戸に戻り、儒学に励んで仙台藩に抜擢された。また江川担庵に砲術を学び、黒船来航時は幕府に開国を意見した。

文久2年（1862）、仙台藩校の学頭となる。明治元年（1868）、奥羽列藩同盟が成立すると主戦論を唱え、思想的リーダーとなった。奥羽列藩同盟が敗れると投獄されるが、後に許され、東京に戻って晩年を過ごしている。

大鳥《おおとり》圭介《けいすけ》

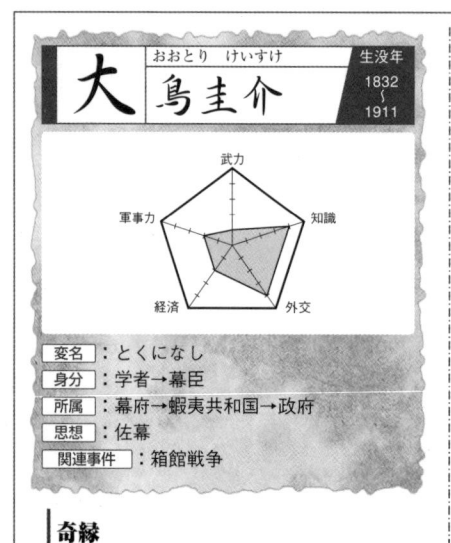

生没年 1832～1911

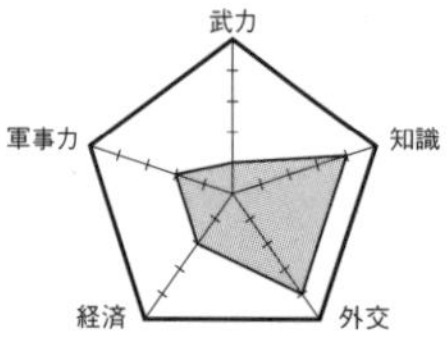

変名：とくになし
身分：学者→幕臣
所属：幕府→蝦夷共和国→政府
思想：佐幕
関連事件：箱館戦争

奇縁

天保3年(1832)、播磨の国・赤穂郡赤松村の医者・小林直輔の子として生を受けた。生年については天保4年(1833)説もある。

幼くして漢学を修め、緒方洪庵の適塾に学ぶ。その後、江川太郎左衛門の門人となって兵学(三兵戦術)を研究する傍ら、蘭書を翻訳して塾生に講義した。

驚くべきことだが、この教え子の中には後に五稜郭で砲火を交える官軍参謀・黒田了介(清隆)がいる。

また、圭介は万延元年(1860)に『下級士官のための築城教範』を翻訳し、『築城典刊』を発行している。

後に彼が籠城することになる五稜郭は、この本を元にして武田斐三郎が設計したものである。さらに五稜郭降伏後に入った獄舎は、自身が陸軍奉行並を勤めていた時に設計施工したものである。

彼の人生にはこのようにさまざまな奇縁があった。

英才の反逆

慶応2年(1866)、慶応の軍事改革によってフランス軍事顧問団が来日した時、江川の推薦で幕臣となった。禄は100石20人扶持だったが、翌年5月には歩兵指図役頭取、10月には歩兵頭並に出世し、幕軍の洋式訓練を担当、鳥羽伏見の戦いの後には陸軍奉行まで上り詰めた。

慶応4年(1868)4月11日、江戸城開城を不服とする主戦派を浅草の報恩寺に集め、伝習隊500名とともに北へ向かった。翌日、市川にて新撰組副長・土方歳三、会津藩士・秋月登之助、桑名藩士・辰見勘三郎らと合流、官軍の追撃をかわしながら北上し、藤原に陣を据えて時期を待った。そして9月に仙台で榎本艦隊と合流する。

箱館制圧

10月12日、宮古で石炭替わりの薪を満載し、艦隊は北海道へ渡る。将兵数は2823名であった。

「天下無禄となった我々は、新しい国を作って楽しく意義ある生涯を送ろう。諸士の希望があれば将軍家をお迎えして、その手足となる諸役はことごとく諸士の選択によって定めるのだ」

北へ向かった榎本艦隊は、新しい国を作って、幕府を、徳川家を存続させる。こうした最後の希望を持って蝦夷地へと向かった。

榎本軍は内浦湾から上陸し、要衝の攻略と外交戦を開始。松前、江差、箱館周辺を制圧した12月14日には、箱館在留各国領事に対して蝦夷地平定と新政権樹立を宣言した。翌日には101発の祝砲を撃ち、5色の旗を掲げたという。

この後で行われた蝦夷共和国政府の選挙によって、圭介は陸軍奉行に選出された。

いさぎよい降参

その後、共和国は官軍に攻められ、五稜郭に閉じ込められる。敗戦を目前にして、幹部たちは全員玉砕を覚悟した。しかしこの時、圭介は「死のうと思えばいつでも死ねる。今度は一番降参としゃれてみてはどうか」とあっさり言い放ったという。一同は唖然としたが、それもそうだということになり、五稜郭は降伏したのであった。

彼は戦後に入獄するが、明治5年(1872)に許されて政府に出仕。開拓使御用掛、工部省・工部頭、工部大学校々長、学習院長、華族女学校校長などを歴任する。また後年には、中国や朝鮮を相手に外交戦で活躍した。

明治44年(1911)、食道ガンで死去。享年80歳。

大橋慎三《おおはし しんぞう》

生没年 1836〜1872

- 変名：高木有蔵
- 身分：藩士→志士
- 所属：土佐藩→陸援隊→政府
- 思想：尊皇
- 関連事件：高野山挙兵

大橋慎三は、はじめ橋本鉄猪《てつい》と名乗っていた。彼は武市半平太（瑞山）に心酔し、土佐勤皇党に加盟する。文久元年（1861）に脱藩を企てたが、武市の説得によって断念し、藩内での活動に従事した。

上京すると、諸藩の志士たちと国事を論じ交友を深めた。足利将軍木像梟首事件では浪士を救うため、幕府老中・板倉勝静を訪れ、その無能を指摘している。

文久3年（1863）5月の姉小路公知暗殺事件では、遺留品の刀から薩摩の田中新兵衛が疑われたが、これを怪しんだ慎三は同志とともに刺客の探索に尽力している。これは田中が取り調べ中に自刃したため、真相は明らかになっていない。

その後、山内容堂の藩議一変により謹慎の身となるが、元治元年（1864）に浜田辰弥（田中顕助）、那須盛馬（片岡利和）らと通じて脱藩する。長州・三田尻、大阪、十津川村と放浪し、この間に橋本から大橋に改名した。

翌年入京した彼は岩倉具視と知り合い、その人物に傾倒した。この岩倉を坂本龍馬、中岡慎太郎に紹介し、王政復古の基礎を築く役割を果たしたのが大橋の最も大きな功績である。

大橋は中岡と合流して陸援隊に入り、慶応3年（1867）11月、中岡が暗殺された後も隊務を続け、同年12月の鷲尾《わしお》隆聚《たかつむ》の高野山挙兵では、参謀として参加している。

維新後は新政府の内国事務局、軍務官、行政官、開拓使などを歴任したが、明治5年（1872）、大議生に任じられた時、急病で他界した。

大橋訥庵《おおはし とつあん》

生没年 1816〜1862

- 変名：とくになし
- 身分：儒学者
- 所属：なし
- 思想：尊皇・攘夷
- 関連事件：坂下門外の変

佐藤一斎の門に学び、宇都宮藩の侍読にもなった。熱烈な尊皇攘夷主義者。和宮降嫁に憤慨し、老中・安藤信正の襲撃を計画して水戸浪士に協力を求めた。しかし自身は襲撃の3日前に捕まり、入獄。許されて出獄したが、まもなく病死した。関わりになることを恐れた宇都宮藩によって、毒殺されたともいわれる。

大原重徳《おおはら しげとみ》

生没年 1801〜1879

- 変名：とくになし
- 身分：公家
- 所属：朝廷→政府
- 思想：尊皇・攘夷→王政復古
- 関連事件：王政復古の大号令

ペリー来航以来、攘夷を強硬に主張し、志士たちの間で攘夷派の公家として有名となる。文久2年（1862）6月、勅使として島津久光とともに江戸に下り、幕府に攘夷の実行を命じ、一橋慶喜を将軍後見職、松平慶永を政事総裁の職に就けた。以後は岩倉具視とともに行動し、慶応3年（1867）、王政復古に成功。小御所会議で山内容堂と論争したことは有名。新政府では議定、集議院長官を務めた。

大前田《おおまえだ》栄五郎《えいごろう》

生没年 1793〜1874

変名：とくになし
身分：博徒
所属：なし
思想：佐幕
関連事件：とくになし

名について、「英五郎」とされることもある。

上州勢多郡大前田に生まれる。本名は田島栄五郎。家柄は名主だが、それは祖父の代までの話であり、父も兄も”博打打ち”だった。

栄五郎は幼いころから凶暴で、「火の玉小僧」という異名を持っていた。15歳にして縄張り争いの先陣を切って闘い、しばしば人を斬ったという。それで地元にいられなくなって、東海道諸国を転々とした。

その後、ぶらりと帰郷した時に関東取締役に逮捕され、佐渡銀山に人足として送られる。しかし小舟に乗ってまんまと島抜けし、山中に潜伏した後、活動を再開した。

ほどなく名古屋を中心として東海道に勢力を確立し、賭場仲裁役の親分として名を広めた。この時、かの有名な国定忠治すらも訓戒したといわれている。

強大な勢力を持った栄五郎は、諸国の博徒を支配下に置く大親分となり、同時に十手を預り、目明かしとしても活動した。

だが、彼も年齢と病には勝てず、82歳で病死した。墓碑には「あらうれし　行くさきとほき　死出の旅」と辞世の句が刻まれている。

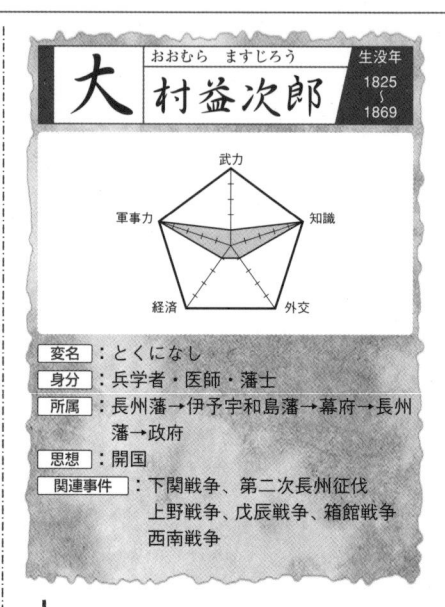

大村《おおむら》益次郎《ますじろう》

生没年 1825〜1869

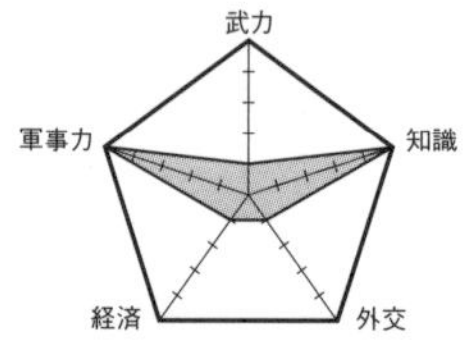

変名：とくになし
身分：兵学者・医師・藩士
所属：長州藩→伊予宇和島藩→幕府→長州藩→政府
思想：開国
関連事件：下関戦争、第二次長州征伐
上野戦争、戊辰戦争、箱館戦争
西南戦争

若き開業医

文政8年(1825)、周防国吉敷郡鋳銭司村字大村に町医者・村田孝益の息子として生まれる。19歳で梅田幽斎に師事。天保14年(1843)より広瀬淡窓に儒学を学んだ後、22歳で緒方洪庵の門に入り、適塾52番目の入門者となった。このころの名乗りは村《むら》田《た》蔵六《ぞうろく》という。

入門1年にして頭角を現し、長崎に遊学してオランダ語をマスターする。嘉永2年(1849)には塾頭に進み、翌年に故郷で開業医となった。しかし、彼は人づき合いが下手だったため、医院の経営は苦しかったという。

江戸一番の蘭学者

嘉永6年(1853)9月28日、伊予宇和島藩の蘭学顧問・二宮敬作に招かれ、故郷を後にする。翌年1月、藩から上士待遇の士籍を与えられた彼は、樺崎砲台や蒸気船の設計を行い、安政2年(1855)には藩の内命で洋学塾を開いた。この時期の益次郎は、宇和島藩が幕末期に為した開明的事業のすべてに関わっている。

安政3年(1856)、参勤交代に従って江戸入りし、11月1日に蘭学塾・鳩居堂を開いた。16日には東京大学の前々身である蕃書調所の教授手伝(助教授)に迎えられている。

まもなく幕府の講武所教授にも任ぜられ、江戸で一番の蘭学者と評されるようになった。

長州軍制改革

万延元年(1860)、長州藩から求められ、江戸藩邸入りする。この移籍の裏には、優秀な益次郎を幕府から取り戻そうとする木戸孝允や周布政之助の根回しがあったといわれている。そして、文久3年(1863)、8月18日の政変に伴って帰国。手当防御事務用掛となって三田尻の軍港化などを手掛け、元治元年(1864)には下関を攻撃した外国艦隊との講和に関わっている。

慶応元年(1865)、幕府の第二次長洲征伐の動きを察知した長州は益次郎を軍務掛に就任させ、彼は明倫館教授として将校の育成にあたった。このころ、正式に100石取りの上士となり、名を大村益次郎永敏《ながとし》と改めている。

希代の軍略家

第二次長州征伐がはじまると、総司令官として全作戦を指導、後には自ら石州口を守る総大将として出陣した。そして、この戦争で長州を勝利に導いた功労者のひとりとなったのである。

彼は洋書で学んだ兵学を独自に研究し、再構成するほどに優れた軍略家だった。彼が編み出した、砲撃とともに敵陣に肉迫するという歩兵運用は、同時代の欧米にも存在しなかった。

上野戦争での快勝

その後の戊辰戦争時、益次郎は長州の重鎮として江戸にあり、全作戦を監督した。

その思考は常に計数的かつ合理主義に貫かれていたという。たとえば慶応4年(1868)5月15日の彰義隊討伐時、彼は市街への被害を最小限に抑えるため、敵軍を上野に誘導した。そして敵の逃走経路まで計算して布陣し、的確な攻撃を加えたのである。

戦いは一時は熾烈を極め、夕刻近くになっても決着がつかなかった。この時、海江田信義は「昼間のうちにかたをつける」といった益次郎を詰問した。すると彼は懐中時計を取り出して「この具合なら、もうすぐ戦の始末も着きましょう」とつぶやいた。言葉どおり、その後すぐに上野に火の手が上がり、敵軍は敗走した。益次郎はわずか半日で彰義隊を破ったのである。

決算報告

その後、彼は奥羽や北越、さらには幕府残党の最後の拠点・箱館の戦いも指導した。前線に立つことはなかったが、明晰なる頭脳で軍を統括し、作戦を成功させていったのである。

当時の逸話として、こんな話が伝わっている。彼は軍務官として奥羽北越戦線の軍事費清算を監督した。それぞれ数十万円の金が動いていたが、野州から奥州にかけての会計には数千円の違いがあり、北越方面の会計は1銭の違いもなくぴったりと一致した。

益次郎は「勝敗が予想もつかぬ戦で、帳尻が合うのはかえっておかしい。この精算書は作り物に違いない。北越担当の役人は信用ならん」と断定したという。そして、会計の一致した役人をクビにし、間違いのあった役人を重用した。

軍師、暗殺さる

明治2年(1869)3月、維新の功績で1500石の永代禄を下賜された彼は、同年、全軍を掌握する兵部大輔に任じられ、近代兵制の整備に取りかかった。同年8月から兵学寮と火薬庫の選地のため京都に滞在していたのだが、9月4日、夕食中に数人の刺客に襲われ、頭と太腿部に重傷を負ってしまう。足の切断手術を要したのだが、認可を東京に要請している間に、敗血症を起こして死亡した。11月5日のことである。

遺骸は故郷・鋳銭司に葬られたが、御霊は東京九段坂上の招魂社(現・靖国神社)に祭られた。享年46歳。

西南戦争の予言

死に際し、益次郎は「いずれ九州から足利尊氏の如き者が現れる。4ポンド砲を造って大阪に置いておけ」と遺言を残し、また木戸孝允や弟子・山田市之丞(顕義)に対反乱軍の軍備を勧めている。

この予言は確かに的中した。遺言に従って大阪に備蓄されていた兵器弾薬は、後に起こった西南戦争で活用されたのである。大阪の軍備がなければ、西郷隆盛の反乱は簡単に鎮圧できなかったかもしれない。

靖国神社に立つ益次郎の銅像の視線は、上野の西郷の像の視線とぴったりぶつかるというが、その真偽は定かではない。

大山《おおやま》巌《いわお》

生没年 1842〜1916

変名：とくになし
身分：藩士
所属：薩摩藩→政府
思想：尊皇・攘夷→尊皇
関連事件：寺田屋事件、薩英戦争
禁門の変、鳥羽伏見の戦い

西郷隆盛の従兄弟にあたり、はじめは弥次郎と称していた。

文久2年(1862)、寺田屋事件に関わって島津久光より謹慎を命ぜられるが、翌年には薩英戦争に参加している。

ここで武力の違いに手痛い思いをした彼は、江川太郎左衛門に師事し、兵学と砲術を学んだ。

そして「弥助砲」と呼ばれる大砲を開発する。鳥羽伏見の戦い以降、戊辰戦争では砲兵隊長として活躍した。

明治3年(1870)、プロシアに派遣されて普仏戦争を観戦、その後フランスに留学し、帰国後は陸軍の建設に努めた。

他では日清日露戦争で活躍し、政界では陸軍大臣として国家に貢献した。

余談だが、彼は日本最初の女子留学生・山川捨松(会津出身)を夫人としている。

オールコック

➡ラザフォード・オールコック

岡《おか》熊臣《くまおみ》

生没年 1783〜1851

変名：とくになし
身分：神官・国学者
所属：なし
思想：尊皇
関連事件：とくになし

津和野の神官の子として生まれる。村田春門、千家俊信に国学を学び、大国隆正の紹介を受け、文政元年(1818)に平田篤胤に入門。その後、私塾を開いて国学を教え、また著述に励んだ。嘉永2年(1849)、津和野藩の藩校・養老館の国学教師となった。神葬祭を広めたことでも知られる。

小笠原《おがさわら》長行《ながみち》

生没年 1822〜1891

変名：とくになし
身分：老中
所属：幕府
思想：佐幕
関連事件：生麦事件、第二次長州征伐
箱館戦争

文久3年(1863)、イギリスとの武力衝突を避けるため、生麦事件における賠償金を独断で支払った。

慶応元年(1865)に老中就任、翌年の第二次長州征伐では九州諸藩の指揮を執ったが、情勢が不利と見るや軍艦で脱出、幕軍の敗北を決定づけた。

慶応3年(1867)、外国事務総裁となり兵庫開港に尽力。戊辰戦争では榎本艦隊に参加し、箱館で戦った。

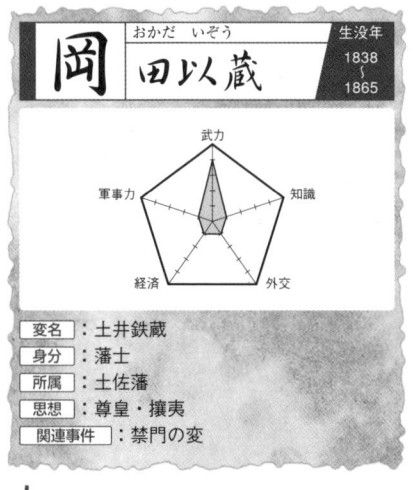

岡田《おかだ》以蔵《いぞう》

生没年 1838〜1865

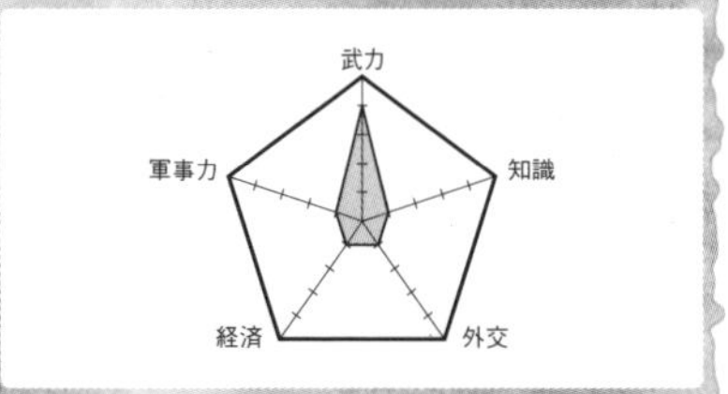

変名：土井鉄蔵
身分：藩士
所属：土佐藩
思想：尊皇・攘夷
関連事件：禁門の変

暗殺者たち

幕末維新史を彩る要素のひとつに、暗殺がある。当時は政府要人や役人に限らず、学者や町人、外国人までその毒牙にかけられた。

わが国の歴史上、これほど暗殺者が横行した時代はあるまい。路上の待ち伏せにしろ、邸宅への襲撃にしろ、数人から十数人の暗殺者たちがいっせいに襲いかかるという、問答無用なやり方がほとんどだった。

暗殺の名目も乱暴極まりない。思想的なものや遺恨によるものが多いが、仲間内で名前を上げるためや金銭的な目的によるもの、果ては行きずりの辻斬りに近いものさえある。いずれにせよ血に狂った暗殺者のために、多くの貴重な人材が闇に失われたのは間違いない。

幕末期の暗殺者には薩摩の田中新兵衛、中村半次郎（桐野利秋）、肥後の河上彦斎などがいるが、土佐出身の「人斬り」といえば岡田以蔵である。

土佐勤皇党に名を連ねる志士で随一の過激派として知られるが、現実の以蔵には崇高な思想はなかったと思われる。勤皇党にとって有害な人物を殺害すること、それが彼の活動であった。

足軽から剣客へ

以蔵が生まれたのは、郷士の中でも最下級の足軽の家である。剣術道場にすら通えず、独学で木刀を振るうのが、彼の剣術修行だった。

くすぶっていたこの男を拾い上げたのが、武市半平太である。彼は以蔵の粗雑な太刀筋に才を認め、門人に取り立てたのだった。

生まれて初めて人に評価された以蔵は狂喜し、武市の信奉者として従うようになった。彼の剣術はめきめき上達し、やがて武市とともに江戸の士学館に入った。鏡新明智流で天下に名高い道場である。以蔵はここでも精進し、目録を得た。

武市と出会っただけでも幸運だったが、彼はもうひとり偉人と知り合いになっている。千葉道場に通う坂本龍馬だ。武市と龍馬は親友だったため、以蔵が接する機会も多かったようだ。彼の心の中には、気さくな龍馬に対する深い敬慕の情が刻み込まれたのだった。

人斬りとなる

やがて武市が土佐勤皇党を結成すると、以蔵もこれに連名している。

ただし、彼はこの前後、何ら活動をしていない。していないというより、できなかったというのが正しいだろう。以蔵の頭では難しい尊皇論議は理解できなかったし、どもり癖があったため、人と話すのは苦手だった。すべての判断は師匠の武市に委ね、自分はその手足として働くというのが以蔵の考えだったようだ。

彼が暗殺者として本格的に稼働するのは、勤皇党が藩主・山内豊範を奉じ、京都に上ってからのことである。

ある日、以蔵の目に不審な人物が映った。藩の下級警吏である井上佐一郎である。井上は東洋暗殺の下手人探しを命じられていた。

暗殺は勤皇党の犯行であり、黒幕は他ならぬ武市だ。以蔵は同志の久松喜代馬《きよま》ら数人と共謀して井上を料亭に誘い出した。そして泥酔させたあげくに首を締め、脇腹を刺して殺し、死体を川に投げ捨てた。これが以蔵が関わった最初の暗殺である。

以後、以蔵を中心とする勤皇党の過激派は暗殺を繰り返していく。越後脱藩勤皇浪士・本間精一郎を幕府の密偵として斬殺し、佐幕派の関白・九条尚忠の謀臣である宇郷重国《うごうしげくに》を安政の大獄に荷担した罪で斬り、東西京都奉行所の与力4人も同罪で殺害し、首を河原や橋のたもとなどに晒した。池内大学を殺した時は、その耳を切り取って脅迫状を添え、池内の同志の家へ投げ込んだりもしている。

以蔵は直接に暗殺命令を受けていたわけではなく、「尊敬する武市のために」独断で動いていた。武市が危険視した人物を勝手に殺しに行っていたわけだが、見て見ぬふりをし、殺人機械として以蔵を利用していた武市の罪も重い。

以蔵の変化

さて、すさんだ日々を送る以蔵の下へ龍馬が訪ねてきた。武市の次に大切な人物の来訪に彼は喜んだが、その依頼に愕然となる。龍馬は勝海舟入京にあたって、その護衛役を頼みに来たのだった。

勝は開国主義者の幕臣で、以蔵から見れば奸賊中の大奸賊であり、暗殺の準備を進めていたくらいの人物だ。

結局、龍馬の説得に負けた以蔵は護衛役を引き受けることになった。彼は武市に事の次第を報告したが、その返事は冷たいものだった。武市にしてみれば、忠実な道具だと思っていた以蔵の反抗に困惑し、親友・龍馬の破天荒な行動にあきれていたのだろう。吐き捨てるように「好きなようにしろ」と答えるだけだった。

一方、龍馬に以蔵を紹介された勝も戸惑っただろう。「人斬り以蔵」の名はそれほど有名であり、機略家の勝が考えてもおかしな成り行きだった。しかし、彼は快く以蔵を供に加えたのだった。

勝と以蔵のエピソードとしては、こんな話が知られている。ある夜、勝は数人の刺客に襲われた。護衛をしていた以蔵はとっさに前に出て刺客のうちふたりを斬り捨てると、「土佐の岡田以蔵と知ってのことかっ！」と一喝した。刺客らが逃げ去った後、勝が人斬りを諌めると、以蔵は「私が斬らなければ、先生が斬られていたでしょう」と答えた。さすがの勝も、この時は言葉がなかったという。

勝が江戸に戻った後も、以蔵は京に残っている。しかし、龍馬や勝の影響を受けたのか、以後は暗殺剣を振るわなくなった。

人斬りの末路

土佐藩の暴走に歯止めをかけるべく山内容堂が動くと、勤皇党の活動も停止した。

武市が投獄された後も以蔵は京にいたが、勤皇志士は誰も彼を味方とは考えなかった。勝の一件で勤皇志士を斬ったことが仇になったのだ。彼は龍馬の口利きで神戸海軍操練所に入ったが、すぐに姿を消している。以蔵は急速に身を持ち崩していった。

そんな彼が町奉行に捕らえられたのは、くだらない喧嘩で相手を斬ったためである。取り調べに対しては、土佐の土井鉄蔵と名乗ったが、土佐藩が否定したため、無宿者と断定。入墨刑の上、洛外追放となった。

処分を受けた彼を、今度は土佐藩警吏が捕縛して土佐に送還した。国元では勤皇党員たちの取り調べが行われていたが、誰も何も喋らないのだ。

以蔵は一番厳しい拷問を受けたが、耐え続けた。藩役人への怒りと反発、志士としての意地、そして武市への忠誠心を貫くためにである。だが、彼の発する苦悶の絶叫は、武市をはじめとする党員たちを動揺させた。

そして、ついに以蔵は同志に毒入りの食事を盛られ、尊敬していた武市に裏切られたことを知り、洗いざらい自白してしまったのである。

慶応元年(1865)5月、以蔵は斬首刑に処せられ、その首は雁切河原の獄門に晒された。同日、武市も切腹している。

緒方洪庵《おがた こうあん》

生没年
1810
〜
1863

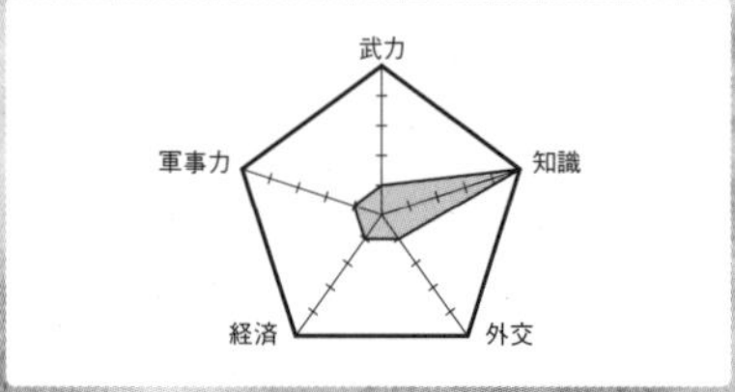

変名：とくになし
身分：医者・蘭学者
所属：なし→幕府
思想：佐幕・開国
関連事件：とくになし

医者への道

緒方洪庵は備中国足守藩士佐伯瀬左衛門の三男として生まれたが、文政8年(1825)に父が大阪留守居役となったため、大阪に移り住んでいる。

洪庵は子供のころから病弱であった。そのために武士になるのをあきらめ、また自分と同じような人たちを助けたいと医師への道を志した。

彼はまず大阪の蘭方医・中天游に入門した。この時に洪庵は佐伯氏の本姓である緒方を名乗っている。ここで4年間学んだ後、江戸に出て坪井信道に入門した。

若い洪庵は貧乏で、あんまや義眼作りの副業でようやく食べていたという。しかし江戸では学力をつけ、『人身窮理小解』などの翻訳を行うまでになる。洪庵は信道の他にも宇田川榛斎、宇田川榕庵、箕作阮甫など著名な蘭方医からも指導を受けた。

天保7年（1836）には長崎に遊学する。この時にオランダ商館長ニーマンに学んだともいわれている。

適塾開設

天保9年（1838）、洪庵は大阪に戻った。中天游の門下生・億川百記の娘と結婚し、瓦町で医師として開業した。それと同時に自宅の一部を改装して蘭学の医術を教える塾を開設した。

塾の名前は洪庵の号である適々斎から取って適々塾、あるいは適塾と呼ばれた。もともと医術を教える塾ではあるが、蘭学を学ぼうとする者も大勢入門した。

適塾に属する者は「姓名録」に記されているだけで600名を超え、外塾生を加えると2000人以上が学んだのではないかとされている。門人が増えて手狭となったため、塾は天保14年（1843）に過《かい》書《しょ》町に移転した（これが現在も残る適塾の建物）。

適塾からは、村田蔵六（大村益次郎）、福沢諭吉、大鳥圭介、橋本左内、武田斐三郎、佐野常民、高松凌雲、箕作秋坪、長与専斎など、幕末から明治にかけて活躍する人材が巣立っていった。

偉大な教育者

洪庵は数多くのオランダの医学書をわかりやすく訳したことで知られる。訳書の写本は多く作られ、各地の医者のよき参考書となった。

彼はまた大阪に除痘館を作り、人々に種痘を行って天然痘の予防に努めた。このためかどうか、嘉永元年（1848）の「大坂町医師見立て番付」では、大関にランクされている。

洪庵の評判を聞いた幕府は、奥医師として取り立てようとした。これは当時の医者としては最高の名誉に違いない。しかし、幕府に勤めれば、塾生の指導も大阪の人々の治療もできなくなる。そう考えて洪庵は何度も固辞したが、幕府の強い要請の前に断り切れず、ついに文久2年（1862）奥医師兼医学所頭取の任に就いた。しかし、堅苦しい生活が体に合わなかったためか、その後わずか10か月で吐血して他界してしまった。

ちなみに、適塾は洪庵が江戸に去った後も元治元年（1864）まで続いたと見られる。

洪庵は当時の医学界に大きく貢献したが、何よりも彼の塾で学んだ塾生たちは維新前後の各分野で大活躍することとなった。それで適塾は萩の松下村塾と並ぶ幕末二大私塾と呼ばれているが、人材の多彩さでは松下村塾を凌いでいるかもしれない。

岡本半介《おかもと　はんすけ》

生没年 1811〜1898

変名：とくになし
身分：家老
所属：彦根藩
思想：尊皇・攘夷
関連事件：戊辰戦争

中老・宇津木兵庫久純の三男として生まれ、岡本家に養子に入って家督を継いだ。家老として藩主に仕え、また軍学家という立場でもあった。

梁川星巌に師事して攘夷論を信じるようになった半介は、井伊直弼に「外国との交流を中止すべし」と建白書を提出している。しかし井伊は「田舎にいるから世間のことがわからぬのだ」と、彼を江戸に呼び寄せる始末だった。この逸話については、攘夷派の不穏な動きを察知し、主君の身を守るために攘夷を勧めたという説もある。

井伊暗殺後、彦根藩減封処分の噂を聞いた彼はただちに井伊の腹心・長野主膳らを処刑、2家老を罷免した。そして勤皇派に転向した旨を表明し、谷鉄臣らを伴って京都に出て薩長土肥の志士を祇園に招待して宣伝に努めた。

しかしこの対応にも関わらず、藩主は京都守護職を免じられるなど厳しい処分を受けてしまう。以後の彦根藩は、戦功を立てたら許されるという餌に釣られ、事あるごとに藩兵出動を強いられることになる。

しかし結果として、戊辰戦争までに大きな戦功を立てたおかげで、彦根藩は新政府陣営入りを許された。

ちなみに晩年の半介は東京にあって、筆硯に親しみ、文墨に過ごすという日々を送っている。

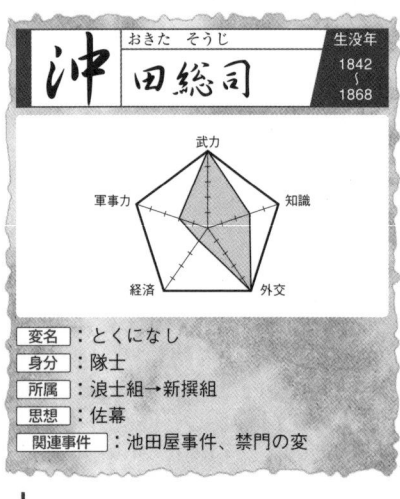

沖田《おきた》総司《そうじ》

生没年 1842～1868

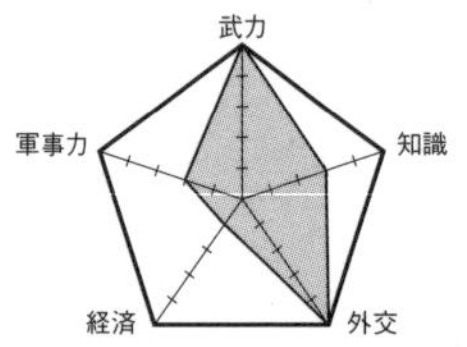

変名：とくになし
身分：隊士
所属：浪士組→新撰組
思想：佐幕
関連事件：池田屋事件、禁門の変

試衛館の若き師範代

沖田総司は幼少時に両親を亡くしており、幼名を惣次郎(または宗次郎)という。姉のみつときんに育てられた総司は、天然理心流に入門した9歳前後から近藤勇の道場に居着いていたと思われる。

近藤は弟のように沖田をかわいがり、また厳しくしごいた。そのためか弱冠20歳で彼は道場の師範代となっている。維新後に生き残った阿部十郎や永倉新八の証言によると、総司の剣の腕は、新撰組では最強だったという。ちなみに得意技は三段突きだった。

新撰組の人斬り役

近藤と土方に従って京入りした沖田は、いわれるままに副長助勤の地位に就いた。この時に名前を「惣次郎」から「総司」に変えている。

隊内での彼の役どころは、斬り込み隊長である。実戦部隊の花形として、斬って斬って斬りまくったという。新撰組が斬り合う場には、必ず沖田がいたというほどに活躍した。

その凶刃は敵のみならず、粛正という形で内部にも向けられた。芹沢鴨も暗殺の指令は近藤・土方が出したが、沖田がそれを実行したのである。隊士が切腹する時も、沖田はよく介錯を行った。そんな人斬り役というイメージがあったために、沖田は仲間からもたいそう恐れられたという。

たとえば、三浦啓之助は、名士の息子ということでわがままを通していた。そこで沖田が「どこかへ御供をしたいな」と笑顔を向けたところ、三浦は斬られると勘違いして、脱走してしまったという話も残っている。

無邪気な性格

剣を構えたときの沖田はひどく短気になり、まるで凶暴な獣のようだった。

しかし、ふだんは笑顔を絶やさない好青年だったのである。剣の鍛練を抜け出しては子供たちと遊び、鬼と恐れられる土方と碁を打ち、冗談が好きで仲間をよく笑わせたと伝えられている。

容貌については、浅黒くて目が細く、ヒラメのような顔で背は高かったという。

また、ならず者ばかりの新撰組にあって、酒もあまり飲まず、女に対しても奥手だった。一度だけ、町医者の娘と恋に落ちたことがあったが、彼を後継者にしようと考えていた近藤に引き離されている。このことを思い出すたびに、いつもは明るい沖田も涙を流したという。

池田屋での戦い

池田屋での乱闘でも沖田は大活躍した。彼は30人の敵のうち数名を斬り倒したが、戦いは数時間におよび、ついに疲れ切って昏倒してしまった。どうやら事件の前から体調を崩していたらしく、沖田を知る人は「青黒い顔をしていた」と証言している。

たとえ斬り合いがなくても、助勤の仕事はかなりの激務だったはずだ。彼の肉体は過労によって、日々むしばまれていったのである。

だが、池田屋で倒れた沖田は、その後は何事もなく隊務に服している。新隊士が増えて組織編成が変わると、彼は一番隊組長になっている。

江戸へ

新撰組屯所が西本願寺、そして不動堂村に移った慶応3年(1867)6月ごろになると、しだいに沖田の名は表舞台から消えていく。幕府御典医・松本良順が西本願寺の屯所を訪ねた時の記録によると、「隊士の中に肺病患者がひとりいる」と記されており、これが沖田ではないかと推測されている。

さすがに彼も重病を認めざるを得なかった。折悪く、このころに鳥羽伏見の戦いが勃発しているが、彼はほとんど活躍していない。大阪へ療養に引き上げたがいっこうによくならず、慶応4年(1868)1月10日に江戸に向かう富士山丸の船内でも床から動けなかった。

江戸では療養所を転々とし、4月からは郊外の植木屋の家にやっかいになっている。

斬れない黒猫

ある日、彼は急に元気になったので庭に出てみた。梅の木のそばに黒猫がいたので、これを斬ってみようと刀を持ったが、だめだったという。そして「ああ……俺ァ斬れない、俺ァ斬れない」と悲痛な叫びを上げ、そのまま倒れてしまった。家人はすぐに医者を呼んだが、うつらうつらしたまま翌日に死んだという。

土方や近藤どころか、姉のきんとみつさえも戦場に散っていく中、彼は5月30日、ひっそりと世を去った。没年は諸説あるが、『両雄士伝』の27歳説が、永倉らの証言とも一致していて正しいと思われる。

小栗《おぐり》忠順《ただまさ》

生没年 1827～1868

変名：とくになし
身分：幕臣
所属：幕府
思想：佐幕
関連事件：とくになし

万延元年(1860)、通商条約批准使節の一員として渡米。帰国後は外国奉行、勘定奉行、歩兵奉行などを歴任し、幕府の軍制および財政改革に尽力した。

新編成された幕軍を使って朝廷の脅迫を謀ったが、これは失敗する。対外関係ではロッシュ公使を通じてフランスに接近。フランスの協力を得て横須賀製鉄所と造船所を建て、さらに軍艦まで購入しようとした。

鳥羽伏見の戦いに敗れて江戸に戻ってきた慶喜に徹底抗戦を主張したが、聞き入れられなかった。後に新政府軍に捕らえられて斬殺された。

男谷《おたに》信友《のぶとも》

生没年 1798～1864

変名：とくになし
身分：剣客・幕臣
所属：なし→幕府
思想：佐幕
関連事件：とくになし

江戸本所にて男谷新次郎の子として生まれ、幼名は新太郎といった。また幕臣・勝海舟の従兄弟にあたる。

わずか8歳で直心影流・団野義高に入門、兵法を平山行蔵に習い、さらに宝蔵院流槍術や吉田流弓術も極める。30歳の時に男谷彦四郎の養子となった。文政年間には免許皆伝を得て、13代目を継承、麻布狸穴に「男谷派」の道場を開いた。

信友は他流試合をよく行った。申し込まれた試合は断らず、3本勝負のうち必ず1本は相手に取らせて花を持たせたという逸話がある。

安政2年(1855)、自らの建議によって設立された講武所の頭取並に任じられ、以後は剣術師範として後進の指導にあたった。また、諸問題に揺れる幕府の下問にもよく答え、幕政に大きな影響を与え続けた。

小野《おの》善右衛門《ぜんえもん》

生没年 1826～?

変名：とくになし
身分：商人
所属：なし
思想：とくになし
関連事件：とくになし

小野家は江戸時代から明治時代にかけて台頭した豪商で、この時期の日本経済に大きな影響を与えている。

近江に端を発する小野一族は盛岡を拠点に勢力を伸ばし、盛岡と八戸両藩の御用達商人の座を手に入れた。安永5年(1776)には幕府の金銀御為替御用達となり、大手商家の証である十人組に加入している。このころになると、小野一門の店は日本中にでき、「小野組」と呼ばれて栄華を誇った。

小野善右衛門という名は代々受け継がれてきた

当主の名である。幕末から明治にかけて活躍した善右衛門は、家を継ぐまでは西村勘六と称していた。彼は小野組の一員として、幕府や諸藩との取り引きを行っている。

明治維新後、小野組は新政府に協力し、金穀出納所御用達となった。ここでは多額の献金、御用達金を提供している。また為替方として府県や官庁にも協力し、製糸工場や鉱山経営にも着手した。

コラム

陸援隊

陸援隊は、慶応3年(1867)7月、中岡慎太郎によって結成された組織である。本部は京都郊外の白川にある土佐藩邸に置かれ、坂本龍馬の海援隊と対になる土佐藩支援組織であった。そして、新撰組や京都見廻組などから弾圧を受ける勤皇浪士たちの駆け込み寺でもあった。

隊の構成は土佐や水戸脱藩浪士など約80名から成っており、慎太郎の下には幹部として田中顕助、大橋慎三、木村弁之助、水戸の香川敬三の4人がいた。また、外郭組織として十津川村の勤皇郷士による郷士隊の50名がいた。

このように戦闘部隊としては十分な頭数がいたが、最盛期には合計300人近くまで人員が膨れ上がり、食事代などに困ったと記録が残されている。

隊士らは薩摩の鈴木武五郎から洋式兵術の訓練を受けていた。薩長土の倒幕軍の進発に合わせ、京都で鋒起して先陣を飾る役目を持っていたが、実際には華々しく活躍することなく終わっている。

か

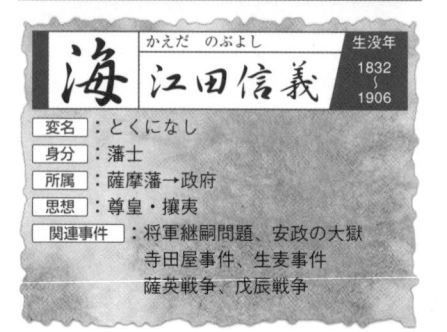

海江田信義《かえだ のぶよし》

生没年 1832～1906

変名：とくになし
身分：藩士
所属：薩摩藩→政府
思想：尊皇・攘夷
関連事件：将軍継嗣問題、安政の大獄
寺田屋事件、生麦事件
薩英戦争、戊辰戦争

天保3年(1832)、薩摩藩士・有村仁左衛門の長男として生まれ、海江田伊三次の養子となる。旧名を有村俊斎という。

江戸にて水戸の国学者・藤田東湖に学んだ。西郷や大久保とともに精忠組の幹部として国事に奔走し、安政の大獄では月照亡命に尽力した。

文久2年(1862)、寺田屋事件の事後処理を行うも、その帰路で外国人を斬ったという生麦事件を引き起こしたことは有名である。

以後は明治に至るまで、各戦線で活躍。新政府にあって弾正大忠、奈良県令、元老院議長を務め、後に貴族院議員、枢密院顧問官も歴任した。

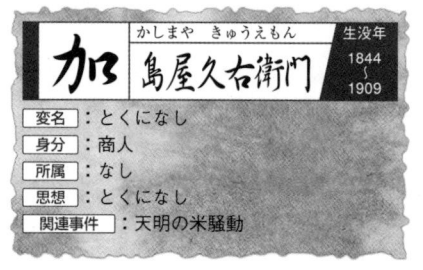

加島屋久右衛門《かしまや きゅうえもん》

生没年 1844～1909

変名：とくになし
身分：商人
所属：なし
思想：とくになし
関連事件：天明の米騒動

加島屋久右衛門は世襲制の名前で、この時代に活躍したのは9代目。本名は広岡文之助という。

加島屋は三井、鴻池と並ぶ大阪の富商で、幕府とも関係の深い米問屋だった。このため、天明の米騒動の時には、暴徒による打ち壊しに遭っている。

久右衛門は幕末の混乱を乗り越え、維新後は会計御基金御用掛、明治天皇御東行金穀出納取締、太政官会計局金穀御用掛、通商司為替会社、貸付

方物頭取、通商会社総頭取などを歴任し、貿易商社・尽力組を設立した。その後は、加島銀行や朝日生命、大同生命保険会社を設立し、社長に就任している。

梶原平馬《かじわら へいま》

生没年 1842〜1889

変名：とくになし
身分：家老
所属：会津藩
思想：佐幕
関連事件：会津戦争

文久2年(1862)、藩主が京都守護職として上洛するにあたってこれに従い、慶応元年(1865)5月、大目付無役が若年寄に昇進、同2年3月に家老となった。

慶応4年(1868)2月、松平容保の会津帰国後も江戸に留まり、武器商のスネルから小銃800挺をはじめとする武器弾薬を購入している。

4月には藩主の命により、伊藤左太夫らとともに、仙台藩境の関宿において米沢・仙台両藩の家老と会津藩の謝罪条件について、会談を行った。

会津戦争においては、城中本丸で政務を掌握する。

若松城開城の際には、萱野権兵衛らと連署の嘆願書を政府に送った。容保とその子の喜徳に代わって処罰を受けるという内容である。

戦後処理に尽力し、藩主父子に従って上京謹慎した。この間も政府との連絡役を務め、松平家再興に尽くした。

和宮《かずのみや》

生没年 1846〜1877

変名：とくになし
身分：内親王
所属：朝廷→幕府
思想：尊皇・佐幕
関連事件：和宮降嫁

仁孝天皇の皇女であり、孝明天皇の妹宮。有栖川宮熾仁親王との結婚が決まっていたが、公武合体運動が起きると紆余曲折を経て文久元年(1861)に徳川家茂への降嫁が成立し、江戸城に入る。大奥の天璋院とはうまくいかなかったが、家茂との夫婦仲はよかったらしい。慶応4年(1868)、鳥羽伏見の戦いに敗れて徳川慶喜が江戸に戻ってくると、徳川家の存続を朝廷に願った。このことから、官軍の江戸攻撃中止と徳川家の存続に影響を与えたものと考えられる。

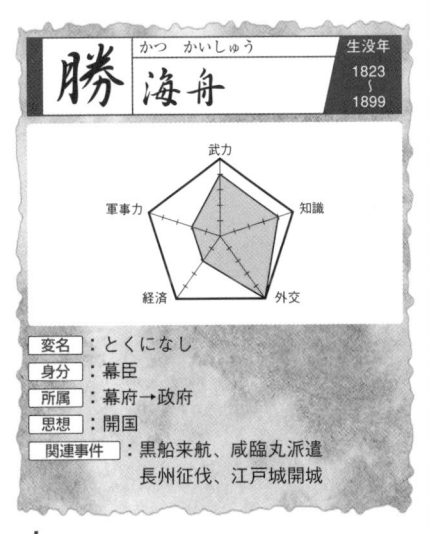

勝海舟《かつ かいしゅう》

生没年 1823〜1899

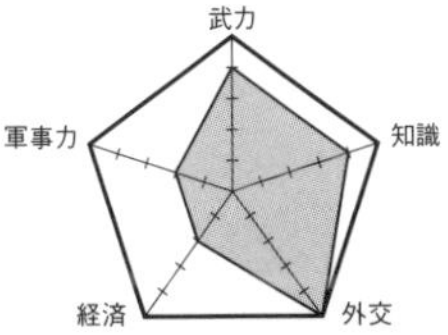

変名：とくになし
身分：幕臣
所属：幕府→政府
思想：開国
関連事件：黒船来航、咸臨丸派遣
長州征伐、江戸城開城

江戸っ子の剣術家

勝海舟は旗本・勝小吉の子供として江戸の本所に生まれた。

小吉は幕臣の中でも下級の身分、しかも放蕩者であったため一家の生活は苦しかった。しかし彼は義侠心に富んだ人物で、市井の多くの人々に慕われていたという。誰にでも遠慮なくものをいい、それでいて人脈を作ってしまう海舟の性格は、父親譲りだったのかもしれない。

海舟は、剣豪として名高い従兄弟の男谷精一郎(信友)から剣術を習い、後には男谷の一番弟子となった島田虎之助を剣の師匠とした。海舟は毎夜神社で木刀を振るうなど熱心に稽古に励み、免許皆伝の腕前となった。

文武両道の人であったが、9歳の時に野犬に睾丸を食いちぎられるという災難にも遭っている。

学者としての実績

島田虎之助は伊東玄朴とも親交があり、海舟に西洋式兵術の習得を勧めた。

そこで彼は蘭学の大家として知られていた箕作阮甫に入門を求めたが、断られてしまう。次に阮甫の門下生の永井青涯の弟子となり、蘭学を学んだ。

蘭語辞書の『ズーフハルマ』を独力で2部筆書し、1部を売って資金を得たりもしている。

そして嘉永3年(1850)には、江戸・赤坂に蘭学塾を開いた。ちなみに逃亡中の高野長英はこのころ、海舟のもとに立ち寄っている。また蘭学を教える傍ら、諸藩の求めに応じて大砲の製造も試みている。その関係で砲術を教えていた佐久間象山の元で学ぶことになった。佐久間の書いた「海舟書屋」という額をいたく気に入り、「海舟」と名乗るようになったのは有名な話だろう。後に佐久間は海舟の妹を妻とするので、このふたりは義兄弟の関係でもある。

幕府への意見書

嘉永6年(1853)、ペリーが来航すると老中・阿部正弘は広く意見を求めた。海舟はこれに応じて意見書を提出する。海軍の創設を説き、その資金作りのために交易を行って人材を育成すべきだという内容だった。これは単純に外国船の打ち払いを説く大多数の意見書よりはるかに優れていた。

海舟の意見書に目をつけたのが、後に生涯の友となる開国派幕臣・大久保忠寛(一翁)だった。大久保とその同僚の岩瀬忠震の引き立てにより、彼は政治の表舞台に上っていく。

海軍伝習所のトップ

安政2年(1855)、幕府はオランダ人から航海技術を伝習する計画を立て、永井尚志を監督(後に木村芥舟と交替)として海舟ら幕臣を長崎に送った。これが長崎海軍伝習所のはじまりだが、他にも諸藩の藩士たちも参加していた。

海舟は伝習所のトップとして航海技術の習得に努めた。練習航海中に薩摩に立ち寄り、藩主・島津斉彬とも面会している。

安政6年(1859)正月、彼は江戸に戻り、講武所内に新しく創設された軍艦教授所の教授方頭取となった。しかし、安政の大獄が起こり、海舟の後ろ盾となっていた大久保や岩瀬は幕政から外されてしまった。

咸臨丸《かんりんまる》渡米

安政7年(1860)、幕府は日米通商条約批准のため、使節をアメリカに派遣するが、これに咸臨丸が同行することになった。海舟は妻に「ちょっと品川まで行ってくる」といい残し、品川埠頭から太平洋に乗り出したという。

彼は艦長として船に乗り込んだのだが、その上司には提督として木村芥舟がおり、また実際の操船はアメリカ人のブルック以下の船員たちが指導した。海舟は不満だったらしく、船酔いもあって航海中はほとんど自分の部屋に閉じ籠っていたという。

この時、ともに渡米した人物として福沢諭吉や中浜万次郎がいる。咸臨丸は無事にアメリカに到着し、海舟も西洋社会を自分の肌で体験し、開国思想を深めていった。

しかし、アメリカから帰国した海舟に活躍の場は与えられなかった。後ろ盾となる幕府重臣がいなかったためだが、彼の性格にも一因はあった。老中からアメリカの様子を聞かれた時「日本と違って、アメリカでは才能のある人間が政権に就いている」などと皮肉をいったのだ。これでは、幕府内で活躍する機会など与えられるはずもない。彼は講武所で砲術を教えながら、機を待つことになった。

横井小楠との出会い

文久2年(1862)、海舟は政治の中枢へ再浮上した。島津久光が勅使・大原重徳とともに江戸に下り、慶喜を将軍後見職に、松平慶永(春嶽)を政治総裁に据えたのである。

松平慶永は大久保を復帰させ、大久保は海舟を推薦した。こうして海舟は軍艦奉行並に抜擢された。

このころ、彼は松平の参謀役・横井小楠と出会っている。海舟は生涯の間、横井を「先生」と慕っているが、それは幕府や諸藩という枠組を超えた政府創設という思想に惹かれたためである。

またこの年、坂本龍馬は海舟宅を訪ね、その見識と人物に惚れ込んで、門人となっている。

関西での活躍

翌年、海舟は尊皇攘夷の嵐が吹く関西で活動した。幕府と諸藩から成る海軍創設の準備として、神戸海軍操練所を開こうとしたのである。このころから、彼は幕府のためでなく、日本のために働いていた。

海舟は攘夷の中心となっていた長州藩の人間とも積極的に会い、攘夷派のリーダーでもある公家の姉小路公知にまで海防の重要性を説いている。このために姉小路は開国派に転じ、攘夷派によって暗殺されたという説すらある。

将軍家茂は海舟の意見を聞き入れ、文久3年(1863)3月に神戸海軍操練所の建設を認めた。

西郷との出会い

8月18日の政変によって京都から攘夷派が一掃され、公武合体政権が成立した。しかし幕府中心の政権を狙う慶喜は、島津久光らと対立し、薩摩藩は公武合体政権から離れていった。

そして幕府を超えた新政権の樹立を目指す海舟も、慶喜と対立することになる。

元治元年(1864)、長州藩が禁門の変を起こして敗れると、慶喜は長州征伐を画策するが、長州藩を含めた政権を考える海舟はこれに反対した。

9月、大阪にて海舟は薩摩藩の西郷隆盛と出会う。そして、「幕府は人材がなく、長く保たないから雄藩連合の創設を考えたほうがいい」と忠告している。幕臣の海舟からこのような話を聞いた西郷は驚き、そのとてつもない見識と人柄に敬服した。このふたりは以後しばらく敵味方に分かれるが、互いに敬愛し合う仲となる。

長州の三家老が禁門の変の責任を取って切腹したため、長州征伐戦は交戦前に終わった。その裏には、海舟の意見を聞いて長州藩の処分を寛大にしようとした西郷の働きがあったのである。

そのうち、神戸海軍操練所では反幕勢力を育成しているという疑いが持たれるようになった。慶喜との対立もあり、海舟は江戸への帰還を命じられ、軍艦奉行も罷免された。翌年の慶応元年(1865)には、彼が心血を注いだ神戸海軍操練所も閉鎖されてしまう。

長州再征

海舟は門人の坂本龍馬を西郷に預け、江戸で閑居した。幕政改革のために彼を推薦する者もあったが、頭の堅い幕府重臣らはそれを認めず、武力で長州を倒して幕府の力を天下に示そうと第二次長州征伐に乗り出した。

しかし薩長同盟の成立があって幕府軍は各地で敗北し、将軍家茂も大阪城中で死亡した。次の将軍である慶喜は戦争を続行しようとしたが、小倉口で司令官を務めていた小笠原長行の逃亡を知って断念する。

慶喜は長州と交流のある海舟を停戦交渉役に起用した。広島・宮島で長州藩との交渉にあたった海舟はとりあえず休戦を実現させたが、慶喜の態度に失望して辞表を出し、江戸へ帰ってしまう。

江戸城最後の主

慶応4年(1868)1月、鳥羽伏見の戦いに敗れた慶喜は海路で江戸へと逃げ帰ってきた。

江戸城内では、官軍と講和するか戦うかが論じられたが、慶喜は朝廷への恭順を決意した。彼は徹底抗戦を唱える小栗忠順を罷免し、戦うなら支援するというロッシュの申し出を断った。そして海舟を陸軍総裁に、大久保忠寛を会計総裁に任命して幕権のトップに立たせた。もう江戸には彼らふたり以外に事態を収拾できる人物はいなかったのである。

その後、慶喜は上野・大慈院に入って謹慎したため、海舟は事実上、江戸城の最高権力者となったのである。

江戸城無血開城

同年2月15日、有栖川宮を大総督とする東征軍が京都を出発した。

海舟の考えは国内の争いを避け、日本の独立を守ることだった。そのためには、江戸総攻撃を止めねばならない……彼はさまざまな手を打った。

まず、恭順に間違いなく反対すると思われる近藤勇らを甲州鎮圧の名目で江戸から遠ざけた。次に東征軍参謀の西郷隆盛に使者・山岡鉄舟を送った。同時に英国大使館のアーネスト・サトウにも会い、パークスを通じて西郷に圧力をかけさせてもいる。

こうして3月14日、奔走は実を結び、彼は生涯最大の仕事を成功させた。西郷との交渉の結果、徳川家は存続を許され、江戸城総攻撃は中止されたのである。

旧主と友のために

江戸城無血開城を成功させ、自らの手で幕府を終わらせた海舟だったが、維新後は徳川家と旧幕臣のために尽くしている。明治5年（1872）から新政府に参加したが、これも旧幕府勢力の人材を政府に呼び入れるためだった。

海軍卿などの職に就いて海軍の発展に尽くす一方、西南戦争に際しては逆賊となった西郷の名誉回復にも努めている。

晩年は著述に専念したが、その死の直前まで、歪んだ方向に進みつつある新政府を批判し続けたという。

ちなみに、海舟の墓の横には西郷隆盛の留魂碑が立っている。

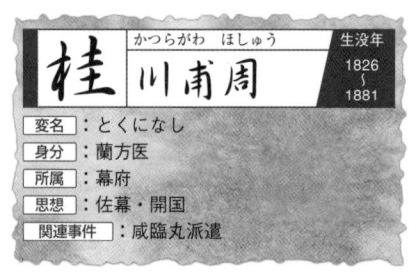

桂小五郎

➡木戸孝允（きどたかよし）

桂川《かつらがわ》甫周《ほしゅう》

生没年 1826〜1881

変名：とくになし
身分：蘭方医
所属：幕府
思想：佐幕・開国
関連事件：咸臨丸派遣

幕府に医師として仕えた桂川家の7代目。杉田玄白らに協力した桂川甫周と区別するために2代目甫周と呼ばれることもある。

蘭学者の一部が秘蔵していた和蘭辞書『ズーフハルマ』の刊行を強く幕府に願い、安政5年（1858）に出版した。

福沢諭吉いわく「蘭方医の総本山」であり、福沢が咸臨丸随行員の取りなしを甫周に頼んだことは有名。

金子《かねこ》重之輔《しげのすけ》

生没年 1831〜1855

変名：渋木松太郎、市木公太
身分：農民→足軽・志士
所属：長州藩
思想：尊皇
関連事件：とくになし

天保2年（1831）、長州阿武郡渋木村の百姓・茂左衛門の子に生まれ、足軽・金子家の養子になった。

吉田松陰が江戸で鳥山新三郎の居候をしていた時に師事し、事実上、吉田の一番弟子となった男。師とともにアメリカ密航を企てるが、失敗して捕縛される。

この時、アメリカ側に名乗った偽名が市木公太である。安政2年（1855）、岩倉獄にて肺炎を併発し、病死した。

金子《かねこ》孫二郎《まごじろう》

生没年 1804〜1861

変名：西村東右衛門
身分：藩士
所属：水戸藩
思想：尊皇・攘夷
関連事件：桜田門外の変

郡奉行として斉昭の藩政改革に協力。一時、斉昭の隠居に伴って郡奉行の座を追われたが、復活して実績を上げた。

水戸藩へ戊午の密勅が下されるように尽力し、そのために幕府の圧迫を受けて脱藩。変名して江戸に潜伏していたが、桜田門外で井伊大老襲撃に参加。

事件後は京都に逃げたが、伏見で捕われ、江戸で斬罪に処せられた。

萱野権兵衛《かやの ごんべえ》

生没年 1830〜1869

変名：とくになし
身分：家老
所属：会津藩
思想：佐幕
関連事件：会津戦争

若松城下の永代家老の家に生まれる（生年は1828年の説もある）。書を好み、武技にも長じており、人望も厚かった。

戊辰戦争では重臣の多くが藩境で軍将として行動していたが、権兵衛は常に藩主の側にあって政務を処理した。

若松城の籠城戦になると、城外での攻防戦に参加し、糧食を城内に運び込むなど重要な作戦に従事した。

開城後は、藩主親子の助命と引き換えに戦争責任者として自ら名乗り出た。

明治2年（1869）5月、明治政府の下した判決は斬罪だが、自刃して果てている。

河井継之助《かわい つぐのすけ》

生没年 1827〜1868

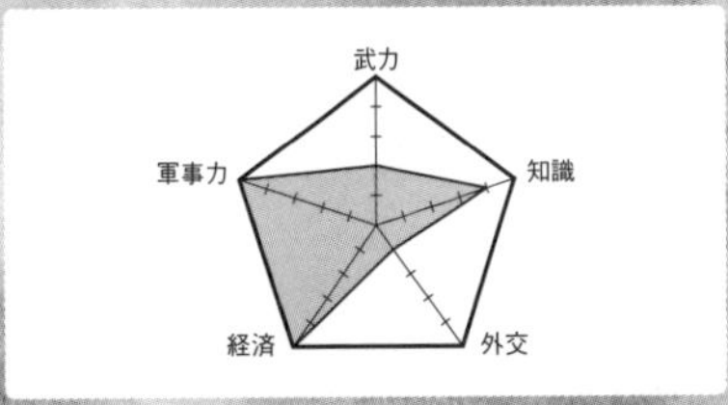

変名：とくになし
身分：藩士→家老
所属：長岡藩
思想：佐幕
関連事件：長岡戦争

奔放な性格

継之助という名について、長岡では「つぎのすけ」と読まれることが多い。

長岡藩士・河井代右衛門の長男として生まれる。代右衛門には他に3人の娘があるが、男子は継之助だけだったので、ずいぶんかわいがられたことだろう。

継之助は強烈な個性を持つ少年であった。生意気で意地っ張りなところがあって周囲を手こずらせたが、肝っ玉は太かった。12歳ごろから学問や剣術を習い覚えたが、その師匠たちも少年の扱いに困ったという。

たとえば馬術をやらせれば、激しく鞭を当てて疾走させ、馬が疲れるまで止まらなかった。「駆けることと止まることさえ覚えていればいい」……彼はそう言い放った。万事がこの調子で、全て自己流で物事をこなした。

多読に対する精読

継之助は「漫然と本を読んでも何も得られない。読書の功は、心を潜めて精読することにある」といい、青年時代から読む本のほとんどを写していた。家は比較的裕福だったので、本が買えなかったわけではない。彼は内容を頭に叩き込むために好んで写本していたのである。

26歳で江戸に遊学し、斎藤拙堂の門に入ったが、すぐに久敬舎に移っている。大変な読書好きで知られる彼は、斎藤の書庫にたいしたものがなかったために塾を移したらしい。久敬舎では入塾早々『李《り》忠定《ちゅうてい》公集』を見つけ、寝食を忘れてむさぼり読んだという。

李忠定は宋の名宰相で、その上奏文は大胆率直、悲壮淋漓、憂国の至情にあふれた名文だった。継之助は後に藩政改革を断行するが、この李忠定の影響が大きいとされている。

剛胆な男

嘉永6年（1853）6月にペリー、7月にプチャーチンが来航し、開国を求める国書が幕閣にもたらされる。

当時、長岡藩主は10代目・牧野忠雅だった。忠雅は次席老中に就任し、弘化2年（1845）7月から海防掛を兼任していたため、この難問に取り組まねばならなかったのである。

彼は自藩をもって諸藩の模範にしたいと考え、身分を問わず広く意見を求めた。諸外国にどう対すべきか、ひいては長岡藩軍を速やかに強化するにはどうしたらよいかということである。

継之助は建白書を提出し、その才を認められた。忠雅はただちに彼を抜擢して、目付格・評定方随役に任命した。河井家は一介の藩士の家に過ぎなかったから、これは異例の待遇である。

しかし、この人事は忠雅の独断で行われたため、家老たちは継之助を認めなかった。理解者がほとんどいなかったことから、継之助は職を辞する羽目になった。

この際、彼は門閥を弾劾する一書を藩主に提出し、権力を恐れぬ剛胆さが世間に知れ渡るようになった。継之助は後年、忠雅の世子・忠恭の御聴覧に選ばれた時も、持ち前の剛胆さで拒絶している。彼の言い分はこうだった。

「勉強させたいなら講釈師に頼むがいい。俺は講釈するために学問を学んだのではないのだ」

幕府よりも藩政

文久2年(1862)、藩主となった忠恭は幕府より京都所司代に任命されたが、継之助はこれに反対し、意見書を出した。威信が低下した幕府などに構わず、藩政再建に力を注ぐべきだといったのだが、受け入れられなかった。

継之助は後に京都詰め家臣に選ばれ、上洛する。彼はまたも「このまま在京すれば、尊攘派と佐幕派の抗争に巻き込まれ、大変なことになるだろう」と進言したが、やはり受け入れられない。決意を示すために辞任して京から江戸に戻ったところ、さすがの忠恭も意を決し、京都所司代を辞めたのだった。

忠恭は次に老中に推挙される。継之助はまたも辞任を勧め、老中・板倉勝静のところに使者として乗り込み、解雇を願い出た。板倉とは以前から縁があったので、話はうまく進むかと思われた。

しかし、この後、幕府の依頼を受けた牧野貞直(長岡支藩・笠間藩主)が逆に説得に来た。勢い余った継之助はこれを罵倒してしまったため、またも辞任、藩政から遠ざかってしまうのである。

スピード解決

こんな継之助が藩政に本格参加するのは、慶応2年(1866)の第二次長州征伐のころからである。幕府の命を受けた長岡藩は570名を率いて大阪に駐屯したが、このために藩内が手薄になり、山中騒動という農民暴動が起こった。

有能と思われる人材は遠征に出てしまっていたため、家老団は渋々と継之助を起用し、事件の解決にあたらせることにしたのである。

河井継之助は槍持ちひとりだけを連れて山中村に向かい、これをあっさりと解決してしまった。

風紀を正す

周囲にやっと認められて郡奉行となった継之助は、徹底的な藩政改革をはじめた。

まず賄賂のやり取りを堅く禁じ、次に「水腐地」の調査を行った。長岡は低湿地が多く、水害を受けた地域は耕作不能になる。そんな土地が水腐地で耕作可能になるまで5年の免税措置が取られるが、農民は代官に賄賂を贈り、5年以上経った水腐地を永久無税地としていた。継之助は、藩吏を現地に派遣して厳重に調査し、これを摘発して増収を確保した。

他に河川工事を行い、「毛見」(不作時の減免制度だが賄賂の媒介となっていた)を廃止し、代わりに税率を引き下げた。「寄場」という刑務所を創設し、賭博を禁止し、さらに遊廓や私娼まで禁止した。特に賭博や私娼に関する調査の際には、自ら博徒や人夫に扮したという。

ガトリング砲

故国に大きく貢献した彼が家老に就任したのは慶応4年(1868)である。一介の藩士がたった4年で家老まで上り詰めるなど、藩はじまって以来のことだった。

継之助は次に軍制改革に取りかかる。幸い財政の再建は成り、国庫にはかなり余裕があった。

彼は槍や長刀の稽古を廃止し、大量に購入したミニエー銃を全藩士の家に貸出して管理させた。こうして総勢1152名の銃隊を組織した。

また30門の大砲と、ガトリング機関砲を2門購入した。当時の最新兵器だったガトリング砲は日本に3門しか入ってきていなかった代物だが、継之助が遊学中に作っておいた人脈のおかげで入手に成功したのである。

武装中立

越後地方には幕府の直轄地や会津、桑名藩の飛び地が散在しており、また戦争がはじまれば新潟港は重要な補給地となる。このため、長岡の動向は全国から注目を浴びていた。長岡藩が官軍と奥羽側のどちらにつくかで、戦いの行方は大きく変わるのである。しかも長岡は態度をはっきりしていなかったので、その強大な軍備とともに両陣営から恐れられていた。

長岡と会津は、京都所司代と京都守護職として京都の治安をともに担ったため、両者は共闘する可能性が高かった。しかし戦火が近づくと、藩内には逆に官軍恭順派も出てきた。

こんな状況下で、継之助は武装中立構想を藩全体に知らせた。

小千谷会談

彼は長岡に迫る官軍に談判すべく、二見虎三郎とともに小千谷に向かった。慶応4年(1868)、5月2日のことである。

会津の佐川官兵衛との会談は、すでに4月に終わっていた。佐川は同盟を迫ったが、継之助はこれを蹴っている。

こうなったら小千谷で官軍を止め、その実績をもって会津と桑名を説得するしかない。もし両藩が応じなければ、先鋒となっても戦う、これが継之助の腹づもりだった。

しかし、彼の相手をした土佐の岩村精一郎(高俊)は、聞く耳も持たず席を立ってしまった。これが黒田清隆や山県有朋であったなら、談判は成功したかもしれない。

「一藩を挙げて奸賊を叩くべし！」結局、長岡藩は奥羽列藩同盟に加盟し、ともに戦うことを誓った。

軍事力を誇る長岡藩が戦列に加わったことで、劣勢だった奥羽越列藩同盟はかなり戦力差を縮めることができた。

長岡戦争

こうして5か月に渡る長岡での攻防戦がはじまった。

長岡藩は榎峠、朝日山などの要地を一気に奪回した。官軍はここで惨敗し、司令官までが戦死している。

しかし、主力部隊を朝日山に集めたため、長岡城周辺には少数の警備隊しか置けなかった。そこへ激流を渡ってきた官軍が迫る。継之助は自らガトリング砲を操って防戦したが、残念ながら防ぎきれなかった。

戦いは長期化し、彼は将として幾多の戦いに身を投じた。そしていったん奪われた長岡城に夜襲をかけ、これを奪還している。

しかし、継之助は銃弾に左膝下を砕かれて倒れた。指揮官が重傷を負ったため、その後の追撃戦は頓挫してしまう。城は4日後に再び官軍の手に落ちた。

継之助は会津への脱出を図るが、攻城戦で受けた傷がもとで死んでしまう。

「八十里、こし(腰＝越)抜け武士の越す峠」彼はこう自嘲の句を詠んだ。そして、死後は火葬にせよと部下に命じたという。享年42歳だった。

河上彦斎《かわかみ げんさい》

生没年 1834〜1871

- 変名：高田源兵衛(源兵)
- 身分：藩士
- 所属：肥後藩
- 思想：尊皇・攘夷
- 関連事件：禁門の変、鳥羽伏見の戦い

小森貞助の次男として生まれる。最初は小森彦治郎と称していたが、河上源兵衛の養子となって河上彦斎に改名、後に高田源兵衛(または高田源兵)と改名している。

掃除坊主という身分であったが、幼いころから才能豊かであったという。文を轟武兵衛に、兵学を宮部鼎蔵に、また林桜園について皇学を学び、勤皇思想を持つに至った。

九州で尊攘の同志を募った清河八郎に共鳴し、轟武兵衛とともに藩主の上京を画策。学校党の妨害に遭ったが、藩主名代・長岡護美の上京を実現し、これに同行した。

その後しばらく滞京し、30歳で藩選抜親兵となり、攘夷監軍使として長州に出向いたりもした。政変で長州に下ったが、池田屋事件後すぐに上京し、尊攘派の立て直しに奔走している。元治元年(1864)に佐久間象山を暗殺したことは有名で、このころから「人斬り彦斎」と呼ばれるようになった。

同年、禁門の変では長州とともに戦った。その後、肥後藩が長征のために出兵すると聞き、説得のために帰国したが捕らえられ、慶応4年(1868)の鳥羽伏見の戦いまで獄中に繫がれた。

尊皇派に転じた肥後藩に軍事掛に任命され、軍を進めたが、新政府の方針が開国とわかると憤慨して辞職。今度は奥羽列藩に働きかけようとしたが、失敗に終わっている。

明治2年（1869）、豊前鶴崎の警備隊長に志願、そこで有終館を設立し、子弟に文武や操船術を学ばせた。明治の世になっても彦斎の攘夷思想は変わらず、不穏分子を匿ったり反体制的発言をしたため、翌年に職を解かれた。その4か月後、今度は捕らえられて東京小伝馬町の獄に入れられ、明治4年（1871）に斬首された。

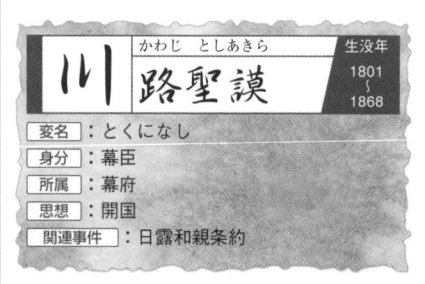

川路《かわじ》聖謨《としあきら》

生没年 1801～1868

変名：とくになし
身分：幕臣
所属：幕府
思想：開国
関連事件：日露和親条約

奈良奉行、大阪町奉行、勘定奉行などの職を歴任。嘉永6年（1853）、プチャーチンの長崎来訪時に筒井政憲とともにこれを応対し、日露和親条約の締結に関わった。奈良奉行時代に中川宮と面識があり、通商条約勅許を求める堀田正睦とともに上京。安政の大獄で処分された後、外国奉行として復帰したが、中風にかかって辞職する。以後は半身不随となって隠居していたが、明治元年（1868）の江戸城無血開城を知ってピストルで自殺した。

川路《かわじ》利良《としよし》

生没年 1834～1879

変名：とくになし
身分：藩士
所属：薩摩藩→政府
思想：尊皇
関連事件：薩英戦争、禁門の変、戊辰戦争　西南戦争

名前の読みについては、「としなが」説もある。

西郷隆盛に拾われた逸材。幕末の多くの戦いで従軍し、維新後は警察機構のトップとして君臨した。

明治5年（1872）、邏卒総長に就任。司法省警保寮の設立と同時に司法卿・江藤新平の名代となる。そして、司法警察機構を学ぶために欧州に派遣された。

日本にフランス式警察システムを導入し、現在の警視庁の基礎を作った。また法医学の重要性を説き、警視病院を創設した。

明治9年（1876）、西南戦争において5500人の警察抜刀隊を募り、自らも陸軍少将として警察隊3000を率いて戦った。

河田《かわた》小龍《しょうりょう》

生没年 1824～1898

変名：とくになし
身分：藩士・画家
所属：土佐藩
思想：開国
関連事件：とくになし

狩野派に絵を学び、龍をよく描いたことから小龍と号す。土佐藩の舟役人を務め、「城下第一の新知識」と呼ばれた文化人。土佐に帰国した中浜万次郎を藩命で取り調べ、外国の事情を記した『漂巽《ひょうそん》紀《き》略《りゃく》』を著した。

安政元年（1854）11月、訪ねてきた坂本龍馬に、初めて外国の知識を教えたことでも知られる。小龍の門人からは、近藤長次郎など海援隊に参加する者が多く出た。

菊池《きくち》虎太郎《とらたろう》

生没年 1837～1900

変名：とくになし
身分：藩士・医師→志士
所属：仙台藩
思想：佐幕・攘夷→佐幕・開国
関連事件：天狗党の乱、戊辰戦争

仙台の生まれで、宮城郡原町に住んでいた。江戸に上って文武を修行し、後に医業を営む傍ら、洋式兵法を研究した。

元治元年（1864）、武田耕雲斎らが筑波山で挙兵したが、これに密かに通じていたために幽閉される。

慶応元年（1865）に脱藩し、松前に下ったが、明治元年（1868）になって帰藩する。ここで政界の抗争に巻き込まれ、一時は禁固の刑に処せられた

が、戊辰戦争までには許されて従軍した。

藩論が恭順に決すると武士を廃業し、生糸や茶の貿易をはじめた。明治になって仙台に帰り、養蚕や機織業を振興し、また小笠原諸島の開拓にも尽力した。

来島《きじま》又兵衛《またべえ》

生没年 1816～1864

変名：森鬼太郎、森喜太郎
身分：藩士
所属：長州藩→遊撃隊
思想：尊皇・攘夷
関連事件：遊撃隊結成、禁門の変

文化13年(1816)、長州・高千帆村(小野田)に藩士・喜多村左治馬正倫の次男として生まれ、来島家を継ぐ。

大力巨漢で剣と馬術に優れた人物として世に知られた。28歳で駕籠奉行となり、安政2年(1855)に大検視、安政6年(1859)には所帯方頭人に進んだ。

戦国時代の豪傑を思わせる風貌と能力、加えて国を治めるために必要な事務能力が高かったために、長州急進派の旗頭となった。

奇兵隊結成を呼び水として長州諸隊が結成された時、他藩の浪士からなる遊撃隊の隊長に就任。文久3年(1863)の政変や池田屋事件に激怒する長州世論の先頭に立つ。

元治元年(1864)7月、禁門の変で馬上指揮中に敵弾を浴び、動けなくなって自決する。享年49歳。

木戸《きど》孝允《たかよし》

生没年 1833～1877

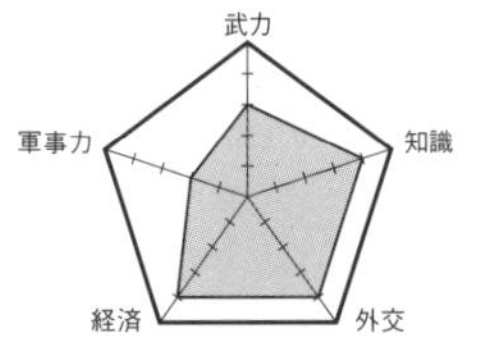

変名：臼田幸助、新堀松輔
身分：藩士
所属：長州藩→政府
思想：尊皇→富国強兵
関連事件：8月18日の政変、池田屋事件
薩長同盟、第二次長州征伐
版籍奉還、廃藩置県
明治6年の政変

凡庸な少年

天保4年(1833)6月26日、萩城下にある呉服町に20石取りの藩医・和田昌景の子として生まれ、8歳で桂九郎兵衛の養子となって桂家を相続した。この後、しばらくは桂小五郎と名乗っている。

藩校・明倫館に学んだがこれといった話は伝わっていないし、剣も学んだがたいした腕ではなかったという。少年期の孝允は、ぱっとしない凡庸な少年だったようだ。

開花した才能

最初のきっかけは吉田松陰であった。明倫館で吉田の講義を受けた彼は、その才能を大きく開花させたのである。

嘉永5年(1852)11月、江戸に遊学して練兵館に入門し、まもなく塾頭となった。それから江川太郎左衛門に師事して西洋兵学や砲術を、中島三郎助からは造船を、締めくくりに手塚律蔵から蘭学を学んでる。いずれも中途半端な修行だったらしいが、政治家向きな孝允に専門家としての技術は必要なかった。時局や人物の才を見極める目を養ったこと、多数の公卿や志士などと知り合えたことが、遊学中に得た最大の宝だったのである。

孝允は25歳で藩の公職に就き、26歳で大検使・江戸番手に奉職、30歳で祐筆に取り立てられた。

事を為す才

安政3年（1856）、世間では違勅問題と将軍継嗣問題が論じられ、時代は大きく揺れはじめた。

萩に幽閉されていた吉田松陰は門徒に暗殺を指令するなど、過激な行動を取るようになった。孝允はこれを抑制し、塾生との連絡を断とうとした。師に対する裏切り行為だが、どんなに罵倒されても、彼は吉田に同調しなかった。

孝允は江戸で諸々の情勢をつかんでおり、現時点での尊攘活動は死を招くと理解していた。冷徹なまでの現状認識能力があったのである。

ちなみに吉田は彼に対して「事を為す才」という評を残している。孝允は吉田松陰の明倫館での生徒であり、純粋な弟子ではない。しかし、松下村塾出身者からは同門と見られ、兄貴分であった。

逃げの小五郎

文久2年（1862）、長州の藩論は公武合体から尊皇攘夷に大転換した。しかし、これは時代の流れに逆行した判断であった。和宮降嫁や寺田屋事件によって公武合体派は確実に力をつけていたのだ。そんな中、馬関を通る外国船に砲撃を続ける長州は、世間から浮いた存在になりつつあった。

翌年、京都にて8月18日の政変が発生し、御所は薩摩と会津を中心とする諸藩の兵で封鎖された。結果、長州は京都から追い出され、その権威は地に落ちてしまう。

しかし、この後も孝允は京都で活動を続けた。池田屋事件、禁門の変、第一次長州征伐と事件が続く中、尊攘派にとって、もっとも危険な都市に潜伏していたのだ。

この間、村田蔵六（大村益次郎）以外には誰にも自分の居所を伝えなかったという徹底ぶりであった。京都でたまに見かけることがあっても、追っ手がかかると剣を抜くことすらせず、真っ先に姿を消してしまう。そんな孝允は「逃げの小五郎」というあだ名を頂戴することになった。

シビリアンコントロール

尊攘派はやがて長州からも追い出されるが、高杉晋作が挙兵して俗論党を一掃。元治2年（1865）3月に革命政権が樹立された。この時、孝允は政治担当者として呼ばれて帰国する。

武力で政権を奪った諸隊の暴走を抑えた彼は「武備恭順」の指針のもと、長州を幕府に対抗できる独立国家として完成させていく。

諸隊を再編成して村田蔵六を総司令官兼士官学校教官に据え、将兵に西洋兵学を叩き込んだ。また慶応2年（1866）1月、海援隊の坂本龍馬の協力で、薩長同盟を締結させるのに成功した。この結果、薩摩藩経由で新型のミニエー銃を購入できるようになった。

これらの軍制改革を受けた長州諸隊は、国内最新鋭の軍隊となったのである。後の第二次長州征伐での勝利は、孝允の尽力に負うところが少なくない。

ちなみにそれまで桂小五郎と名乗っていた彼は、藩主の毛利敬親から木戸姓を賜り、ここで木戸貫治孝允と改名している。

人を植える

やがて明治維新は成った。孝允は明治元年（1868）に総裁局顧問、明治2年（1869）に参議に就任する。同年、敬親を説いて版籍奉還を率先して断行させた。

明治4年（1871）、岩倉使節団の一員として渡欧、欧米列強の国力の源泉を教育と市民意識の高さと受け止め、帰国後はその普及に力を入れた。

列強との対決という将来を見越した危機感の前には、明治6年（1873）の征韓論騒動など不急の事柄であった。「国家の存亡は人材にあり。外国を攻めるより先に、教育を充実させなければ、国は栄えない」……これが彼の持論だった。孝允は西郷隆盛を下野させ、後に征台論を唱えた大久保利通とも対立し、辞職している。

明治10年（1877）、折しも西南戦争の最中、孝允は病没する。45歳であった。

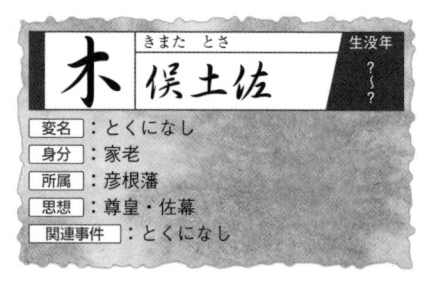

木俣《きまた》土佐《とさ》

生没年 ?〜?

変名：とくになし
身分：家老
所属：彦根藩
思想：尊皇・佐幕
関連事件：とくになし

彦根藩家老・木俣土佐守守易の子として生まれ、清左衛門と称した。父の家老職在中の弘化2年

(1845)に家老の列に加えられる。

当時の彦根藩主・井伊直亮《なおあき》は世子・直弼を嫌っていたらしく、過酷に扱ったという。土佐はこれを不憫に思い、直弼を陰からかばった。このためか、嘉永3年(1850)に直弼が藩主となると、土佐は仕置家老に任ぜられた。

彦根藩の相模警護では大将として赴任。桜田門外の変で直弼が暗殺されたときには、復讐を叫ぶ藩士を抑え、藩の危機を救った。

その後は幼い藩主の直憲を立てていたが、文久2年(1862)に引退。直憲が尊攘派により処分を受けた後に復帰し、藩勢回復のために活動した。

木村芥舟《きむら　かいしゅう》

生没年 1830〜1901

変名：とくになし
身分：幕臣
所属：幕府
思想：開国
関連事件：咸臨丸派遣

江戸・浜御殿奉行の子として生まれる。安政3年(1856)、目付に就任し、永井尚志の後を継いで長崎海軍伝習所の監督となった。ここで勝海舟や榎本武揚らと出会っている。

安政6年(1859)には軍艦奉行に任じられ、翌年のアメリカへの使節派遣では提督として咸臨丸に乗り込んだ。帰国後、海軍の発展に努力したが、幕府解体とともに引退し、以後は著述に専念。

温厚な性格で知られ、福沢諭吉などは彼を慕ったという。

木村銃太郎《きむら　じゅうたろう》

生没年 1847〜1868

変名：とくになし
身分：藩士
所属：二本松藩・二本松少年隊
思想：佐幕
関連事件：会津戦争

弘化4年(1847)、二本松城下に生まれた。父は藩の砲術師範で、銃太郎も父について砲術を学んでいたが、元治元年(1864)に西洋砲術を修めるために江戸へ遊学している。

帰藩後は師範となり、少年塾生に砲術を教えていたが、この時の門下生が中心となって、二本松少年隊が組織された。その隊長となったのが、銃太郎である。

慶応4年(1868)、会津藩は官軍に攻め込まれた。6月に棚倉、7月に三春が降伏し、二本松藩は窮地に立たされる。藩ではすでに15〜16歳の少年兵が出陣するようになっていた。銃太郎はそれ以下の幼年兵を集めて嘆願を出し、出陣を許可された。

大壇口に布陣した部隊は、板垣退助率いる官軍を苦しめたが、ついに包囲され、7月29日、銃太郎も敵弾に倒れている。

清河八郎《きよかわ　はちろう》

生没年 1830〜1863

変名：大谷雄蔵、日下部達三
身分：浪士
所属：浪士隊
思想：尊皇・倒幕・攘夷
関連事件：ヒュースケン殺害事件
浪士隊結成

出羽出身の郷士で、本名は斉藤元司という。東条一堂に古学を学び、後に安積艮斎の塾、幕府学問所へと移った。剣は千葉周作の玄武館で北辰一刀流を修行している。安政元年(1854)、神田三河町に私塾を開き、清河八郎と改名した。

このころから尊皇攘夷志士と交流して名を上げたものの、ヒュースケンを殺害するなどの辻斬りを働いたため、追われる身となった。逃亡の中、薩摩の島津久光の上洛を聞いて奮起し、攘夷志士の挙兵を企んだらしい。これは失敗に終わり、寺田屋事件が起こった。

江戸に戻った彼は幕府に将軍警護部隊の結成を持ちかけ、浪士隊の中心人物となる。しかし、八郎は浪士隊を尊皇革命の尖兵にしようと企んでいた。

将軍上洛に先駆けて京都に上った彼は朝廷に建白書を提出し、攘夷の勅諚を受けることに成功する。この時、八郎に反対する一部の隊士は浪士隊から脱退するが、これが新撰組の元になった。

驚いた幕府は、八郎を江戸に呼び戻した。彼は次に倒幕の陰謀を巡らせていたが、佐幕派から睨まれるようになり、ついに佐々木唯三郎らによって暗殺されてしまう。文久3年（1863）4月13日のことであった。

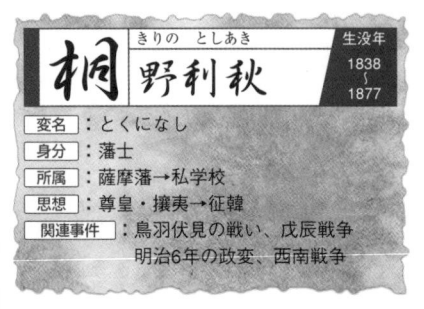

桐野利秋《きりの　としあき》

生没年 1838〜1877

変名：とくになし
身分：藩士
所属：薩摩藩→私学校
思想：尊皇・攘夷→征韓
関連事件：鳥羽伏見の戦い、戊辰戦争
明治6年の政変、西南戦争

文久2年（1862）、島津久光に従って上洛。尊攘の志士と交わった。

激情家にして粗暴、よくいえば勇敢な性格で知られる。明治維新までは中村半次郎と名乗っており、「人切り半次郎」のふたつ名で世から恐れられていた。

木立打ちで剣を独習し、後に伊集院鴨居に師事して薬丸（野太刀）示顕流を学んだ。そんな半次郎の得意技は「抜き」であった。すれ違いざまに人を斬る術だが、半次郎は瞬時も止まらずに相手を倒すことができたという。しかし、有名な割には、いつどこで誰を暗殺したのか記録に残っていない。それほどに腕利きの暗殺者だったということだろう。

戊辰戦争では東海道先鋒の将として江戸入りし、黒門口の対彰義隊戦では切り込み隊の先頭に立って勇戦。会津若松城攻めでは軍監として活躍した。

明治2年（1869）、鹿児島常備兵大隊長となり、親兵（近衛）大隊長、陸軍少将、熊本鎮台司令長官を経て陸軍裁判所長官にまで出世した。

明治6年（1873）の政変で、西郷隆盛とともに下野。篠原国幹、村田新八らによって私学校が設立されると、もっとも過激な幹部になった。

明治10年（1877）、西南戦争勃発。緒戦において、彼は大兵力をもって正面から熊本鎮台を攻めたが、まさかの失敗をしている。一騎当千の戦士ではあったが、指揮官としては有能ではなかったようだ。しかし、「西南戦争は桐野の戦争だった」と評されるほどに奮戦し、鹿児島県城山の決戦にて、壮絶な戦死を遂げている。

久坂玄瑞《くさか　げんずい》

生没年 1840〜1864

変名：松野三平
身分：藩医・志士
所属：長州藩→光明寺党→奇兵隊
思想：尊皇・攘夷
関連事件：馬関戦争、光明寺党結成
8月18日の政変、禁門の変

久坂玄瑞（義助）は長州藩寺社組本道医・良迪《よしみち》の次男として、萩城下に生まれる。

安政3年（1856）6月、松下村塾最初の入門者となり、後に四天王の筆頭と呼ばれた。吉田松陰は防長一の俊才と見込んで実妹の文と結婚させている。

早くから尊攘の志を抱いて諸藩の志士と交わり、謹慎中で萩から動けない松陰のため飛耳長目（情報収集活動）を行った。そして、藩論を公武合体から尊皇攘夷に一変させ、文久3年（1863）5月、自らも下関で外国船砲撃に参加した。

ここで、玄瑞の呼びかけに集まった志士たちで結成されたのが、光明寺党である。光明寺党は後の奇兵隊の元になった組織で、メンバーは松下村塾門下生や尊攘志士が中心だった。

同年8月18日、京都において政変発生、翌年6月5日池田屋事件……一時は隆盛を誇ったにも関わらず、これらの事件によって京都は長州の手から離れていく。これにいきり立った玄瑞は、長州藩の三家老や来島又兵衛とともに諸隊を率いて進軍を開始した。総兵力は2000である。

元治元年（1864）7月19日、京都市街にて激しい戦闘が開始された。これが世にいう禁門の変である。戦いは1日で終結したが、京都は3日に渡って燃え続けた。この日には捕まっていた多くの尊皇攘夷志士が処刑され、長州軍は全滅に近い被害を受けて潰走した。

そして、玄瑞は同志の寺島忠三郎とふたりで鷹司邸に立て籠った。寺島の「もうやろうか」という問いに「もうよかろう」と答えて切腹し、自分で首を掻き切った。

長州の源氏蛍は7日の命という。玄瑞は蛍のように美しく短命な一生を終えた。享年25歳。

九条《くじょう》尚忠《ひさただ》

生没年 1798〜1871

変名：とくになし
身分：公家
所属：朝廷
思想：尊皇・佐幕
関連事件：条約勅許問題、和宮降嫁

安政3年(1856)に鷹司政通の後任として関白内覧に任ぜられる。日米通商条約勅許問題では最初反対の立場を取っていたが、堀田正睦の説得により勅許を認める立場を取り、公卿たちの反発を受ける。

和宮降嫁では幕府と折衝し、これを実現する。攘夷派が朝廷内で実力を握ると佐幕派の中心人物と見られて攻撃され、文久2年(1862)に落飾謹慎となった。

久世《くぜ》広周《ひろちか》

生没年 1819〜1864

変名：とくになし
身分：老中・藩主
所属：幕府・関宿藩
思想：尊皇・佐幕・開国
関連事件：和宮降嫁、ヒュースケン殺害事件

阿部正弘の義弟であり、その政策を支持した。井伊直弼が大老となると職を退いたが、その後は老中に返り咲き、安藤信正とともに幕政を仕切った。

御縁組御用掛として和宮降嫁に尽力。また長州藩の長井雅楽の京都入説のバックアップなど公武合体運動に参加したが、文久2年(1862)6月、尊攘運動に抗しきれず老中を辞職する。

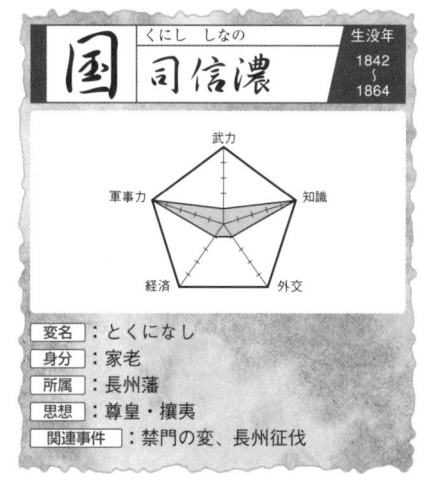

国司《くにし》信濃《しなの》

生没年 1842〜1864

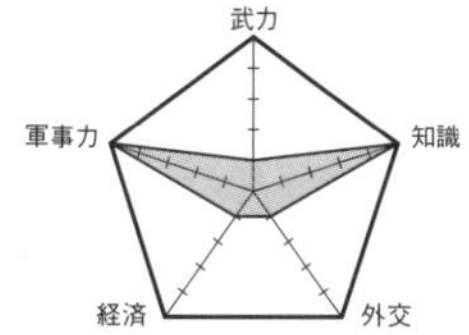

変名：とくになし
身分：家老
所属：長州藩
思想：尊皇・攘夷
関連事件：禁門の変、長州征伐

長州三家老のひとり。

天保13年(1842)、藩士・高州元忠の六男として生まれ、嘉永元年(1848)、6歳で万倉領主・国司迪徳の後を継ぐ。長じると尊王攘夷派として藩政を担った。

元治元年(1864)7月、8月18日の政変で失脚した藩主の陳情を伝えるために京に上るが、これによって禁門の変が勃発。兵を納めて帰国するが、藩兵を指揮したと見なされ、福原越後や益田右衛門介とともに切腹した。

亡骸は国司家の菩提寺・山口県厚狭郡楠町万倉の天龍寺に葬られた。

享年23歳。和歌に優れた人物であったと伝えられている。

雲井《くもい》竜雄《たつお》

生没年 1844〜1870

変名：遠山緑、一木緑、桂香逸、湖海侠徒
身分：藩士
所属：米沢藩
思想：佐幕
関連事件：戊辰戦争

幼少時から天才的詩人との評価が高かった。15歳で藩校・興譲館付設の有于堂に学んだが、形式的な校風になじめずに辞めている。18歳の時に小島才助の養子となり、20歳で家督を継ぐ。慶応元年(1865)、江戸に派遣され、任期終了後は儒学

者・安井息軒の門にて多くの俊秀と交わった。

帰国後、正しい情勢認識の上に藩論を決すべきだと説き、藩から探索方に任じられて京都に潜行した。このころから多くの変名を使いはじめる。

戊辰戦争については、倒幕戦争が薩長の野望によるものと批判。官軍の東北進撃を阻止するため、関東で反薩長の同志を集めた。戊辰戦争の裏側で、いわば諜報やゲリラ活動を行っていたのである。特に、彼の書いた「討薩の檄」は、憤激と情熱がほとばしる檄文として有名になった。

戊辰戦争が長期化すれば土佐や肥後が離反すると信じ、関東で遊撃戦を展開したが、倒幕戦は意外と早く終結した。

奥羽列藩が降伏してもあきらめきれず、明治2年(1869)、上京して旧幕臣や脱藩浪士の救済と称して同志を集め、密議を行っていた。しかし、この政府転覆計画は実行前に発覚してしまい、竜雄は主犯として梟首となった。

雲風の亀吉《くもかぜのかめきち》

生没年 ?〜?

変名：とくになし
身分：博徒→藩士
所属：なし→尾張集義隊
思想：尊皇
関連事件：戊辰戦争

生没年不祥。黒駒の勝三とは兄弟分で、本名を平井亀吉という。その縄張りは東三河周辺だった。

慶応4年(1868)2月、編成された尾張集義隊の隊長となり、北越戦争に活躍。その功績により士分に取り立てられ、隊も尾張藩の正規兵と認められた。

しかし、明治政府が平民としたため、亀吉は不服を申し立てる。明治11年(1878)にようやく士族として認められ、戊辰戦争の功績により永代禄6石が下賜された。

グラバー

➡トーマス・ブレーク・グラバー

栗本《くりもと》鋤雲《じょうん》

生没年 1822〜1897

変名：とくになし
身分：医者→幕臣
所属：幕府
思想：佐幕・開国
関連事件：とくになし

幕府の奥医者であったが、問題を起こして蝦夷地に左遷され、そこでフランス人宣教師メルメからフランス語を習った。

医者でありながら幕政への参加を望んでいたが、それは文久3年(1863)になって、かなえられる。江戸に呼び戻され、幕府の対フランス交渉の中心人物となったのだ。彼は幕府機構をフランス式に改革し、近代化に貢献した。

慶応3年(1867)に渡仏、フランス政府と借款交渉を行っていたが、その途中で幕府が崩壊。明治以降は、言論人として生きた。

黒川《くろかわ》良安《りょうあん》

生没年 1817〜1890

変名：とくになし
身分：蘭学者・蘭方医
所属：加賀藩
思想：開国
関連事件：とくになし

長崎で吉雄権之助にオランダ語、シーボルトに医学を学ぶ。江戸に出て坪井信道に入門。オランダ語に優れ、佐久間象山に漢学を教えてもらう代わりにオランダ語を教授した。

天保11年(1840)、招かれて加賀藩に仕え、蘭学と洋式兵法を教える壮猶館を創設した。

黒駒の勝三《くろこまのかつぞう》

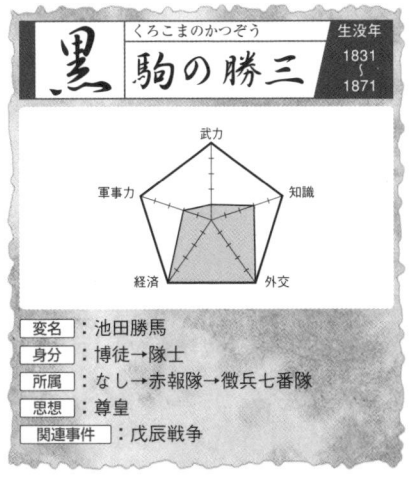

生没年 1831～1871

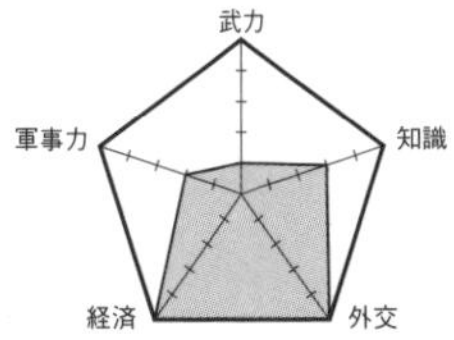

変名：池田勝馬

身分：博徒→隊士

所属：なし→赤報隊→徴兵七番隊

思想：尊皇

関連事件：戊辰戦争

天保2年（1831）、甲斐八代郡上黒駒若宮の名主・小池嘉兵衛の次男として生まれた。安政5年（1858）、隣村の竹居村（現八代町）の吃安の子分となる。

文久2年（1862）、吃安捕縛に絡んで甲斐を追われるが、元治元年（1864）に甲斐に戻って祐天仙之助と組んだ館林浪人・犬上群次郎を殺し、親分の仇を討った。

この後、彼は一大勢力を率いる博徒の親分となり、清水の次郎長（山本長五郎）と勢力を二分した。

戊辰戦争では、はじめは赤報隊に加わるも、すぐに徴兵七番隊に組み替えとなり、隊長として東征軍に加わった。この時の変名が「池田勝馬（数馬説もあり）」である。

明治4年（1871）10月14日、犬上殺害という過去の罪を問われ、斬首された。

清水の次郎長と争った勝三は、「東海遊侠伝」では非道の敵役として描かれている。しかし地元では悪評はなく、尊皇侠客と呼ばれるほどだ。山梨県の東八代御坂町・若宮の国道137号線沿いには武田節碑と並んで勝三の顕影碑が立っている。

黒田清隆《くろだ　きよたか》

生没年 1840～1900

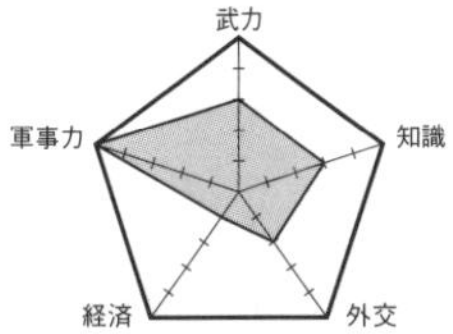

変名：とくになし

身分：藩士

所属：薩摩藩→政府

思想：尊皇・攘夷→尊皇

関連事件：生麦事件、薩英戦争、禁門の変
薩長同盟、鳥羽伏見の戦い
大政奉還、王政復古の大号令
長岡戦争、箱館戦争、西南戦争

屈指の理論家

黒田清隆（了介）は鹿児島城下の新屋敷町に生まれた。若い時分から冷静な人柄で知られ、文久2年（1862）の生麦事件では、刀を抜きかけた者を止めようとしたといわれる。

文久3年（1863）の薩英戦争において実戦を経験。同年、大山弥助（巌）とともに江戸の江川太郎左衛門の塾に入って砲術を学ぶ。以後、尊攘派屈指の理論家として知られるようになった。

羽織と袴

慶応元年（1865）12月、西郷隆盛の命を受けた彼は、馬関にて高杉晋作と薩長同盟の予備交渉を行っている。

同盟成立後、木戸孝允一行を護衛して長州に到着した清隆は、藩主の引見を受けることとなった。品川弥二郎からその旨を告げられた彼は「旅で汚れた羽織では礼を欠く」と木戸の羽織と井上馨の袴を借用し、長州藩から豪快な男という評判を得た。

品川とともに三田尻を出帆後の彼は、薩長同盟の連絡係として暗躍するようになる。

山県との対立

鳥羽伏見の戦いでは小銃1番隊長として出陣。戊辰戦争では官軍参謀、奥羽征伐において越後口参謀を務めるなど、清隆の戦歴は華々しい。

慶応4年(1868)4月20日。越後高田に到着した官軍は土佐の岩村精一郎(高俊)率いる信州諸藩兵と合流した。

この時、岩村は長岡藩・河井継之助の戦争回避嘆願を足蹴にし、長岡戦争を引き起こす原因を作った。責任を問われた岩村の処分を巡って、これをかばった清隆は同格の参謀・山県有朋と対立し反目し合う仲となる。

長岡藩の抵抗は凄まじく、官軍は一時、追い詰められるが、7月29日に長岡城は陥落。その後、山県は会津へ、清隆は庄内へと転戦していく。

会津戦争は凄惨を極めたのに対し、清隆は庄内藩を帰順させている。また、彼が行った処分も、藩主は上京して謹慎、家臣は自宅にて謹慎という軽微なものであった。

深謀ありし人

奥羽平定が終わり、11月に帰国。しかし翌明治2年(1869)、箱館追討軍の陸軍参謀に任ぜられ、軍艦・春日に乗り込んだ。

艦隊は宮古沖に侵攻した。

清隆は湾内の様子を見て、海軍参謀・増田虎之助に、湾外に哨戒船を出しているかと尋ねたが、増田は口出し無用と突っぱねたため、やむなく清隆は春日の艦長・赤塚源六に警戒を怠らぬよう注意を与えている。

土方歳三が指揮する敵艦・回天の奇襲はその翌朝だったが、警戒していた春日だけはすぐさま応戦し、官軍の窮地を救った。春日の砲術士官を務めていた東郷平八郎は後年、宮古沖海戦での清隆を「深謀ありし人なり」と讃えている。

海律全書

箱館五稜郭を拠点とする榎本武揚軍の敗北は、5月初旬には決定的になった。清隆は榎本軍の負傷者を収容している病院に赴き、院長・高松凌雲に榎本に降伏を勧めるよう依頼している。

しかし、榎本は徹底的に抗戦すると返答し、所有していた貴重な書物『海律全書』上下2巻を清隆に贈った。この本が戦火で失われるのを惜しんだのである。

清隆はそんな榎本を救うため、なおも五稜郭を降伏させる努力を続けた。

敵将をねぎらう意味でマグロ5尾と酒5樽を送り、わざと包囲の一部を解いて、脱走者の流出を促した。

後の外務大臣・林董《はやしただす》の回想録には当時の様子がこう記されている。「それまでの官軍は残酷だった。降伏すれば舌を抜かれるとか、頭に釘を打たれるなどの噂があったので、兵は戦って死ぬ覚悟をして、五稜郭に籠っていた。しかし、マグロや酒樽の贈り物で軟化してしまった。箱館の病院の負傷兵も官軍に厚遇されたというので、いよいよ戦をしようという心がなくなってしまったのだろう。夜、堀を越えて逃げ出す者が続出した。番兵を置くと、番兵ともども、逃げてしまう有様だ」

こうして5月18日、五稜郭は降伏した。

助命運動

5月末に東京に戻った清隆は、榎本らの助命運動を開始する。長州の木戸などは「他の者はともかく、首魁の榎本はどうしても死罪にしなければならない」と主張したが、清隆はその身のすべてを賭けて助命工作を行っていく。もともと薩摩には強敵に敬意を払い、いったん降伏した者には寛典をもって臨む伝統があったのだ。

清隆は木戸には「榎本を殺すのは国家の損失、どうしても殺すならば坊主になる」といい、本当に頭を丸めてしまった。岩倉具視には「榎本を処刑したら、長州と薩摩は決裂するだろう」と警告し、三条実美には「陛下の仁徳に感じ入って降伏した者を殺すことは、新政府が皇室を軽視していると公表するようなものだ」と詰め寄った。

こうして、榎本らの救出に成功した。

孤独な宰相

明治4年(1871)1月。清隆は視察のために渡米し、農務局長ケプロンやクラーク博士など、北海道開拓の専門家を招く手はずを整えた。明治7年(1874)には陸軍中将兼開拓次官となり、札幌農学校(現在の北海道大学)の開校、官営工場、官営農園設立、屯田兵の整備を行い、北海道開拓の礎を作った。

明治10年(1877)の西南戦争では、熊本城を救援し、西郷隆盛を敗北に追いやる重要な役目を果たしている。

清隆は常に自己の信念を貫く性格で、このためにたびたび周囲と対立した。総理大臣や枢密院議長を務めるなど政治家として成功したが、次第に孤立していったのである。

死去の際、葬儀委員長を務めたのは、彼に命を救われた榎本武揚だった。

甲賀《こうが》源吾《げんご》

生没年 1839〜1869

変名：とくになし
身分：藩士→幕臣
所属：掛川藩→幕府→蝦夷共和国
思想：佐幕
関連事件：箱館戦争

天保10年（1839）、遠州掛川藩士・甲賀源太夫の子として江戸に生まれる。

幕府海軍奉行・矢田堀景蔵に航海術を学び、その推挙で幕府軍艦操練方手伝出役となった。文久2年（1862）、幕命で千秋丸に乗り組み、小笠原諸島への移民や食料輸送に従事。慶応2年（1866）以降は着々と昇進し、軍艦頭並となった。榎本艦隊の品川脱出の時は軍艦・回天の艦長として同行する。

明治2年（1869）3月25日の宮古沖海戦は、彼にとって最大にして最後の戦いとなった。

回天はアメリカ国旗を掲げて敵艦・甲鉄に接近し、旗を日章旗に変えるやいなや砲撃を開始。続けて接舷切り込みを敢行させようとしたが、甲鉄の甲板は3mほど低く、また回天は外輪船で船首の一部しか接舷できなかった。

手間取るうちに敵艦はガトリング砲と小銃で応戦をはじめた。源吾は右腕と左股に狙撃弾を受けても艦橋での指揮を続けた。しかし、一弾にこめかみを貫かれ、壮烈な戦死を遂げた。

鴻池《こうのいけ》善右衛門《ぜんえもん》

生没年 1841〜1920

変名：とくになし
身分：商人
所属：なし
思想：とくになし
関連事件：とくになし

大阪の大富豪として有名な鴻池一門は長い歴史を持つ名家で、3代目のころには、すでに32の藩と取り引きするまでに繁栄していた。

他の商家がそうであるように、「鴻池善右衛門」も代々の頭目が使う通称である。ちなみに、次代に家督を譲った善右衛門は「喜右衛門」に改名して隠居するのが恒例となっていた。

幕末期に活躍したのは10代目で、幼名を丑之助という。彼は嘉永5年（1852）、わずか11歳で鴻池家本家を相続している。

このころ、力を失いつつある幕府は取り引きのある豪商らに多額の御用金を要求した。鴻池家も例外ではなく、その出費は銀7000貫目（1貫は3750gで7000貫は26t）以上にもおよんだ。ちなみに鴻池家は、新撰組の芹沢鴨に乗り込まれ、金200両を奪い取られたこともある。これらの国家権力や暴力にもめげず、善右衛門はよくがんばった。

時代が明治に移ると、彼は会計裁判所御用掛を命じられ、明治天皇の東幸に随行して金銭出納の御用を務めた。

明治2年（1869）、通商為替会社が設立されると、その頭取として金札引換事務にあたり、翌年にはほかの豪商と共同で貿易商社・尽力組を設立した。

その後、健康を害した彼は隠居して療養していたが、80歳で逝去した。

孝明天皇《こうめいてんのう》

生没年 1831〜1866

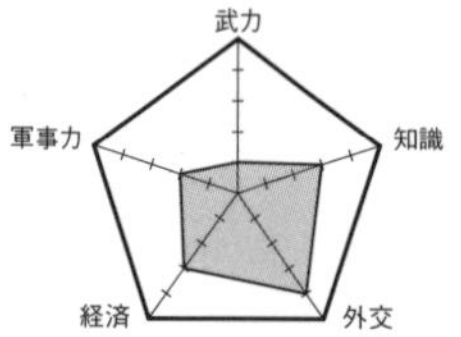

変名：とくになし
身分：天皇
所属：朝廷
思想：尊皇・佐幕・攘夷
関連事件：条約勅許問題、和宮降嫁
8月18日の政変

皇族の自覚

孝明天皇は仁孝天皇の第四子として京都に生まれた。名を統仁《おさひと》という。

仁孝天皇は好学の天皇として知られ、公家の子弟のための学習所（後の学習院）を作ろうとしたほどだった。孝明天皇はその影響を受けて学問に励み、その中には『六国史』などの日本の歴史もあった。そんな中で彼は自分が神代から連なる血統の者だという自覚を深めていく。

弘化3年（1846）3月、天皇に即位する。

攘夷の時代

当時、日本の周囲には外国船が多数出没していた。彼はこの状況を憂い、海防を厳重にするようにとの勅を幕府に下している。「天位を踏む」者として国の体面を保つことが自分の義務であり、日本を脅かす夷敵を打ち払うべきだと考えていたのである。

嘉永6年（1853）には、ペリーが浦賀に来航した。幕府は軍事的威嚇に屈し、翌年に日米和親条約が結ばれる。朝廷には事後承諾の形で伺いが立ったが、鷹司政通が開国論を唱えたこともあって、この時は勅許を認めている。

条約の勅許を認めず

アメリカは次にハリスを送り込んできて、日米間の通商条約の締結を急がせた。幕府も応じざるを得ず、調印を待つばかりとなった。

この時、幕府は諸大名を集めて調印について説明したが、徳川慶恕などが天皇に勅許を求めるべきと意見を出し、老中の堀田正睦が京都に送られた。

幕府としても、大名を抑えるために朝廷の権威を借りるべきだと考えたのだろう。

朝廷ではさっそく会議が開かれた。公家らは海外情勢に疎く、調印はそのまま認められるはずだった。その中で、孝明天皇だけが条約拒否の意見を強硬に述べる。結局、開国派の実力者・鷹司政通も反対に回ったため、堀田は勅許を得られないまま江戸へと帰った。

朝廷の態度は、多くの国民に支持された。弱腰の幕府と違って、天皇には国を守る強い意志がある……そう見なされたのである。こうして朝廷の権威は急速に高まっていった。

安政の大獄

安政5年（1858）4月、幕府では井伊直弼が大老職に就いた。井伊は勅許を得ずに幕府の考えだけで、アメリカのほか、オランダ、ロシア、イギリス、フランスと通商条約を結んだ。

この報を聞いた天皇は激怒する。徳川斉昭らの反対派も大老批判に出たが、逆に井伊は斉昭の処分に踏み切った。天皇は近衛忠煕、三条実万らの奏上を受け入れて水戸藩へ直々に秘密の勅を下した。

この戊午の密勅は幕府の方針を責め、井伊大老が行った処分の取り消しを求めるものだった。水戸藩に正当性を持たせ、井伊大老の封じ込めを狙ったわけである。

井伊側はこれをはねのけて強硬手段に出た。もろもろの反対勢力を一斉検挙し厳罰に処したのである。この安政の大獄により、吉田松陰、頼三樹三郎、橋本左内らが命を落としたことはよく知られるが、朝廷でも近衛忠煕、鷹司政通、鷹司輔煕、三条実万が辞官落飾となった。

しかし、その井伊も安政7年（1860）3月、桜田門外で暗殺されてしまった。

和宮降嫁

井伊大老亡き後、朝廷と幕府の関係修復が問題となった。ここでクローズアップされたのが、天皇の妹宮である和宮の将軍家茂への降嫁である。

孝明天皇は攘夷主義ではあったが、反幕の立場を取るつもりもなかった。むしろ朝廷と幕府が協力して攘夷を行うべきだと考えていた。彼は国のためと考え、和宮の降嫁を決意した。岩倉具視、中山忠能らの尽力もあり、婚儀は成立した。

こうして公武合体が実現し、朝廷もかなり強い政治力を行使できるようになったのである。

攘夷の嵐

文久2年（1862）初頭からその翌年まで京都は揺れに揺れた。情勢は大きく変わり、攘夷過激派だけが跋扈する世になったのである。

孝明天皇にとって攘夷実現は目標ではあったが、過激派の台頭までは望んでいない。彼は自分の意向を越えたところで政治が行われていると感じていた。

そんな中、大和行幸の計画が持ち上がる。天皇が大和の神武陵に参拝して攘夷の御親征を行い、同時に倒幕の兵を挙げる。これは、真木和泉ら攘夷・過激派の計画だった。

これを知った薩摩と会津は天皇の信任が厚い中川宮朝彦親王を担いで、8月18日にクーデターを決行した。天皇もこれに同調し、攘夷過激派に厳しい処分を加えている。

公武合体政権崩壊

攘夷派の拠点である長州藩は、禁門の変と第一次長州征伐の敗北ですっかり力を失った。

京都では公武合体勢力による連合政権が誕生したが、慶応元年（1865）にはふたつの問題が持ち上がった。ひとつは、高杉晋作の挙兵で幕府との対決姿勢を鮮明にした長州藩の再征、もうひとつは条約勅許の問題である。幕府はこれらの問題に関して執拗に勅許を求めてきた。

長州再征については薩摩藩の反対があったものの勅許を認めた。しかし、これで薩摩藩は連合政権から離反してしまう。

条約問題は、兵庫沖に出現した4か国艦隊との交戦に端を発する諸条約に関するものだった。諸外国は攘夷運動を封じるためには、天皇の勅許を得ればよいと気づいたのだ。攘夷を目的としてきた天皇にとって、こちらは認められないことだった。しかし、諸外国の威圧と一橋慶喜の必死の説得に負け、結局、条約の勅許を認めた。天皇は自分の手で攘夷の幕を降ろさざるを得なかったのである。

慶応2年（1866）12月12日、孝明天皇は疱瘡で床に就いた。いったんは快方に向かったが、24日の晩に容体が急変し翌25日に亡くなった。

孝明天皇は最後まで古き政治の伝統を守ろうとしたが、皮肉にもその意思が時代を変革させたのである。

五代友厚《ごだい ともあつ》

生没年 1835～1885

変名	：関研蔵
身分	：藩士・商人
所属	：薩摩藩→政府
思想	：尊皇・開国
関連事件	：薩英戦争

14歳（13歳説もあり）のころ、島津斉彬の命により世界地図を模写し、地球儀も作った。このことから、開明的な人物だったことが推察される。

安政5年（1858）、23歳で長崎海軍伝習所に学び、勝海舟や榎本武揚の知遇を得る。

万延元年（1860）、高杉晋作らとともに上海へ密航。島津久光の密命を受け、ドイツ汽船・シャジキリー号を購入して帰国し、天祐丸と改名された同船の船長となる。

文久3年（1863）7月、薩英戦争が起こると、天祐丸は英国側に拿《だ》捕《ほ》され、友厚は捕虜になった。ここで欧州列強の武力を目の当たりにし、以後、進歩的開国論者となる。

友厚は横浜で釈放されたが、洗脳されて外国のスパイになったという噂があったため、逃避行を余儀なくされた。その間も薩摩藩に建白を行い、武器商人のグラバーと協力して薩摩と英国を結びつけるのに成功している。

そのグラバーの仲介で、友厚は留学生を連れて渡欧。ロンドンにて騎兵銃50、大砲隊小銃200、常短小銃200、短銃55、小銃2300、元込小銃12、双眼鏡4、洋書若干を購入し、藩に持ち帰った。

ベルギーのモンブラン伯と共同で商社を設立し、貿易協定を結んだのもこのころである。

慶応2年（1866）、薩長同盟が成立すると高杉晋作、坂本龍馬、桂小五郎（木戸孝允）、井上馨らとともに勤皇運動を行う。

明治政府誕生後は参与職、外国事務掛、大阪府

判事となり、大阪の発展に尽くした。事業家としては、鉱山業や製藍事業に手を広げ、明治11年(1878)大阪商法会議所を創立し、会頭に就任。堂島に米穀取り引き所を再興。その他、造幣寮(造幣局)の設立にも関与した。

古高俊太郎《こたか しゅんたろう》

生没年 1829〜1864

変名：枡屋湯浅喜右衛門
身分：商人・志士
所属：なし
思想：尊皇・攘夷
関連事件：池田屋事件

大津代官の石原清右衛門に仕える父親のもと、近江国大津にて生まれる。後に山城国山科毘沙門堂門跡の家臣となった父親の縁で、俊太郎も同門跡の近習となっている。

この間、彼は烏丸光徳に和歌を習い、梅田雲浜の門に出入りし、多くの勤皇志士と交流を持った。

その後は枡屋湯浅喜右衛門と称し、京都で商売をはじめている。その裏では武器を貯蓄し、同志を援助していた。

この反幕活動は元治元年(1864)に発覚、新撰組に捕らえられてしまう。ここで、土方歳三から激しい拷問を受けた話は有名である。耐えかねた彼はすべてを白状し、決死連判状を奪われた。こうして、池田屋事件が引き起こされるのである。

俊太郎はその後1か月ほど六角の獄に繋がれ、禁門の変の時に獄中で処刑された。

児玉源太郎《こだま げんたろう》

生没年 1852〜1906

変名：とくになし
身分：藩士
所属：徳山藩
思想：尊皇
関連事件：戊辰戦争、佐賀の乱
神風連の乱、西南戦争

戊辰戦争に従軍し、明治2年(1869)、維新後の陸軍に入る。明治7年(1874)の佐賀の乱、明治9年(1876)の神風連の乱、明治10年(1877)の西南戦争などの鎮圧に参加した。

以後は陸軍参謀本部に務め、陸軍大学学長に就任。ドイツ式兵制改革に尽力し、日清・日露戦争でも活躍した。

後藤象二郎《ごとう しょうじろう》

生没年 1838〜1897

変名：とくになし
身分：藩士→家老
所属：土佐藩→政府
思想：尊皇・佐幕
関連事件：8月18日の政変、禁門の変
大政奉還

後藤象二郎は天保9年(1838)土佐藩の上士の家に生まれた。11歳にして父を失うが、姉婿の吉田東洋の薫陶を受けて育ち、長じては東洋の私塾で学んだ。後に藩政に復帰した東洋の推挙で、幡多郡奉行、近習目付、普請奉行などに取り立てられている。

文久2年(1862)、武市半平太ら土佐勤皇党によって東洋が暗殺され、藩政は一新された。彼は役目を致仕し、江戸に出て航海術、蘭学、英学などを学んだ。

翌年、前藩主・山内容堂による改革で彼は再び表舞台に上った。義兄であり恩師だった東洋の後を継いで、藩政を預かる身となったのである。

彼は勤皇党弾圧の後、新政策の一環として開成館を設立し、運営を行った。これは藩営事業を統括し、近代産業の研究を行う機関である。また、貿易機関として長崎に土佐商会を設置している。

藩外の情勢を見るうち、象二郎は土佐藩を雄藩として確立させる構想を模索しはじめる。その手はじめが、長崎で亀山社中を主宰する坂本龍馬との会見だった。

現実的かつ柔軟性に富んだ龍馬の意見は、象二郎を開眼させる。龍馬は、土佐における問題の解決法や今後の指針のヒントを与えてくれたのだ。

彼は何度となく龍馬と会談し、土佐への帰参を求めたが、龍馬は乗ってこなかった。結局、藩の支援組織的な位置づけで海援隊と陸援隊を設立し、龍馬と中岡慎太郎にそれぞれを任せることにした。主従関係ではなく、お互いに協力し合う盟約を結んだわけである。

土佐藩における象二郎の功績としてよく知られているのは、やはり船中八策の一件だろう。これは龍馬が授けた策だが、象二郎はいらぬ波風を立てないよう、あえて自分の策として容堂に提出している。将軍慶喜はこれを受け、慶応3年(1867)10月、大政奉還が実現した。

新政府設立と同時に象二郎は参与となった。以後、工部大輔、参義などを歴任するが、征韓論に敗れて辞職している。

野に下った後は、板垣退助らとともに愛国党を組織し、民撰議員設立建白書を提出するなどの活動を行った。

その後、自由民権運動に加わり、板垣の自由党の幹部になるが、黒田内閣時には逓信大臣、第二次伊藤内閣では農商務大臣を務め、明治30年(1897)、59歳の生涯を閉じた。

近衛忠熙《このえ ただひろ》

生没年 1808〜1898

変名：とくになし
身分：公家
所属：朝廷→政府
思想：尊皇・佐幕
関連事件：安政の大獄、8月18日の政変

安政5年(1858)、公卿の反発を受けた九条尚忠に代わって一時期関白となったが、安政の大獄に連座して謹慎。文久2年(1862)、落飾謹慎した九条尚忠に代わって再び関白となり、島津久光の公武合体運動に協力したが、攘夷派を恐れて翌年の正月に辞任。8月18日の政変に加わり、攘夷派公家らを追放した。しかし、王政復古によって失脚、参朝を停止された。明治になって許され、政治に携わっている。

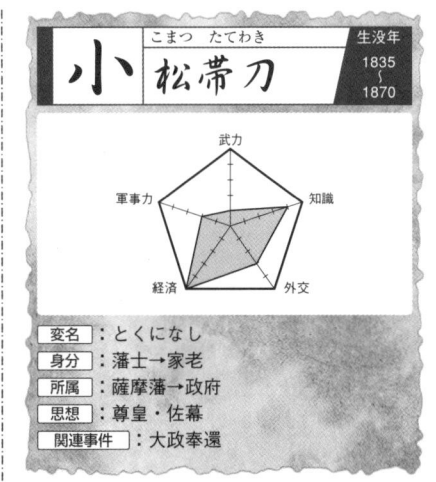

小松帯刀《こまつ たてわき》

生没年 1835〜1870

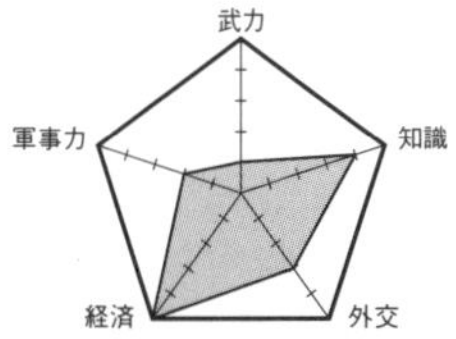

変名：とくになし
身分：藩士→家老
所属：薩摩藩→政府
思想：尊皇・佐幕
関連事件：大政奉還

文久元年(1861)、島津久光の藩政改革で側役勤として活躍した。以後は藩政の中心にあって、大久保利通や西郷隆盛を要職に就かせたことでも知られる。

久光の上洛に従い、公武の周旋、倒幕諸藩の糾合に奔走し、慶応3年(1867)の大政奉還では諮問役となった。

明治政府においては参与職、外国事務局判事などを歴任したが、若くして病没している。

維新前後を通じて人事面にその能力を発揮し、大隈重信のように薩摩閥以外の人材を見い出しては顕職に就けるなど、公正無私な人物として知られた。

小南五郎右衛門《こみなみ ごろうえもん》

生没年 1812〜1882

変名：とくになし
身分：藩士
所属：土佐藩→政府
思想：尊皇・攘夷
関連事件：安政の大獄、8月18日の政変
戊辰戦争

小南五郎右衛門は山内豊信(容堂)の側用役だった。しかし安政6年(1859)に豊信が失脚すると、江戸藩邸から本国へ送還され、幡多郡佐賀村に幽閉された。

文久元年(1861)に許され、吉田東洋暗殺事件の後に大目付に抜擢されたが、これには、土佐勤皇党を率いる武市半平太の陰謀が関わっている。

武市は土佐藩を牛耳ろうとしていたが、身分の低さゆえに藩政の表舞台に立つことはできない。そこで、土佐上士では数少ない尊皇攘夷派の五郎右衛門に声をかけ、重職に就かせた。いわば傀儡政権だったわけである。ただし、彼は本来は有能な政治家であり、武市も一目置いていたようだ。

少年藩主・山内豊範が朝廷の詔勅を受けると、五郎右衛門も入京し、続いて尊皇攘夷派の公卿、三条実美と姉小路公知に随従して江戸に下った。この際、柳川左門の変名を名乗る武市も同行した。江戸から戻った五郎右衛門は、京都藩邸にて勤皇活動を行っている。

しかし、容堂が藩政改革に乗り出すと、勤皇党は一網打尽にされた。五郎右衛門も自宅謹慎の命を受け、慶応元年(1865)、武市の切腹と同時に改易処分となるが、慶応3年(1867)に奇跡の復帰を遂げる。大目付に復職した彼は、翌年の戊辰戦争で東征軍に従軍した。

明治政府発足後は刑法官判事に任命され、高知藩大参事、宮内省御用掛などを務めたが辞職して高知に帰り、明治15年(1882)に71歳で没した。

近藤勇《こんどう　いさみ》

生没年 1834～1868

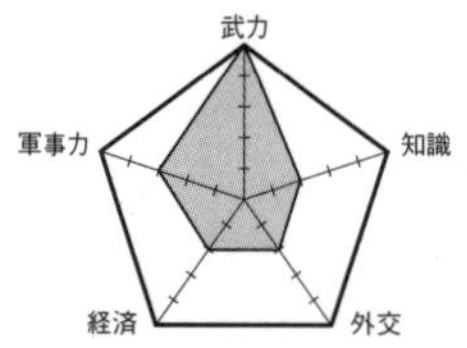

変名：大久保大和、近藤内蔵之助、近田勇平、大久保剛
身分：隊士→幕臣
所属：浪士組→新撰組→甲陽鎮撫隊
思想：尊皇・佐幕・攘夷
関連事件：新撰組結成、池田屋事件 禁門の変、鳥羽伏見の戦い

天然理心流四代目

近藤勇、いみなを昌宜《まさよし》、幼名を宮川勝五郎という。彼は武州多摩石原村に住む宮川久次郎の三男として生まれた。久次郎は村の顔役で、宅内には道場と文学塾のようなものも持っていたという。

勝五郎は、自宅の道場に出稽古に来ていた天然理心流三代目宗主・近藤周助に剣の腕と気質を見込まれる。そして16歳になった10月、近藤家に養子入りした。

天然理心流四代目を継いだ彼のもとにはさまざまな剣客が訪れた。市ヶ谷甲羅町の道場・試衛館には沖田総司、原田左之助、山南敬助、藤堂平助、永倉新八などの剣客が、近藤を慕って居候していた。これに出入りの門徒、井上源三郎と土方歳三を加えた8人が、後の新撰組の中核となる。

浪士組結成と新撰組

文久3年(1863)2月、清河八郎は将軍上洛の護衛という名目で浪士組の人員を募集する。近藤以下8名はこれに参加し、京都に出立した。立派な名前はついているものの、浪士組はならず者の集まりだった。隊内では香具師の親分・祐天仙之助や元天狗党の芹沢鴨などが幅を利かせていた。

当初、近藤は平隊士だったが、実力を見込まれ、取締付・池田徳太郎の補佐役に任じられている。

京都に到着した近藤勇一行と芹沢の配下、合わせて13人は八木源之丞宅に宿泊した。だが、到着してまもない2月23日、清河八郎は浪士を集め、驚愕の事実を発表する。「将軍家茂公の護衛は建前で、浪士組の本来の目的は尊皇攘夷である」というのだ。これに納得できない近藤と芹沢をはじめとする八木邸宿泊の13人は、京都に残留。彼らの身は、当時京都を警護していた会津藩が預かることになった。

この前後にも、浪士組や江戸から同行したと思われる者が数名出入りしており、斉藤一や松原忠司などが加わる。会津藩庁の書類には、この時点の人数は24名と記録されている。

歴史の表舞台へ

会津藩預かりとなった、この二十数名の新しい組織こそ、新撰組である。

新撰組の局長には芹沢鴨、新見錦、近藤勇らが着任した。局長が3人いたのは組織内部に派閥があったためだが、問題はすぐに表面化した。芹沢一派が、押し借り、大砲発砲、乱闘などの悪業を重ねたのである。見かねた近藤派と会津藩は、共

謀して彼らを暗殺することにした。新見は隊規違反を理由に切腹させられ、芹沢とその部下たちは夜襲を受けて死亡する。こうして局長に近藤勇、副長に土方歳三を配する新体制が発足したのだった。

内部粛正は成ったものの、新撰組が荒くれ者の集まりということに変わりはない。彼らは倒幕志士のみならず、京都の人々からも「壬生浪《みぶろ》」と呼ばれ、恐れられ続けた。

さて、このような新撰組が大舞台に出るきっかけとなったのが、元治元年(1864)6月5日に起こった池田屋事件である。

倒幕派が京都某所に集結するという情報を得た近藤は、数名を率いて祇園四条から三条通りへと宿改めを行った。そして池田屋に到達した一行は、三十数名の志士と斬り合いになった。

近藤勇の気合いは、階下で戦闘中の永倉にも聞こえたというから、その奮戦ぶりが想像できる。この戦闘の結果、倒幕側は7名が斬殺、23名が生け捕りにされ、新撰組は会津藩から多額の報奨金を受けている。

最後のサムライ

近藤勇の風貌は写真や胸像などで現代に伝わっている。拳が入るほど口が大きく、頬骨が高く張っているのが特徴で、体格もかなりがっしりしていたらしい。このように外見はいかついが、ふだんは優しく部下思いだったという。

新撰組では何度か内部抗争が起こっているが、率先して裏切り者を粛正したり追放していたのは近藤よりも、むしろ副長の土方であった。古株の藤堂や後に入隊した伊東甲子太郎も離反者のひとりだが、近藤は彼らとギリギリまで親しく交流し、かわいがっていた。

また、農民の出身らしく性格は素朴で実直であった。たとえば、池田屋事件の功績で正式に幕府に迎えられるチャンスを得ているが、部下を差し置いてひとりだけいい目を見るのが忍びなかったのか、これを断っている。そのくせ真面目一辺倒というわけでもなく、何人も妾を囲うなど遊び好きだったようだ。

もちろん、剣士としての伝説も数多い。天然理心流はもともと護身剣術であり、他の流派に比べて実戦的であった。加えて、愛用していたのは銘刀として知られる「虎徹」。近藤は虎徹を手に多くの敵と斬り結んだが、ほとんど刃こぼれすることもなく、かなり惚れ込んでいたという。一説によると、この虎徹は贋作だったともいわれているが、真実がどうであれ、彼にとってはともに死線をくぐる心強い相棒だったに違いない。

新撰組の長としては、剣士としての実力、荒くれ者の部下に対する凄みと心の広さ、そして幕府への忠節を貫く魂が必要だった。彼はそれらをすべて兼ね備えた人物だったといえる。

銃撃を受ける

尊皇・倒幕派の天敵として知られるようになった新撰組は、最盛期には隊士数が100人を超えている。しかし、いくら奮戦しようとも歴史の流れには逆らえなかった。尊皇派は徐々に勢力を盛り返し、結果、王政復古の大号令が発せられたのである。

京都は緊迫した情勢に包まれた。幕府軍主力は京都周辺へ集結し、新撰組もその一部隊として伏見に移動している。伏見到着直後の慶応3年(1867)、二条城から帰隊中の近藤は同志の伊東甲子太郎らを惨殺された高台寺党の残党に襲われ、重傷を負ってしまう。右肩を銃弾に貫かれながら、彼は馬を駆り、気力で伏見まで逃げ帰った。

以後は長期療養を余儀なくされ、鳥羽伏見の戦いにも参加できず、しばらくの間、新撰組は土方に任されることになった。

甲陽鎮撫隊

慶応4年(1868)1月3日、鳥羽伏見の戦いが勃発。新撰組は薩摩藩兵と交戦したが、淀堤千本松で隊士の3分の2を失ってしまう。負け戦だった。生き残った44名は船で江戸へと脱出している。新撰組にかつての栄光はない。いや、むしろ講和を目論む幕臣にとって、官軍に恨まれている新撰組はお荷物でしかなかった。勝海舟は近藤を若年寄格に昇格させ、200名の雑兵を与えて甲陽鎮撫隊を結成させた。

甲陽鎮撫隊は甲州鎮圧の名目で甲州に向かったが、官軍にかなわなかった。敗退を続けつつ、最後は下総流山に追い詰められてしまう。

部隊は無条件降伏し、近藤は投降を決めた。この時、彼は偽名を名乗っているが、あまりにも有名人すぎたのだろう。すぐに正体を知られ、板橋の刑場で斬首に処せられている。

近藤とそして土方の死後、彼らの身内は石碑を建てようとした。この際、碑文は元将軍・徳川慶喜に頼むはずだったが、慶喜は近藤の名を聞いて、ひたすら落涙したという。

近藤《こんどう》長次郎《ちょうじろう》

生没年 1838〜1866

変名：上杉宋次郎
身分：商人→藩士→志士
所属：土佐藩→海援隊
思想：開国
関連事件：長州征伐

生家が高知城下で饅頭屋を営んでいたため、「饅頭屋長次郎」とも呼ばれた。

幼少から学問と剣術を好み、万延元年(1860)には江戸に遊学して漢学、蘭学、英語、砲術などを学んだ。こうして藩にその能力が認められ、郷士として苗字帯刀を許された。

文久3年(1863)、坂本龍馬の紹介で神戸海軍操練所に入り、操船技術を学んでいる。この時、龍馬は長次郎を学者として勝海舟に紹介した。

操練所閉鎖後は、亀山社中に参加した。長次郎にとって龍馬は憧れの人であり、龍馬も近所の知り合いであった長次郎をかわいがったという。

亀山社中での彼は主に諸藩折衝の仕事に敏腕を振るい、龍馬からは「饅頭屋がいれば安心だ」と信頼されていた。

幕府との対立でいわば経済封鎖を受けた長州藩は、亀山社中を通して兵器を購入することになった。この時、長州から派遣されたのは伊藤俊輔(博文)と井上聞多(馨)だが、彼らを接待したのは長次郎である。

長次郎はふたりを英国商人グラバーに引き会わせ、ユニオン号や新式洋銃の買い付けの手伝いをし、長州に送る手はずを整えた。これらは後に幕府の長州征伐を退ける重要な戦力になっている。

さらに長次郎は、薩摩藩家老・小松帯刀と交渉の上、井上を誘って薩摩まで出かけている。伊藤と井上は長次郎の助力に感謝し、ユニオン号回航の折に長州に招待した。彼は下関で歓待され、山口では毛利敬親親子に拝謁まで許された。

しかし、この大仕事の成功で彼は増長してしまった。代表として動いたのは長次郎だが、社中の仲間の手助けあっての成功である。それなのに、彼は功績をひとり占めにし、同志から嫌われることになった。

長次郎は才子だったが、独善的な性格のために共同作業には向いていない。もともと孤立しがちだったのに、それを直そうともしなかった。あるいは、がむしゃらに成り上がってきた者によくあるように、周囲の感情に配慮する余裕がなかったのかもしれない。加えて、彼には海外留学という野望があった。

長次郎は長州藩からの謝礼金を使い、極秘裏に英国留学を企てる。これは、亀山社中の規則では、切腹にあたる重大な背信行為だった。

ところが、いざ出航というその日は天候が悪く、いったん上陸したところを同志に見つかり、この件はご破算になる。

29歳の長次郎は隊則に従って割腹し、果てた。

伊藤と井上は維新後も長次郎を追憶し、その才覚を惜しんだという。彼には明治31年(1898)に正五位が贈位された。

コラム

武士道とは死ぬこと？

肥前に伝わる「葉隠」は享保元年(1716)、肥前佐賀藩士・山本常朝の説を門人が記録したもので、鍋島家に仕える武士としての心構えを説いたものである。

この冒頭には「釈迦も孔子も楠木も信玄も、かつて鍋島家に奉公したることなき人々なれば、崇敬するに足りず」と書かれているが、記録された当時の風潮などと照らし合わせると、実は権威信奉を戒める言葉であるらしい。

有名な「武士道とは死ぬことと見つけたり」の一句も、「いつ死んでも心残りのない生き方をせよ」という反語なのだ。

本来の葉隠精神はこのようなものだったが、時を経て鍋島家絶対崇拝思想と解釈されるようになった。事実、肥前藩の保守派はこれを藩士掌握の手段として使っていた。

幕末の藩内、保守派と対立した革新派の大隈重信は「葉隠」を嫌っていたが、実は彼も「世界には鍋島家しかない」という狭量な解釈をしていたのである。

さ

西園寺公望《さいおんじ きんもち》

生没年 1849〜1940

- 変名：竹軒狂客望
- 身分：公家
- 所属：朝廷→政府
- 思想：尊皇・攘夷→尊皇・開国
- 関連事件：戊辰戦争

王政復古後、参与に任ぜられる。戊辰戦争では山陰道鎮撫総督・東山道第二軍総督・北国鎮撫使・越後口大参謀として参加した。戦後は明治4年（1871）から明治13年（1880）までフランスに留学し、自由主義を身につけた。帰国後、中江兆民と「東洋自由新聞」の創立に携わる。その後は政界入りし、総理大臣まで務めた。桂太郎と交互に総理大臣を務めたためにその時期は「桂園時代」と呼ばれる。

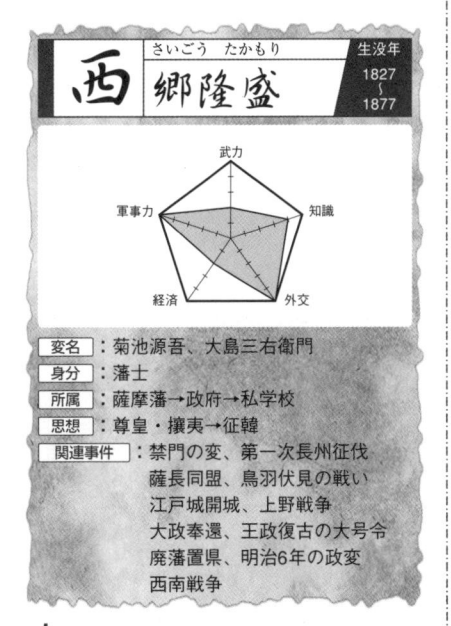

西郷隆盛《さいごう たかもり》

生没年 1827〜1877

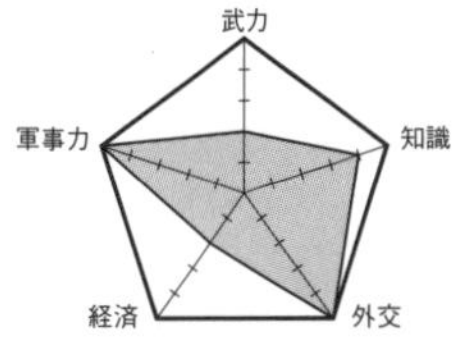

- 変名：菊池源吾、大島三右衛門
- 身分：藩士
- 所属：薩摩藩→政府→私学校
- 思想：尊皇・攘夷→征韓
- 関連事件：禁門の変、第一次長州征伐
  薩長同盟、鳥羽伏見の戦い
  江戸城開城、上野戦争
  大政奉還、王政復古の大号令
  廃藩置県、明治6年の政変
  西南戦争

上司に恵まれた青年時代

文政10年（1827）12月7日、鹿児島市街を流れる甲突川に添った下鍛冶町に、西郷吉之助は生まれた。父は御小姓与・西郷吉兵衛隆盛、母は椎原氏の長女で満佐《まさ》である。

少年は体格が大きく、黒曜石のように澄んだ瞳を持っていた。正義感が強く争いを好まない温和な性格、口数も少ないという特徴も昔からのものだった。後年、彼に出会った英国外交官アーネスト・サトウは「微笑むと何ともいえぬ魅力的な表情になった」と記している。

弘化2年（1845）、隆盛は18歳で郡方書役助（収税書記官見習い）になり、以後10年以上もこの仕事に携わった。

この間、彼は優れたふたりの上司に恵まれている。

ひとりは郡奉行・迫田太次右衛門《さこたたじえもん》だ。不作の時に年貢免減を上申して、奉行職を退いた人物である。

もうひとりは、お由良騒動で切腹を命じられた赤山靱負《あかやまゆきえ》という人物。血潮のにじんだ肌着を形見にもらい受けた隆盛は、一晩中泣き明かしたと伝えられる。隆盛の政治に関する姿勢は、この多感な青年時代に備わったものだろう。

斉彬の愛弟子

彼は農政に関する上申を何度も行い、藩主に認められるきっかけを作った。安政元年（1854）、隆盛は島津斉彬によって御庭方（藩主私用秘書官）に任命される。

彼は開明的な君主・斉彬の薫陶を受け、さらに水戸の藤田東湖、戸田蓬軒、橋本左内などの一流の人物に接して人格を磨いていった。藤田東湖などは隆盛の素朴さと正義感を愛し、「わが志を継ぐ者はこの青年である」とまでいっている。

隆盛にとって、斉彬は主君である以上に恩師であった。斉彬が世を去った後も、彼はその遺臣として志を受け継いでいくのである。

入水と流刑

斉彬の死後、隆盛の境遇は一変した。安政の大獄から尊攘派の僧侶・月照を匿った隆盛であったが、保守派の島津久光はこれを許さなかった。ふたりはもはやこれまでと、錦江湾で入水自殺を図っている。

「ふたつなき　道にこの身を　捨小舟　波たたばとて、風吹かばとて」……これがその時の辞世の句である。しかし、隆盛だけは奇跡的に息を吹き返し、菊池源吾と名を変えて奄美大島に潜居することになった。

彼はその後、大久保一蔵（利通）らの働きにより許されて鹿児島に戻る。しかし、文久2年（1862）、今度は寺田屋事件に連座して徳之島、沖永良部島に流された。そこで雨風が吹き込み放題の牢獄に閉じ込められ、数年を過ごすことになる。ちなみにこの牢獄は史跡として保存され今も残っている。

維新の主役

元治元年（1864）、島津久光は急進派に説得され、隆盛を呼び戻した。

このころ、公武合体による幕政改革の主導権を握ろうと動いていた薩摩は、長州をはじめとする倒幕勢力の台頭によって、打つ手をなくしていた。そんな状況下、隆盛は薩摩藩を代表して中央政界で活躍することになったのである。

大久保利通とともに、禁門の変と第一次長州征伐戦に参加した彼は、幕府の衰えを悟った。薩長同盟、鳥羽伏見の戦い、大政奉還、王政復古の大号令、江戸城無血開城、戊辰戦争……幕末に起こった多くの事件に関与した隆盛は、常に主役として活躍している。

廃藩置県

戊辰戦争終結後、隆盛は新政府入りを辞退し、鹿児島の武村で藩政改革に取り組んでいた。

明治維新は成ったが、現実は甘くない。政府内部には権力闘争の嵐が吹き荒れ、前途には財政破綻、不景気、急激な物価上昇など数えきれないほどの問題が山積みされていた。特に、大政奉還と王政復古の完成は難問で、ひとつ間違えば戊辰戦争以上の全国的な内乱に発展する恐れがあった。

新体制下の最高権力者は天皇だが、その下に控える雄藩は大きな発言力を持っていた。これは幕藩体制のころとまったく同じである。藩を県に替え、地方領主でなく、中央政府の県令が全国を支配しなければ、近代国家を作り上げることは不可能だった。

しかし、そんなことをすれば旧大名や士族が黙っているわけがない。

大久保や木戸孝允は勅使をやって、政治手腕に優れる隆盛を中央政界に呼び寄せた。こうして隆盛は参議として迎えられ、その尽力で廃藩置県はやっと成し遂げられたのである。

征韓論

明治元年（1868）、日本は幕府を廃して天皇親政に切り替えたという旨の国書を朝鮮王国（李氏朝鮮）に送った。当時、南下政策を取っていたロシアはアジアにとって脅威であり、それを阻む日朝共同戦線を張る必要があったためである。

しかし、朝鮮側は国書を認めなかった。国王の実父・大院君こと李是応が日本の西洋化を嫌ったためである。また、国書で（朝鮮の常識で考えれば）、中国の皇帝以外使ってはならないはずの用語がふんだんに使われていたことも理由になっている。

明治6年の政変は、この朝鮮問題に起因している。

当時、隆盛は朝鮮への進出を考えていた。朝鮮北方の国境地帯を借り受けるか奪い取るかして、失業した士族を移住させて屯田兵とする。これでロシアに睨みを利かせると同時に、高まりつつある士族の不満を国外に向けさせることができる。成功すれば、将来的に日本・清国・朝鮮の三国同盟をもって西洋列強に対抗できるようになるだろう。これが隆盛が提唱した征韓論である。

しかし、外遊から帰ったばかりの大久保や岩倉具視は猛反対した。西洋諸国の国力を目の当たりにした彼らは、いかに日本が弱小であるかを思い知らされていたからである。

理想と現実のずれは、無二の親友だった大久保との仲をも引き裂いた。結局、隆盛は政争に敗北し、野に下ることとなる。

私学校決起す

明治10年（1877）2月1日。大隅半島の小根占で隠棲生活を送っていた隆盛を、実弟の西郷小兵衛と元近衛陸軍大尉・辺見十郎太が前後して訪れた。

小兵衛は、大警視の川路利良が隆盛の命を狙っているという情報を持ってきた。墓参りという名目で帰省した二等少警部・中原尚雄ら23名が、川路から暗殺命令を受けているというのだ。

辺見はさらに悪い報告をした。去る1月、政府は鹿児島草牟田の陸軍火薬庫から弾薬を密かに運び出したが、これを知った私学校の生徒たちが激怒して軍施設を襲撃したらしい。

私学校は、鹿児島に戻った隆盛が設立した士官養成学校だ。ここには隆盛を慕う血気盛んな若者が多数参加していたが、外部からは私設軍隊と認識されていた。神風連の乱、秋月の乱、萩の乱と地方反乱が相次ぐ時勢、新政府は私学校のような武力集団を警戒しはじめたのである。それで隆盛暗殺を謀り、九州の火薬を奪おうとしたのだろう。

隆盛は私学校メンバーの軽挙妄動を厳しく叱ったが、すぐにいつもの穏やかな表情に戻ったと伝えられる。事件が起こった以上、もう後戻りはできなかった。

2月5日、私学校の大講堂で挙兵が議決された。ここで隆盛は静かにいった。「この身体は、お前さあたちにさしあげもんそ」

敗北への戦い

明治10年(1877)3月4日。熊本に進撃した私学校軍は2万3000の兵力をもって熊本城を包囲した。谷干城率いる政府軍はたった3300で籠城。しかし城は落ちなかった。私学校側が冷静な戦略を持っていなかったためである。

政府は2月19日、有栖川宮熾仁親王に一軍を与え、征討総督に任命した。そして3月4日、田原坂にて決戦が行われた。政府軍の大砲隊がここを通過すれば、もう勝ち目はない。死闘は3月24日に山場を迎え、ついに政府軍は田原坂を突破した。

隆盛らは以後5か月に渡って九州各地を転戦し、やがて追い詰められた。城山にたどり着いた時、将兵は400名以下だったという。

政府軍5万を前に、隆盛は一兵卒として突撃したが、銃弾に腿を貫かれる。倒れた彼は、傍らの別府晋介に「もう、ここらでよか」と告げて切腹した。明治10年(1877)9月24日のことである。

戦いの後、敵も味方も隆盛の死を悼み、夜空にひときわ輝く星を「西郷星」と呼んだという。

隆盛は賊軍の汚名を着て死んだが、明治22年(1889)、明治天皇は維新の功労者として正三位を与えている。

西郷《さいごう》頼母《たのも》

生没年 1830〜1903

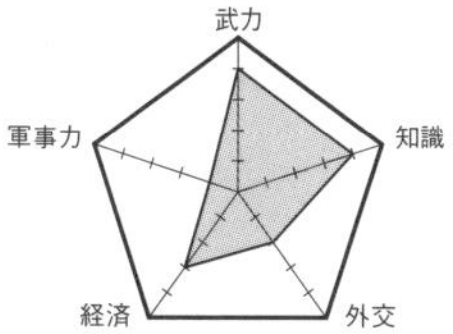

変名：とくになし
身分：家老
所属：会津藩→蝦夷共和国
思想：佐幕
関連事件：会津戦争、箱館戦争

名門の家系

会津藩江戸家老1300石、西郷家10代頼母近思の嫡男として生まれる。

西郷家はもともと会津藩主と同じ保科姓だった。初代・保科民部正近は信州高遠城主保科家の分流の名家。だが3代・頼母近房の時、藩主と同じ姓を名乗ることを遠慮して近房の実家の姓、西郷を名乗ることになったのである。

一方、会津藩主に封じられた保科正之は秀忠の子であり、将軍家とは血縁関係にあった。そのこともあって、歴代の西郷家当主は(若死にした7代と8代を除くと)、代々、家老を務めていた。

このため、頼母も幼い時から家老となるための教育を受けて育った。彼はまた、歌人や武術家としての才に恵まれており、後年、歴史以外の分野にも名を残した。

京都守護職に反対

14歳で側役小姓頭に任じられ、22歳で飯沼久米之進の次女と結婚、安政2年(1855)、父の死により家督を継承。

そして文久2年(1862)、33歳で家老に就任。この直後、藩主・松平容保の京都守護職就任問題が起こった。これが幕末における会津藩の悲劇の開幕となる。彼は情勢を鑑みて、藩主を制した。

尊王攘夷派が幅を利かせる京都で、それを取り締まる役に就くなど危険すぎるし、雄藩の怨みを買うだけである。それだけではない。当時、藩の財政はひっ迫していた。会津には京都警備のための資金も、藩外の仕事を行う人材も時間もなかったのである。しかし、容保は結局、このやっかいな仕事を請け負わざるを得なかった。

頼母は翌年にも守護職辞任を進言しているが受け入れられず、辞職に踏み切った。以後は4年間の隠棲生活を過ごしている。

来るべき戦い

慶応4年(1868)、戦争を目前に緊迫する情勢の中、彼は家老に復職した。また東北への入口となる白河口の総督に就任している。どちらも藩の運命を分けるほどの重職だ。

彼の最初の大仕事は軍制改革だった。会津は西の雄藩に比べ、ひどく立ち遅れていた。来るべき決戦に向けて、少しでも準備を進めねばならなかったのである。

このころ、頼母は幾度となく新政府に嘆願書を提出した。家老連盟の嘆願書の筆頭に名を記すほど、彼は周囲から期待され、また自身も戦争回避を望んでいたのである。同時に藩には帰順案を提出したが、どちらの努力も水泡に帰している。

4月20日、会津藩は白河城を攻撃して占領した。こうなったら、もう平和的な解決は不可能である。奥羽列藩同盟が成立すると仙台藩、棚倉藩の援軍が白河に到着した。

戦いの火蓋は切られた。しかし、人数的にはともかく装備の面において、会津東北側は劣っていた。さらに城に籠って戦ったために、まともに官軍の砲撃を受けることになった。

副総督・横山主税以下数百名の戦死者を出して完敗。頼母は決死の覚悟で突撃しようとしたが、義理の兄である飯沼時衛によって命を救われている。

全員玉砕

その後、7回に渡って白河奪還作戦を決行したが、ことごとく失敗。ついに総督職を免じられた。残念ながら、頼母は実戦指揮には向いていなかったらしい。

白河落城後、彼は藩に和議恭順を主張した。情勢を考えれば、もはや勝敗は決している。早い段階で講和すれば、会津は生き延びることができるはずだった。

だが、敗戦の将となった彼の意見を周囲が受け入れるはずもない。恭順派として、もともと浮きがちだった頼母は、ついに腰抜け呼ばわりされることになっった。

免職後、閉門蟄居を命じられる。その後、戦況の悪化とともに禁を犯して登城、それまでの和議恭順から一転して藩主に自刃を進言した。さらに家臣一同君前で刺し違えて死ぬという「全員玉砕」を発議した。しかしこれすら受け入れられず、絶望した彼は11歳の子息・吉十郎有隣を伴い、若松城を脱出している。

その他の家族21名は自宅で自刃した。このため、頼母は会津の者から後々まで卑怯者呼ばわりされることになる。

北への流浪

その後、頼母は米沢、仙台に入り、最後は箱館戦争に加わっている。会津の重臣だった彼が、なぜこのような行動に出たのかはよくわからない。単に会津から脱走したのか、藩の汚名をそそぐためか、あるいは一族の死を知って絶望したためかもしれない。

明治2年(1869)、蝦夷共和国は敗北して彼も捕らえられ、禁固刑に処せられたが後に許された。

明治12年(1879)、たったひとりの肉親の有隣が22歳の若さで病死した後、志田四郎を養子に迎えた。志田は柔道で名を馳せる武道家となり、後に西郷家を再興することになる。

西郷《さいごう》従道《つぐみち》

生没年 1843〜1902

変名：とくになし
身分：藩士
所属：薩摩藩→政府
思想：尊皇・富国強兵
関連事件：戊辰戦争、西南戦争

西郷隆盛の実弟。兄に付き従って維新の時代を生きた。

明治2年(1869)6月、箱館戦争終結直後、山県有朋とともに軍事視察員として渡欧。兵制を調査研究した。明治3年(1870)、帰国と同時に兵部権大丞に就任。

西南戦争では隆盛と対立し、新政府側についている。この後、参議兼文部卿、陸軍卿、農商務卿を経て、明治18年(1885)第一次伊藤内閣の海軍大臣就任より海軍に転身、近代海軍機構の整備を行っている。

軍政を専門とする能力主義者で、山本権兵衛ら有能な人物を見い出して実務のすべてを一任した。

斎藤監物《さいとう けんもつ》

生没年 1822〜1860

変名：佐々木馬之介
身分：藩士
所属：水戸藩
思想：尊皇・攘夷
関連事件：桜田門外の変

神官の家に生まれ、藩士として斉昭の藩政改革に協力。藤田東湖に師事し、剣技も巧みだった。

斉昭が隠居を命じられると、領内の神官同志とともに許しを得るための運動を行い、処罰を受ける。しかし、斉昭の復活と同時に許された。

安政の大獄で幕府が水戸藩に圧力をかけると、江戸に潜伏し、桜田門外での井伊大老襲撃に参加。その時に重傷を負い、老中・脇坂邸に自首して「斬奸状」を幕府に提出した。傷が深かったらしく、捕縛後5日で死去している。

斉藤一《さいとう はじめ》

生没年 1844〜1915

変名：藤田五郎、山口次郎、一戸伝八
身分：隊士
所属：新撰組→甲陽鎮撫隊→政府
思想：佐幕
関連事件：池田屋事件、禁門の変
鳥羽伏見の戦い、西南戦争

播州明石出身。剣士として天然理心流との交流もあったとされる。

隊士としては最古参ではないものの、かなり早く京入りしている古株である。近藤体制下の新撰組で副長助勤、池田屋事件後の新編成では三番隊組長に就いている。

酒を呑んでは人を斬る癖があり、左利きであった……隊士たちが拠点としていた京都・八木邸の為三郎氏は斉藤一をこう評している。しかし、中島登の姿絵では右手に刀を持ち、鞘も左に差しているため真相は定かではない。

高台寺党に密偵として送り込まれた彼は、伊東甲子太郎暗殺の前日に公金を使い込み逃走した。この活躍で作戦は成功したが、伊東派に潜り込む際に味方を欺いた形になったため、変名を用い、別人として新撰組に復帰している。

幕府解体後は会津に落ち延び、如来堂での戦いで戦死したと思われたが、生き残っていた。

明治に入ると、彼は元新撰組であることを隠して警視庁に入り、西南戦争にも参戦した。退職後は東京高等師範学校に勤務し、大正4年(1915)に没した。

斉藤弥九郎《さいとう やくろう》

生没年 1798〜1871

変名：とくになし
身分：剣客
所属：なし→政府
思想：尊皇・佐幕
関連事件：とくになし

寛政10年(1798)1月13日、越中氷見郡生まれ。郷士の長男として育ち、15歳で江戸に出て旗本の下男になった。儒学は古賀精里に、剣は岡田十松の撃剣館にて神道無念流を学ぶ。十松の死後は師範代を務めた。

後に独立して九段俎橋に道場・練兵館を創設する。天保9年(1838)3月に火事で道場を失ったため、麹町に道場を移したが、彼の門下からは桂小五郎(木戸孝允)、高杉晋作、渡辺昇ら、数多くの志士が出ている。

弥九郎は同門の江川太郎左衛門(担庵)と親交深く、政治的な協力を惜しまなかったという。しかし明治元年(1868)、官軍が江戸に迫った時には幕府に加勢せず、大義を説いて門徒らの軽挙を戒めた。

その後は新政府入りするものの、寄る年波には勝てず、明治4年(1871)10月24日、74歳で没した。

酒井忠篤《さかい ただすみ》

生没年 1853〜1915

変名：とくになし
身分：藩主
所属：庄内藩
思想：佐幕
関連事件：戊辰戦争

庄内藩では前藩主が若死にして、子がなかったため、養子の忠篤が文久2年(1862)に家督を相続し、13代藩主となった。

東北諸藩中、庄内は佐幕固守派の最右翼であり、譜代大名として幕府から信頼されていた。このため新徴組による江戸警護を命じられている。さらに元治元年(1864)と慶応3年(1867)には、江戸の長州藩邸と薩摩藩邸を没収するよう命じられ、実行している。

薩長からは積年の怨みを買っていた庄内藩は、戊辰戦争においては会津と並んで最大の標的にされた。しかし藩兵は精強で、官軍の度重なる攻撃にもよく耐え、損害も少なかった。明治元年(1868)9月27日、列藩同盟に加盟した藩としては最後に降伏している。

藩主だった忠篤は東京清光寺に謹慎となり、有していた土地はすべて没収された(ただし弟の忠宝が家を継ぎ、新たに12万石を賜った)。

この後、彼は明治4年(1871)に兵部省入りし、練兵御用掛陸軍少佐に任ぜられて、兵学の研究を続けた。

酒井孫八郎《さかい まごはちろう》

生没年 1836〜1871

変名：とくになし
身分：家老
所属：桑名藩
思想：佐幕
関連事件：箱館戦争

家老・酒井三衛門の養子となり、安政5年(1858)に家督を相続した。

鳥羽伏見の戦いで桑名藩が敗れ、藩主・松平定敬が江戸に逃れたため、留守家老として桑名城で評定を行った。孫八郎自身は藩兵を率いて藩主に合流すべきと考えていたが、状況を見てあきらめた。そして前藩主の遺子・万之助(松平定教)を立て、亀山藩の仲介で朝廷に嘆願書を出し、桑名城を明け渡した。桑名を守るために、決断を下したのである。

この後、奥州で転戦中の定敬を連れ戻そうとするが、なかなか許可が下りなかった。明治2年(1869)、やっと許可を得た彼は横浜から外国船で箱館に向かい、定敬の説得に成功した。

政治的判断力に優れた人物だったが、和歌や絵画などでも才能を発揮している。

榊原鍵吉《さかきばら けんきち》

生没年 1830〜1894

変名：とくになし
身分：剣客・幕臣
所属：幕府
思想：とくになし
関連事件：とくになし

旗本の家に生まれた。13歳で男谷精一郎(信友)に入門し、直心影流を学ぶ。

安政3年(1856)、男谷の推薦で講武所剣術教授方となり、下谷車坂に道場を開いた。

維新後は武道の衰退を憂い、明治6年(1873)に浅草で撃剣興行を成功させた。撃剣とは、剣技を芸として人々に見せるものだが、これは大流行したという。

後世に武術とその精神を遺そうと努力した人物であり、65歳で世を去るまで髷を落とさなかった。

坂本《さかもと》龍馬《りょうま》

生没年 1835〜1867

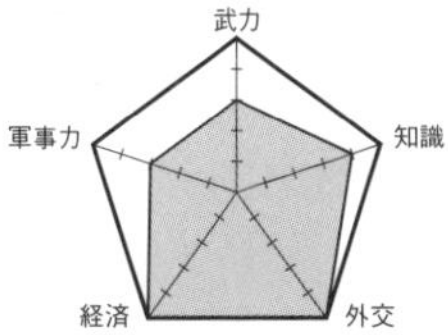

変名：才谷梅太郎、西郷伊三郎
身分：藩士→志士
所属：土佐藩→海援隊
思想：尊皇・攘夷→倒幕・開国
関連事件：薩長同盟、いろは丸事件
大政奉還

幼年の愚馬

坂本龍馬の功績と人望はよく知られ、現代でも人々に慕われている。

彼は、天保6年(1835)土佐の郷士の家に生まれた。坂本家は豪商で知られた才谷屋を本家とする裕福な家である。龍馬が現実的かつ経済感覚に優れた構想を生み出せたのは、こういう家に生まれたためだろう。

幼少時の龍馬は泣き虫で、塾の先生に見放されるほど愚鈍であった。幼くして母を亡くし、周囲から馬鹿にされ続けてきた彼を育て上げたのは、姉の乙女である。手間のかかる弟を自分の子供のように慈しんで世話をしたという。

龍馬は姉の勧めで小栗流・日根野弁治の剣術道場に入門した。この剣術が彼の人生を変えた。龍馬はたちまち頭角を現し、19歳という若さで小栗流の目録を得ている。日根野道場でも異例のことであった。

若竜、淵に入る

剣術に己の生きる道を見い出した龍馬は、修行のために故郷を後にした。江戸に出てきた彼は、北辰一刀流で名を馳せる千葉周作の弟、千葉定吉の京橋桶町道場に入門し、ここでも群を抜いた腕前を見せている。

さて、嘉永6年(1853)6月にペリーの来航と江戸湾進入の事件が起こり、龍馬も江戸在府藩士に混じって品川の海岸警備に加わった。龍馬の目が海外に向いたのは、この時がはじめてだろう。彼が攘夷思想に染まり、佐久間象山を訪ねて洋式砲術を学んだのもこのころだ。そして、同郷で遠戚の武市半平太(瑞山)とも親交を深めていった。

武市は学問に優れ、鏡新明智流・桃井春蔵の道場で塾頭を務める文武両道の士。誰に対しても折目正しい態度で接し、後進の指導にも熱心という人気者だった。その武市は龍馬に惹きつけられた。龍馬には生まれながらの魅力と愛敬があったのである。

武市は熱烈な水戸学派勤皇志士で、龍馬にも勤皇思想を説いた。龍馬も尊皇攘夷論を支持してはいたが、現実的な考え方をする彼にとって、観念的な議論はおもしろくなかったようだ。安政の大獄が起こった安政5年(1858)、世間は尊皇攘夷論で沸き返っていたが、剣術修行を終えた龍馬はあっさり江戸を後にした。

駿馬疾駆

北辰一刀流の免許皆伝を得て土佐に戻った彼は、周囲の期待を裏切って学問、とくに蘭学の勉強をはじめ、河田小龍のもとで海外の知識を仕入れた。

河田は絵師だが、ジョン万次郎こと中浜万次郎を取材して『漂巽《ひょうそん》紀略《きりゃく》』を著した人物である。

その後の龍馬は、武市の土佐勤皇党に参加して長州などの状況を調べていたが、すでに勤皇党にも土佐藩にも見切りをつけていたらしく、脱藩を決意して、それを実行する。

当時、脱藩は家族全員に迷惑がかかる重罪だった。事実、姉の乙女は嫁ぎ先から離縁され、上の姉の栄は龍馬に太刀を贈ったことを責められて自害している。

蛟竜、天を臨む

龍馬は他の土佐脱藩者とともに、京都の長州藩邸に身を寄せた。倒幕攘夷論が吹き荒れた時期だが、志士たちは寺田屋事件などで大打撃を受けている。これによって、龍馬は現時点での倒幕は不可能と悟り、江戸の千葉道場に戻った。

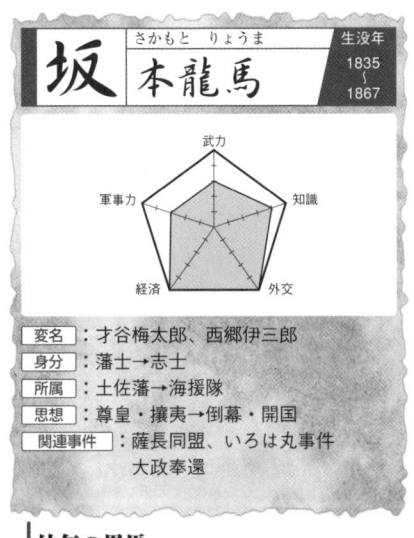

文久2年(1862)、龍馬は攘夷思想にかぶれた千葉重太郎に誘われ、幕府の重臣・勝海舟の暗殺に向かっている。予想に反して、勝は開明的で現実的な意見を持っていた。貿易論や海防策などの現実的な構想に触れた龍馬は、その場で勝の門弟に

なってしまう。

勝は龍馬をかわいがった。幕府の軍艦操練所に入れ、幕閣や諸藩の重要人物に紹介した。龍馬がただの浪人から天下の志士として活動できるようになったのも、勝の援助を得ていたからである。

龍馬、薩摩へ

操船技術を学んだ彼は、神戸にも軍艦操練所を開くべく動き出した。越前の松平慶永(春嶽)と面談して資金を借り受け、土佐の同志を中心に人材を集めた。操練所で航海技術を修めた仲間たちは、後に亀山社中や海援隊のメンバーとなる。

文久3年(1863)8月18日の政変の影響で、土佐でも政変が起こった。山内容堂が勤皇党を弾圧し、藩政を改革したのである。龍馬にも帰郷命令が下ったが、彼はこれを無視し、勝について九州へ向かっている。

熊本で横井小楠に会い、鹿児島では西郷吉之助(隆盛)を訪ねた。お尋ね者となった志士を匿ってくれるのではと踏んだためだが、これはうまくいき、龍馬は薩摩藩に身を置くことになった。

龍馬は「西郷は茫漠としたとらえどころのない人物で、大きな鐘のように、小さく叩けば小さく鳴り、大きく叩けば大きく鳴る男」と評している。そして西郷も龍馬に感銘を受け、大久保一蔵(利通)や家老の小松帯刀に紹介した。

薩摩での龍馬は、海運交易と海軍力を2本柱とした組織の構想を説いた。薩英戦争以来、海軍力の必要性を痛感している薩摩側は理解が早い。さっそく軍艦を購入し、龍馬に委ねることになった。

鳳竜会合

龍馬は長崎へ出た。亀山に浪人結社として亀山社中を設立すると、その足で太宰府に赴き、京を追放された三条実美ら五卿と語る。長州への下工作を行った後、桂小五郎(木戸孝允)を説得するため、下関へと向かった。龍馬は、雄藩の連合が倒幕に不可欠と考え、桂に説いた。しかし、長州と薩摩の敵対関係は、龍馬の想像よりも深く、この会合は一度失敗した。

そこへ吉報を持った男がやって来た。中岡慎太郎の同志、土方楠左衛門(久元)である。中岡は土佐脱藩以来、長州のために奔走を続けている男で、龍馬と同じく薩長同盟の必要性を痛感していた。

龍馬は中岡と相談して再び桂と会い、亀山社中の斡旋で武器艦船を購入してはどうか、と持ちかけた。亀山社中は薩摩の援助を受けているため、長州は間接的に薩摩と協力することになる。幕府軍を迎え撃つため、桂はこの案を飲んだ。

これが同盟への第一歩となり、慶応2年(1866)正月、薩長同盟が成立したのである。

海援隊の設立

同盟成立の翌日、彼は伏見の寺田屋に戻ったが、深夜に捕吏が強襲してきた。

養女のお竜の通報を受け、龍馬は迎撃に成功。高杉晋作からもらった短銃で応戦して窮地を脱し、水門脇の木場に隠れているところを薩摩藩に保護されたのである。

龍馬はこの後、お竜と正式に祝言をあげて薩摩へ旅行した。これが日本初の新婚旅行といわれている。

長州はこの年に幕府軍による2度の征伐を受けたが、1度目は降伏し、2度目は薩長同盟によって兵力が強化されていたため、退けるのに成功した。龍馬も長州軍艦ユニオン号を駆り、海戦で活躍した。

戦いの後、龍馬は土佐藩に招かれ、家老・後藤象二郎と会見する。「親幕体制の土佐はこのままだと幕府と共倒れになる。何かいい案はないか?」……後藤の相談に龍馬は快く応え、土佐藩支援団体として、海援隊の設立を了承させ、土佐の脱藩者たちも許されることになった。

龍馬と後藤は敵同士だったはずだが、遺恨なく互いに協力している。龍馬が現実家であるのと同様に、後藤も現実を直視できる政治家だったからだろう。

船中八策

土佐藩の後援を得た龍馬は、本格的に海運と交易の事業に乗り出した。これこそ彼が望んだ道である。商売はたちまち繁盛し、1隻では船が足りなくなった。

そこで、商務で関わった伊予大州藩を口説き落とし、蒸気船を買わせている。もちろん、運用は海援隊が行うという契約である。

この蒸気船「いろは丸」はほどなく衝突事故に遭い、積荷の武器弾薬もろとも沈没してしまった。相手は紀州藩船だったが、薩摩の五代才助(友厚)の仲介を受けた龍馬は賠償金を払わせるのに成功している。

商務に飛び回る龍馬が長崎へ戻ったところに、後藤がまた相談にきた。今度は、力を失った幕府を今後どうするかという問題である。雄藩は武力制圧を望んでいるが、土佐藩としては賛同しかねるというのだ。

そこで龍馬は平和的な解決法「船中八策」を提供した。これは幕府が持っていた政権を朝廷に返上し、徳川家は日本最大の雄藩として存続させるというものだった。

この策を聞いた土佐の山内容堂は感激し、土佐藩公論とした。そして、幕府も提出された建白書を受理し、慶応3年(1867)10月14日、大政奉還が実現したのである。

歴史を大きく動かした龍馬はさらに新政府草案を作り、人員構成まで考えていた。リスト中には龍馬の名はなかったが、彼は窮屈な役人は嫌いだと答えている。

「世界の海援隊でもやりましょうかな」……涼しげにそういったのだった。

龍馬暗殺

運命のその日、龍馬は風邪をひき、下宿の近江屋で寝ていた。そこで訪ねてきた中岡と話しているときに、刺客の一団が襲撃してきたのだ。暗殺者は京都見廻組組頭の佐々木唯三郎以下6名というのが定説である。

龍馬は初太刀で前頭部を斬られた。続いて佩刀を取ろうと背を向けたところに二の太刀。三の太刀は受けたが、凄まじい斬撃は受けきれず、結局前頭部をさらに深く割られた。

中岡は最初に後頭部をやられたが、脇差しで奮戦した後、全身11か所の傷を負って昏倒した。

中岡が気づくと、龍馬は「脳をやられた、もういかん」と呟き、こと切れたという。慶応3年(1867)11月15日、享年33歳という若さだった。

相楽《さがら》総三《そうぞう》

生没年 1840〜1868

変名：村上四郎、内田四郎、二荒二郎
身分：志士→隊士
所属：慷慨組→天狗党→赤報隊
思想：尊皇・攘夷・倒幕
関連事件：戊辰戦争

下総相馬の郷士・小島兵馬の三男として江戸の赤坂に生まれる。本名は小島四郎という。国学と兵学に長じ、私塾を開いていた。

文久元年(1861)に慷慨組の赤城挙兵、元治元年(1864)には天狗党の筑波挙兵に参加したが、どちらも長く続かず郷里に戻っている。

慶応2年(1866)まで学問に励んでいたが、春が来ると京都に上って勤皇家と交わった。西郷隆盛と知り合った彼は、その命を受けて江戸に戻る。浪士を集め、市中の豪家を襲撃するなど、テロ活動を行ったのである。これに業を煮やした幕府は薩摩藩邸を焼き討ちした。

慶応4年(1868)1月、鳥羽伏見の戦いが終了したころ、総三は京都で赤報隊を結成した。敗走中の幕府軍を追撃するための部隊である。

この時、新政府は幕府領住民の年貢を半分に減らすという約束もした。総三は喜び勇んで東海道を進軍していった。

しかし、軍資金のない新政府はやがて半減令を取り消し、赤報隊を呼び戻そうとしたのである。ところが貧民層の支持を受けて英雄となった総三は帰ってこない。焦った政府は赤報隊に「偽官軍」の濡れ衣を着せ、信州諸藩に攻撃させた。

総三以下8名の幹部は信濃で捕まり、取り調べもないまま、梟首刑に処された。

佐川官兵衛《さがわ　かんべえ》

生没年 1831〜1877

変名	：とくになし
身分	：家老
所属	：会津藩
思想	：佐幕
関連事件	：鳥羽伏見の戦い、長岡戦争、会津戦争、西南戦争

会津藩家老だが、「鬼官兵衛」と恐れられたほどの勇将として知られる。

若松城下の物頭の家に生まれた。文久2年(1862)、藩主が京都守護職になると上京して物頭となり、次いで学校奉行に転じている。

鳥羽伏見の戦いでは別動隊を率いて鳥羽口で善戦。幕府軍が劣勢になった時、将軍慶喜から伏見方面の軍事総督に命じられるも、時すでに遅く戦況を挽回することはできなかった。

しかし、彼はこの戦いで勇名をほしいままにした。佐川官兵衛の名は敵味方の両方に知れ渡り、永く記憶されることになる。

越後長岡戦線では河井継之助と同盟し、長岡城攻防戦で活躍。この時も軍事奉行頭取として、三条口越後東軍を総轄した。続く会津若松城籠城戦では若年寄から家老に列し、城外緒兵の総指揮を執って防戦。秀長寺裏の戦いでは圧倒的な勝利を得た。その後、敗戦が確定した後も、藩主の特使が降伏せよと伝えるまで抵抗を続けた。

維新後は大警視・川路利良に起用され、500名の部下を連れて警視局入りした。

そして、西南戦争では旧会津藩士300名の抜刀隊を率いて出陣、豊後口から進軍した。久しぶりの戦で血がたぎっていた彼は、周囲の反対を押しきり、私学校軍が潜む黒川付近に急襲をかけた。しかし待ち伏せに遭い、左腕、胸、額に銃弾を受けて即死した。享年47歳。

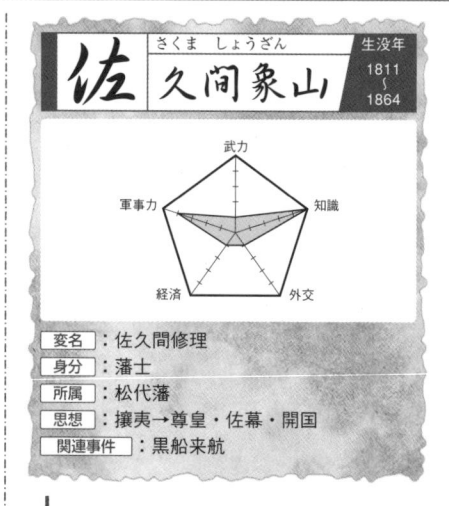

佐久間象山《さくま　しょうざん》

生没年 1811〜1864

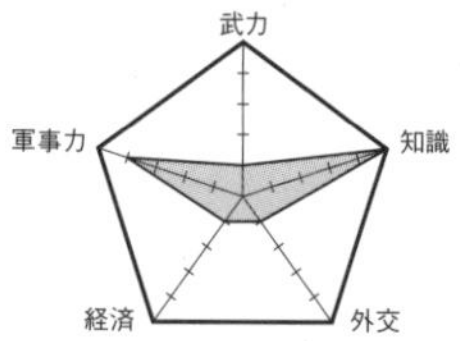

変名	：佐久間修理
身分	：藩士
所属	：松代藩
思想	：攘夷→尊皇・佐幕・開国
関連事件	：黒船来航

松代の腕白神童

佐久間象山は、松代藩で佑筆頭を務めていた佐久間国善の子供として生まれた。父は剣術の達人であると同時に、和漢の学に通じ、とくに易学に詳しかった。

その父の影響を受けたためか、象山は幼少時より天才ぶりを発揮した。たとえば3歳のころには、教えられたわけでもないのに易の六十四卦を諳《そらん》じることができたという。学問に熱心で、16歳の時に家老の鎌原桐山から漢学を学び、また町田源左衛門から和算を習っている。

その反面、たいへんな暴れん坊でもあった。ケンカは日常のことで「佐久間の門から石が降る、石投げ小僧の啓之助(象山の幼名)」とはやし立てられるほどだった。

漢学者として

松代藩の藩主だった真田幸貫《ゆきつら》は、象山の父・国善を気に入っていて、佐久間家を訪れることもあった。幸貫は象山の非凡さを見抜き、象山は天保2年(1831)に世子・幸良の近従に抜擢された。その2年後に、特別に江戸遊学を許され、佐藤一斎に学ぶ。しかし、象山は一斎が陽明学に惹かれていたことを不服として、文章のみを学んだという。我の強い彼の性格を物語るエピソードだ。

天保10年(1839)には江戸に塾を開き、2年後には藩邸学問所の頭取となった。

太平の世であれば、象山は高名な漢学者として一生を終えたかもしれない。

象山、蘭学を学ぶ

天保12年（1841）、藩主幸貫は水戸の徳川斉昭の引き立てもあって、老中に就任。翌年には海防掛に任じられている。

このころ、アヘン戦争で清国がイギリスに敗れたことが日本に伝えられ、幕府は衝撃を受けていた。海防掛となった幸貫は象山を顧問に抜擢して西洋に対する研究をはじめさせた。

象山は西洋式砲術の塾を開いた江川担庵に入門し、砲術について学んだ。そして幸貫に、海防八策の意見書を提出している。これには「国防には外国船の購入や操船技術の習得が不可欠である」などと記されており、当時としては極めて進歩的な内容だった。

砲術のエキスパートとなった象山は、このころに本格的に洋学を学ぶきっかけを得る。友人の蘭学者、坪井信道からオランダの砲術書を見せられたのだ。そこに書かれている砲術は彼が習得した技術よりはるかに上のものだったが、オランダ語で書かれているため、詳しいことがわからない。

一念発起した象山は信道の紹介を受け、黒川良安からオランダ語を学ぶことになった。象山はオランダ語を教わる代わり、良安に漢学を教えたという。

多くの書物を読んで西洋についての知識を深めた彼は、その応用にも熱心だった。書物から得た知識でガラスの製造にも成功している。

維新の人材を育成

嘉永4年（1851）、象山は江戸・木挽《こびき》町に西洋式砲術と兵学を教える塾を開いた。免許制度ではなく、天下に広く砲術を教えるべきだという考えからはじめたものであった。この私塾では漢学も同時に教えていた。彼の「技術は西洋から学ぶが、道徳は東洋のものでなくてはならぬ」という思想の実践である。

砲術家として象山の名はすでに世に知られており、各地から続々と入門者がやってきた。その中には、勝安芳（海舟）、吉田松陰、坂本龍馬、橋本左内、河井継之助、加藤弘之など幕末から明治にかけて活躍した人物がズラリと顔をそろえている。

象山はその書斎に「海舟書屋」という名をつけ、額をかけていたが、勝はこれを気に入り、自ら「海舟」と名乗るようになった。それほどまでにふたりは親しく交わり、象山は嘉永5年（1852）に勝の妹の順子と結婚している。

幸福な時期ではあったが、この年にはパトロンの真田幸貫が亡くなり、彼は藩内で孤立しはじめた。

黒船来航す

嘉永6年（1853）、鎖国日本を震撼させる事件が起こった。開国を迫るペリーの米艦隊が浦賀沖に来航したのである。象山が常々唱えていた海防論の世界が現実のものとなったのだ。

松代藩から軍議役に任じられた象山は、時の老中・阿部正弘に意見書、急務十条を提出するなど、積極的に活動した。その一方で海外の情勢を知るべく、弟子の吉田松陰に密航を勧めていたのである。

しかし、翌年の安政元年（1854）に決行された松陰のペリー艦隊への密航は、すぐに捕まってしまい、アメリカ側が外交問題になることを恐れたために失敗。松陰は国許へ送られてしまう。そして、象山もこれに連座したものとされ、自宅蟄居を言い渡された。

嵐の前の9年間

象山の蟄居は9年にもおよんだ。彼はその間、西洋研究に没頭し、磁石を使った地震予知機や電池などの開発に成功した。

また彼はこれまで、西洋技術を取り入れて武力を強化して攘夷を行うべきだと考えていたが、しだいに開国および公武合体説へと傾いていく。

時局から取り残された感のある象山ではあったが、松陰の使者としてやってきた高杉晋作と密かに面会したこともあった。この時、象山は攘夷の不可を一晩かけて説いたという。

蟄居解かれる

松代で朽ち果てると思われた象山だが、土佐藩の山内容堂と長州藩の毛利敬親の働きかけにより、文久2年（1862）12月に蟄居を解かれた。実は彼らは象山を自藩に招こうと考えていたのである。

攘夷運動の中心であった長州藩が開国論の象山を招くとは不思議な話だが、攘夷のための西洋技術を取り入れるには象山が必要と考えたらしい。蟄居が解かれる前に、土佐藩は中岡慎太郎を、長州藩は久坂玄瑞を送って説得を試みた。この時、攘夷を述べる久坂に対して象山は、まず西洋の技術について学ぶべきだと力説した。その言葉が長州に伝わり、長州藩がイギリスに留学生を送る原因のひとつになったともいわれる。

結局、象山は両藩の申し出を断り、故郷の藩政改革を行おうとした。家老たちの目の前で「くだらない人物を藩政につけるべきではない」と言いきっている。

動乱の京都へ

しかし、松代藩に象山の居場所はなかった。そんな状況の中、元治元年(1864)に将軍家茂が象山に上洛命令を下した。困難な時局にあたり、著名な象山の意見を聞いて参考にしようとする一橋慶喜の意向があったといわれる。

これを聞いた親族や友人は、象山の京都行きを止めようとした。尊皇攘夷の嵐が吹き荒れる京都に、開国派の象山が飛び込めば間違いなく暗殺されると心配したのである。しかし、偏屈な象山は逆に闘志を燃やすだけだった。

京都に着いた彼は、海陸御備向手付御雇という職に任じられた。待遇の悪い臨時職でしかなかったが、その名声を聞いて面会を求める要人は多かった。象山は朝廷の山階宮、中川宮、将軍家茂などに目通りし、意見を述べたという。

白昼の凶刃

前年の8月18日の政変で京都から追われた長州藩は、京都での勢力奪回を狙っていた。これに危機感を抱いた象山は、孝明天皇を防備の弱い京都から彦根に移す計画を立てる。これは攘夷派を憤激させる十分な理由となった。

周囲にいた人々は心配して忠告した。敵であるはずの長州の桂小五郎ですら、密かに象山に注意を促すよう伝えたという。しかし、象山は逆に堂々と振る舞った。友人の医師も西洋式の鞍は目立つから変えたほうがいいと忠告したが、象山はまったく改めようとしなかった。

元治元年(1864)7月11日、象山は供をひとりだけ連れ、馬に乗って三条木屋町筋を通っていた。昼間から襲ってはこないだろうという油断があったのかもしれない。突然、数人の浪士たちが斬りかかってきた。一度は逃れたが、待ち伏せしていた別の浪士たちに襲われ、ついに彼は命を落とした。享年54歳。襲撃した浪士の中には、肥後の河上彦斎が加わっていたという。

幕末の大賢者

象山は数多くの人材を門下から送り出しただけではなく、自分自身も幕府、長州、薩摩、朝廷に多大な影響をおよぼしている。

その知識と見識は幕末の日本を確かに動かした。また、さまざまな機械を製作しており、西洋技術の先駆者としても歴史に足跡を残している。まさに幕末の大賢者と呼ばれるにふさわしい人物だった。

佐々木《ささき》唯三郎《たださぶろう》

生没年 1833〜1868

変名：とくになし
身分：藩士→幕臣
所属：会津藩・浪士隊→京都見廻組→幕府遊撃隊
思想：尊皇・佐幕→佐幕
関連事件：鳥羽伏見の戦い

天保4年(1833)、会津藩士・佐々木源八の三男として会津に生まれる。幼いころより精武流を学び、また沖津庄之助の門で槍を習い、元服前に奥義に達するほどの腕前となった。

その後、遠縁の幕臣・同苗矢太夫の養子に入る。彼は講武所出仕を命じられ、剣術師範役に就任した。

文久3年(1863)、浪士組結成の際に推されて取締役並となり、京都に赴任。清河八郎が騒ぎを起こしたため浪士組は江戸に帰されるが、この時に下命を受け、清河を赤羽橋で斬った。

その後、再び上洛し、京都見廻組の与頭として不審人物の取り締まりにあたった。真実は定かでないものの、坂本龍馬および中岡慎太郎暗殺の指揮を執ったという説もある。

慶応4年(1868)1月、鳥羽伏見の戦いでは、遊撃隊の隊長として活躍。この遊撃隊は長州藩下の「遊撃隊」とは、まったくの別物である。本書では区別のために「幕府遊撃隊」と記す。

唯三郎は山城で戦ったが、銃弾を受けて倒れた。和歌山に逃げ延びたものの12日に死亡。紀三井寺に葬られた。

佐竹《さたけ》義堯《よしたか》

生没年 1825〜1884

変名：とくになし
身分：藩主
所属：秋田藩
思想：佐幕→尊皇
関連事件：戊辰戦争

奥州中村藩の出身。嘉永2年(1849)に秋田支藩佐竹義純の養子となり、安政4年(1857)家督を継ぐ。この時、名前を義堯と改めた。

多角的な藩政改革を行い、文久3年(1863)平田延胤らの急進派に動かされて上京。しかし、京都にて8月18日の政変が起こったため、彼は幕府によって江戸に足止めされた。

尊皇派の家老・渋江厚光を罷免するなど中央の動向に逐一呼応し、江戸にあって藩権力の建て直しに追われた。

慶応3年(1867)、ようやく帰国を許される。帰ってみると藩内には尊皇派がはびこり、佐幕派と激しい政争を繰り返していた。

最終的に、彼は自ら新政府支持に踏み切って、奥羽列藩を相手に戦うことになった。仙台藩兵などに攻め込まれ、窮地に立たされたこともあったが、敗北することなく終戦を迎えることができた。

明治2年(1869)、その戦功によって賞典禄2万石を与えられる。

佐藤《さとう》一斎《いっさい》

生没年 1772〜1859

変名：とくになし
身分：儒学者
所属：幕府
思想：攘夷
関連事件：とくになし

江戸の岩村藩邸に生まれる。22歳の時に、幕府の大学頭を代々務めた林家に入門し、後に林家の塾長となる。表向きは幕府の官学である朱子学を重んじたが、個人的には行動を重んじる陽明学に心を寄せた。

人としての生き方を述べた著書『言志四録』は、幕末の志士たちに愛読された。とくに西郷隆盛は『言志四録』から抜き出した言葉を座右の戒としていたほどである。

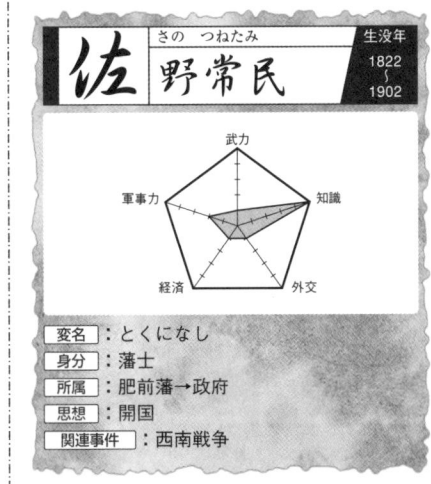

佐野《さの》常民《つねたみ》

生没年 1822〜1902

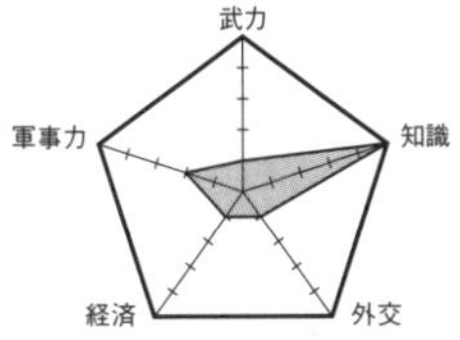

変名：とくになし
身分：藩士
所属：肥前藩→政府
思想：開国
関連事件：西南戦争

文政5年(1822)、佐賀藩の下村家に五男として生まれ、10歳で藩医・佐野常微の養子となった。弘道館に学び、後に緒方洪庵、戸塚静海、伊東玄朴に師事した。

嘉永6年(1853)、藩の精練方主任となって蒸気船や蒸気機関車の模型を完成させ、佐賀藩の海軍育成にも関わった。慶応3年(1867)、パリ万博参加のため渡欧し、帰国後は藩の兵制改革や日本海軍の創設に尽力した。

明治10年(1877)の西南戦争の時、日本赤十字社の前身である博愛社を創り、傷病兵の治療にあたる。

明治13年(1880)2月28日、大蔵卿に就任。その後は元老院議長、枢密院顧問などを務める。

温和な人物で知られるが、玄朴塾の塾頭を務めていたころ、国事に奔走する若者を支援するために貴重な『和蘭対記大辞典』を30両で質に入れ、破門されかかったというエピソードも残っている。

沢《さわ》太郎左衛門《たろうざえもん》

生没年 1834～1898

変名：とくになし
身分：幕臣
所属：幕府→蝦夷共和国→政府
思想：佐幕
関連事件：箱館戦争

天保5年（1834）、幕臣・沢八太郎の子として生まれる。安政4年（1857）に長崎海軍伝習所に入所し、海軍砲術を専攻した。万延元年（1860）、軍艦操練所教授方手伝出役となり、文久2年（1862）榎本武揚らとともにオランダに留学し、海軍術を研究。慶応3年（1867）に開陽丸で帰国する。

慶応4年（1868）、戊辰戦争では開陽丸艦長を務め、蝦夷共和国では開拓奉行として活躍した。

五稜郭開城後は榎本とともに入牢するが、明治5年（1872）に特赦を得る。開拓使御用掛、兵部省出仕を経てヨーロッパ視察の任を得る。以後は海軍教官として、日本近代海軍の発展に貢献した。

オランダ留学組としては、榎本と運命をともにした唯一の男である。

沢《さわ》宣嘉《のぶよし》

生没年 1835～1873

変名：姉小路五郎丸
身分：公家
所属：朝廷→政府
思想：尊皇・攘夷
関連事件：8月18日の政変、生野の変

8月18日の政変で京都を追われた七卿のひとり。安政5年（1858）の88人の公卿列参に加わるなど尊皇攘夷派の公家として知られた。京都を追われるも生野の変に参加。これが鎮圧されると、下関の白石正一郎を頼り、王政復古まで長州藩内各地に潜伏した。新政府では参与、外務卿などを歴任したが、39歳の若さで亡くなった。

沢村《さわむら》惣之丞《そうのじょう》

生没年 1844～1868

変名：前河内愛之助、大河原刑部、関雄之助
身分：藩士→志士
所属：土佐藩→海援隊
思想：尊皇・開国
関連事件：寺田屋事件、鳥羽伏見の戦い

沢村惣之丞は、土佐郡潮江村の地下浪人の家に生まれた。間崎哲馬の門で経学を修め、師の間崎とともに武市半平太の土佐勤皇党に加盟している。

文久2年（1862）、同門の吉村寅太郎と脱藩して長州を訪ねた。同地で久坂玄瑞らと語らうと、吉村はそのまま長州に残り、惣之丞は武市への報告のために土佐に戻った。

勤皇党の同志に、長州や西国諸藩の志士たちの動向や清河八郎らの画策する京都義挙の話などを伝えると、惣之丞はそれに参加すべく再び土佐を脱出した。この時、彼に同行したのが坂本龍馬である。ふたりはいったん下関へ出るが、吉村がすでに上京しているのを知り、後を追いかけた。

京都では長州藩邸に潜伏していたが、有馬新七、田中顕助など薩摩勤皇志士らの暴発で、寺田屋事件が発生する。

薩摩藩の藩主後見・島津久光は京都に軍勢を派遣し、公武合体による攘夷を画策していた。清河八郎らはこれに乗じて兵を挙げ、久光公を倒幕のシンボルに祭り上げようと企む。だが、久光は倒幕論者ではなかった。彼は伏見寺田屋に集結した過激派志士たちを討伐させた。

惣之丞の同志である吉村は、薩摩藩邸と長州藩邸を行き来していたが、この事件に巻き込まれる。薩摩は彼を罪人として土佐藩に引き渡したのだった。

薩摩に不信感を覚えた龍馬は江戸へ去り、惣之丞は時が来るまで勤皇公卿に仕えることにした。その後、神戸の軍艦操練所に入り、そこが閉鎖されると亀山社中へ、そして海援隊でも龍馬と行動をともにしている。

慶応4年（1868）、鳥羽伏見の戦いの報告を受けるや、海援隊は長崎奉行所を襲撃した。その際、惣之丞は薩摩藩士・川畑平助を誤射し、殺してしまった。責任を感じた彼は薩摩側の制止も聞かず、潔く割腹して果てた。享年25歳。先年の龍馬暗殺

に続く、海援隊重鎮の死である。

死に際して、「男子たるもの布団の上で呻吟し薬鍋と組打ちするより、このほうが往生際がよいぞ」と語っている。

三条実万《さんじょう　さねつむ》

生没年 1802～1859

変名：とくになし
身分：公家
所属：朝廷
思想：尊皇・攘夷
関連事件：条約勅許問題、将軍継嗣問題
戊午の密勅、安政の大獄

三条実美の父親。天保2年（1831）に議奏、嘉永元年（1848）には武家伝奏に転じ、黒船来航で混乱する朝幕間の交渉にあたった。通商条約勅許に反対し、また山内容堂や松平慶永らと一橋慶喜の将軍擁立を進めた。その後は戊午の密勅を水戸藩に下すのに尽力。このために安政の大獄に巻き込まれ、辞官落飾して領地で謹慎中に病没した。

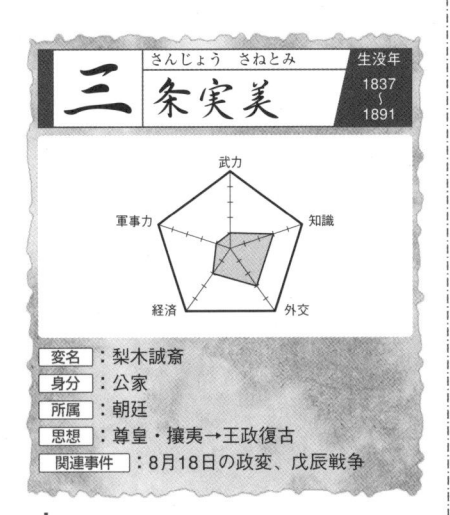

三条実美《さんじょう　さねとみ》

生没年 1837～1891

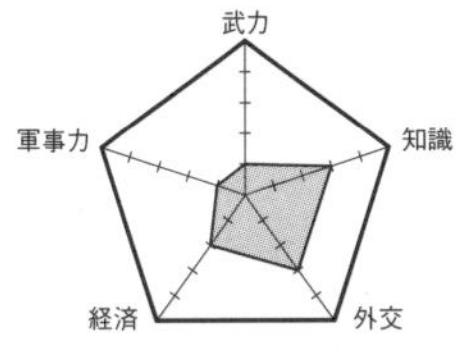

変名：梨木誠斎
身分：公家
所属：朝廷
思想：尊皇・攘夷→王政復古
関連事件：8月18日の政変、戊辰戦争

幕府への反発

三条実美は三条実万の第四子として生まれた。母親は土佐藩主・山内豊策《とよかず》の娘・紀子。土佐藩はこの縁から朝廷に関わるようになる。

実美は幼いころは京都郊外の農家で育てられ、長じてからは尊皇攘夷思想を持つ富田織部の教育を受けた。また、後に安政の大獄で処罰される池内大学にも儒学を習い、尊皇思想を身につけていく。安政元年（1854）には兄・公睦の死により三条家を継ぎ、侍従として朝廷に出仕するようになった。

安政5年（1858）、井伊直弼は朝廷の許可を得ずに日米通商条約に調印した。天皇はこれに激怒し、三条実万は近衛忠煕らとともに水戸藩へ密勅を下した。これが、戊午の密勅事件である。

井伊直弼は関係者を次々と処分し、実万は辞官落飾させられてしまう。こうした父の姿を見て、実美は幕府への反発を強めていく。

攘夷派公家の中心

文久2年（1862）、彼は左近衛権中将、議奏として朝議に加わる身分となった。ちなみに、このころ岩倉具視らが進めた公武合体運動によって、京都は政治の中心となっている。

島津久光東下の隙を突いて長州藩の毛利敬親が上洛すると、京都の思想は公武合体から尊皇攘夷へと急展開した。その中で尊攘派の中心となったのが、実美だった。彼は久坂玄瑞を通じて長州藩と連携する一方で、姉小路公知ら攘夷派の公家と組んで朝政を動かした。

8月には公武合体派の岩倉を弾劾する書状を近衛忠煕に提出。9月には三条実美を正使、姉小路公知を副使とする勅使が立てられ、土佐藩主・山内容堂が随行して江戸へと下った。将軍家茂に攘夷催促と御親兵設置の勅が下され、実美は12月に朝廷内に新たに設けられた国事御用掛に任命された。

攘夷運動の頂点

文久3年（1863）になると攘夷運動はさらに活発となった。2月には家茂の上洛が命じられ、天皇は上洛した家茂を従えて賀茂社・石清水八幡宮への攘夷祈願を行ったが、この時の御用掛を務めたのも実美だった。攘夷派はなおも幕府に強く迫って、攘夷実現の期日を5月10日と定めさせた。これを受けた長州藩はその日に下関沖を航海していた外国船を砲撃するという事件を引き起こした。

攘夷派の勢いはますます強くなり、実美は真木和泉と相談して大和行幸を計画する。これは天皇が大和の神武天皇陵に参拝して攘夷のための御親征を行い、同時に倒幕のための兵を動かすというものだった。詔は8月13日に発せられた。

8月18日の政変

大和行幸の詔が出ると、長州に主導権を奪われた薩摩藩が会津藩と組んでクーデターを企てた。これには攘夷派の過激な行動を嫌う中川宮も加わっている。そして8月18日、御所は武力封鎖されてしまったのである。

この政変で、長州藩と攘夷派公家は朝廷から追い出される。実美は官位を剥奪され、6人の同志とともに長州藩を頼って西下していった。これが世にいう七卿落ちである。彼はまず三田尻の招賢閣に入り、山口の隣の湯田に滞在した。

生野の変が起きると、沢宣嘉がこれに参加するために長州藩から脱出し、また翌年には錦小路頼徳が病死したため、攘夷公家の同志は5人となっている。

実美は勢力奪回を狙っていたが、元治元年(1864)に長州藩が禁門の変で敗北すると、状況は絶望的になった。長州は朝廷に刃を向けたという理由で朝敵となり、長州征伐(第一次)の軍が動くことになる。

一方、長州藩では幕府恭順派が実権を握り、禁門の変に関わった家老を切腹させて幕府に許しを請うた。

このことから実美ら五卿の立場も微妙なものとなった。幸い筑前藩が彼らの受入れを表明したため、一行は筑前太宰府の延王院に落ち着き、王政復古までそこで過ごすことになる。

旧敵岩倉との連合

実美が太宰府にいる間に、日本の情勢は大きく変わった。

長州藩では高杉晋作が挙兵し、恭順派を一掃。これに対し、幕府は第二次長州征伐に出るが、薩長同盟の成立による薩摩藩の不参加、将軍家茂の死去により幕府軍は敗北する。朝廷では通商条約の勅許を認め、その孝明天皇自身も崩御した。さらに岩倉具視の策謀によって、朝廷内部に王政復古派の公家が勢力を拡大していた。

そんな日々の中で実美は太宰府に出入りする志士たちから情報をもらい、尊皇攘夷思想では生き残れないと悟る。

慶応3年(1867)9月、中岡慎太郎は実美と面会し、王政復古派との連携を説いた。こうして、実美は攘夷から王政復古へと考え方を改め、かつての政敵と協力することを決意したのである。

新政府と戊辰戦争

慶応3年(1867)12月9日、王政復古の大号令が発せられた。新政府が樹立されると、実美はようやく帰京を許される。政府では議定職と副総裁を兼任することになり、形の上では新政府の最高責任者となった。

明治政府は諸藩の実力者が集まってできている。彼らのまとめ役には、公家出身の政治家が必要だったのだ。また、薩摩派の岩倉に対し、長州派の実美が同格で存在することが、バランスの点で重要だった。ただし、確かな政治手腕を持つ岩倉に対し、実美は政治力より誠意ある人柄を買われていたようだ。

その後の戊辰戦争では関東監察使として東下。以後、議定兼輔相、右大臣、太政大臣を歴任している。

明治18年(1885)、内閣制度が発足すると内大臣となり、明治天皇に仕えた。最後まで政権の上位にいた政治家である。

三条西《さんじょうにし》季知《すえとも》

生没年 1811〜1880

変名：とくになし
身分：公家
所属：朝廷
思想：尊皇・攘夷
関連事件：8月18日の政変

8月18日の政変で京都を追われた七卿のひとり。攘夷に関する建言をたびたび行う急進派の公家として知られ、文久2年(1862)12月には国事御用掛に任ぜられる。京を追われた後、王政復古により帰京。維新後は明治天皇の侍講を務め、和歌の指導にあたった。

山 南敬助

➡山南敬助(やまなみけいすけ)

三戸《さんのへ》式部《しきぶ》

生没年 ?～1882

変名：とくになし
身分：家老
所属：盛岡藩
思想：尊皇
関連事件：戊辰戦争

文久2年(1862)に盛岡藩家老となる。

奥羽列藩同盟の結成時、藩内では激論が交わされたが、彼はさほど口を出さず、楢山佐渡に一任している。

慶応3年(1867)から明治元年(1868)まで京都に留まっていたが、9月に帰国。

盛岡の敗北を見届けた式部は藩主・南部利剛の命を受け、九条道孝鎮撫総督に謁見して、降伏謝罪の嘆願書を出した。

ジェームズ・カーチス・ヘップバーン《JAMES CURTIS HEPBURN》

生没年 1815～1911

身分：宣教師・医師
所属：米国
関連事件：とくになし

ペンシルバニア州生まれ。プリンストン大学を卒業後、ペンシルバニア大学医科眼科に入学した。

卒業後は医師兼宣教師としてアジアに伝道し、日本開国の報を聞くと安政6年(1859)に夫人同伴で来日している。

神奈川の成仏寺にて、内科、外科、眼科など医療活動を開始した。医師としての腕は確かで、彼の名はまたたく間に広まった。

しかし、その最大の功績は別のところにある。彼は日本にローマ字を広めたことで有名だ。このため、自身の姓「ヘップバーン」もローマ字読み風に「ヘボン」と名乗るようにした。自らの日本名を「平文(ヘイブン)」とし、これにかけてヘボンと称したという説もある。

ヘボンは2万語もの実用語を収録した和英辞典『和英語林集成』を完成させたが、これは日本の英語学発展の基礎となっている。彼の辞書で使用されたローマ字表記法が「ヘボン式」であり、後に世界中に普及した。

明治17年(1884)には聖書の旧・新両約全和訳を完成した。またヘボン塾という塾や病院も開設したが、これは明治学院やフェリス女学院のもととなった。そのほか油田、酪農、製氷事業など諸事業に関与した。

明治25年(1892)に帰国し、その後はニュージャージー州で静かに余生を送った。

四条《しじょう》隆謌《たかうた》

生没年 1828～1892

変名：とくになし
身分：公家
所属：朝廷
思想：尊皇・攘夷
関連事件：8月18日の政変、戊辰戦争

文久3年(1863)に国事寄人となり、翌年の7月には国事寄人の同志と攘夷親征の布告を建言。しかし、8月18日の政変によって失脚した。王政復古で帰京後、戊辰戦争では中国四国追討総督・仙台追討総督を務め、維新後は各地の鎮台の司令官を歴任した。

品川《しながわ》弥二郎《やじろう》

生没年 1843～1900

変名：橋本八郎、松本清熊
身分：足軽→藩士
所属：長州藩→御盾隊→政府
思想：尊皇・攘夷→尊皇
関連事件：禁門の変、鳥羽伏見の戦い

品川弥二郎は天保14年(1843)、検断人(検死役人)・品川弥市右衛門とその妻・まつの間に生まれ、安政4年(1857)、松下村塾に学んだ。

吉田松陰の死後は、高杉晋作や久坂玄瑞らとともに過激な尊攘派となり、御盾組という結社の初期構成員のひとりとなった。御盾組は久坂義助(玄瑞)、高杉晋作、志道聞多(井上馨)、大和弥八郎、長嶺内蔵太、寺島忠三郎、有吉熊次郎、白井小助、赤根武人、山尾庸三、そして弥二郎を加えた計11名の組織である。彼らは文久2年(1862)の英国公使館焼き討ちを行った。

文久3年(1863)8月18日の政変後、彼は下駄に

さ

「薩賊会奸」と墨で書き、踏みつけて歩いたという。翌年の禁門の変では8番隊々長として奮戦、敗北しつつも囲みを破って帰国した。

長州に戻った弥二郎は御盾隊(先の御盾組とは別組織)を作り、以後、個人としては薩長同盟の連絡役を務めた。

慶応3年(1867)10月、岩倉具視と会見し、錦の御旗と倒幕の密勅を託される。これらの半数を京都の薩摩藩邸に、残り半数を山口に運んだ。万一敗北した場合に山口で再起を図るためである。翌年の鳥羽伏見の戦いにおいて、この錦の御旗は薩長に百万の味方を与えた。

以後は御盾隊を率いて東北各地を転戦、維新後は新政府の外務畑を歩いた。

弥二郎は吉田松陰の遺命を忘れず、明治20年(1887)になって京都に尊攘堂を建て、その宮中顧問官・御料局長として皇室の財産形成に尽力した。

その後は内務大臣、枢密院顧問官を歴任し、明治33年(1900)2月26日、肺炎のため、58歳で永眠した。

篠原《しのはら》国幹《くにもと》

生没年 1836〜1877

変名：とくになし
身分：藩士
所属：薩摩藩・小銃隊→政府→私学校
思想：尊皇・攘夷→征韓
関連事件：寺田屋事件、薩英戦争
鳥羽伏見の戦い、上野戦争
会津戦争、明治6年の政変
西南戦争

天保7年(1836)、薩摩藩士・篠原善兵衛の子として平之町に生まれる。藩校・造士館に学び、秀才として知られた。

幕末期には精忠組に属し、文久2年(1862)の寺田屋事件に連座した。しかし翌年の薩英戦争では、沖小島砲台を守って戦っている。

慶応4年(1868)の戊辰戦争では小銃隊の隊長として転戦、特に上野の彰義隊討伐に功績があった。小隊指揮官として常に先頭を進み、配下の藩兵は国幹のために死ぬことをいとわなかったという。

明治5年(1872)、陸軍少将となり近衛局に出仕。しかし翌年、西郷に従って部下を引き連れ、下野する。その後は鹿児島で私学校の銃隊学校を主宰していた。

明治10年(1877)、薩摩軍一番大隊長として、西南戦争の吉次越えの攻防戦で戦死した。

渋沢《しぶさわ》喜作《きさく》

生没年 1838〜1912

変名：とくになし
身分：幕臣
所属：天朝組→彰義隊→振武軍→小彰義隊→政府
思想：尊皇・倒幕→佐幕
関連事件：戊辰戦争

武蔵榛沢郡血洗島村生まれ。文久3年(1863)に天朝組を結成し、尊皇活動をしていた。しかし、考えが変わって、一橋慶喜の家臣となった。一橋家では奥右筆御政事内務掛を務めていた。

慶応4年(1868)、将軍慶喜が恭順の意を表明。これに反対する者は官軍との徹底抗戦を決意し、血判書を作った。この時に組織されたのが彰義隊である。名目上は慶喜の警護のための団体だった。

拠点は浅草東本願寺、そして喜作が頭取に選ばれた。しかし屯所を上野寛永寺に移したころ、天野八郎と対立するようになる。

喜作は離隊し、新たに振武軍を結成したが、これは長く続かなかった。武蔵での敗戦後、彼は榎本武揚らについて箱館に転戦する。

ちなみに箱館には彰義隊も来ていたが、部隊統合は成されなかった。この時、喜作も自分の隊を彰義隊と名乗っており、それで区別のために「小彰義隊」と呼ばれた。

箱館降伏後は投獄されるが、明治5年(1872)に出所、一時政府にいたが、後年は事業で大成功を収めた。

島田一郎《しまだ いちろう》

生没年 1848〜1878

変名：とくになし
身分：藩士
所属：加賀藩
思想：尊皇
関連事件：戊辰戦争、紀尾井坂の変

加賀藩大組頭・島田金助の長男。洋式兵術練習所として知られる藩校・壮猶館に学び、慶応4年(1868)の戊辰戦争に藩兵として参加した。北越での戦闘で負傷するものの、その功で准中尉(少尉)に昇進。後に大尉まで進んだ。明治4年(1871)、藩兵解散後に上京して斉藤正言の私塾に入るが、志を捨てて帰郷している。

西郷隆盛に心服した一郎は、加賀が維新の主導権を握れなかったことを悔やみ、陸義猶らと忠告社を設立。佐賀の乱、萩の乱、西南戦争などに呼応して決起しようと考えていたが、すべて失敗に終わる。

忠告社と決別した彼は金沢市内・三光寺に別派を結成し、400人もの同志を集めた。そして明治11年(1878)5月14日、長連豪、脇田巧一、杉本乙菊、杉村文一、その他鳥取県の士族・浅井寿篤ら5名とともに参議・大久保利通の暗殺を決行した。薩長藩閥に抗議するためである。

自首した一同は除族処分を受け、7月27日、市ケ谷監獄内で斬罪に処された。

島田魁《しまだ かい(さきがけ)》

生没年 1828〜1900

変名：とくになし
身分：隊士
所属：新撰組→甲陽鎮撫隊→蝦夷共和国
思想：佐幕
関連事件：池田屋事件、禁門の変
鳥羽伏見の戦い、箱館戦争

美濃大垣藩士・近藤伊右衛門の子だが、父の切腹で一家は離散している。その後は各地を転々としたが、大垣藩士・島田歳に見込まれて養子になり、家督を継いだ。新撰組には脱藩して参加している。

隊士の谷万太郎から種田流の槍を習い、また永倉新八の知り合いの心形刀流師範・坪内主馬からは剣を学んだ。

彼は新撰組一の巨漢で知られ、その活躍もめざましい。鳥羽伏見の戦いでは、窮地に陥った永倉を怪力で助けたという話が残っている。

伏見から箱館まで、ずっと土方について戦ってきたが、副長の死後は弁天台で降伏し、名古屋に送られた。

明治6年(1873)に釈放され、以後は西本願寺の守衛として働き、新撰組に関する記録を残した。死ぬ時まで土方の戒名を書いた布を、肌身離さず持っていたという。

島津忠義《しまづ ただよし》

生没年 1840〜1897

変名：とくになし
身分：藩主
所属：薩摩藩→政府
思想：尊皇
関連事件：王政復古の大号令、版籍奉還

島津斉彬の死により安政6年(1859)、藩主の座に就く。父・島津久光を後見に藩政改革路線を継承した。

慶応3年(1867)、兵を率いて上洛。王政復古に尽力し、続く戊辰戦争において薩摩藩を官軍の主力にならしめた。

明治2年(1869)、版籍奉還を奏上し、後の廃藩置県の先鞭をつけた。後に公爵、貴族議員となる。

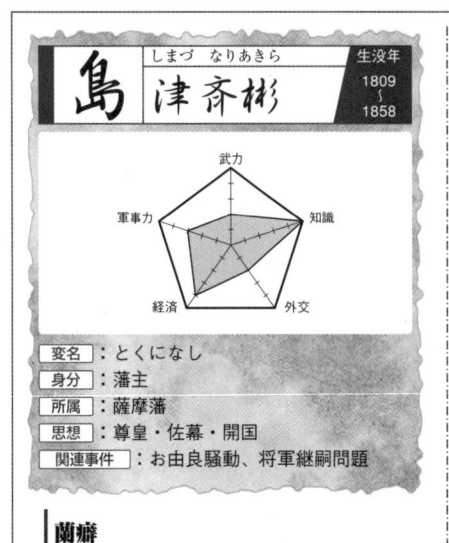

島津斉彬《しまづ なりあきら》

生没年
1809
～
1858

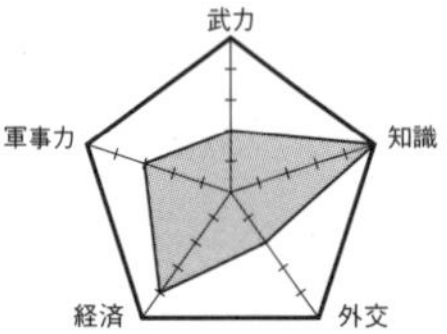

変名：とくになし
身分：藩主
所属：薩摩藩
思想：尊皇・佐幕・開国
関連事件：お由良騒動、将軍継嗣問題

蘭癖

斉彬は曾祖父・重豪の開明的な性格に感化されて育った。文政10年（1827）、オランダ商館付きの医師・シーボルトが来日した時は、重豪に連れられて、これを出迎えている。また宇田川榕庵、緒方洪庵、渡辺華山、高野長英、箕作阮甫、川本幸民、松木弘安（寺島宗則）など多くの蘭学者と交流し、蘭語や西洋事情を学んだ。その知識は教養のレベルを超え、蘭学者と呼べるほどであったという。

彼は4歳で世子となったが、「蘭癖」とまで呼ばれるほどの革新的な人物であったため、筆頭家老の調所広郷《ずしょひろさと》ら保守派の藩士たちから嫌われ、40歳を過ぎても藩主の座に就けなかった。また、斉彬の異母弟の島津久光の母・お由良とその一派は、藩内の保守派を糾合して斉彬の廃嫡を謀ろうとしていた。

嘉永2年（1849）、斉彬派はお由良派の重臣暗殺を計画したが発覚。切腹13名、遠島多数という処分を受けた。

だが、斉彬を高く評価していた幕府老中・阿部正弘はこの事件を預かり、その力によって、斉彬を藩主に就任させた。

志士を育てた名君

嘉永4年（1851）、藩主となった斉彬は反射炉や溶鉱炉を建設し、「薩摩切子」と呼ばれるガラス工芸産業を興した。また火薬や大砲の研究に蒸気船の建造など、藩政の刷新と富国強兵を進めていく。

人材抜擢も抜かりなく、西郷吉之助（隆盛）を抜擢してお庭方役（秘書）に就け、黒田了介（清隆）や大山弥助（巌）を江戸の江川太郎左衛門の塾に入れ、砲術を学ばせた。また、土佐の万次郎（中浜万次郎）を呼び寄せ、藩士や船大工に欧米仕込みの造船技術や航海術を学ばせたりもした。維新で活躍する薩摩の人材は、斉彬が育てたといっても過言ではない。

一橋派の工作

中央政界において、斉彬は阿部正弘の派閥に組し、徳川斉昭や松平慶永（春嶽）と親交を持った。将軍継嗣問題では一橋派の統領となっている。

彼は阿部らと画策し、薩摩藩枝族の篤姫を養女にし、さらに近衛家の養女に送り出して格式を整えた上で、13代将軍家定の3番目の室とした。また西郷に命じ、一橋派の大名間の連絡や朝廷工作、篤姫を通じた大奥工作にあたらせた。

だが、一橋派の計画は紀州の慶福を擁立せんとする南紀派の巻き返しに遭って失敗している。

志半ばにして

安政5年（1858）、大老に就任した井伊直弼はその権力をもって、日米修好通商条約調印と徳川慶福（家茂）の継嗣に反対する政敵の一掃を開始した。

これに対し斉彬は兵を率いて上洛しようとしたが、コレラを患って他界してしまう。この際、自分の娘を久光の子・忠義と結婚させ、家督を相続させるよう遺言を残している。

斉彬の死によってさらに勢力を増した井伊は安政の大獄と呼ばれる大粛清を敢行した。斉彬の死は井伊派にとっては、あまりにもタイミングがよかったため、暗殺説も噂された。

島津《しまづ》久光《ひさみつ》

生没年 1817〜1887

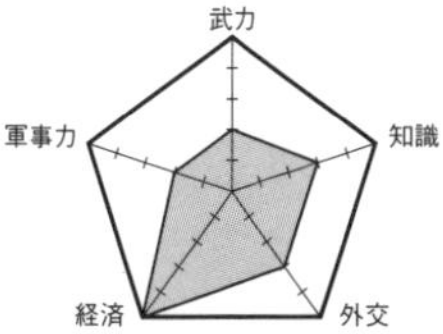

変名：とくになし
身分：藩父
所属：薩摩藩→政府
思想：尊皇・佐幕
関連事件：お由良騒動、寺田屋事件
生麦事件、薩英戦争

薩摩のお家騒動

久光は島津斉興の側室・お由良の子として生を受けた。斉興は名君ではあったが、お由良には執着し、世子の斉彬を廃して、久光を次期藩主に就けようと考えた。このため、藩政は保守派と結びついたお由良一派が牛耳ることとなった。

これを憂いた高崎五郎右衛門は斉彬を立てようとするが失敗。切腹を命じられる。これが、世にいうお由良騒動(高崎崩れ)である。

幕府はこの事件に介入し、斉彬を藩主とした。しかし、彼は7年で死去。家督は久光の子の忠義が継ぐことになった。以後、久光は藩主の実父、つまり藩父として実権を握ることとなった。

薩摩胎動

文久2年(1862)、久光は斉彬の遺志である公武合体運動を推進するため、2000の武装兵を率いて上洛した。彼は朝廷を説得するために動いたのだが、各地の尊皇志士たちはこれを倒幕行動と見なし、京都に集結する。

もともと保守派の久光は尊皇派を嫌悪し、寺田屋に集まった有馬新七らを粛正した。これが寺田屋事件である。

久光は帰国の途中でもうひとつ大きな事件を起こす。生麦村にて、行列警護の武士が外国人を斬ってしまったのだ。この生麦事件により、薩英戦争が勃発した。

その後、彼は急転する情勢についていけず、藩の主導権は西郷や大久保ら尊皇志士に握られることとなった。

すねた頑固者

薩摩藩士たちの多大な活躍により、久光は維新における形式上の功労者となった。しかし、彼は維新後の欧化政策が気に食わず、鹿児島に籠ったままであった。すねた久光をなだめようと、新政府は何度も勅使を送っている。

慶応4年(1868)2月、功労慰労の沙汰書と上京を命令する手紙を持った勅使が来たが、久光は病と称し、上京を婉曲に断った。2度目は明治3年(1870)12月である。今度は太政大臣の岩倉具視が勅使に立ったが、またも病を口実に断った。明治5年(1872)6月、明治天皇は自ら鹿児島に行幸した。この時、久光は14か条の意見書と副書を差し出し、「よろしく国粋に戻すべし」と論じている。そして、上京も約束しなかった。そんな彼も、翌年の勝安芳(勝海舟)の説得でようやく上京する気になった。

島津久光は、これほど頑固で妥協のできない男だった。上京後、左大臣になったが、やはり気に食わなかったのか、すぐに辞職している。

西洋化を嫌った薩摩

明治の世になっても、久光の影響下にある薩摩は独立国のようであった。軍事面では多少近代化されたが、政治形態は幕藩体制そのままだったという。

この体制は明治10年(1877)の西南戦争終結まで続く。この戦争が終わって、明治維新の流れがやっと鹿児島に到達したのである。

清水《しみず》卯三郎《うさぶろう》

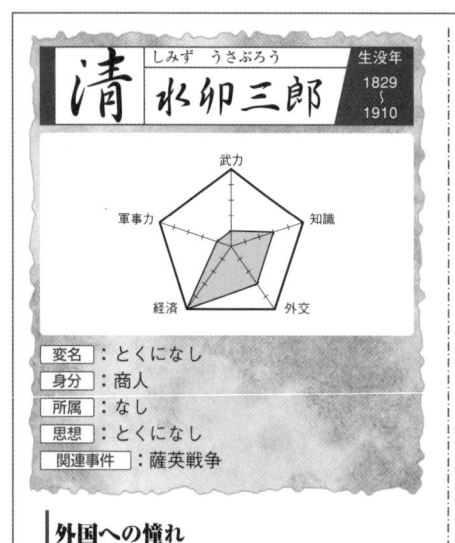

生没年 1829〜1910

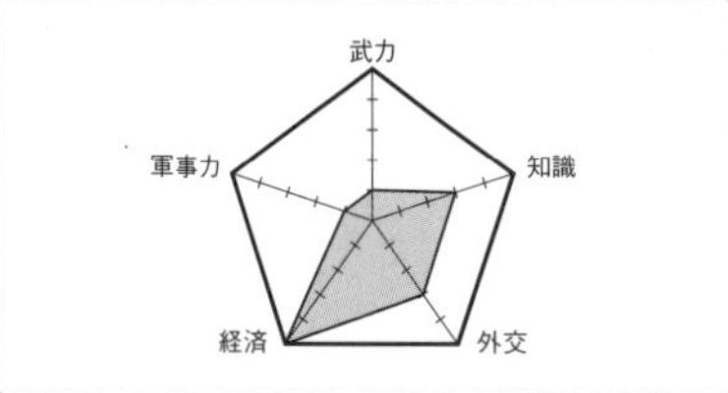

変名：とくになし
身分：商人
所属：なし
思想：とくになし
関連事件：薩英戦争

外国への憧れ

武蔵国埼玉郡の名主酒造家の三男として生まれた卯三郎は、少年時代に母方の親類に預けられている。長じて江戸に出て、箕作阮甫の蘭学塾に通い、英語と蘭語を修得した。また安政元年（1854）、ロシア使節が伊豆下田に来船すると幕史に随行して外国人と接し、露語を学ぶきっかけを得た。

文久2年（1862）、生麦事件の報復として英国艦隊が鹿児島に来港すると、幕府の要人に同行して、和解と説得にあたった。しかし交渉は失敗し、薩英戦争へ。それでも卯三郎はめげずに交渉を続け、ついに講和の席が作られることになった。

万国博に出展

文久3年（1863）、パリで万国博覧会が開かれた。卯三郎は吉田六左衛門とともに日本紙や織物、漆器、棉絵などの美術工芸品を用意し、フランスに渡った。見慣れない日本工芸品は注目と絶賛を浴び、銀牌を受賞している。

彼は滞在中に七宝をはじめとした陶器の着色技術と活版、石版などの印刷技術を学び、印刷機械を購入した。

数えきれない功績

帰国した卯三郎は洋書、器具類、薬類を輸入販売するために浅草に瑞穂屋を開店。その傍ら石版印刷を試み、『六合新聞』を出版した。その後は歯科関係の専門書を多く出版、歯科機器の輸入や考案にも尽力している。

明治5年（1872）には日本での万国博開催を計画するが、これは失敗に終わっている。また明治7年（1874）には、明六社の協力を仰ぎ『明六雑誌』に「平仮名ノ説」という論文を掲載して仮名文字論者としてその名を広めた。

仮名文字の普及、印刷、医療、教育上など彼の功績は枚挙にいとまがないほどである。

清水谷《しみずだに》公考《きんなる》

生没年 1845〜1882

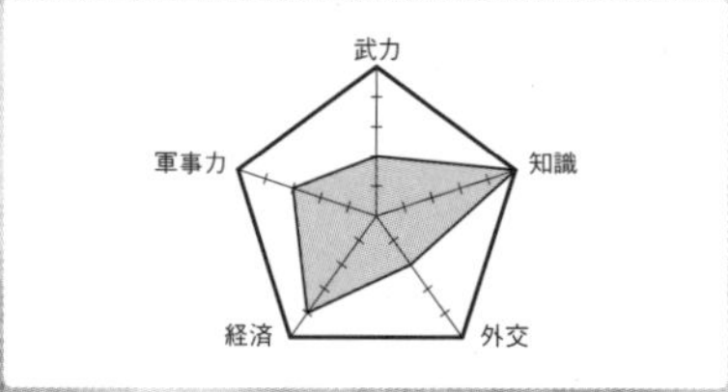

変名：とくになし
身分：公家
所属：朝廷→政府
思想：王政復古
関連事件：箱館戦争

弘化2年（1845）、公卿・清水谷公正の末子として生まれ、幼くして比叡山に入るが、後に還俗。安政3年（1856）、従五位下に叙せられ、文久2年（1862）に侍従となる。

慶応4年（1868）2月、岡本監輔の助言により、高野保建とともに蝦夷地への鎮撫使派遣を新政府に建議し、箱館裁判所総督に任じられた。

明治元年（1868）10月の榎本軍侵攻の際には、村山次郎に軍資金を与えて自身は青森に待避、浪岡から黒石へ転陣しつつ箱館討伐の準備を行う。翌年4月、諸軍を率いて進軍、蝦夷共和国軍を降伏せしめた。

戦後は3か月間だけ開拓次官を務め、以後は学業に専念。明治4年（1871）から8年（1875）までロシアに留学し、帰国後に家督を継いだ。

清水の次郎長《しみずのじろうちょう》

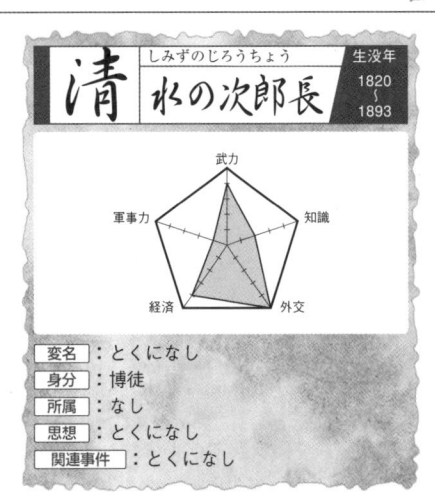

生没年 1820〜1893

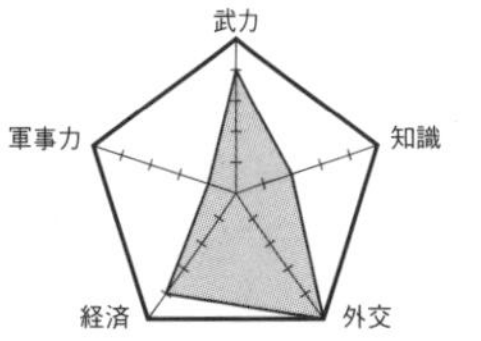

変名：とくになし
身分：博徒
所属：なし
思想：とくになし
関連事件：とくになし

創られた英雄

講談や浪曲に登場する彼は、義理と人情に厚い好漢として描かれる。これは次郎長の一面を表してはいるが、すべてが事実とはいえない。実際にはもっと権力志向が強く、人間臭い傑物だったのである。

悪童

文政3年（1820）1月1日、駿河国の有渡郡・清水湊で海運業を営む雲不見三右衛門の三男として、次郎長は生まれた。

1月1日に生まれた子は賢才か極悪になるという迷信があった。次郎長の母はこれを信じ、早々に母の弟・米問屋甲太屋の山本次郎八のところへ次郎長を養子に出した。

次郎長の本名は「山本長五郎」である。「清水」出身で、「次郎」八の子の「長」五郎ということから、「清水の・次郎・長」という通称がつけられたのだ。

彼は幼少のころから悪童として知られ、寺小屋からも追放された。禅寺に預けられたが、悪童ぶりはなかなか直らなかったという。

博徒となる

しばらく後、養母が資産を食い潰し、情夫と夜逃げしてしまった。気落ちした養父の死後、次郎長は15歳で家督を相続する。生まれつきの才能があったのだろう。彼は傾きかけた甲太屋を立て直し、5000両もの資産を貯めた。妻まで迎えたが、侠気に富む性格がぶり返し、次郎長は博徒になってしまう。

ここでも彼は頭角を現し、侠名を上げた。多くの子分を従えた次郎長は、さらなる縄張りを得るため、尾張八尾ヵ獄の久六、甲州黒駒の勝三、伊勢の安濃徳らと激しい抗争を演じ、勢力を拡大した。

慶応2年（1866）、伊勢荒神山大祭の日に三州吉良の仁吉が勝三党と闘って敗死した。これを聞いて復讐の鬼となった次郎長の逆襲は有名な話だ。

仏を弔う

そんな無頼の男が一変するのは、明治維新からである。慶応4年（1868）、次郎長は倒幕のために東上した東海道総督府より道中の探索方を命じられ、これを引き受けた。

同年9月、幕府から脱艦した咸臨丸が清水湊に漂着。咸臨丸は官軍の総攻撃を受け、多数の屍が海に漂流する事件が起こった。人々は官軍を恐れて屍を放置していたのだが、次郎長は「仏に敵も味方もなし」と丁重に弔って碑を建てた。

この事実を知った山岡鉄舟、榎本武揚は大いに感激し、次郎長の知己となったという。

表の社会へ

以来、次郎長は山岡や榎本の後援を得て活躍した。

明治7年（1874）には大迫貞清の勧めを受け、模範囚人を使って富士裾野を開墾する。

その後、清水湊を整備して清水と横浜を結ぶ蒸気船定期航路を開き、蒸気船3隻を有する船会社・静隆社を設立。また将来、外国人との接触が多くなることを見越し、英語の教師を呼び寄せて多くの者に勉強の機会を与えた。

このように彼は華々しい活躍を見せた。しかし後の松形デフレの不景気で力を失ってしまい、博徒の一斉検挙に遭って逮捕された。武器の不法所持、賭博用具の所持などで7年の懲役と過料400円という刑を宣告されるが、山岡や榎本らの運動で釈放されている。

以後は静かに余生を送り、明治26年（1893）6月12日、74歳で世を去った。生まれにまつわる迷信通り、賢才と極悪の二面性を持った男であった。

JULES BRUNET

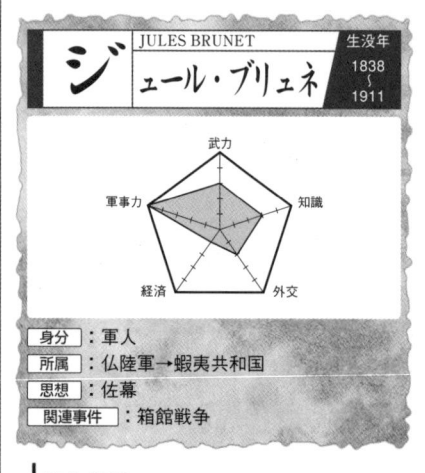

ジュール・ブリュネ

生没年
1838
〜
1911

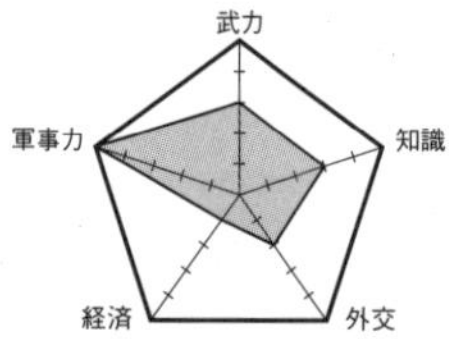

身分：軍人
所属：仏陸軍→蝦夷共和国
思想：佐幕
関連事件：箱館戦争

若き英雄

ブリュネの出身地であるベルフォールは、後の普仏戦争でプロシアの猛攻に耐え抜いた誇り高き土地柄である。

彼はサンシール陸軍士官学校卒業後、メキシコ戦争でめざましく活躍した。そして、24歳にしてレジオン・ド・ヌール（フランス最高の勲章）を受章した超エリートであった。

ちなみにこのころのフランスは、ナポレオン1世の「大陸軍」（グランダルメ）の伝統により世界最強の陸軍国と評価されていた。

軍事顧問団の来日

慶応2年（1866）6月、第二次長州征伐において大敗した幕府は、小栗上野介（忠順）らを中心に軍隊の近代化を急いだ。いわゆる慶応軍事改革である。その柱となったのが、フランスからの700万ドルにおよぶ借款と火器購入、そしてブリュネを含む15名のフランス軍事顧問団であった。特にこの15人はメキシコ、インドシナ、アフリカ、イタリア独立戦争などで戦ってきた筋金入りの軍人だった。

この当時、横浜駐留の外国兵は軍事演習という名目で示威行為を盛んに行っていた。これが、幕府が軍事顧問団を導入するきっかけとなったのだろう。また幕府は、東洋にあまり植民地を持っていなかったフランスを信頼していた。他国に遅れを取っていたフランスから見ても、幕府との接触は好都合だったわけだ。

伝習所

ブリュネらは慶応2年（1866）11月、万博に沸くパリを後に、マルセイユから日本へ向かった。軍事顧問団の派遣はフランス国内でも反響を呼び、雑誌『モンド・イリュストレ』は「興味ある東洋の大君の国は、ナポレオン3世と手を握った」と報じている。

幕府も彼らを厚遇し、彼らの給料は、教頭のシャノワール参謀大尉が500ドル、歩兵教師シャルル・デュ・ブスケ歩兵中尉350ドル、砲兵教師となったブリュネ砲兵大尉も350ドルであった。

軍事顧問団は横浜の丘陵地帯（現在の港の見える丘公園周辺）に居留し、大田陣屋に設営された訓練所に幕軍兵士を集め、教練を開始した。

武士たちはフランスの軍事用語や鉄砲中心の訓練に混乱した。ブリュネらは諸兵の区別をつけて服装図を作り、制服を定めるところからはじめねばならなかったという。

主戦論

慶応4年（1868）1月3日、鳥羽伏見において戊辰戦争の火蓋が切られた。

軍事顧問団は訓練中の伝習第1大隊800名を率いて大阪に出動したが、すでに幕軍の敗北は決していた。

その後1月13日、江戸城での軍事会議に参加したブリュネたちは抗戦の作戦案を立案した。献策は将軍慶喜に却下されたが、顧問団はあきらめなかった。勝海舟著『陸軍歴史』によると1月23日、顧問団長シャノワールは陸軍総裁に就任した勝に対し、再度の交戦を進言している。

義勇兵

慶応4年（1868）4月11日、江戸城開城によって幕府は完全に消滅。勢いに乗る新政府軍は北上を続け、佐幕派の討伐を開始する。幕府側についていたフランス軍事顧問団がすべき仕事はもうなくなっていた。

8月17日、横浜のイタリア公使館で開かれていた仮装舞踏会の席上から、ふたりの仏軍人が姿を消した。ブリュネとその同僚カズヌーヴである。

彼らは幕府軍艦・神速丸に乗り込み、品川沖に待機中の幕府艦隊に合流する。数時間後、榎本武揚率いるこの艦隊ははるか北を目指して出帆した。

フランス陸軍省の資料によると、ブリュネは明治元年(1868)10月4日付けで軍事顧問団の辞任書を送っている。祖国の立場を考えて顧問団を辞め、その上で都落ちする幕府残党に一身を投じたのだ。

フランス外国人部隊

ブリュネとカズヌーヴは箱館に着くと、榎本軍を4つの「列士満」(レジマン〈仏語で連隊の意〉)に分けた。また仙台では志を同じくする歩兵下士官のマルランとブッフィエ、砲兵下士官のフォルタンが加わる。後に海軍軍人ニコルらを加えた10人の外国人は榎本武揚や大鳥圭介を助け、江差や松前で活躍した。

ちなみに当時のフランスでは、サンレジェ・ボーバン兵学に長じたモンタランベル将軍の尽力で、築城術が発達していた。ブリュネも築城に精通しており、箱館の最重要拠点「矢不来」の陣地構築にあたっている。彼は自身で作成した図面を手に指揮を執った。

ジェネラル・ブリュネ

緒戦当初は優勢を誇っていた蝦夷共和国軍だが、増援を続ける新政府軍の前に抗しきれなくなっていった。

明治2年(1869)3月25日、ニコルの立案による甲鉄艦奪取作戦が敢行されたが失敗。5月11日には箱館が陥落し、敗北は時間の問題になった。

6月9日午後、共和国総裁の榎本は政治的な配慮から、外国人義勇兵の脱出を勧めた。ブリュネたちはこれに従い、フランス艦・コエトロゴンで陥落寸前の五稜郭から脱出した。

彼らのうち少なくとも6人は、フランス政府の意向により、ただちに日本国外に強制退去させられたという。横浜からサイゴンを経て故国に帰国したブリュネたちは、厳しい取り調べを受けた。しかし彼ら義勇兵の行動は国民の支持を受け、5か月後には寛大な処置が取られた。

フランス防衛省に残る1869年10月3日付けの資料によると、ブリュネは戒告処分を受けたが、まもなくはじまった普仏戦争に参戦した。

その後、第3共和制になってからはトントン拍子に出世を遂げ、ウィーンやローマの駐在武官を歴任した後、ジェネラルにまで昇進したという。

明治44年(1911)、彼はパリの東、ヴァンセンヌで波乱に満ちた73歳の生涯を閉じている。

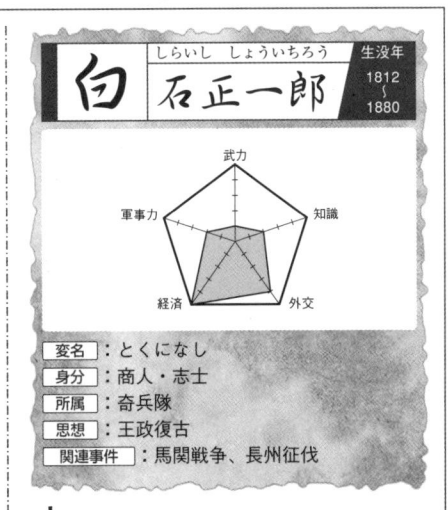

白石正一郎《しらいし しょういちろう》

生没年 1812〜1880

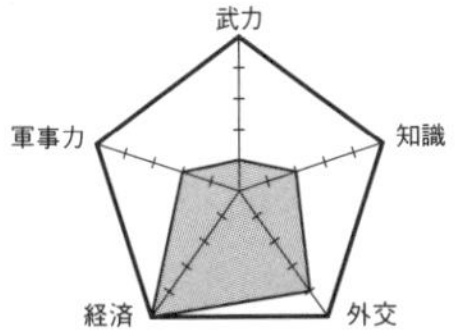

変名：とくになし
身分：商人・志士
所属：奇兵隊
思想：王政復古
関連事件：馬関戦争、長州征伐

志士のパトロン

白石正一郎は文化9年(1812)、白石卯兵衛資陽の子として生まれている。白石家は「小倉屋」の屋号を持つ大商人で、商船を所有して貿易業を営み、また地主でもあった。

正一郎は奇兵隊の隊士だが、それよりも尊攘志士のパトロンとして有名である。維新で活躍した西国志士のほとんどは正一郎と面識を持っていた。彼の日記に登場する志士は400名に上り、平野国臣、月照、西郷隆盛、坂本龍馬、中岡慎太郎、高杉晋作など著名人も数多い。正一郎は、志士を屋敷に宿泊させ、追われれば匿い、活動資金を与えた。尊攘運動に身を投じるきっかけとなったのは、安政4年(1857)11月の西郷隆盛との出会いである。西郷は、島津斉彬の命で江戸へ向かう途中、白石家に宿泊した。これ以後、正一郎は多くの志士に紹介されることになる。

有志党

文久3年(1863)6月6日、正一郎の人生を再び変える事件が起こった。

高杉晋作が、彼の元へある大きな倒幕計画を持ち込んだのだ。四民平等の市民軍設立である。これをもって列強勢力を馬関で食い止め、ゆくゆくは幕府をも倒してしまおうというのである。このプランを元に結成された奇兵隊はわずか3日で60名に膨れ上がり、それに続いて、多くの長州諸隊が誕生した。

正一郎は奇兵隊に出資し、自らも弟の廉作とともに入隊し、自宅を本陣として提供した。これを手はじめに、白石家は家を傾けてまで諸隊を支援した。

長州の諸隊は軍隊というよりも、現在の政党に近かった。そこでは志士は有志と呼ばれ、藩の軍制に属する者もわざわざ隊士として参加していた。こうしたことから、長州諸隊が設立当初から攘夷の政治結社と見られていたのは確かである。

忘れ去られた英雄

正一郎は平田派国学に傾倒していた。国学者だったといってもいいだろう。このため、王政復古が成るならば、家を潰してもよいと覚悟を決めていたようだ。

そして、明治8年(1875)、小倉屋は倒産してしまう。

安徳天皇を祭る下関・阿弥陀寺が赤間宮(赤間関は下関の旧名)となると、正一郎は初代宮司となった。そして明治13年(1880)、70歳で亡くなった。

激動の時代を生き残り、明治の高官となった志士たちは、少しも正一郎を顧みることはなかったという。

神保修理《じんぼ しゅり》

生没年 1838～1868

変名：とくになし
身分：藩士
所属：会津藩
思想：佐幕
関連事件：鳥羽伏見の戦い

家老・神保内蔵助の長子として若松城下に生まれる。少年時代から詩文をよくし、藩校・日進館の秀才であった。

松平容保が京都守護職に就任すると、側近として国事に奔走する。外国事情調査のため長崎を訪れており、西国諸藩にも知己が多かった。

慶応2年(1866)に軍事奉行添役となる。

大政奉還後、将軍慶喜は大阪城に退いたが、佐幕派の主戦論者は京都出兵を叫んだ。彼はこれに真っ向から反対し、将軍の江戸帰還後は政府へ絶対恭順すべきだと説いた。

しかし、鳥羽伏見の敗戦から江戸に戻った会津藩士らは、修理を裏切り者として非難した。勝海舟の助命運動もあったが、三田下屋敷にて藩主松平容保に切腹を命じられる。

ちなみに後の会津戦争では、敵に捕まった妻の雪子も自害して彼の後を追っている。

新門辰五郎《しんもん たつごろう》

生没年 1800～1875

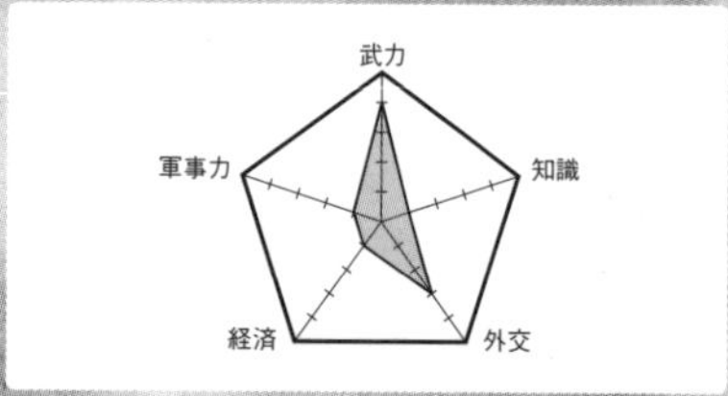

変名：とくになし
身分：火消し・博徒
所属：幕府
思想：佐幕
関連事件：とくになし

浅草の顔役

幕末から維新にかけて、「三侠客」と呼ばれる博徒の大親分がいた。東海の清水の次郎長、関西の会津小鉄、そして江戸の新門辰五郎である。

辰五郎は、江戸下谷山崎町に住む金銀工飾り職人・中村金八の長男として生まれた。幼くして浅草寺新門番の町田仁右衛門の養子となり、町田辰五郎を本名とする。

彼は後に町火消しになるが、浅草新門の防火を担当していたことから、「新門」の「辰五郎」、つまり新門辰五郎と呼ばれるようになる。

町田家は家が貧しく、辰五郎は早々に鳶師に弟子入りし、火消しと人足の2足の草鞋を履いて家計を助けた。努力の甲斐あって、彼は町火消し十番組の頭取となり、浅草から上野一帯をその縄張りとした。

喧嘩と火事

ある日、配下の町火消しが筑後藩の大名火消し(有馬火消し)と大喧嘩し、大名火消し十数人が死傷するという事件が起こった。辰五郎は責任者として罪に問われ、江戸十里外に追放の上、佃島の人足寄場へと送られてしまう。

弘化3年(1846)、江戸本郷円山で起こった火事は佃島にまで燃え広がった。辰五郎は囚人たちを指揮して消防、防火に大活躍し、この働きによって赦免された。

一連の事件と釈放後の奔走により、侠客としての名を高めた彼は、幕府の旗本に登用され、子分3000人を率いて市中の警備にあたることになった。

京での大活躍

辰五郎の娘は後に将軍となる徳川慶喜の愛妾になっていたため、幕府からの信任は厚かった。

文久2年(1862)、将軍上洛に従い、彼は子分200人を引き連れて警護にあたった。町人が将軍の警護をするなど奇妙な話だが、慶喜は京都守護の立場から仕事師を必要としていたし、勝海舟の口添えもあったのだろう。

慶応4年(1868)、鳥羽伏見の戦いに敗れた慶喜は開陽で江戸に脱出したが、大阪城内に大金扇の馬印を置き忘れてしまった。辰五郎は決死の覚悟でこれを取りに戻り、敵軍勢を突破し、陸路で江戸に持ち帰るという大活躍を演じた。

さらに慶喜が水戸で謹慎を申しつけられた時は、2万両の用金を護送した。

また、官軍が江戸に迫った時などは、江戸城の勝海舟から「江戸の治安を守り、もしも交渉が決裂したときは江戸中に放火せよ」との命令を受けていた。

明治8年(1875)9月19日、幕府に最後まで義理を通した火消しの大親分は、浅草の自宅にて世を去った。

「思いおく　まぐろの刺身　鰒の汁　ふっくりぼぼに　どぶろくの味」

……彼の生涯を如実に表した辞世の句は有名である。

菅《すげ》実秀《さねひで》

生没年 1830～1903

変名：とくになし
身分：藩士
所属：庄内藩→政府
思想：佐幕
関連事件：戊辰戦争

名について「じっしゅう」とも読む。

15歳で無辺流の槍術と影流の剣術を学び、嘉永2年(1849)には世子の小姓に選ばれ、その翌年、父の隠居によって150石の家督を継いだ。その後、10代藩主忠寛の近習を経て郡奉行に、そして江戸市中取締を命じられる。以降、江戸で警備を担当し、長州藩江戸屋敷の接収などを実行した。

実秀は幕府の禁猟区で密猟を行って、捕らえられた経験もある。米沢家臣でなければ罰を受けていたかもしれないが、この時は特別におとがめなしだった。

戊辰戦争では軍事掛に任じられ、家老・松平親懐を助けて庄内藩の指導にあたったが、彼の真の功績は戦後にある。

西郷隆盛をはじめとする薩摩閥と親交を深めた実秀は、士族3000人を動員して後田山を開墾し、反乱分子の鎮圧を行った。

また酒井家を中心とした旧士族集団の経済基盤作りに奔走し、地元のあらゆる産業の振興に貢献した。

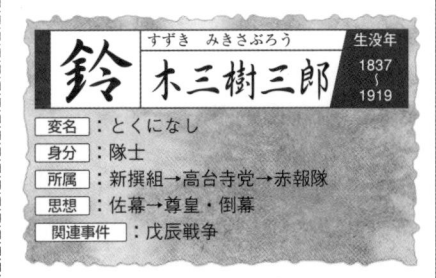

鈴木《すずき》三樹三郎《みきさぶろう》

生没年 1837～1919

変名：とくになし
身分：隊士
所属：新撰組→高台寺党→赤報隊
思想：佐幕→尊皇・倒幕
関連事件：戊辰戦争

伊東甲子太郎の実弟で、はじめ鈴木多門と名乗っていた。寺内家の養子になるも、酒癖が悪く職にも撤せず、離縁される。

その後、伊東家を継いだ兄を頼って上京、ともに新撰組に入隊する。隊では9番隊組長を務め、剣は神道無念流を使った。それほど強くなく、むしろ弁舌に長けていたという。

高台寺党結成後、兄を暗殺された三樹三郎は仇討ちに乗り出す。墨染で身を包み近藤勇を狙撃したが、仇は討てず近藤に逃げられている。

その後、赤報隊2番隊長として倒幕戦に参加した。赤報隊は偽官軍の汚名を着せられるが、彼が率いる2番隊は、ただちに帰還したために嫌疑を解かれ、その後は戊辰戦争を戦った。

明治以降は役所で働いていたが、明治9年(1876)に警視四等警部に任じられている。

スネル兄弟

HENRY & EDWARD SCHNELL

生没年 ともに不詳

ヘンリー

身分：外交官→藩士

所属：蘭国→会津藩

エドワード

身分：外交官・商人

所属：蘭国

関連事件：戊辰戦争

スネル兄弟は、もともとプロシア人だったが、後にオランダへ国籍を移した。

兄のヘンリーは文久3年(1863)よりプロシア領事館に勤務し、書記官まで昇進するも4年後に退任し、その後は会津藩に軍事顧問として迎えられた。藩主・松平容保から刀と衣服を拝領した彼は、日本名「平松武兵衛」と名乗り、会津若松に定住する。

弟のエドワードは商人で、横浜外国人居留地で開港直後から貿易商を営み、慶応3年(1867)からスイス領事館の書記官を務めた。

彼らが暗躍するのは、慶応4年(1868)の戊辰戦争からである。エドワードは蘭国領事と偽称し、2隻の船を新潟港へ入港させた。ヘンリーは船に満載されていた武器弾薬を、米沢、会津、庄内、仙台など奥羽越列藩同盟諸藩に売りさばいたのである。会津若松城にあった新式大砲も、この兄弟が売り込んだものといわれている。

やがて新潟港は官軍の進攻で陥落したが、兄弟は船で逃げおおせた。

後に新政府はふたりを武器販売の罪で処罰しようとしたが、スネル側は金と政治力でこれを逃れ、逆に政府に没収された私有財産の損害賠償として5万6千ドルを要求した。そして翌年、旧会津、米沢両藩の債務分4万ドルをまんまと手に入れ、帰国していった。

周布《すふ》政之助《まさのすけ》

生没年 1823〜1864

変名：麻田公輔、松岡敬助

身分：藩士

所属：長州藩

思想：尊皇・攘夷

関連事件：禁門の変、第一次長州征伐

文政6年(1823)、藩士の子として生まれる。藩政を牛耳った村田清風の直系であり、早くから藩の重臣として改革政策に奔走した。

吉田松陰や高杉晋作らの急進派に理解を示してこれを保護し、宇和島や幕府に流失しかけた村田蔵六(大村益次郎)を桂小五郎(木戸孝允)とともに長州に呼び戻す根回しを行った。

維新は、政之助の尽力によって、日の目を見たといってもよい。

改革派の首領として、保守派で後に俗論党と呼ばれる坪井九右衛門や椋梨藤太らと対立し、藩政権の争奪を繰り返していた。しかし禁門の変や下関戦争の後、急速に力を失い、元治元年(1864)9月、山口で自刃した。墓所は山口県大津郡三隅にある。

関《せき》鉄之介《てつのすけ》

生没年 1824〜1862

変名：三好貫一郎

身分：藩士

所属：水戸藩

思想：尊皇・攘夷

関連事件：桜田門外の変

徳川斉昭隠居の時に保守派を批判して処罰されたが、後に許されて郡方勤となり、郷校設立や農兵の組織化に尽力した。

安政の大獄が起こって水戸藩に圧力が加わると、高橋多一郎らと井伊大老暗殺を計画。支援する農民たちから軍資金の提供を受け、現場指揮官として桜田門外での井伊殺害に成功した。

豪農・桜岡源次衛門の支援を受けて袋田に潜伏したが、追っ手が迫ったために越後に逃れる。結局この越後で捕らえられ、江戸に送られて死罪となった。

世良修蔵《せら しゅうぞう》

生没年 1835〜1868

変名：とくになし
身分：藩士
所属：長州藩→奇兵隊
思想：尊皇・攘夷
関連事件：第二次長州征伐、戊辰戦争

天保6年(1835)、周防大島郡椋野に陪審・中司八郎右衛門の子として生まれた。藩の重臣・浦靱《うらゆき》負《え》の家臣で、資性豪勇、気節ありと評されて重用された。

奇兵隊士となって出世の糸口を見つけ、戊辰戦争では奥羽総督参謀にまでのし上がった。

慶応4年(1868)4月19日、福島の旅籠・金沢屋に逗留中の彼を12人の刺客が襲った。

この時、兵は庄内藩の鎮圧に向かっていて、側には従者の勝見善太郎ただひとりしか残っていなかった。修蔵は捕らわれて寿川河原に引き出され、斬殺された。

修蔵は「会津は朝敵、奥羽はみな敵であり、大軍をもって掃討すべきだ」と発言し、会津を救おうとする仙台藩の使いを無視して攻撃を断行した。それで仙台藩兵の怨みを買って暗殺されたのである。

結論からいえば、修蔵は奥羽討伐のための鉄砲玉に過ぎなかった。彼だけが奥羽討伐を主張していたわけではないのである。ともあれ、修蔵の死によって和平は絶望的になり、全面戦争が開始された。

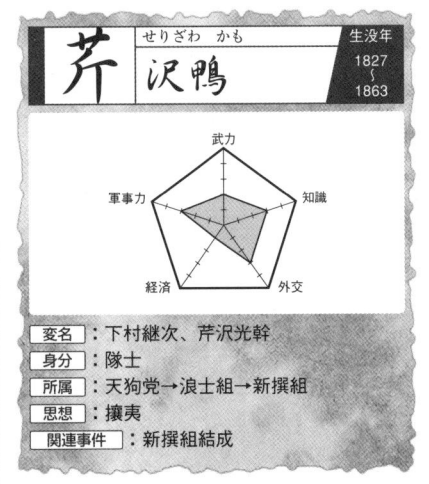

芹沢鴨《せりざわ かも》

生没年 1827〜1863

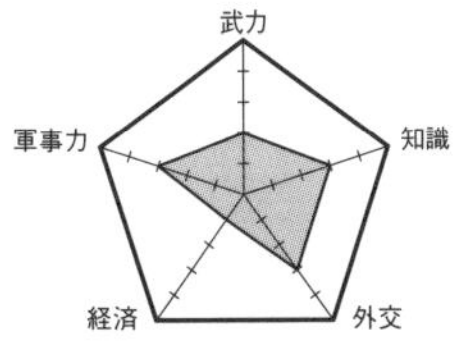

変名：下村継次、芹沢光幹
身分：隊士
所属：天狗党→浪士組→新撰組
思想：攘夷
関連事件：新撰組結成

生年は1830年の説もある。

水戸郷士の三男として生まれた彼は、本名を木村継次という。根っからの攘夷思想の中で育ち、神道無念流免許皆伝を修めた彼は、天狗党に入っている。潮来で仲間を斬った咎《とが》で牢入りしたとか、実はそれは騙りであったとかいわれているが、真相は定かではない。

文久2年(1862)、募集に応じて浪士隊に参加。尊皇攘夷を訴える清河八郎に反発して新撰組を結成し、局長に就任している。

しかし、その狼藉ぶりは目に余るもので、ついに浪士取締役の幕臣・山岡鉄舟が脅しに来るまでに至った。それでも乱行は収まらず、乱闘、無礼討ち、強姦、強盗、大砲発砲、恐喝と罪状には事欠かない惨状であった。

そして、ついには、会津藩と連動した近藤勇らの手により暗殺される。

文久3年(1863)9月18日のことである。

さ

副島種臣《そえじま　たねおみ》

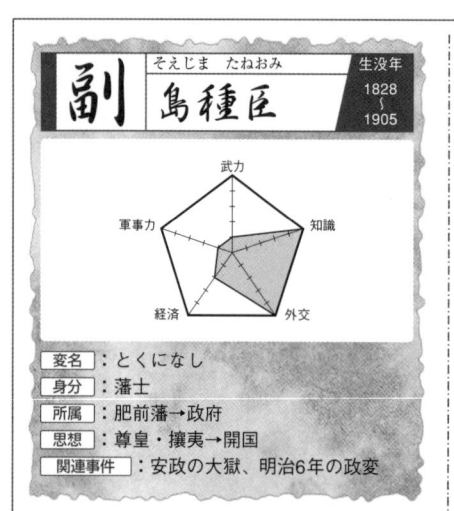

生没年
1828
〜
1905

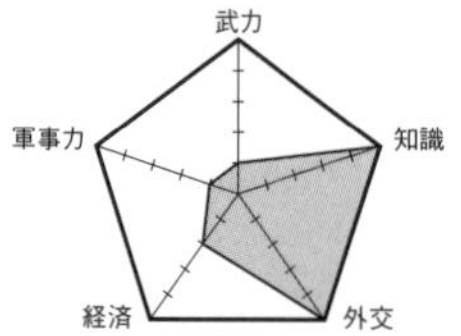

変名：とくになし
身分：藩士
所属：肥前藩→政府
思想：尊皇・攘夷→開国
関連事件：安政の大獄、明治6年の政変

西洋を学んだ国学者

文政11年(1828)、佐賀藩士で国学者の枝吉種影の次男として生まれる。「肥前の松陰」ともいうべき兄・枝吉神陽の「日本一君論」の影響を受けて、嘉永3年(1850)に義祭同盟に参加する。

安政5年(1858)、神陽の意を受けて「ぬえ公卿」と呼ばれた公卿・大原重徳に意見書を提出したが、帰国後に謹慎処分を受ける。このころ実父が亡くなり、佐賀藩士・副島和忠の養子となった。

慶応元年(1865)、藩が設立した長崎の致遠館の教師となり、自らもヘルマン・フリードリン・フルベッキについて英学を学んだ。慶応3年(1867)、大隈重信とともに脱藩上京したが、まもなく藩吏に捕らえられて国元に送還、謹慎を命じられた。

明治元年(1868)、参与として新政府に出仕し、明治2年(1869)参議に昇格する。

マリア・ルーズ号事件

明治5年(1872)6月、ペルー国籍の汽船マリア・ルーズ号が船体修理のため横浜に入港した。この停泊中の船から木慶という名の清国人が海に飛び込み、湾内に停泊していた英国軍艦に泳ぎ着いて保護された。マリア・ルーズ号は奴隷船であり、虐待に耐えかねて逃げてきたというのだ。彼は横浜の英国領事館を経て神奈川県庁に引き渡された。

ところが、マリア・ルーズ号のレヘラ船長が逃亡者の返還を迫ってきた。木慶はペルーへの移民なのだという。

外国人には治外法権があり、こういった事件は米国公使が解決することになっていた。国内で事件が起こっても、日本政府は関与できなかったのである。しかし、米国は権利を放棄し、明治政府に解決を委ねてきた。

種臣は政府内の慎重論を抑え、人権問題のエキスパートだった大江卓を起用。全権を与えてバックアップした。大江はマリア・ルーズ号の出港を差し止め、裁判を開いた。判決は「船長は無罪とし、船の出港を許可する。ただし奴隷231名は解放する」というものであった。この事件は、日本が外国人に対し司法権を行使した最初の判例となった。

今菅公

明治6年(1873)3月、特命全権大使として清国に向かい、欧米列強に先んじて皇帝拝謁に成功するなど、外交史に大きな功績を残した。

種臣は「政治家にして副島ほどの教養人は菅原道真あるのみ」といわれるほどの知識人で、優れたカリスマを備えていた。高圧的な態度で知られるパークス英国公使ですら、彼の前では小さく見えたと伝えられる。

その後、種臣は征韓論に組し、明治6年の政変で西郷隆盛らとともに下野、清国を歴遊する。以後は再び政府高官を歴任した。また、書家としても名を成し「蒼海」の号で多くの書を残している。

コラム

『ズーフハルマ』とは？

オランダのフランソワ・ハルマが編纂した蘭仏辞書に、オランダ商館長のズーフと通詞の吉雄権之助が協力して日本語の訳をつけたもの。これとは別に稲村三伯がハルマ辞書を訳したものがあり、これは『江戸ハルマ』または『ハルマ和解』と呼ばれた。

緒方洪庵の適塾には「ズーフ部屋」という小部屋があり、ズーフハルマが置いてあったという。塾生たちは、この1冊の写本を頼りにオランダ語の書物を読んでいた。ある意味では幕末明治の俊英を育てた辞書といっていいかもしれない。

た

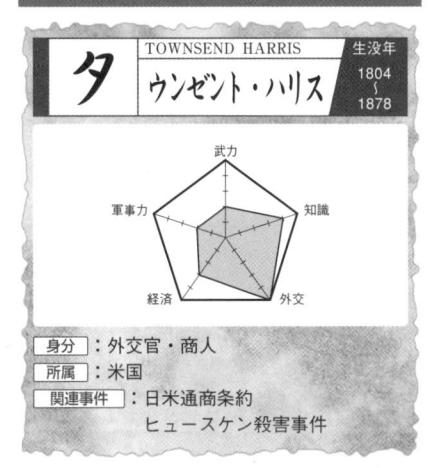

タウンゼント・ハリス

TOWNSEND HARRIS

生没年 1804〜1878

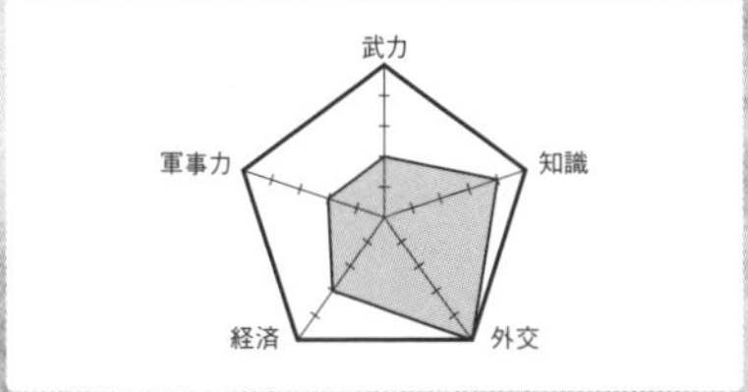

身分：外交官・商人
所属：米国
関連事件：日米通商条約
ヒュースケン殺害事件

ニューヨーク州に生まれたハリスは、13歳から父の友人が経営している呉服店で働き、その後は陶磁器輸入業をはじめた。これが軌道に乗り、生活が安定したころ、彼はニューヨーク市の教育局長に選ばれている。

彼は初等教育しか受けていないが、仕事の合間を縫って勉強し、独学で数か国語を修得した。そんな経験もあってか、彼はフリーアカデミー（無料の学校）の設立を計画した。この学校が、現在のニューヨーク市立大学である。

嘉永元年（1848）、不況で店をたたんだハリスは貿易をはじめ、ニュージーランド、フィリピン、インドシナ、清国など東洋各地を訪れた。ペリーが日本に来航したのはこのころである。

東洋情勢に詳しかった彼は安政2年（1855）に日本総領事に任命され、翌年に来日した。その目的は和親条約を改定し、通商条約を結ぶことである。

しかし、幕府はなかなか交渉に応じなかった。ハリスは持病の胃病で吐血しながらも、将軍家定に謁見し、老中・堀田正睦に通商航海条約の必要性を説き続けた。こうして安政5年（1858）7月、神奈川沖に停泊する米国軍艦ポーハタン号上にて、日米修好通商条約が締結された。

ハリスはこの功で米国全権大使に昇格したが、条約締結が安政の大獄や桜田門外の変などが引き起こされる原因になったのも確かである。

ハリスは常に日本に好意的であり、他国との折衝の際にも協力を惜しまなかった。通訳のヒュースケンが暗殺された時も江戸に留まっていたというから、日本人をよほど信頼していたのだろう。

文久2年（1862）、彼は日本を去ることになった。

この時、幕府の安藤信正は「貴下の偉大な功績に対して何をもって報ゆべきか。これに足るもの、ただ富士山あるのみ」と感謝の言葉を述べたという。

南北戦争で落ち着かぬ故国へ帰国したハリスは静かに余生を送り、明治11年（1878）2月25日、ニューヨークにて静かに息を引き取っている。

高崎正風《たかさき　まさかぜ》

生没年 1836〜1912

変名：とくになし
身分：藩士
所属：薩摩
思想：尊皇
関連事件：お由良騒動、8月18日の政変
戊辰戦争

天保7年（1836）、高崎五郎右衛門の子として鹿児島城下に生まれる。

嘉永2年（1849）、お由良騒動で父・五郎右衛門が処刑されると、それに連座し、士籍を削られて奄美大島に流される。

島津斉彬の家督相続の大赦で、無禄ながら鹿児島に帰還。

以後は、歌道に没頭する日々を過ごしたが、文久3年（1863）の政変では薩摩藩の代表者として活躍。会津と結んで長州勢力を中央政局から駆逐した。

戊辰戦争では征討軍参謀として転戦、維新後は宮内省に出仕し、枢密院顧問などを務めた。

彼の生涯ただ一度の政治工作は、薩長の天下になった明治政府によって長らく秘匿されていた。

歌曲「紀元節」の作詞者としても有名である。

高島秋帆《たかしま しゅうはん》

生没年 1798～1866

変名：とくになし
身分：幕臣
所属：幕府
思想：佐幕
関連事件：とくになし

長崎会所調役頭取の家に生まれる。長崎警護のために荻野流砲術を学び、出島のオランダ人から西洋式砲術を習う。

アヘン戦争の報が伝わると、幕府に西洋式砲術の採用を建言し、武蔵国・徳丸ヶ原で砲術の実演を行った。これを見た幕府は西洋式砲術の導入を決定した。

彼は江川担庵に砲術を教え、また江川の下で西洋式大砲の鋳造も行っている。講武所砲術師範ともなり、最後まで幕府の兵制改革に尽力した。

高杉晋作《たかすぎ しんさく》

生没年 1839～1867

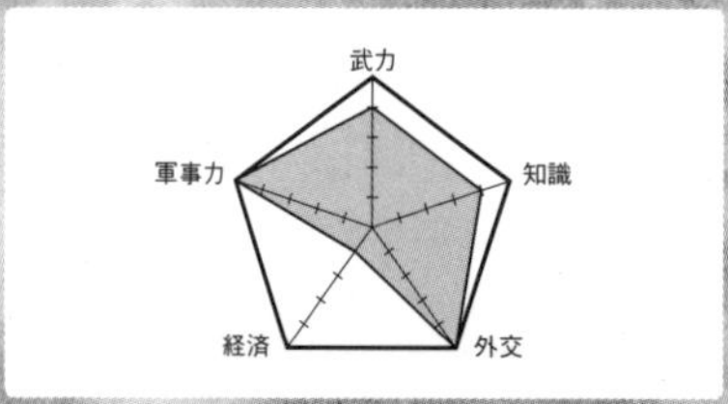

変名：谷梅之助、宍戸刑馬、谷潜蔵、備後屋助一郎、西浦松助、祝部太郎
身分：藩士
所属：長州藩→奇兵隊
思想：尊皇・攘夷→倒幕・開国
関連事件：馬関戦争、奇兵隊結成
下関戦争、長州征伐

激情家

晋作は、天保10年(1839)8月20日、萩の150石取り大組の家、高杉小忠太の長男として生を受けた。高杉家は上士の家柄で、小忠太は藩政に携わり、晋作自身も22歳で藩の次代重役候補である小姓役に就任している。

晋作は、病弱ながら気性の激しい少年であったという。歴史小説家・中原邦平著による伝記には、こんな逸話がある。

ある年の正月、晋作は凧揚げをして遊んでいた。そこへ武士が通りかかって、凧を踏み破ってしまった。相手が子供なので、武士はそのまま通り過ぎようとしたが、晋作は泥をつかんで「謝らなければ紋付を汚す」と叫んだ。紋付は藩主からの拝領品だったため、武士は物陰で詫びたという。

14歳のころから藩校の明倫館に通うが、学問よりも剣術のほうを好み、修練を積んで柳生新陰流免許皆伝の腕前になった。

松下村塾と結婚の逸話

勉学には身を入れなかったものの、晋作は誰の目から見ても聡明な少年だった。周囲は学者になるのではと期待していたようだ。

しかし、安政4年(1857)、19歳の彼は学友の久坂玄瑞に誘われ、吉田松陰の門を叩く。家の者が松陰に学ぶのを快く思わなかったため、夜に家人が寝静まってから、3kmの道を松下村塾まで通ったという。

吉田は話下手だったが、講義は巧みで説得力があった。ここで新たな思想を学ぶ晋作はある日、師に尋ねた。

「男子たる者、いかに死すべきでしょう」

「死は好むものでも憎むものでもない」

吉田の言葉は、最後まで晋作の行動の基本となっていく。

吉田は、暴れん坊として嫌われていた晋作の優れた本質を見抜き、かわいがった。何であれ物事を決定する時は晋作の意見に従うとまでいったのである。

安政7年(1860)1月23日。晋作は23歳で井上家の政子と結婚している。大正5年(1916)発行の横山健堂著『高杉晋作』によると、政子夫人から直接取材した話として、こんな逸話がある。

彼女は城下でも評判の美人で、方々から結婚の申し込みがあった。それでクジを引いて相手を決めたのである。政子は晋作を引き当て、婚儀が成立したというのだ。

上海渡航と攘夷活動

文久元年(1861)、晋作は幕府の上海使節団に入り、翌年、蒸気船・千歳丸で上海に向かった。

すでに列強によって半植民地化されている上海に2か月滞在した彼は、ここで多くを学んだ。

西洋文明を導入しなければ、日本は世界から取り残されて滅ぶだろう。しかし、むやみに開国すれば、列強の食い物にされる。清国の二の舞だけは避けねばならない。そのためには封建制度を廃し、近代国家を作らなければならないだろう。

晋作は結論として尊攘思想を選んだ。

江戸へ帰った彼は資金と同志をかき集めて御盾組（御盾隊とは別組織）を結成し、攘夷活動に乗り出す。そして御殿山・英国公使館の焼き討ちなどを実行したが、藩論も国の情勢も動かなかった。じれた晋作は頭を丸め、東行と号している。

彼の行為は切腹に値する罪だが、藩は10年の暇を与えて遠ざけるのみであった。下意上達を是とする長州藩の藩風もさることながら、高杉晋作という男が周囲からいかに愛されていたかという証でもある。

奇兵隊

文久3年（1863）、長州は攘夷の口火を切って外国船を砲撃したが、たちまち猛反撃を食らい、大敗を喫した。

ここに至って、藩主・毛利敬親は晋作を呼び、軍備立て直しを命じた。そして晋作は、西洋軍制に習った「軍隊」の結成を提案したのであった。

彼は尊攘志士を中心に、身分を問わず志を同じくする者を集めた……正規兵である藩兵に対して「奇兵」であるため、またゲリラ的戦術を旨とする民兵であるため、この組織は奇兵隊と命名された。馬関戦争で多くの兵力を失った藩主も喜んで奇兵隊の結成を許可したという。

奇兵隊の規律は厳格を極めた。身分に関わりなく集められたということは、烏合の衆になりかねないということでもある。武士としての誇りを持たない集団は、厳しく統制するしかないのだ。このあたりは、天敵である新撰組と同様だった。

「来る者は拒まず、去る者は追わず、隊の法を犯す者は罰し、略奪を働く者は死す」……奇兵隊本陣の門に掲げられた告示である。

奇兵隊は結成当初から暴力事件など問題を起こした。しかし、対外的な危機に脅かされ続ける長州藩内では、奇兵隊に続く各種の軍事組織が次々と結成、公認されていった。

戦に負けるも交渉で勝つ

元治元年（1864）8月5日。英仏米蘭の計16隻（17隻説もあり）からなる4か国連合艦隊は、馬関・前田砲台に攻撃を開始した。この戦争は3日間で終わる。準備を進めていたにも関わらず、長州側はまたも惨敗したのだった。

当時、晋作は奇兵隊の起こした事件の責任を取って謹慎中だったが、藩庁から呼び出された。艦隊と講和してこいというのである。

全権大使としての体裁を整えるため、晋作は家老・宍戸備前守の養子となり、宍戸刑《ぎょう》馬《ま》の名をもらった。そして黄色地に大きな浅黄の桐の紋が5つついた大紋の直垂に黒烏帽子といういでたちで、英旗艦・ユーリアラス号に乗り込む。

連合艦隊は前年5月の長州藩による攻撃や今回の戦闘に対する賠償として、300万ドルを要求してきた。晋作はこれに対し、幕府の攘夷命令書を示す。長州は幕府の命令で攘夷を行ってきたのであり、だからこそ賠償は幕府がすべきだと説いたのである。

晋作は、英国が仏国とライバル関係にあることを知っていた。仏国は幕府に肩入れしており、賠償金支払いで幕府が没落すれば英国は先々で利を得る……こうした計算があって、艦隊の音頭を取っていた英国提督クーパーは晋作に賛意を示した。

クーパーはさらなる無理難題を押しつけようとしたが、晋作がもっともらしく古事記の講釈をはじめると、苦笑してやめたという。これは中原邦平著による逸話だが、おもしろい一節である。

クーデター

ともかく交渉は成功した。しかし、このころから第一次長州征伐は本格化しはじめる。長州にも幕府恭順派・俗論党が台頭し、長州はその藩論を一変させた。

こうして長州は幕府による征伐を受けることなく降伏したが、尊攘派は粛正を受けることになった。晋作も恭順派の襲撃を避けるべく、九州へ逃亡した。

彼は12月になって再び故国に舞い戻る。長府・功山寺の三条実美ら尊攘五卿を中心に、奇兵隊や諸隊の主要メンバーが集結しつつあったのである。

晋作は渋る同志を説得し、たった80名で決起した。討死覚悟のクーデターだったが、これは奇跡的に成功を収めた。

この後、晋作は政権を山田宇右衛門ら老練の長老たちに委ね、海外渡航を名目に長崎へと向かっている。

四境戦争勃発

慶応元年(1865)11月。再び倒幕色に染まった長州に対し、幕府は第二次征伐を決定した。

もはや決戦は避けられない。長州は総勢4000の藩兵と諸隊を4か所の国境に配置し、防戦した。

長州の4か所の国境で戦いが起こったため、第二次長州征伐は「四境戦争」とも呼ばれる。

大島口を守るのは洪武隊と第二奇兵隊を中心に1000。芸州口には井上聞多(馨)指揮下の鴻城隊《こうじょうたい》、遊撃隊、御盾隊、集義隊、膺懲隊《ようちょうたい》など1000。石州口には、大村益次郎指揮下の精鋭隊、南園隊、育成隊など1000。そして小倉口には高杉晋作指揮下の奇兵隊、報国隊の1000が配置された。このうち晋作と奇兵隊は、もっとも激しい死闘を演じたという。

長州の兵力4000に対し、幕府側の兵力は総勢15万。まさに絶望的な戦いとなるはずだった。しかし、ここで「奇兵」はその真価を発揮した。

晋作は奇襲をもって停泊中の幕府艦隊に殴り込みをかけ、同士討ちを誘発させてこれを撃退した。また敵方へ手紙を送り、正面対決と見せかけて後方から襲いかかるなど、奇策で勝ちを奪ったのである。しかし、長州は奇策だけで戦争に勝ったわけではない。新兵器の保有数や地理などの情報面での優位性など、その勝因は多岐に渡る。

晋作病没す

慶応2年(1866)10月20日。晋作は病で職を退き、療養生活に入っている。もともと丈夫でない彼の肉体は、激務によってむしばまれていったのだろう。

翌年になって、病状は手の施しようがないほどに悪化した。毛利敬親は、晋作の余命がいくばくもないことを知り、新知100石を与えた。

4月13日夜半、晋作は突然起き上がり、酒を飲みに行こうとした。だが、容態は悪化し、彼は苦笑いしながら床に就いている。そして、眠りについたまま、息を引き取った。慶応3年(1867)4月14日午前2時のことである。

中原邦平の伝記によると、晋作はいったん意識を取り戻して筆を取ったことになっている。

彼は「おもしろき　こともなき世をおもしろく」とまで書き、力尽きて筆を落とす。枕前にいた望東尼がこれに続け「すみなすものは　心なりけり」と書くと、晋作は今一度目を開いて「おもしろいのう」と微笑し、息絶えたのだった。

鷹司政通《たかつかさ　まさみち》

生没年 1789～1868

変名：とくになし
身分：公家
所属：朝廷
思想：尊皇・開国
関連事件：条約勅許問題、日米通商条約、安政の大獄

鷹司家は五摂家のひとつで高い家格を誇る。文政6年(1823)に関白となり、孝明天皇の践祚とともに摂政として朝議を仕切った。安政3年(1856)には九条尚忠が関白となったが、太閤として朝廷に隠然たる実力を持ち続けた。徳川斉昭の娘を妻に持っていたため、内外の情勢に明るく、日米和親条約の時には朝廷内でただひとり開国論を唱える。しかし通商条約勅許には反対し、朝幕間の緊張を引き起こした。安政の大獄で失脚、落飾した。文久年間に許されたが、老齢のため隠居している。

高野長英《たかの　ちょうえい》

生没年 1804～1850

変名：沢三伯
身分：蘭学者
所属：なし
思想：倒幕・開国
関連事件：蛮社の獄

陸中・水沢の生まれ。長崎に留学してシーボルトの鳴滝塾で学び、江戸で蘭方医として開業した。

渡辺華山らと尚歯会を結成して蘭学を研究し、著書『夢物語』で幕府の鎖国政策を批判した。そのために、蛮社の獄で終身刑に処せられたが脱獄。薬品で顔を焼いて逃亡を続け、密かに江戸に舞い戻った。沢三伯の変名で潜伏生活をしていたが、幕府の役人に急襲されて自殺した。

高橋《たかはし》多一郎《たいちろう》

生没年 1814〜1860

変名：磯部三郎兵衛
身分：藩士
所属：水戸藩
思想：尊皇・攘夷
関連事件：桜田門外の変

藤田幽谷の門人・国友善庵に学び、徳川斉昭に才能を認められて抜擢された。斉昭が処罰された時、許しを得るための運動に加わって処罰されたが、斉昭政界復帰後に許されて小姓頭に進んだ。

戊午の密勅の返還を巡って水戸藩が内部分裂すると、激派に属して幕閣の打倒を考え、桜田門外の変の計画指導者となった。

井伊直弼殺害後は逃亡していたが、逃げきれないと悟り、大阪天王寺で自刃した。

高橋《たかはし》泥舟《でいしゅう》

生没年 1835〜1903

変名：とくになし
身分：幕臣・剣客
所属：幕府・浪士隊・遊撃隊
思想：佐幕
関連事件：鳥羽伏見の戦い

勝海舟、山岡鉄舟と並ぶ「幕末三舟」のひとり。とくに山岡が泥舟の実家に養子入りしたため、ふたりは義兄弟の関係である。

槍術で有名な山岡家に生まれ、神技とまでいわれた槍の使い手となった。25歳で講武所の槍術師範となり、文久3年（1863）将軍家茂の上洛に随行。慶応2年（1866）、新設された遊撃隊の頭取に任じられる。その後、幕臣に官軍への恭順を説き、将軍慶喜は上野・大慈院で謹慎することになった。

明治元年（1868）、泥舟は遊撃隊を率い、慶喜警護の任に就く。将軍を徹底抗戦派に奪われないよう、護衛していたという説もある。

維新後の彼は新政府に出仕せず、ひたすら書画の道に生きた。

高松《たかまつ》太郎《たろう》

生没年 1842〜1898

変名：小野淳輔
身分：藩士→志士
所属：土佐藩→海援隊→政府
思想：尊皇・倒幕
関連事件：箱館戦争

高松太郎は天保13年（1842）、安芸郡安田村に生まれた。母親は坂本龍馬の長姉であり、龍馬から見れば甥にあたる。

彼は武市半平太（瑞山）の主宰する土佐勤皇党に加盟した。勤皇党のクーデター成功後は藩主・山内豊範を奉じて京都に上り、勤皇派の三条実美、姉小路公知邸などに出入りしていた。また両公卿の関東下向の折には、護衛役として随行した。

龍馬に勧められて勝海舟に入門し、海軍操練所で航海技術を学んでいたが、藩の警吏・井上佐一郎殺害事件の嫌疑（実は岡田以蔵らの犯行）を受けて、薩摩に逃げざるを得なくなった。薩摩では藩海軍の調練を任される。

その後、長崎では亀山社中に参加し、近藤長次郎とともに長州藩の武器艦船買い付けの斡旋などを行い、海援隊発足後も隊士として活躍した。

慶応4年（1868）、箱館府が設けられると在勤して蝦夷地経営の建白書を提出し、箱館戦争にも従軍して軍功を立てている。

明治4年（1871）、龍馬の兄、坂本権平が病没すると、朝廷の命により坂本家を継ぎ、坂本直と改名した。

高松凌雲《たかまつ りょううん》

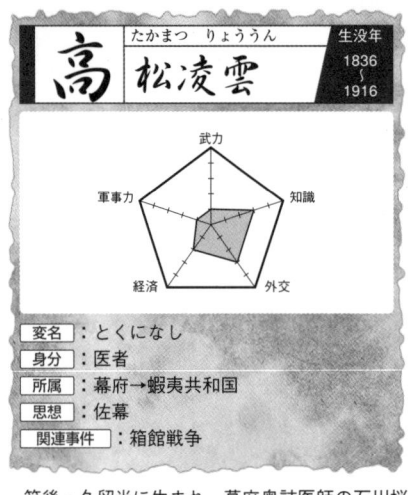

生没年 1836〜1916

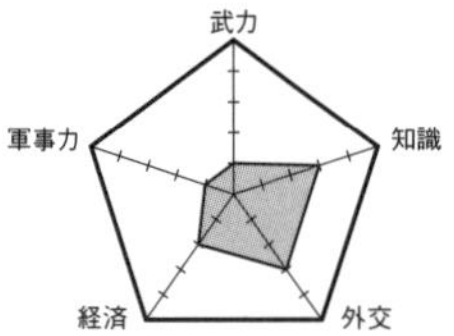

変名：とくになし
身分：医者
所属：幕府→蝦夷共和国
思想：佐幕
関連事件：箱館戦争

筑後・久留米に生まれ、幕府奥詰医師の石川桜所に医学を習い、緒方洪庵の適塾に学んだ。その後は幕府の奥医者となる。

フランス留学中に戊辰戦争の報を聞いて急いで帰国し、幕府軍に軍医として身を投じる。箱館戦争では野戦病院を開設し、敵味方の区別なく治療にあたった。適塾の朋友・佐野常民による日本赤十字の前身・博愛社発足に溯ること10年の快挙である。

明治2年(1869)5月11日。箱館を占領した官軍の黒田了介(清隆)もこれに感動し、凌雲と病院を保護した。官軍と共和国軍の仲立ちとして活動し、榎本から託された『海律全書』を黒田に渡し、五稜郭開城のきっかけを作った。

戦後は新政府の招きを蹴って一開業医として過ごし、後に民間救護組織である同愛社を設立した。

武田観柳斎《たけだ かんりゅうさい》

生没年 ?〜1866

変名：とくになし
身分：隊士
所属：新撰組
思想：佐幕
関連事件：池田屋事件、禁門の変
鳥羽伏見の戦い

出雲松江藩出身、長沼流軍学を修めており、それを買われて新撰組では副長助勤、5番隊長を歴任した。池田屋事件では20両もの報奨金を賜ったが、伊東甲子太郎入隊後はその先進的な知識と頭脳に押されるように居場所を失い、慶応2年(1866)9月28日(一説には3年6月22日)、粛正された。

殺害の理由としては、観柳斎が馬越三郎という美少年隊士に迫っていたためだとか、薩摩藩と密通していたからだといわれているが、いずれも確証がない。

ただ、元治元年(1864)に近藤が郷里に出した手紙には「隊内に男色家がいる」と書かれている。この男色家が彼なのかもしれない。

武田耕雲斎《たけだ こううんさい》

生没年 1803〜1865

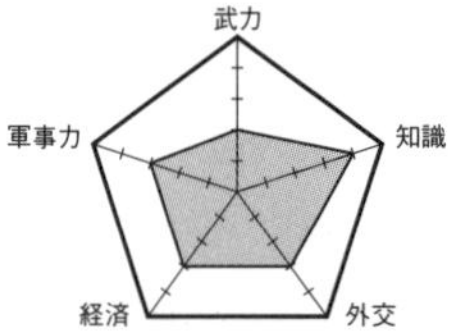

変名：とくになし
身分：藩士
所属：水戸藩・天狗党
思想：尊皇・攘夷
関連事件：生麦事件、天狗党の乱

エリート街道

享和3年(1803)、跡部新八正続の子として水戸に生まれる。文政12年(1829)、藩主継嗣問題で、会沢正志斎らとともに徳川斉昭擁立に奔走した。

その後、斉昭の庇護のもと、若年寄、大番頭などを歴任。文久2年(1862)7月には、将軍後見役となった一橋慶喜の相談役となり、同年に起こった生麦事件の賠償金問題では慶喜の名代として江戸に下向した。

元治元年(1864)2月には従五位下・伊賀守に任じられている。

かつぎ出された老将

しかし、この年の3月に筑波山で挙兵した藤田小四郎に関わったのが、彼の不運であった。

耕雲斎は確かに革新派ではあったが、過激なやり方は望んでいなかった。決起した天狗党を説得するため、江戸を出立したのである。急がなければ、幕府軍が介入して、水戸藩内だけの問題ではすまなくなる。

水戸に戻ったまではよかったが、討伐軍の中心人物が政敵の市川三左衛門だった。市川は耕雲斎の入城を許さず、ぐずぐずしているうちに幕府軍が到着し、混戦状態となった。

こうして、彼はうやむやのうちに天狗党の盟主に祭り上げられてしまったのである。

慶喜の裏切り

那《な》珂《か》湊《みなと》で諸生党との戦いに敗れた天狗党は、斉昭の子・慶喜を頼って西上した。

しかし、当時の慶喜は京を守る役に就いていた。天狗党が京都に近づけば、これを撃破しなければならない。彼は朝廷に願い出て、討伐の許可を得た。

慶喜が自分たちを討伐するために出陣したことを知った耕雲斎は、加賀・金沢藩に降伏した。いずれにせよ食料は尽き、雪中の行軍で疲労も限界に達していたのである。

加賀藩は一行を武士として処遇せず、ニシン倉に押し込めた。そして2か月後、耕雲斎らは切腹も許されず、斬罪に処せられた。幕府は、彼らの処刑を彦根藩(井伊大老の領国)に行わせている。

さらに翌3月、耕雲斎の妻子や孫までが死罪に処せられた。耕雲斎が乱に加わった経緯を考えると、これはあまりに重い罰であった。

そして誰もいなくなった

その後の水戸は諸生党の天下となり、天狗党に関わった者はことごとく粛正された。しかし、後の王政復古で立場が逆転、今度は天狗党が諸生党に猛烈な報復を行ったのである。

こうして水戸藩はほとんどの優秀な人材を内部抗争で失ってしまい、明治政府に要人を送れなくなってしまっている。

武市《たけち》半平太《はんぺいた》

生没年 1829〜1865

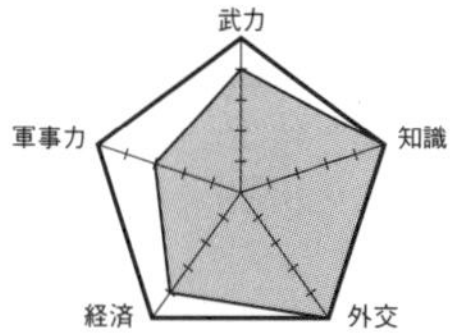

変名：柳川左門
身分：藩士
所属：土佐藩
思想：尊皇・攘夷
関連事件：土佐勤皇党結成、吉田東洋暗殺
8月18日の政変、禁門の変

白皙《はくせき》の美丈夫

端山ともいわれる。土佐藩の武士には、上士と郷士の2種類がある。このうち郷士は徹底的に差別され、行動や生活様式にまで制限が科せられていた。土佐の勤皇志士がみな脱藩し、活躍の場を天下に求めた最大の理由がここにある。

この身分差別の唯一の例外が武市半平太であった。彼が生まれた家は、郷士の中でも白札と称される特別な身分で、(制限こそあるものの)最下級の上士として藩政にも参加できた。

半平太は幼少より文武に長じ、特に剣術は一刀流の千頭伝四郎や麻田勘七に学んで免許皆伝を授けられるほどで、安政元年(1854)には高知城下に道場を開いている。また彼は身長6尺(約180cm)の偉丈夫で、やや顎が逞しいが、色白の涼しげな容貌を持っていた。頭脳明晰にして人柄も穏やかなため、誰からも愛されたという。

安政3年(1856)、半平太は藩命によって江戸に遊学し、土佐藩邸に近いアサリ河岸にある士学館に入った。江戸三大道場のひとつで、鏡新明智流で天下に名高い桃井春蔵の道場である。翌年には塾頭になって後進の指導にあたっている。

文の道では、国学者・徳永千規や書家・島崎七助について学問や書を学び、国学者・鹿持雅澄から皇朝学を授かっている。さらに絵心のある半平太は絵師の徳弘董斎などの門に学んだが、この徳弘は西洋砲術家でもあった。

剣の腕前といい、学問の深さといい、半平太ほどの文武器量を備えた人物は、天下に何人もいなかったのだ。

勤皇党構想

半平太を取り巻く人の輪は、みるみるうちに広がっていった。藩上層部は差別意識から無視していたが、半平太の人物を認めて一党に加わる上士もあった。

半平太には大きな構想があった。

まず、土佐の勤皇派を組織にまとめ、藩論を動かす力とする。次に自ら藩政を動かし、藩全体を勤皇化する。後は諸藩の同志と連絡を取り合い、勤皇論を公論にしてしまえば、尊皇攘夷の活動を時代の本流とすることができる。最後に幕府を廃し、朝廷を奉じて新しい政府を樹立するのである。

土佐藩主は有名な名君にして熱烈な水戸学派の勤皇論者だし、その腹心の吉田東洋も、頑固者ではあるが学問に長じた開明的な人物だ。ともに活動を支援してくれるに違いない。半平太はそう踏んでいた。

しかし、安政5年(1858)9月5日、半平太の計画を大きく狂わせる事件が起こった。大老に就任した井伊直弼が江戸や京都の反幕府派の逮捕を命じたのだ。安政の大獄である。

土佐藩主の山内豊信(容堂)は、徳川御三家の水戸公・徳川斉昭派として、井伊に逆らったため隠居と謹慎を命じられる。そして吹き荒れる粛正の嵐で、全国の勤皇志士の多くは処断されてしまった。

勤皇党結成

安政7年(1860)、急報が届いた。水戸脱藩の過激浪士によって、大老井伊が桜田門外で討ち取られたというのだ。安政の大獄から意気消沈していた半平太は躍り上がって喜び、急いで江戸に向かうことにした。新しい状況と変化を見て、今後の行動を早急に考えなければならない、彼はそう考えたのだった。

彼は江戸で長州の桂小五郎(木戸孝允)、久坂玄瑞、薩摩の樺山三円、水戸の住谷寅之助、岩間金平などと会い、4藩共同での尊皇攘夷と倒幕の計画を練ってから土佐へ戻った。

帰国後は大石弥太郎、島村衛吉、池内蔵太、河野万寿弥《ますや》などの同志を集め、土佐勤皇党を結成している。勤皇党には、さらに間崎哲馬、那須信吾、吉村寅太郎、北添佶摩《きつま》、中岡慎太郎、岡田以蔵、そして親戚筋にあたる坂本龍馬も参加した。

謀師瑞山

土佐勤皇党は郷士ら軽格の集まりだが、藩も無視できない勢力となった。さっそく半平太は東洋を訪ね、藩論として尊皇攘夷論を献策したが、拒否されてしまった。

東洋は彼の学識を認めてはいたが、こと藩政に関する部分となれば絶対に譲らない。その態度には一切の妥協がなかった。

半平太には薩長の志士たちとの密約があるので、事は急がなければならない。

ここに至って、勤皇党同志の那須信吾、安岡嘉助、大石団蔵の3人が東洋を斬ると宣言。進退極まった半平太には、彼らを止められず、文久2年(1862)4月、過激派の3人は東洋を襲い、その首を城下の雁切橋に晒した。

その直後、半平太は土佐藩を思い通りに動かす計画を実行に移した。まず、尊皇攘夷主義の重臣・小南五郎右衛門を復職させ、勤皇党の上士を要職に就け、藩論を勤皇一色に塗り替えたのだった。

次に彼は京都藩邸に勤皇党員を派遣して活動させる一方、山内家に縁のある公卿を動かし、朝廷工作を行わせた。

この後、半平太は一流の政治家として能力を発揮していく。土佐藩政はもちろん、京都での尊皇攘夷活動の中心人物として、大きな影響力を誇る存在になっていったのである。

ちなみに半平太が権力の階段を登っていく間に、龍馬は土佐脱藩を果たしている。龍馬は、半平太の土佐にこだわる姿勢、そして暗殺という手段を非難したという。

土佐勤皇党の最期

半平太はここで道を誤った。暗殺による権力掌握が癖になってしまったのである。そして、岡田以蔵など半平太に心酔する過激志士たちは競って暗殺を実行するようになった。

暗殺の指令を出す必要はなかった。半平太が茶飲み話の中で嫌いな人物を挙げるだけで、以蔵は席を立ち、標的を斬り殺してくるのだ。こうして、土佐勤皇党は恐怖の別称となった。

しかし、この繁栄もわずか2年足らずだった。

文久3年(1863)、藩の暴走を不満に思う容堂が改革に乗り出した。これによって藩首脳部は処断され、勤皇党に対する大弾圧が行われた。同志は次々と投獄、拷問されることとなる。東洋暗殺の背後関係とその後の政変の罪を問うためである。

そんな中、半平太本人だけは処断されなかった。理由は処分するだけの証拠がなかったためだ。そして処罰すれば、下級武士たちの反乱を招く恐れがあったためである。

脱藩を勧める者もあったが、半平太は封建君主である容堂を説得することに固執した。容堂が味方になれば、構想は実現できると考えたのだろう。

しかし、禁門の変をきっかけに半平太もついに投獄されてしまう。活動の最右翼だった長州勢力が駆逐され、尊皇攘夷派の活動が全国的に衰えたためである。

藩庁は半平太を取り調べる一方、獄にある勤皇党同志らを激しい拷問にかけた。しかし、誰も白状はしない。ある者は拷問死し、あるいは服毒して自殺した。

謀略への敗北

そんな中、京都で岡田以蔵が捕縛され、土佐に護送されてきた。

半平太は岡田を志士として認めていなかった。拷問に耐えられまいと踏んだ半平太は自決を勧めたが、岡田は納得しない。それで、獄外の同志に毒入りの食事の差し入れを頼み、毒殺を謀った。

岡田はこれに耐えて生き延び、苦しみの中で裏切られたことを悟る。こうして、彼はすべてを自白してしまったのである。

慶応元年(1865)5月。藩命により、武市半平太は切腹した。故実に明るい彼らしく、古式に則り、見事に切腹してみせたという。享年37歳。逸材でありながら、謀殺によって世に出、謀殺の失敗によって世を去った悲運の巨人である。

田島《たじま》圭蔵《けいぞう》

生没年 1843〜1899

変名：とくになし
身分：藩士
所属：薩摩藩
思想：尊皇
関連事件：箱館戦争

天保14年(1843)、薩摩藩士・永山盛秀の三男として生まれた。慶応年間に田島姓を名乗り、後に復姓している。

明治元年(1868)10月、秋田藩の軍艦・高雄の船長となった彼は兵庫への回航途中、占領を知らずに箱館へ寄港し、榎本武揚軍に拿《だ》捕《ほ》された。しかし英国商人ポーターの手回しで釈放され、津軽に戻っている。

明治2年(1869)5月に軍監を拝命し、13日に黒田清隆の意を受け、軍使となる。そして弁天砲台に赴いて説得を行ったが失敗している。

戦後は開拓使として出仕し、明治8年(1875)に樺太へ行った。以後は札幌などで事業を興し、北海道炭坑鉄道会社の支配人となっている。

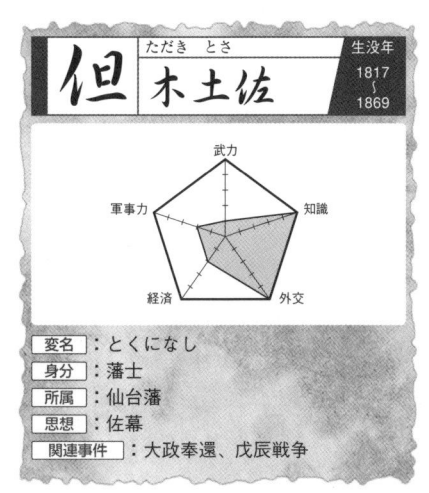

但木《ただき》土佐《とさ》

生没年 1817〜1869

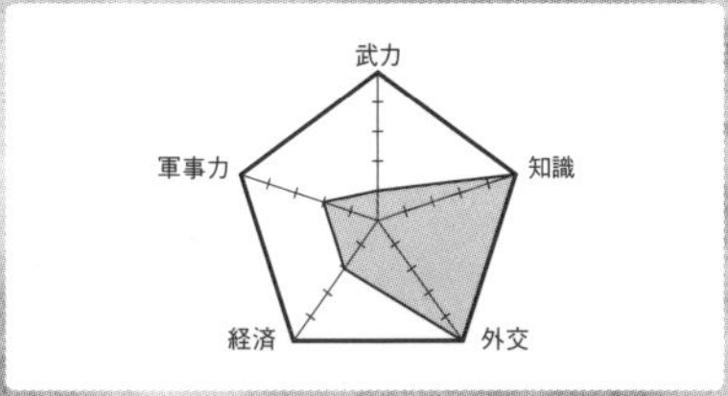

変名：とくになし
身分：藩士
所属：仙台藩
思想：佐幕
関連事件：大政奉還、戊辰戦争

安政5年(1858)、芝多民部の後を受けて奉行となり、殖産興業政策によって藩財政の建て直しを図った。この働きにより藩主の信任を得て、幕末維新期の政局を担うことになる。

大槻磐渓の国際情勢の認識を忠実に受け、幕府を中心とする国内改革と親露開国策を取って大政奉還に同調した。

また会津、庄内両藩の謝罪寛典策を推し進め、ついには奥羽越列藩同盟の中核的役割を果たしていくことになる。

土佐は有能な男ではあったが、現状認識が甘く、いくつかのミスを犯している。開戦直前、政治的な駒となるはずの九条総督を手中にしながら、小倉藩に渡してしまった。また護衛なしで秋田に使者を送って使者が殺され、秋田藩を同盟離反せざるを得ない立場にしたのである。

戊辰戦争後の明治元年(1868)9月15日、坂英力とともに東京へ護送され、翌年5月19日斬罪に処された。

立見《たつみ》尚文《ひさふみ》

生没年 1845〜1907

変名：とくになし
身分：藩士
所属：桑名藩・雷神隊
思想：佐幕
関連事件：戊辰戦争、西南戦争

弘化2年(1845)、桑名藩士・町田伝大夫の三男として伊勢に生まれ、350石取りの立見作十郎の養子となる。昌平坂学問所に学び、風伝流槍術に長じ、岡田豊前に師事して兵法を修めた。西郷隆盛や大久保利通とも親交があったという。

幕府の第3歩兵連隊の指図役(士官)となり、戊辰戦争では雷神隊を組織し、その隊長となった。

部隊は鳥羽伏見から宇都宮に転進し、官軍を悩ませた。越後における戦いでは、山県有朋を敗走させ、時山直八を討ち取るなどの武勲を立てている。その後、庄内、会津と転戦して降伏した。

明治10年(1877)の西南戦争では、旅団参謀副長(少佐)として従軍。私学校軍の拠点となった城山に真っ先に突入し、岩崎谷の書類を押収した。

この後も日清・日露戦争で活躍。陸軍大将まで上り詰め、男爵の位も得た。いかに軍功があったとはいえ、幕兵出身で彼ほどの栄達を遂げた者は珍しい。

伊達《だて》宗徳《むねえ》

生没年 1830〜1905

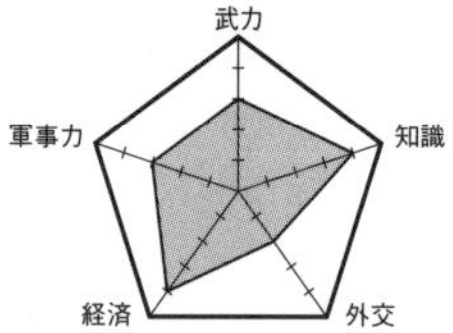

変名：とくになし
身分：藩主
所属：宇和島藩
思想：尊皇・富国強兵
関連事件：とくになし

宇和島藩7代藩主・宗紀の子として生まれたが、8歳の時に8代藩主・宗城の養子となって世子に立てられた。

安政5年(1858)、一橋慶喜を将軍後継者に推薦していた養父が、安政の大獄で処分を受けて隠居の身となった。宗徳はこの後を受け、11月に家督を継ぎ、第9代藩主となっている。

自ら国事の表舞台に立つことはなく、島津久光、松平春嶽(慶永)らと朝幕間の斡旋にあたる宗城を助けた。実父の宗紀と同じく、留守番として藩政を預かったことが彼の最大の功績といえる。

伊達《だて》宗城《むねなり》

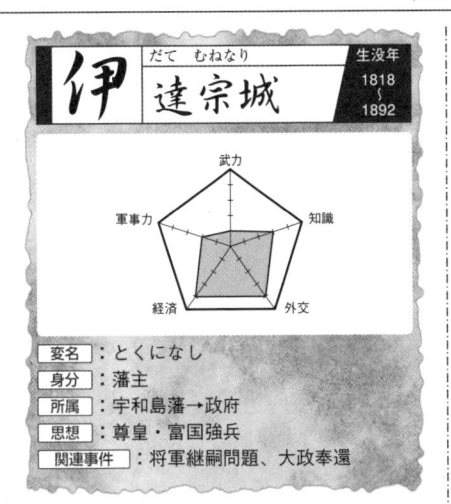

生没年 1818〜1892

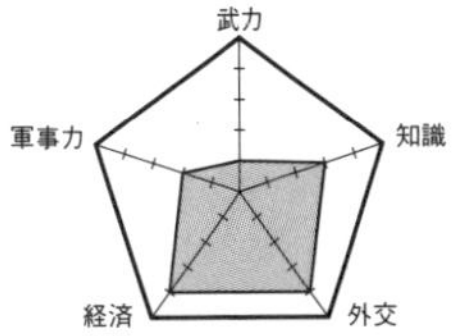

変名：とくになし
身分：藩主
所属：宇和島藩→政府
思想：尊皇・富国強兵
関連事件：将軍継嗣問題、大政奉還

宇和島藩主への道

幕臣・山口直勝の四男として、江戸に生まれる。父・直勝が宇和島藩主・伊達宗紀の従兄弟であったことから、文政12年(1829)、伊達家の養子となる。

天保10年(1839)には水戸藩主・徳川斉昭の娘の賢子と婚約。しかし賢子が死んだため、翌年に肥前藩・鍋島斉直の娘の益子をめとった。そして弘化元年(1844)、隠居した養父の後を継ぎ、27歳で宇和島藩主となる。

幕末維新の激動期、宗城は先代藩主・宗紀に補佐されながら、「幕末の四賢候」のひとりに数えられるほど国事に奔走した。宗紀が引退後も藩政の面倒を見ていてくれたからこそ、宗城は藩外で心おきなく活動できたのである。

富国強兵思想

宗城は『魯西亜国誌』や『西洋列国史略』などから西洋知識を取り入れ、開明君主として知られていた。そして先代のはじめた藩政改革をより積極的に推進し、殖産興業、富国強兵に取り組んでいる。

嘉永元年(1848)、蛮社の獄で入牢した蘭学者・高野長英が脱走すると、秘かに保護し、兵学書翻訳や砲台設計を行わせた。嘉永6年(1853)には周防出身の蘭医・大村益次郎を招き、やはり翻訳や艦船の建造にあたらせている。このようにして、着々と宇和島の近代化を進めていったのである。

黒船来航に際して、当初は開国反対と海防強化意見書を提出したが、後に対外貿易に着目し、特産物の輸出を企画した。日米通商条約と将軍継嗣問題が政局の争点となってくると、革新派の諸侯とともに開国通商の立場を表明した。幕政改革を構想し、英明な一橋慶喜を次期将軍に推したのも彼である。

暗雲

しかし安政5年(1858)、彦根藩主・井伊直弼が大老になると、将軍の座には徳川慶福(後の家茂)が就いた。さらに島津斉彬が急死すると、改革派の実力者らは大老の専権に押し切られ、隠居、謹慎、永蟄居、登城停止などの処分を受けてしまう。宗城も隠居謹慎を命じられ、家督を宗徳に譲らざるを得なくなった。しかし彼の政界での力は失われることはなかったようだ。

井伊が暗殺されると、一橋派は勢力を盛り返しはじめる。ただし、このころの幕府は急速に力を失いつつあり、国内諸問題を解決すべく、公武合体政策を掲げるようになっていた。

宗城は文久2年(1862)12月に京都に上り、初めは朝廷の攘夷策を検討する仕事に就いたが、翌年に将軍家茂を京に迎えた後は、諸侯とともに公武合体運動に身を投じるようになった。

大政奉還の功労

慶応2年(1866)、彼は英公使パークスと通訳のサトウを宇和島に迎え、天皇を中心とする雄藩連合政権樹立の構想を明らかにしている。

慶応4年(1868)、島津久光、松平春嶽(慶永)、山内容堂らと四侯会議を開き、兵庫開港、長州処分を討議。この時の彼は、大政奉還の建白書を提出した山内に賛同し、その準備を進めた。宗城や山内の思惑通りに事が進めば、改革派大名連合による穏やかな革命が成功するはずだった。しかし、武力倒幕を主張する薩摩藩などはこれを出し抜き、戊辰戦争が勃発することになる。

維新後、宗城は外国事務総督、外国官知事、参議、民部卿、大蔵卿などを歴任、とくに外交面でその力を大いに発揮した。

伊達《だて》慶邦《よしくに》

生没年
1825〜1874

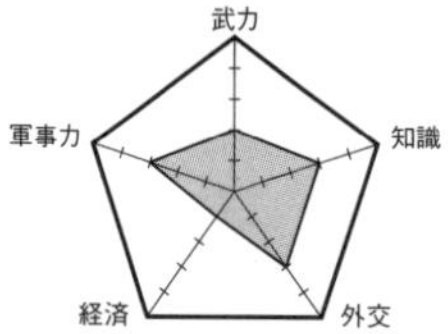

変名：とくになし
身分：藩主
所属：仙台藩
思想：尊皇・佐幕→佐幕
関連事件：東北戦争

士族階級の没落

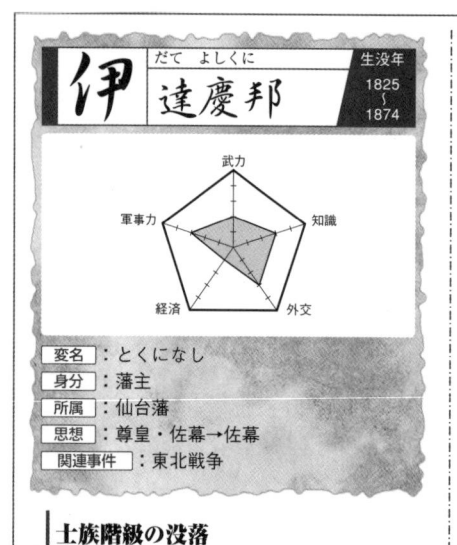

伊達慶邦は、伊達斉義の次男として文政8年(1825)9月6日、仙台城にて生まれた。母は側室の恒子。天保8年(1837)に世子となり、翌年、江戸城において元服。そして天保12年(1841)に、兄・斉邦の跡を受けて陸奥仙台藩主となった。伊達家の第13代当主の誕生である。

当時の仙台藩は、天保の大飢饉のために経済的に困窮していた。幕政改革によってこれを打破しようとしたのだが、東北地方の飢饉は深刻で、うまくいかなかった。

藩の財政破綻は士族階級の没落を招いた。城下の武士は内職を強いられ、地方の武士は大工など職人を兼業するようになった。支配階級であったはずの士族は権威を失い、何事に対しても消極的になっていく。

幕末期において東北諸藩の動きが鈍かったのは、このような背景があったためといわれている。自身の行動に自信が持てず、また生きるのに精一杯で、藩外情勢に目を向ける暇がなかったのである。

士族の元締めである藩も、事なかれ主義の中立路線を行くようになった。

悪化する財政

安政時代に入ってからは、洋式大砲や新式輸入銃の購入、洋式軍艦建造、洋式調練のための講武所設立など、軍制改革に乗り出している。しかし安政2年(1855)、幕府は仙台に蝦夷地警備の命を下した。このために財政はまたも悪化してしまう。

財政を建て直す手立てのない藩は節約に節約を重ね、さらに商人や豪農、仲買人などに献金を命じた。こうした搾取のしわ寄せを一番受けたのは、領内農民である。貧富の差が大きくなり、農民階級の大多数を占める小作農の生活はどん底まで落ちた。

後の話だが、農民たちの怒りは慶応2年(1866)に爆発し、参加人員2万人におよぶ一揆へ発展している。

腰を上げず

世界はめまぐるしく変わっていく。仙台藩内でも尊皇派と佐幕派の対立が表面化しはじめ、文久3年(1863)、慶邦は遠藤文七郎ら尊攘派を退けた。

この年には将軍家茂が上洛しているが、慶邦も2200名の家臣を率いてこれに従った。これは中央での発言力を強化するチャンスだったが、彼は幕府と朝廷の両方に面目を立て、政治的に極端な行動は何ら取っていない。

文久年間には朝廷や西南雄藩からのアプローチもあり、歴史の表舞台に立つこともできたが、これらの誘いを蹴っている。以後、戊辰戦争に突入するまで仙台藩のしたことといえば、江戸警備くらいだった。

偽装出兵

慶応4年(1868)1月17日、朝廷から仙台藩に会津討伐の命が下った。慶邦は建白書を出して断ろうとしたが、結局は受けている。藩兵6000人を動員して国境まで出兵したが、これは時間稼ぎのための偽装出兵だった。

彼はあくまで非戦派であり、これを貫くために白石に奥羽諸藩の家老を集め、列藩同盟を結成した。会津に自主降伏を勧め、その仲介に立って戦火を収める……それが慶邦の目的だった。

奥羽列藩同盟の総督となった彼は自ら討伐軍司令部へ使者として赴き、戦争回避の嘆願を行った。しかし、会見に応じた参謀・世良修蔵はこれを一蹴した。

この後、世良は怒りにかられた仙台藩兵によって暗殺されてしまい、奥羽は全面戦争に突入していく。

東北戦争

開戦するやいなや、仙台藩では主戦派が実権を握り、積極的な軍事行動に出た。この時、軍事局は福島に置かれている。

白河口の防衛には、佐幕派の重鎮、坂英力《さかえいりき》が部隊を率いて参加したが、官軍の反撃に遭った。白河城奪還に失敗した後、残存兵力は須賀川方面に後退。二本松城が落城するにおよんで桑折方面に撤退している。

相馬口では6月16日、官軍の1000名が磐城へ上陸した。7月13日に平城が落城して相馬藩が列藩同盟から脱落。以後、駒ヶ嶺と旗牧峠では激戦が繰り広げられたが、8月11日に駒ヶ嶺、9月10日には旗牧峠が破られ、同盟側は総崩れとなる。

また秋田藩が同盟から離脱して官軍についたため、秋田口にも兵力を割かねばならなくなった。同盟軍は7月11日に雄勝峠を破るのに成功、破竹の勢いで秋田に向かって北上した。以後、8月11日に横手城を占領、9月15日の刈和野で戦ったが、これを最後に撤兵した。勝てる戦だったが、仙台に近い相馬口に穴が開いたため、戻らざるを得なかったのだ。

9月4日、奥羽列藩同盟を主唱していた米沢藩が降伏した。以後、同盟にとって戦いは日ごとに辛いものとなっていく。

最後の奥州王

仙台城内では徹底抗戦か休戦降伏かの激論が交わされたが、主戦派は退けられて謝罪降伏が決定した。

9月18日、慶邦は城を去って別邸で謹慎、10月21日には東京に移される。12月7日、62万石を28万石に削減された上で伊達家の存続は認められた。彼は12日には世子・宗基を立て、翌日に隠退している。その後は東京に移り住み、明治7年(1874)7月12日に没した。

田中《たなか》顕助《けんすけ》

生没年 1843〜1939

変名	：とくになし
身分	：藩士→志士
所属	：土佐藩→陸援隊→政府
思想	：尊皇・攘夷
関連事件	：幕長戦争、高野山挙兵 鳥羽伏見の戦い

田中顕助は天保14年(1843)高岡郡佐川に生まれた。この時期の土佐郷士はほとんどそうだが、彼も武市半平太に師事して剣術と学問を修め、土佐勤皇党に参加している。

文久3年(1863)に京都に出て諸藩の志士たちと交わり、帰国後も国事に周旋していたが、8月18日の政変が起こると謹慎を命じられ、翌年に同郷の那須盛馬(片岡利和)や橋本鉄猪《てつい》(大橋慎三)とともに脱藩した。顕助ら3人は長州に入ったが、弾圧の辛酸をなめ、藩論が佐幕派に押さえられると大阪へ脱出している。

大阪では本多大内蔵《おおくら》に匿われ、土佐浪士・大利鼎吉《ていきち》を首領に大阪城焼き討ち計画を企てた。これはわずか数人による無謀な計画だったが、実行前に潜伏先をかぎつけられてしまう。新撰組の襲撃を受けた大利らは闘死し、顕助と仲間は大和の十津川村へと逃亡した。

山深い十津川村で活動などできるわけもない。村に残るという那須を置いて、顕助は長州、大橋は京へと向かった。

顕助は高杉晋作の知遇を受け、動乱の続く長州藩内で活動をはじめる。薩長同盟の秘策を抱いて長州入りした中岡慎太郎をよく補佐した。下関の海戦では高杉の乗艦オテントサマ号の機関士として乗り込み、坂本龍馬の指揮するユニオン号と共同して幕府軍を相手に戦った。

慶応3年(1867)、中岡が京都で陸援隊を組織すると、幹部として招聘された。

同年11月、中岡が龍馬とともに暗殺されると陸援隊を統率し、12月には勤皇派の公家である鷲尾《わしお》隆聚《たかつむ》を擁して高野山に挙兵し、翌慶応4年(1868)の鳥羽伏見の戦いでは錦旗を下賜され、紀州や大阪の動きを牽制する役割を果たしている。

維新後は新政府に出仕し、特命全権大使として欧米諸国を巡遊する岩倉具視の使節団に随行した。

帰国後も政府の顕職を歴任し、明治40年(1907)には伯爵に叙され、退官後は維新烈士の顕彰に余生を捧げている。

大変に長生きし、昭和14年(1939)、97歳で没した。

田中新兵衛《たなか しんべえ》

生没年 1841〜1863

- 変名：とくになし
- 身分：志士
- 所属：なし
- 思想：尊皇・攘夷
- 関連事件：とくになし

商家に生まれたが、幼少より剣を好み、示現流を独習する。若くして、藩内でも手練れ者として名を馳せた。

文久2年(1862)7月20日、国元を離れて京都入りしていた新兵衛は、安政の大獄の実行者、島田左近を加茂河原まで追いかけて惨殺、首を先斗町《ぽんとちょう》の川岸に斬奸状とともに晒した。

当時、九条家諸太夫であった島田左近は、九条家の威光を利用して和宮降嫁などにも関与し、「今太閤」と呼ばれるほどの実力者であった。この事件によって、京都における「天誅(暗殺テロ)」の口火が切られたといってもよい。

彼はその1か月後、土佐勤皇党の武市半平太(瑞山)と出会い、義兄弟の契りを結んでいる。武市に本間精一郎が危険人物であると吹き込まれた新兵衛は、文久2年(1862)8月21日、同じく「人斬り」の異名を取る岡田以蔵らとともに本間を襲撃、袈裟がけに斬り捨てた。

文久3年(1863)5月20日夜半。三条実美とともに尊攘派公卿として知られる姉小路公知が朔平門を通りかかったところ、ひとりの男が襲いかかってきた。勇猛をもって知られる姉小路は一度は押し返したものの、さらに数人の暗殺者が現れ、斬られてしまった。

現場に残された刀が新兵衛の差料「薩摩鍛冶奥和泉守忠重」であったため、犯人は新兵衛と断定された。

しかし、この事件には謎が多い。新兵衛は武市半平太の影響下にあり、勤皇派の姉小路はいってみれば同志である。殺す理由がなく、また彼がやったとするには、手際が悪すぎるのだ。通説だが、実は新兵衛は数日前に刀を盗まれており、裏では会津藩士が動いていたという。

逮捕に憤慨した新兵衛は一言も釈明せず、取り調べ中に切腹して果てた。このため真相は今も謎に包まれている。

田中土佐《たなか とさ》

生没年 1820〜1868

- 変名：とくになし
- 身分：家老
- 所属：会津藩
- 思想：佐幕
- 関連事件：鳥羽伏見の戦い、会津戦争

文政12年(1829)に家を継ぎ、若年寄りを経て、文久2年(1862)、家老となった。この年、藩主・松平容保に京都守護職の内命があった。彼は西郷頼母とともに早駕篭に乗って江戸へ行き、容保に謁して受命を辞退するよう進言している。

しかし容保の堅い決意を知るとあきらめて、入京準備のために先立って上洛した。慶応元年(1865)には病を理由に会津へ帰り、職を辞したが、翌年には特命を受けて再び京都に上った。鳥羽伏見の戦いでは陣将として戦い、敗れている。

会津城下の戦いでは迎撃に出たが、会津主力は日光口にあったため、敵の大軍を前になすすべもなかった。そして、土屋一庵宅において神保内蔵助(神保修理の父)とともに自刃した。

谷干城《たに たてき》

生没年 1837〜1911

- 変名：とくになし
- 身分：藩士
- 所属：土佐藩→政府
- 思想：尊皇・攘夷→尊皇
- 関連事件：戊辰戦争、西南戦争

天保8年(1837)、土佐藩校教授館御用・谷万七の子として土佐高岡郡窪川に生まれた。谷家は江戸前期の代表的な儒学者・谷秦山《たにじんざん》の末裔である。少年のころに江戸へ出て安井息軒の三計塾に学び、遊学中の品川弥二郎や広沢兵助らと交わった。文久元年(1861)、帰藩途中に武市半平太と会談し、以後国事に奔走する。

慶応3年(1867)、板垣退助とともに薩土両藩の倒幕の密約に関与、翌年からの戊辰戦争では藩兵大監察として各地を転戦した。土佐藩は鳥羽伏見の戦いで出遅れたため、薩摩藩から軽蔑されていた。それで干城は手柄を欲し、中山道を通過するという軍議に逆らって甲州街道を進んだのだ。ここで甲陽鎮撫隊残党を捕捉し、大久保大和こと近藤勇を処刑して土佐の地位を確保するのに成功した。

明治4年(1871)、御親兵編成のため藩兵を率いて上京し、新政府の兵部権大丞となった。明治6年(1873)、熊本鎮台司令官に就任。事件はこの4年後に起こる。明治10年(1877)の西南戦争で、彼は西郷隆盛の猛攻から熊本城を死守し、名将の名を馳せた。2か月近くの籠城で、城には兵糧も弾薬もなくなったという。

戦後は軍高官や大臣などを歴任し、欧化政策に反対する保守派として活躍した。

玉松《たままつ》操《みさお》

生没年 1810〜1872

変名：猶海、山本毅軒
身分：国学者
所属：朝廷→政府
思想：王政復古
関連事件：王政復古の大号令、倒幕の密勅

公家の家に生まれたが、大国隆正に国学を学び、尊皇家として各地を放浪。倒幕密勅文書を起草した人物として有名。

醍醐寺の僧として猶海と称し、大僧都法印まで出世した。僧律改革を唱えたものの受け入れられず、天保10年(1839)に還俗し、山本毅軒と名乗る。後に玉松操と名を変え、尊王攘夷の志を深くして諸国を遊説し、志士たちと交わった。

慶応3年(1867)、洛北に蟄居中の岩倉具視の知遇を受けて片腕となり、岩倉に古代天皇制の知識を与えた。ちなみに倒幕軍が使用した日月の錦の御旗と菊花の紅白旗のデザインは、彼の手によるものと伝えられている。

明治政府では、内国事務局権判事、侍読を務めた。王政復古の復活を望んでおり、開明的な新政府を快く思っていなかったともいわれる。

玉虫《たまむし》三太夫《さだ(い)ゆう》

生没年 1823〜1869

変名：とくになし
身分：藩士
所属：仙台藩
思想：佐幕・開国
関連事件：日米通商条約、戊辰戦争
咸臨丸派遣

疋田流槍術を伝とする家柄に生まれた。幼少のころに父が死んだため、兄の勇蔵に養育され、藩校・養賢堂に学んだ。

13歳の時に仙台藩士・荒井東吾の嗣子となってその娘を妻としたが、妻が死んだために家督を辞して、江戸に上った。ここで儒学者の林復斎について学び、塾頭になる。

安政の初めごろ、江戸の仙台藩邸・順造館に住居し、富田鉄之助や横尾東作など後の俊才を育てた。安政3年(1856)には箱館奉行に従って蝦夷地を踏査。

日米通商条約の批准にあたっては咸臨丸に乗り込み、アメリカに渡って文物を見聞している。この時、欧米流の共和政治を体験したことが、後々の彼の行動や思想に大きな影響を与えるようになる。

帰国後は養賢堂にて指南頭取になり、慶応元年(1865)に気仙沼の製塩所を設立した。

後に奉行・但木土佐の信頼を得て、軍務局副頭取に就任。米沢、会津、越後などに赴き、奥羽越列藩同盟の成立に功をなした。

仙台藩降伏直後、北海道へ向かう榎本艦隊に合流しようとしたが失敗。明治2年(1869)4月、鎮撫使・久我大納言の下向に際して捕らえられ、切腹を命じられた。

戦争責任は但木が取っていたので、本来なら禁固2〜3年ですむはずだった。しかし、尊皇一色に染まった仙台藩としては、榎本軍に加わる可能性がある彼を生かしておくわけにはいかなかった。三太夫は藩再建のためにぜひとも必要な人材だったはずだが、藩内抗争でむざむざ命を落とすことになったのである。

田宮《たみや》如雲《じょうん》

生没年 1808〜1871

変名：とくになし
身分：藩士
所属：尾張藩
思想：尊皇・攘夷
関連事件：長州征伐、戊辰戦争

尾張藩士・大塚三右衛門正甫の次男。後に名町奉行・田宮半兵衛の嗣子となり、天保3年（1832）に家督を相続する。

尊皇攘夷派組織・金鉄組の頭目で、徳川慶勝が家督を継ぐ前から全面的な後援を行ってきた。慶勝が藩主となってからは各奉行を歴任し、藩政改革に取り組んだ。

井伊直弼との政争に敗れ、一時は幽閉されるが、慶勝復帰を機に、再びその腹心として力を発揮する。

第一次長州征伐時には参謀となったが、長州に対し寛大な処置をしたため、幕府の怒りを買って、再び幽閉されてしまう。

幾度目かの復帰を果たし、朝廷から徴士に抜擢された彼は、京都市中の取り締まりを行っている。

戊辰戦争では甲州と信州を平定、翌年には北地総官に任命された。

明治3年（1870）、過労と心労から病を患って官職を退き、翌年に64歳で他界した。転職21回、解職6回、幽閉3回。その人生は常に波乱の中にあった。

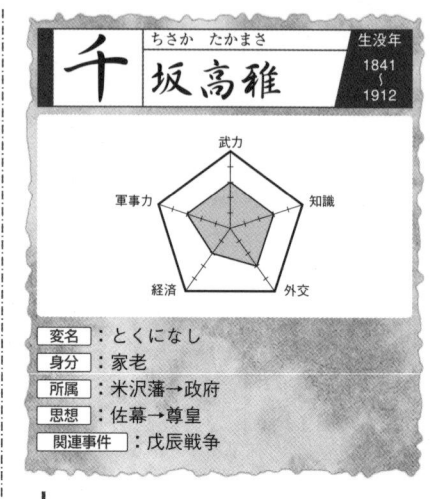

千坂《ちさか》高雅《たかまさ》

生没年 1841〜1912

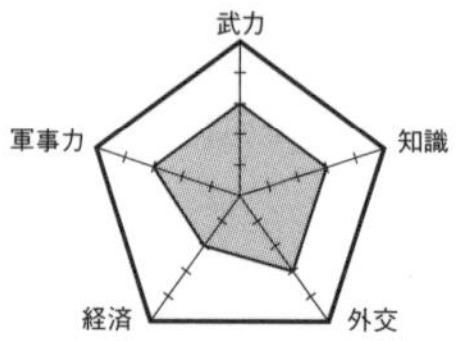

変名：とくになし
身分：家老
所属：米沢藩→政府
思想：佐幕→尊皇
関連事件：戊辰戦争

大器晩成

米沢藩の家老を務める千坂伊豆高明の子として生まれた。武術に優れ、18歳にして馬術、槍術、剣術の免許を取得している。学問の成績のほうはそれほどでもなかったが、長じてから才能を伸ばした。

若いころ、高雅は大小具足を廃止し、一家一兵、一兵一銃とする軍制改革を建議したが、その革新的すぎる意見はまだまだ藩に受け入れられなかった。父に従って江戸に上り、さらに京都で見聞を広め、薩長の野望を目の当たりにした彼は兵制改革の急務を実感していたのである。

革新派家老

元治元年（1864）10月に家督を継ぎ、慶応3年（1867）11月より奉行職を任ぜられる。一人前に藩政に参加できるようになった高雅は藩主に対して軍制改革を再三建議し、これが認められて家老に昇格した。弱冠26歳、もちろん異例の抜擢だった。

門閥の出身にも関わらず、彼は革新派として改革を実行していくことになる。時代を見る目は確かであり、また独創性に富み、優れた手腕を持っていた。

高雅が軍政改革をやり遂げると、もう官軍は北の玄関口に迫っていた。高雅は会津に深く同情し、薩長とことを構える覚悟を決めた。会津の梶原平馬と親しく、また仙台の玉虫三太夫とも親交のあった彼の本意は、若い世代による新政権の樹立だったという。

米沢の野望

奥羽列藩同盟は、薩長への抵抗という意味合いが強いが、どうやら高雅は抵抗ではなく、逆転勝ちを狙っていたらしい。米沢藩上杉家はもともと越後にいた士族だが、会津若松そして米沢に移封されたという歴史を持っている。彼らにとって越後への帰還は悲願だったのだ。薩長戦に勝利すれば、それもかなうかもしれない。

米沢藩は、長岡藩を支援するため越後へ出兵することを決定した。ところが準備の最中、庄内藩と天童藩による武力衝突が発生する。同盟を裏切った天童藩が、官軍の先鋒として庄内に進入したのだ。高雅はこれを放っておけず、一軍を率いて新庄方面へ出撃した。天童藩は制したが、官軍の副総督・沢為量《さわためかず》は秋田へ逃走。これを追っていったまではよかったのだが、遠征は意外に長引き、越後に出す兵の数が確保できなくなった。これは色部長門が越後で敗北する原因となった。

終戦を迎えて

高雅不在の間、米沢藩では主戦派と恭順派が争いはじめ、ついに藩主は降伏の使者を送り出してしまった。こうして米沢の戊辰戦争は終わったのである。

戦後、高雅は一時謹慎を申しつけられたが、やがて許されフランス、イタリアへ留学している。その後、新政府に入って地方県令などを歴任、最終的には貴族院議員となった。

千葉《ちば》周作《しゅうさく》

生没年 1794〜1855

変名：とくになし
身分：剣客→藩士
所属：なし→水戸藩
思想：とくになし
関連事件：とくになし

幼くして父から北辰夢想流剣術を学び、やがて江戸に出る。そこで旗本に仕えながら、近郊の松戸に住む浅利又七郎に剣を学び、さらに中西派一刀流道場にも通った。

彼は浅利に気に入られ、一度は養子に入って嫁をもらったが、独自の流派を開くべく道場を離れた。その後、江戸での武者修業で門徒を増やすと、文政5年(1822)、日本橋に玄武館を建てた。

わかりやすく覚えやすい周作の剣術は瞬く間に広まり、3年後には神田お玉ケ池に広大な道場が完成した。弟の定吉も京橋桶町に北辰一刀流道場を持ち、坂本龍馬らが剣を学んでいる。

その後は水戸藩に招かれたが、安政2年(1855)12月に死去した。

チャールズ・レノックス・リチャードソン

CHARLES LENOX RICHARDSON

生没年 ?〜1862

身分：商人
所属：英国
関連事件：生麦事件

上海で商業を営んでいたイギリス人で、観光目的で来日した。そして友人とともに、神奈川県・川崎大師を見物に出かけたのである。

そんな彼らの前に、公武合体と攘夷を幕府に求める島津久光の一行が通りかかった。「下に下に」の意味がわからない彼らは、狭い道路でうろうろしていた。供頭である奈良原喜左衛門は、これを無礼としてリチャードソンらに突然斬りつけ、続いて多数の従者が襲いかかった。

リチャードソンは死亡、他2名も負傷した。文久2年(1862)9月14日、このようにして生麦事件が起こったのである。川崎大師周辺の生麦村は外国人遊歩許可区域内であり、リチャードソンたちに落度はなかった。

英国代理公使ニールは即座にこれを本国に知らせ、幕府と薩摩藩に賠償金や謝罪などを要求した。翌年、幕府はこれに従ったが、薩摩藩は拒否。これが薩英戦争の原因となる。

長《ちょう》連豪《つらひで》

生没年 1856～1878

変名：とくになし
身分：藩士
所属：加賀藩
思想：尊皇
関連事件：紀尾井坂の変

幼年期に豊島洞斎に仕え、その後は藩校で学ぶ。

明治維新後、2度ほど薩摩を訪れ、桐野利秋、別府晋助らと親交を結んだ。後に島田一郎と出会い、大久保利通の暗殺を計画する。

明治11年(1878)、同志とともに東京・紀尾井坂にて大久保利通を刺殺し、自首。同年7月、市ケ谷監獄内にて斬罪に処された。

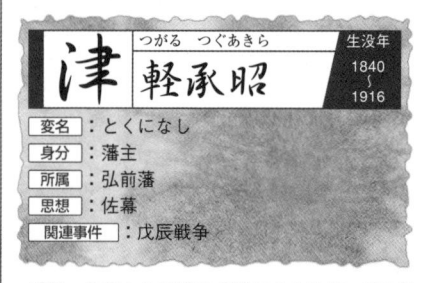

津軽《つがる》承昭《つぐあきら》

生没年 1840～1916

変名：とくになし
身分：藩主
所属：弘前藩
思想：佐幕
関連事件：戊辰戦争

藩祖・為信から12代目の孫にあたるが、元は熊本藩主・細川斉護の四男だった。江戸竜ノ口の藩邸に生まれ、安政4年(1857)、11代藩主・順承の四女である常姫の婿養子になった。この時、承《つぐ》烈《てる》と改名している。しかし常姫は23歳で早死し、元治2年(1865)に承昭と改名。

彼は安政6年(1859)に藩主となったが、この年の前後には安政の大獄と桜田門外の変が起こっている。激動の時期を乗り切るため、大いに文武を奨励した。

戊辰戦争前夜の弘前には、秋田から勤皇に励む協議の申し込みが来たり、仙台からは薩長に対抗すべきだという使者が訪れた。

当時、弘前藩には中央情勢が伝わっていなかった。身の振り方を決めるためには、周囲の状況から判断するしかなかったのである。そして結局、他の藩に合わせて奥羽列藩同盟に参加した。

京都在住の藩士・西館平馬が帰国したのは開戦後のことだった。西館が時勢を説いたため、承昭は奥羽同盟から脱退し、官軍につく決心をした。

東北での戦争終結後、箱館戦争にも参加し、功績を認められている。

辻《つじ》維岳《いがく》

生没年 1823～1894

変名：とくになし
身分：藩士
所属：芸州藩→政府
思想：尊皇
関連事件：第二次長州征伐
王政復古の大号令

辻家は祖・重勝の時、田中吉政に仕えたが、田中家断絶の後は浅野長晟に召し抱えられ、以後は広島藩士となった。

維岳は文政6年(1823)7月に生まれ、弘化3年(1846)に家督を継いでいる。

黒船来航以後の政情不安の中、浅野遠江や黒田図書とともに、藩内の保守派から政権奪取を企てるも失敗。しかし、安政5年(1858)に浅野長訓が藩主になると、維岳ら改革派は実権を握るのに成功した。彼自身は文久2年(1862)に年寄に就任、郡政と軍制の改革や交易などを推進し、また国事に奔走している。

第二次長州征伐時、広島藩は中立政策を取るべきだと主張したが、これが聞き入れられず、広島滞陣の幕府老中・小笠原長行から謹慎を命じられた。

大政奉還では、同時建白を約束していた土佐藩に抜け駆けされるという失態を演じた。その後、徳川慶喜の新政参加を唱え、土佐、越前両藩に対抗する。そして後藤象二郎を説得し、王政復古を成功させた。明治以後は元老院議官に就任、広島の士族の財産を守るために同進社を設立した。

津田出《つだ　いずる》

生没年 1832〜1905

変名：とくになし
身分：藩士・蘭学者
所属：紀州藩→政府
思想：開国
関連事件：天誅組の乱

幕末期には、第13代藩主・徳川慶福（後の将軍家茂）、第14代茂承に仕えた。

病身のために家督を弟の監物《けんもつ》に譲り、嘉永7年（1854）10月、蘭学修行のために江戸に行く。帰藩後は蘭学教授に任じられ、もっぱら政治経済学を講じた。

文久3年（1863）、天誅組の乱が起こると、農兵総裁として農民兵約60名と砲3門を使ってよく戦った。長州征伐のころには藩の中心にあり、各種の改革を実行しようとしたが、反対派によって失脚させられ、禁固に処せられている。

明治元年（1868）9月、再び登用されて執政となり、翌年には大参事として、画期的な藩政改革を断行している。藩士の禄制を廃止して官制に改め、徴兵制を実施するなどの内容で、これは後に明治政府が行う政策を先取りしたような大改革だった。また軍制改革では軍事教練の実施、兵学寮規則や断髪法など諸規則を定め、近代的な軍隊を目指している。

明治政府はこの力量を認め、大蔵小輔、陸軍会計監督長、陸軍少将、陸軍大輔、元老院議官などに任じた。

筒井政憲《つつい　まさのり》

生没年 1778〜1859

変名：とくになし
身分：幕臣
所属：幕府
思想：開国
関連事件：日露和親条約

江戸町奉行として天保飢饉の対策にあたり、名奉行と呼ばれた。また阿部正弘の信任を受け、外交策の建白を行う。嘉永6年（1853）、プチャーチンが長崎に来ると川路聖謨らと露使節応接掛として応対。翌年、下田で日露和親条約を締結した。その後も老齢を押して講武所御用、槍奉行などを務めている。

都築温《つづき　あつし》

生没年 1845〜1885

変名：とくになし
身分：藩士
所属：宇和島藩→政府
思想：尊皇
関連事件：第二次長州征伐、大政奉還

弘化2年（1845）6月27日生まれ。文久元年（1861）に都築織衛の養子となり、翌年の養父急死によって家督を仮相続した。正式に都築家を継いだのは、慶応2年（1866）8月のことである。

藩校・明倫館で素読指南方を務め、諸国の探索旅行を命じられたりした。

慶応3年（1867）10月、大政奉還に際して二条城で徳川慶喜が諮問した時、彼はこれに応じ、政権返上が急務であると述べた。この時に同席していたのは薩摩藩の小松帯刀、芸州藩の辻将曹、備前藩の牧野権六郎、土佐藩の福岡孝弟、後藤象二郎など、そうそうたるメンバーだった。

同年12月、伊達宗城に随従して上京し、新政府に出仕を命じられる。はじめは外国事務局書記、条約書改革調掛などを務め、明治2年（1869）になって外国官権判事となった。また箱館戦争終結後の青森に出張、戦後処理にあたっている。明治4年（1871）に辞職して帰郷。議員や校長などを務めた後、八幡浜で私塾を開いた。

明治10年（1877）に西南戦争が起こると、宇和島と吉田藩の士族の中から、西郷隆盛に通じようとする者が出てきた。県令・岩村高俊に頼まれた彼はこれを説得、無用な血が流れるのを防いでいる。

酒と客を愛したことで知られ、家財がなくなって家族が飢餓を訴えても意に介さなかった。しかし、住民には敬慕されていたという。

坪井信道《つぼい　しんどう》

生没年 1795〜1848

変名：とくになし
身分：蘭方医
所属：長州藩
思想：開国
関連事件：とくになし

美濃の生まれ。学問を志して各地を転々とした後、西洋医学を学ぶために江戸に出て、宇田川玄真に入門した。文政12年（1829）、江戸・深川で開業し、また多くの弟子を育てた。その中には適塾を開いた緒方洪庵、杉田玄白の孫で翻訳で名を成した杉田成卿などがいる。

天保9年（1838）、長州藩の侍医となっている。

天璋院《てんしょういん》

生没年 1836〜1883

変名：とくになし
身分：将軍正室
所属：幕府
思想：佐幕
関連事件：和宮降嫁、江戸城開城

薩摩藩・島津一門の娘であり、徳川家定の3番目の室となり、幕末における大奥の実権を握っていた人物。朝廷より輿入れしてきた和宮と家風の違いから対立することもあったが、官軍の東下にあたり和宮とともに徳川家の存続に奔走した。

維新後は徳川家の後継ぎとなった家達の養育に力を入れた。

東郷平八郎《とうごう　へいはちろう》

生没年 1847〜1934

変名：とくになし
身分：藩士
所属：薩摩藩
思想：尊皇
関連事件：薩英戦争、戊辰戦争

薩摩藩城下の鍛冶町に生まれる。

文久3年（1863）の薩英戦争に、15歳の少年兵として参戦。これが初陣となる。

戊辰戦争では軍艦・春日に砲術三等士官（少尉見習い）として乗り込み、幕府残党討伐戦で活躍した。春日は、阿波沖海戦では幕府軍の開陽と遭遇戦を演じ、宮古湾海戦では、土方歳三の回天による接舷特攻を撃退した。

明治6年（1873）、英国に留学し、商船学校で勉学に励んでいる。その後、日清戦争で戦功を上げ、日露戦争開戦前夜に連合艦隊司令に抜擢された。日本海海戦での功績は有名。

藤堂平助《とうどう　へいすけ》

生没年 1844〜1867

変名：とくになし
身分：隊士
所属：浪士組→新撰組→高台寺党
思想：尊皇・佐幕→尊皇・倒幕
関連事件：池田屋事件、禁門の変

藤堂和泉守の落胤であると自称していたが、定かでない。

千葉道場で北辰一刀流を修め、目録を得た。文武に秀でた人物だったという。後に近藤勇の道場に出入りするようになり、その縁から浪士組に入る。

後に新撰組に移るが、古参の隊士の中では最年少だった。池田屋事件では活躍し、額を割られるほどの激戦を経験している。

伊東甲子太郎の新撰組入隊以後、しだいに彼に傾倒していった。そして新撰組は幕府の手先に過ぎないとして、伊東とともに脱隊。高台寺党を作った。

伊東が油小路で殺害された後、彼は仲間とともに、放置されている遺体を引き取りに行った。しかし、待ち伏せして隠れていた新撰組と戦闘になる。

旧知の仲である近藤勇は、平助を見逃すよう密命を下していたという。命令を受けていた新撰組隊士・永倉新八が一度はピンチを救ったものの、命令を知らなかった他の隊士に斬られ、世を去った。

トーマス・ブレーク・グラバー

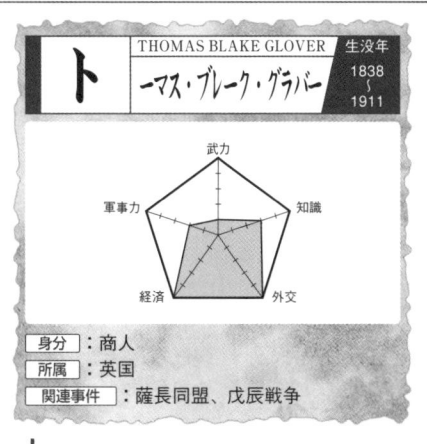

THOMAS BLAKE GLOVER

生没年 1838～1911

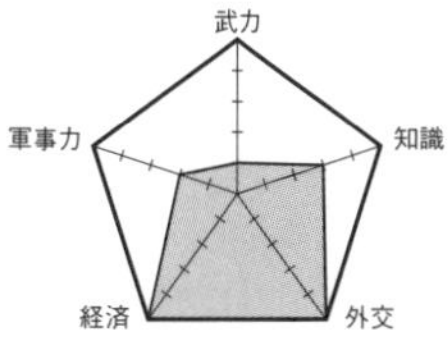

身分：商人
所属：英国
関連事件：薩長同盟、戊辰戦争

受け継がれた商才

天保9年(1838)6月6日、グラバーは英国スコットランドにて生を受けた。

父親トーマス・ベリー・グラバーは造船業を営む傍ら、英国沿岸警備隊一等航海士という役職を有し、さらに英国海軍と深い関係を持っていた。商人にとって軍隊または国家はまたとない上客だが、軍隊や国家に対してコネを作り上げるのは容易なことではない。この父の商才は、確実に息子へと受け継がれていた。

黒き商人の野望

グラバーはギムナジウム(英国での高校に相当。8～9年制)に在学した後、父や弟とともに上海へ渡来した。安政5年(1858)のことである。

当時の上海は当世随一の商業都市だった。彼はここで商業を学び、翌年の9月19日、開港間もない長崎に来航した。

グラバーは上海時代に関係を持ったジャーディン・マディソン商会(JM商会)の支援のもと、文久元年(1861)5月に貿易商社グラバー商会を設立している。

グラバー商会の当初の主な業務はJM商会の仲介と日本茶の輸出、石油、木綿、毛織物などの輸入であった。しかし、彼はじきに持ち前の才能を発揮しはじめる。屠殺場、乗馬場、製茶場などを経営し、元治元年(1864)には伊藤俊輔(博文)に渡英資金を融通した。こうして着々と財産とコネを積み上げていったのである。

経営が安定するころ、グラバー商会は佐賀、久留米、萩、金沢、熊本、土佐の各藩そして幕府を顧客に持っていた。

こうして彼は本格的な商売に取りかかる。銃器、火薬、艦船など、欧米の先進技術による武器の販売を開始したのである。

陰から日本を支えた男

グラバー商会は長崎最大の貿易会社になったが、さらなる先行投資を怠ることはなかった。

坂本龍馬を支援し、薩長同盟の成立にも重要な役割を演じ、慶応元年(1865)には五代友厚、森有札らの英国留学派遣を仲介。そして英国公使パークスの着任後、グラバーは説得を重ね、ついに薩摩と英国との同盟に成功した。また、武器販売で得た巨額な資金を使って、長崎大浦海岸に日本最初の鉄道を敷設した。

慶応3年(1867)、兵庫と神戸にも支店を設立し、長崎小管ドック建設(現在の三菱造船所)、高島炭坑の開発、新政府造幣局への造幣機械の輸入斡旋、技術者の育成などを行い、日本を世界的に有望な市場に育て上げた。

グラバーは武器を売りつける死の商人であったが、日本は彼のおかげで高いレベルの西洋文明を一気に手に入れることができた。維新後に起こる文明開花、ひいては現在の日本の繁栄の一因を担った人物だったのである。

破産と雄飛

慶応4年(1868)、商会は戊辰戦争のために武器や装備品を提供した。このころ、グラバーは徳川慶喜の助命歎願など、政治的な活動も行っている。

しかし戦乱が過ぎ去ると、彼の会社は途端にぐらつきはじめた。先行投資として大金を前貸ししていたのだが、これが裏目に出たらしい。明治3年(1870)8月、三条実美らへの前貸金が返済されなかったため、破産してしまったのである。

この後、グラバーは技術顧問として三菱社の顧問となって、海軍の技術革新や軍備拡大に貢献し、麒麟麦酒会社の会長としても活躍した。

明治44年(1911)、彼は東京にて世を去った。大商人グラバーは動乱に揺れる維新時代に先進技術という名の油を注ぎ、より大きく燃え上がらせた。長崎にはかつての住まいと墓が残っている。

時山《ときやま》直八《なおはち》

生没年 1838〜1868

変名：萩野鹿助、玉江三平
身分：足軽→志士
所属：長州藩→奇兵隊
思想：尊皇・攘夷
関連事件：禁門の変、下関戦争、長州征伐
戊辰戦争

三十人通の子として阿部郡山田村に生まれ、安政5年(1858)3月、17歳で吉田松陰の門人となる。

全部で71人いた松下村塾々生の中で、あまり目立たない存在だったが、血気盛んな若者であり、後に奇兵隊の参謀として活躍した。

彼は山県有朋と同じ足軽の出身で、山県と特に仲がよかったという。慶応4年(1868)、戊辰戦争の激戦のひとつとされる長岡戦争では、山県から預かった遊撃隊200を率いて奮戦。ふたつの陣地を占領するも、銃弾に当たって戦死を遂げた。

徳川《とくがわ》家定《いえさだ》

生没年 1824〜1858

変名：とくになし
身分：将軍
所属：幕府
思想：佐幕
関連事件：将軍継嗣問題

家慶の嗣子で、嘉永6年(1853)11月に13代将軍となる。

幼いころに重い疱瘡にかかり、その後遺症で心身に障害があった。安政4年(1857)、江戸城中において米国公使と引見したが、公使ハリスも彼の振る舞いを記録に残している。また家定には子供がなく、将軍の後継ぎを巡って一橋家の慶喜を推す一橋派と、紀州の徳川慶福を推す南紀派の対立が生じた。これが幕政を揺るがす一因となった。

徳川《とくがわ》家達《いえさと》

生没年 1863〜1940

変名：とくになし
身分：華族
所属：政府
思想：尊皇
関連事件：とくになし

田安慶頼の三男として生まれるが、幕府解体後に徳川宗家16代当主となった。

明治元年(1868)、隠居した慶喜に代わって徳川家を継ぎ、静岡に移居。版籍奉還によって静岡藩知事となる。

廃藩置県後はイギリス留学を体験し、華族に列せられて貴族院議員となる。明治時代後半から実に30年間に渡って貴族院議長を務め、ワシントン会議にも全権委員のひとりとして参加した。また数多くの名誉職にも就いている。

徳川《とくがわ》家茂《いえもち》

生没年 1846〜1866

変名：とくになし
身分：将軍・藩主
所属：幕府・和歌山藩
思想：佐幕→尊皇・佐幕
関連事件：和宮降嫁、第二次長州征伐

14代将軍。紀州藩主・徳川斉順の子。

井伊直弼を筆頭とする南紀派の運動により、安政5年(1858)に将軍に就く。その時に慶福《よしとみ》から家茂に改名した。

将軍になった当初はまだ幼少で、田安慶頼《たやすよしより》が将軍後見職となっている。この田安と井伊直弼によって安政の大獄が実行されたことはよく知られている。

桜田門外の変で井伊が暗殺されると、幕府の姿勢は佐幕から公武合体へと変化した。家茂は田安を罷免し、また朝廷に天皇の妹・和宮の降嫁を請うた。

こうして文久2年(1862)に婚儀が成立。夫婦仲は睦まじく、和宮は亡くなるまで夫・家茂に貞節を通したという。しかし朝廷は幕政に干渉、家茂はライバルの一橋慶喜を将軍後見職に就け、翌年の上洛命令にも従って攘夷実行を約束させられた。

元治元年(1864)、朝廷から庶政委任を受けようと再び上洛。慶応元年(1865)には第二次長州征伐のために大阪城入りした。この翌年7月、征伐軍が敗走する中、大阪城にて病死。

誠実な人柄で孝明天皇から信頼され、幕臣らの人望も厚かったという。

徳川家慶《とくがわ　いえよし》

生没年 1793〜1853

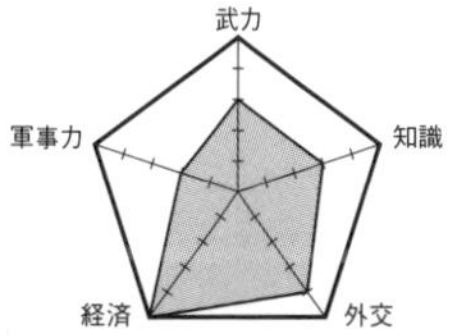

変名：とくになし
身分：将軍
所属：幕府
思想：佐幕
関連事件：黒船来航

徳川幕府12代将軍。11代将軍家斉の次男。

父の死後、老中・水野忠邦を重用して天保の改革を進め、水野失脚後は阿部正弘を起用した。また慶喜を一橋家の養子に入れさせたが、これは慶喜を自分の後継者にするための工作だったと思われる。

黒船来航直後の混乱の中で病死。

徳川斉昭《とくがわ　なりあき》

生没年 1800〜1860

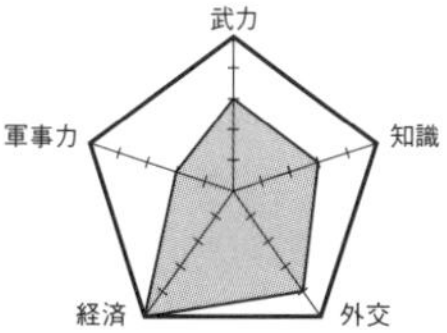

変名：とくになし
身分：藩主
所属：水戸藩
思想：尊皇・攘夷
関連事件：黒船来航、将軍継嗣問題

尊皇攘夷の子

寛政12年(1800)、第7代藩主・治紀の三男として、江戸小石川の水戸藩邸に生まれる。幼いころから賢く、会沢正志斎に儒学を学んだ。

「水戸黄門」こと徳川光圀が『大日本史』の編纂をはじめたことからもわかるように、水戸は尊皇的歴史観の強い藩であった。

当時、水戸の沖合には外国船がたびたび姿を見せていた。文政7年(1824)には、イギリスの捕鯨船乗組員が薪と飲料水を求め、領内の大津浜に上陸するという事件が起きた。この時に乗組員を尋問した水戸藩士の中に会沢がいた。彼は尋問を通じて、西洋諸国が日本侵略を狙っているのではないかという疑念を抱いた。その怖れは尊皇的歴史観と結びつき、尊皇攘夷の思想となる。会沢の思想は弟子である斉昭に受け継がれた。

対立の源

第8代水戸藩主の座には、長男の斉脩《なりのぶ》が就いていた。しかし、斉脩は病気がちで跡継ぎとなる子供がなかった。

そこで藩の保守派は、斉脩の義弟で将軍家斉の子供である恒之丞を水戸藩主に迎え、将軍家との縁を深めて幕府の財政援助を受けようとした。

しかし、会沢や藤田東湖などの藩政改革派はこれに反発。改革派は水戸家の血筋の正しさを根拠に、斉昭擁立運動を起こしたのである。

斉脩は文政12年(1829)に病死したが、斉昭を跡継ぎにとの遺言があったため、結局のところ、斉昭は第9代藩主となった。

しかし、この時に生まれた保守派と改革派の対立は、後に血で血を洗う凄惨な抗争の元となったのである。

改革の名君

藩主の地位に就いた斉昭は、藤田ら改革派の協力を得て藩政改革を行った。

下級武士から積極的に人材を登用し、農村の安定のために地方官の改革、租税の合理化、新田開発や殖産興業に力を入れている。この改革は農村部にも斉昭の支持者が広まるほどに成功した。

精神面では国学と儒学をミックスした水戸学を完成させ、藩校の弘道館を設立し、また農村部には郷校を置いて教育に努めた。

彼はまた攘夷運動の準備も進めた。蘭学者・幡《はた》崎鼎《さきかなえ》を登用し、高島流西洋砲術をはじめとする西洋兵術や武器を導入し、追鳥狩《おいとりがり》と称する大規模な軍事訓練も実施している。幕府に対しても、大船の建造許可や海防の充実、蝦夷を幕府直轄地にしてその経営に水戸藩が参加することなどを求めた。

寺院破却

斉昭は徳川光圀を尊敬し、藩政改革のモデルとしていた。それで光圀の寺院整理統合にならい、寺院の破却をはじめたのである。

光圀は民衆を惑わす僧侶を弾圧して整理統合を進めたが、歴史ある寺院はむしろ積極的に保護し、仏像の文化財的保護すら命じた。

しかし、斉昭はこの政策を拡大解釈した。国学と儒学を重んじる彼にとって、仏教は弾圧対象だったのである。寺院を潰し、鐘を取り上げて大砲に鋳造し直し、民衆に対しては葬式を仏式から神道式に改めるよう勧めた。

これは幕府の根本的な宗教政策に反する行為だった。破壊された寺院から抗議を受けた幕府は、斉昭を隠居謹慎させ、その長男・慶篤を藩主にするよう命じた。天保15年(1844)5月のことである。

実は幕府も、勝手に軍事訓練を行う斉昭に不信感を覚えており、また結城寅寿を筆頭とする水戸藩内の保守派は斉昭を煙たく思っていたのである。

復活

仏教弾圧の間違いは犯したものの斉昭は確かに名君であり、その処分に対して許しを得るための運動は激しかった。実権を握った保守派はこれを弾圧したが、運動はいっこうに収まらず、謹慎だけは解かれることになった。

そんな折、幕府の情勢が変わってきた。阿部正弘の老中首席就任である。

阿部は幕府に盛んに意見を述べていた斉昭の見識を認め、藩政への復帰を認めた。嘉永2年(1849)以降、斉昭は前藩主の立場から藩の実権を握ることになる。藩内においても、処罰された改革派が復活し、保守派との対立を深めていく。

男気

嘉永6年(1853)、ついに斉昭が恐れていた事態が起きた。ペリー艦隊の来航である。しかし、これは斉昭が大活躍するチャンスにもなった。以前から外国の脅威を訴え続け、そのための準備を続けていたからだ。

幕府から海防参与に任じられ、正式に幕府の海防問題について発言できる身分となった彼はさっそく攘夷を進言した。

斉昭は、蘭学者から西洋諸国の強大さを十分に聞いていた。それでも外国のいいなりになってしまうわけにはいかない。「天皇を中心とした日本の秩序を守るためには攘夷しかない」……そんな大義名分論から出た攘夷思想だった。

攘夷活動

外国船を打ち払う武力を急いで整備すべきだった。斉昭はその時間稼ぎとして外国との交渉をひたすら長引かせる「ぶらかし」作戦を進言した。

大船建造の許可をもらった彼は、石川島にてさっそく造船をはじめた。また水戸で鋳造した大砲を幕府に献上している。

しかし努力もむなしく、岩瀬忠震らの開明的幕臣によって日米和親条約が結ばれてしまう。これを知った斉昭は海防参与を辞任するが、攘夷実現のための武力の充実には引き続き心血を注いだ。水戸の那《な》珂《か》湊《みなと》に西洋式の反射炉の建造を命じたりもしている。

天災

安政2年(1855)、斉昭は政務参与に任じられ、幕府に意見できる立場を確保していた。その一方で藩内では保守派に対する圧力を強めた。

しかし、この年の10月、江戸で大地震が起こった。安政の大地震である。この災害で彼は片腕の藤田東湖、家老の戸田忠敞《ただあきら》を失った。

その機を捕らえて保守派が巻き返そうとしたため、斉昭は結城寅寿を死罪にした。改革派も保守派も重要人物を失った後、対立はさらに深刻なものとなっていった。

自慢の子息

激動の時代には英明な指導者が必要となる。しかし当時の将軍の家定は、子がなかった。そこで、一橋慶喜を将軍後継者に立てようという一派が出てきた。これが一橋派である。

慶喜は斉昭の実子、しかも斉昭が手塩にかけて育てた自慢の息子である。各地の大名家から養子の申し出があったほど優秀だったが、斉昭は将軍後継者になれる可能性のある一橋家以外には行かせなかった。実子ということもあって積極的には動かなかったものの、斉昭は一橋派の大御所的存在となった。

一橋派に対抗したのが徳川慶福を後継者に推す南紀派で、こちらは井伊直弼を中心としていた。ここで、斉昭と井伊は全面的に対立する政敵となったのである。

敗北

安政4年(1857)、阿部正弘が死んだ。これは一橋派と幕府中枢を結ぶパイプがなくなったことを意味する。斉昭も幕政参与を辞任せざるを得なかった。

安政5年(1858)に井伊が大老に就任すると、南紀派の勢力はがぜん強くなった。そして、井伊は前年から勅許の獲得でもめていた日米通商条約に勝手に調印してしまったのである。

尊皇攘夷を信念とする斉昭にとって、これは許せないことだった。6月24日、斉昭は水戸藩の徳川慶篤、尾張藩の徳川慶恕、松平慶永(春嶽)とともに不時登城し、井伊大老を厳しく叱責した。もちろん斉昭の意見は何の強制力もないが、抗議せずにはいられなかったのだろう。

井伊はこれを黙ってやり過ごし、後日に反撃に出た。斉昭に急慎《きっとつつしみ》を申し渡し、他の不時登城した者にも処分を加えた。

こうして一橋派は完全に敗北し、同時に斉昭の政治生命も絶たれた。

水戸の崩壊

斉昭が処分されたことを知った水戸藩士と尊攘志士たちは、勅命によってこの情勢を挽回しようとした。

こうして水戸藩に下されたのが、戊午の密勅である。天皇は条約調印に遺憾の意を表し、今後は幕府と諸藩で協力して問題にあたるよう命じた。

独裁体制を取る幕府から見れば、これは大問題である。そして井伊大老は、自分に反対する者全員への徹底弾圧を決意した。安政の大獄のはじまりである。

特に水戸藩に対する弾圧は激しく、水戸藩は鎮派(保守)と激派(改革)に分かれて戦う直前までになった。

その後、激派の関鉄之介らによって井伊が暗殺されてから半年後、斉昭は謹慎の身のまま病死した。一説には、水戸藩に恨みを持つ彦根藩の足軽が彼を暗殺したという話もある。

その後も、水戸では諸生党と天狗党とに分かれ、明治元年(1868)まで血生臭い争いを繰り返すことになる。

硬派な副将軍

自分の思うままに発言し、行動した斉昭は、人々から「副将軍」と呼ばれた。

同時に細かいことまで気がつき、愚痴や不平をいちいち手紙にして家臣に送ったり、おせっかいな性格だったため、煙たがる者も多かったようだ。しかし、斉昭が当時随一の硬派大名だったことは間違いない。尊皇攘夷をまっすぐに唱え、具体的な方策を示した彼は、後の尊皇攘夷運動の火付け役となったのである。

徳川慶篤《とくがわ よしあつ》

生没年 1832～1868

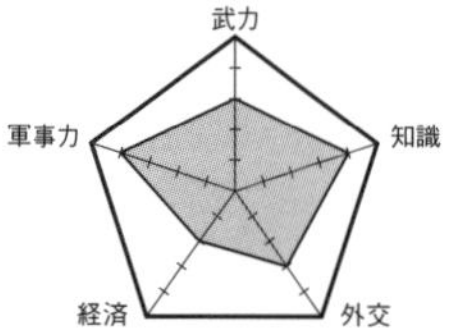

変名：とくになし
身分：藩主
所属：水戸藩
思想：尊皇・攘夷
関連事件：天狗党の乱

徳川斉昭の長男として生まれ、天保15年（1844）、斉昭が隠居させられると跡を継いで水戸藩主となった。

安政5年（1858）、幕府の違勅条約調印に抗議するために斉昭や尾張藩主・徳川慶恕と登城したが、不時登城をとがめられ、登城停止処分を受けた。

後に許され、勅命により入京して孝明天皇の賀茂社・石清水八幡宮行幸に随行。将軍目代として外交拒絶の命を受けて江戸に帰った。これが文久3年（1863）のことである。

元治元年（1864）3月、筑波山で天狗党の乱が発生した。慶篤は支藩の松平頼徳を送って鎮圧を試みたが、逆に松平を天狗党に利用されるなど失敗に終わっている。

明治元年（1868）3月、王政復古派藩士の後押しでようやく水戸に帰ることができたが、その直後の4月5日に死去。

父の存命中は自由に采配を振るうことができず、その後は藩内抗争に悩まされるという不幸な生涯であった。

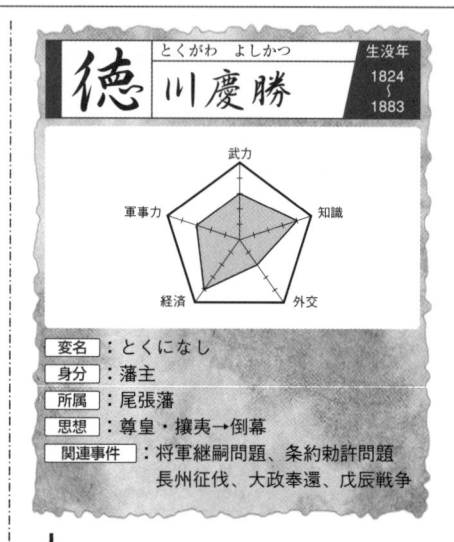

徳川慶勝《とくがわ よしかつ》

生没年 1824～1883

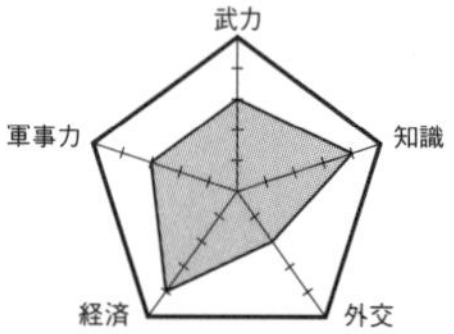

変名：とくになし
身分：藩主
所属：尾張藩
思想：尊皇・攘夷→倒幕
関連事件：将軍継嗣問題、条約勅許問題
長州征伐、大政奉還、戊辰戦争

順風満帆の門出

名古屋尾張藩支藩美濃国高須藩主・松平義建の次男として、四谷藩邸で生まれる。幼くして読書に親しみ、詩を作り、武術にも長けていたという。彼は後に「尾張藩史上最大の藩主」と呼ばれるようになる。

慶勝はやがて高須家を継ぎ、嘉永2年（1849）には尾張徳川家の家督も相続した。幕府からの養子が続いていた尾張にあって、地元出身の新藩主の評判は非常によいものだった。彼は藩主としての期待を一身に受けてスタートした。

ちなみに慶勝は、幕末期の大物たちと血筋という点で深い関係にあった。水戸藩・徳川斉昭は叔父、会津藩・松平容保、桑名藩・松平定敬は弟にあたる。

尊皇徳川家

彼は成瀬正肥、田宮如雲など有能な家臣を得て、士風高揚、人事刷新、財政整理、海防強化など大規模な藩政改革を行った。結果はまずまずの成功であった。

安政元年（1854）、炎上した内裏の再営に桧材を献上する。これは尊皇の表れであり、慶勝はこのころから田宮如雲率いる尊皇攘夷組織・金鉄組を重用し、幕府に列なす血筋であるにも関わらず、反幕姿勢を取りはじめた。

日米通商条約の調印に反対して鎖国攘夷を唱え、

将軍継嗣問題では一橋慶喜を推し、井伊直弼らと正面から対立した。だが井伊が大老に就任したことで、一橋派の敗北が決すると慶勝も弾圧を受け、引退を強いられた上、江戸戸山別邸に幽閉された。この時、家督は弟・茂徳に譲られている。

征長軍総督

文久2年(1862)の和宮降嫁の大赦で、慶勝は政治への参加を認められた。

しかし現藩主・茂徳と折合いが悪く、両者の存在は互いの活動を妨げる結果となった。それで文久3年(1863)、茂徳は隠居して家督を慶勝の息子の義宜に譲る。藩主の後見人となった慶勝はこうして再び藩の実権を掌握し、前にも増して精力的な活動を行うようになる。

元治元年(1864)、禁門の変が勃発。長州藩が御所に発砲したことを理由に長州征伐が計画され、その総督に慶勝が指名された。長州側は早々に謝罪の意を表明したため、慶勝は寛大な処置を取る。幕府はこれを不服に思い、再征を命じたが、慶勝は拒否し、幕府の不興を買ってしまった。

はかなき夢

このころ、公武合体政権樹立に向けての動きが活発になる。そこで彼は慶応3年(1867)、桑名藩主・松平定敬に大政奉還を奏上せしめたのだが、現実は無情だった。王政復古の大号令の直後、慶勝は朝廷か幕府のどちらかにつく決断を迫られたのである。

彼は将軍親族としての立場に苦しんだ末に、佐幕派家臣を処断。近隣の諸侯を誘って倒幕側に組した。そして朝廷の命を受け、甲信地方を平定すべく出兵した。この軍功に対し、朝廷は賞典禄1万5000石を与えている。

戦後の慶勝は明治3年(1870)に名古屋藩知事に就任し、翌年免官。義宜死去で再び家督を継ぐが、明治13年(1880)には隠居した。それから3年後、60歳で世を去り、東京の西光庵に葬られた。

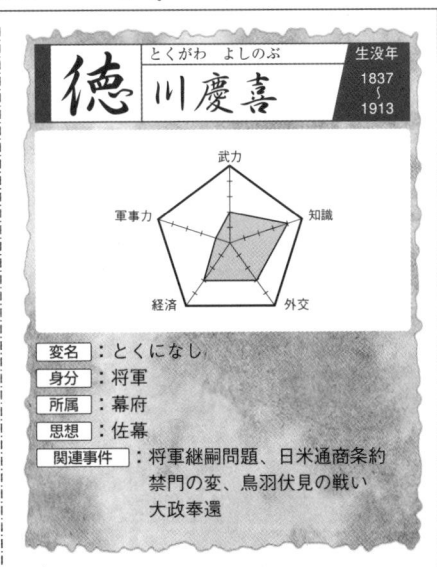

徳川慶喜《とくがわ　よしのぶ》

生没年 1837～1913

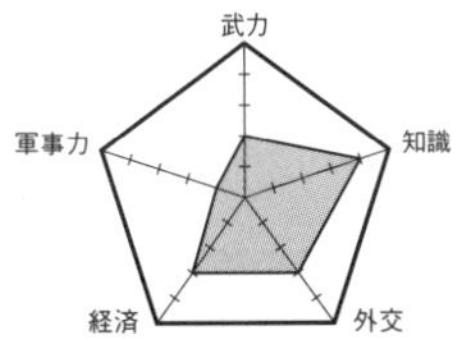

変名：とくになし
身分：将軍
所属：幕府
思想：佐幕
関連事件：将軍継嗣問題、日米通商条約
禁門の変、鳥羽伏見の戦い
大政奉還

一橋家の相続

慶喜は天保8年(1837)、水戸藩・徳川斉昭の七男として江戸の水戸藩邸で生まれた。七男であったため、幼名を七郎麿という。

慶喜は江戸で育てられるはずだったが、斉昭の方針で水戸で養育されることになった。寝相の悪さを直すために枕の横に刀を立てるなど、父は厳しい教育を施したという。

慶喜はまた藩校・弘道館で会沢正志斎から儒学を学び、「英明な子」という評を得ていく。

一橋家は当主を相次いで亡くしていた。そこで将軍家慶が、英明と評判の慶喜を養子にせよと命じたのである。

一橋家は名門中の名門だった。自分の息子が将軍になれるかもしれないという斉昭の思惑もあって、弘化4年(1847)、11歳の慶喜は徳川御三卿家の一橋家を継ぐことになった。しかし、このために後に慶喜は将軍継嗣問題の当事者として苦労することになる。

将軍の後継者

嘉永6年(1853)、将軍家慶が死亡し、その子供の家定が13代将軍となった。ただ家定は心身に障害があり、子供もいなかった。

折しもペリー艦隊の来航で国内は混乱し、さまざまな問題が発生していた。幕府は優れた指導者を求めており、そこで白羽の矢が立ったのが秀才と評判の慶喜だった。

最初に慶喜を将軍継承者に推したのは名門・越前藩藩主の松平慶永（春嶽）である。慶喜を立てれば、その下で幕政改革ができると考えていたのだ。徳川斉昭や島津斉彬など有力大名の間にも賛同者が増え、彼らは「一橋派」と呼ばれた。

これに対し、譜代大名たちは血統の面から家定の従兄弟にあたる紀州の慶福を推薦した。こちらが「南紀派」であり、その中心人物は井伊直弼だった。

慶喜の謹慎

一橋派と南紀派は、日米通商条約勅許問題なども交えながら政治闘争を繰り返した。この争いには朝廷も巻き込まれている。

井伊直弼が大老に就任してから事態は一変した。彼は勅許を得ないまま、強引に通商条約に調印してしまったのだ。

これを知った慶喜は登城し、直弼の違勅調印を責めた。翌日には彼の実父で、一橋派の有力者・徳川斉昭らも同じ意図で登城し、やはり井伊に詰め寄っている。

しかし、井伊は逆に慶喜をはじめとする抗議者全員を、不時登城した罪で処断してしまった。そして慶福を将軍後継者にすることを諸大名に公表した。南紀派の完全な勝利である。

さらに井伊大老は安政の大獄を断行して、反対派への弾圧を強め、安政6年（1859）8月、慶喜にも隠居謹慎を命じた。こうして慶喜は3年ほど政界の表舞台から姿を消す。

突然の将軍後見職

万延元年（1860）、斉昭が死に、慶福が14代将軍家茂となった後、慶喜は謹慎を解かれた。そして翌年に幸運が巡ってくる。島津斉彬の死後に島津藩の実権を握った島津久光が勅使・大原重徳とともに江戸に下ってきたのである。

久光の意向を受けた大原は、幕政改革の勅命を下した。慶喜を将軍後見職、松平慶永を政治総裁に任命し、幕政に加わらせたのである。久光は斉彬の遺志を継ぎ、幕府内部に一橋派の人事を成立させたのだ。外様大名が幕府の人事に口を出すなど、それまではありえないことだった。しかし井伊大老を失って弱体化した幕府に、勅命を無視する力はなかった。

幕政の改革

こうして慶喜らは幕政改革に乗り出した。横井小楠の意見を取り入れて参勤交代制度を緩和し、大名が幕府の重役に贈り物をする風習を廃止した。さらに軍制改革も行っている。

その間、朝廷では公武合体派が後退し、尊皇攘夷の過激派が実権を握るようになった。そんな状況の京都から三条実美を正使とする勅使がやってきた。三条は幕府に攘夷実行と将軍の上洛を命じてきた。将軍に先駆けて京都入りした慶喜は、将軍の権力を少しでも取り戻すべく、朝廷から将軍への庶政委任を取り付けようとしたが、失敗。

文久3年（1863）2月、将軍家茂が上洛。予想どおり、将軍と慶喜は天皇の威光を利用した攘夷過激派にいいように扱われるばかりであった。仕方なく慶喜は攘夷を約束し、京都から逃げるように帰った。

公武合体政権の崩壊

情勢はまたも急変する。8月18日の政変によって、京都には朝廷と幕府、それに雄藩共同による公武合体政権が誕生した。「参予」という名目で幕府と雄藩が同等の地位で政治に参加したため、参予会議とも呼ばれる。はからずも、ここに一橋派が目指してきた政治形態ができあがった。

ところが慶喜はこれを破壊してしまう。彼は横浜鎖港問題で薩摩と衝突し、中川宮邸の酒席で同じ参予の島津久光、松平慶永、伊達宗城の3人を「天下の大愚物」とまで罵った。慶喜は実は佐幕派だったということである。

こうして参予会議は解体し、薩摩藩は長州藩と手を組んで倒幕に乗り出していくことになる。

京都の将軍

元治元年（1864）、慶喜は参予および将軍後見職を辞し、禁裏守衛総督に任ぜられた。これは京都に留まって政務を執ることを意味した。京都にもうひとりの将軍が出現したようなものである。

禁裏守衛総督としての彼の活躍はめざましかった。7月、先の池田屋事件に怒った長州藩が軍を率いて上京。いわゆる禁門の変の勃発である。慶喜は動揺する公家たちを叱咤激励し、薩摩や会津などの京都守備兵を指揮し、勝利した。また12月には慶喜を頼って西上してきた天狗党に対して、これを迎え撃つ姿勢を見せて、鎮圧している。

長州の迎撃

慶応元年(1865)5月、第二次長州征伐のために将軍家茂が大阪城に入った。高杉晋作のクーデターにより、藩論が幕府との対決に転じたためである。

ところが9月に思いがけない事件が起きた。大阪湾に外国艦隊が集結し、朝廷に通商条約勅許と兵庫開港を要求したのである。京都にいた慶喜は孝明天皇に対して条約の勅許を求めて粘り、ついに安政5年(1858)以来の問題となっていた勅許が下りた。

条約問題を解決した幕府は、翌年の6月に長州藩との戦争に踏み切った。しかし、この間に長州は着々と迎撃の準備を進めていた。最新兵器で武装した長州諸隊に対し、幕府軍は敗北する。そして7月10日、戦争の最中に将軍家茂が大阪城中で死去してしまう。幕府は軍を退くしかなかった。

最後の将軍

家茂亡き後、将軍となれる人物は慶喜をおいて他になかった。慶応2年(1866)12月、彼は30歳で15代将軍となった。まず長州での敗戦を教訓とし、仏公使ロッシュの援助を受けて、フランス流幕政改革を試みた。

しかし、慶喜への風当たりは厳しくなるばかりであった。まず幕府を信頼していた孝明天皇が崩御した。幼い新帝・明治天皇が天子の位に就くと、薩摩藩と結んだ王政復古派の公家が朝廷に復帰し、一大勢力を形成するようになった。また京都の外では薩摩と長州が薩長同盟を組み、軍事力による倒幕計画を進めていた。

ここにおいて慶喜と反幕勢力との間で強烈な駆け引きが繰り広げられた。その舞台はまたも京都である。

最後の戦い

慶応3年(1867)10月、薩長両藩に倒幕の密勅が出される。これを事前に察知した慶喜は、山内容堂の勧めもあって政権を朝廷に返す「大政奉還」に踏み切った。政権を返還するというのは名目上のことで、天皇の下で慶喜を頂点とした政治体制を作ろうとするものである。慶喜の政治工作もあって、薩長側は先手を取られた形になった。しかし、この大政奉還に対し、岩倉具視らは巻き返しを図り、12月9日に王政復古のクーデターを起こす。

こうして慶喜は朝廷から追い払われた格好となり、大阪城へと退去した。

が、慶喜はまだ敗北したとは思っていなかった。外国公使を集め、自分の正当性を主張したりもしている。

その後、京都の薩長藩兵と大阪の幕府軍が睨み合う中、江戸の薩摩藩邸焼き討ちの報が伝わった。これをきっかけに幕軍は薩摩討伐のため、京都へ進軍を開始した。しかし、鳥羽伏見の戦いで幕軍は薩長連合軍に敗れ、その報告を聞いた慶喜は、なんと部下を見捨てて大阪を逃げ出してしまった。こうして、政治的にも軍事的にも、慶喜の敗北は確定した。

軍艦で江戸城に逃げ帰った慶喜は上野の大慈院で謹慎し、朝廷に恭順の意を示した。長らく政治工作の舞台となっていた京都は彼にとって特別な場所だった。京都を追われた時点で、慶喜の負けは決まっていたのかもしれない。

趣味の後半生

江戸城無血開城後、慶喜は謹慎のままで第二の故郷である水戸に移る。徳川家も静岡に存続を許され、家達が16代当主となった。

やがて戊辰戦争が終わると、慶喜の謹慎も解かれた。それからの彼は写真撮影など趣味にのめり込む後半生を過ごした。明治35年(1902)には公爵に任ぜられている。前半生と比べてあまりにも平穏な生活を続け、大正2年(1913)11月22日に亡くなった。享年77歳。墓は東京・谷中墓地にある。

徳川《とくがわ》義宜《よしのり》

生没年 1858〜1875

変名：とくになし
身分：藩主
所属：尾張藩
思想：尊皇
関連事件：戊辰戦争

尾張藩主・徳川慶勝の三男。文久3年(1863)9月、6歳で藩主に就任、父・慶勝がその後見人となる。もちろん、これは慶勝が政治手腕を存分に振るうために行われた処置であった。

慶応3年(1867)、皇居警衛に任ぜられ、翌明治元年(1868)には桑名城の守衛を命じられた。また彼は薩長土の諸藩とともに約800名の藩兵を率いて、征幕軍の東海道先鋒を命ぜられた。

内政にあっては慶勝の方針を受け継ぎ、3度の藩政改革を行う。ただし、これも実は実権を握る父と執政たちによって実行されたものである。

戦後のわずかな期間、知事を務めたがすぐに辞任し、東京に移り住んでいる。その後、18歳という若さでこの世を去った。

義宜は偉大な父に認められようと努力したが、彼はあまりに若く病弱であった。そのため、維新に際して大きな功績も残していない。

戸村《とむら》十太夫《じゅうだゆう》

生没年 1818〜1870

変名：とくになし
身分：家老
所属：秋田藩
思想：佐幕
関連事件：禁門の変、戊辰戦争

文政11年(1828)3月、家督を相続して横手城代となる。文久3年(1863)8月に家老となり、藩主の名代として上京して8月18日の政変後から禁門の変まで御所の警備にあたった。

戊辰戦争に先立って、慶応4年(1868)の白石会議に出席し、藩を代表して奥羽列藩同盟に加盟した。

この後、仙台藩から逃れてきた官軍の九条総督が秋田に入るという事件が起こった。十太夫は「総督の受け入れは同盟への信義に反する」と反対した。しかし結果として、秋田藩は総督を匿うことになる。

さらに仙台藩の使者が秋田で殺されるという事件があった。これによって、秋田藩は同盟を離脱、官軍側についてしまう。ここにおよんで、十太夫は独断で列藩同盟に参加したと見なされ、弾劾を受けることになった。しかし、これは彼がスケープゴートにされたという見方もできる。同盟を抜ける以上、誰かがその責任を取らなければ収まらなかったのだ。

十太夫は戦後も、そして明治に入っても不遇な余生を送ったが、弾劾事件に関してはいっさい釈明せず、明治3年(1870)に死去している。明治まで生きた藩重臣だというのに、写真も肖像もまったく残されていない。

コラム

通商がもたらした革命

条約の締結時、ハリスは致命的なミスを犯している。通貨レートを決める際、日本を銀本位制と勘違いして、1ドルを1分と定めたのである。

当時、幕府は金本位制を採っていた。しかし実際のところ、幕府はその権威で銀貨を金貨の兌換券とする事実上の信用貨幣制度に移行していたのである。

現代の紙幣の役割を銀貨が果たしていたといえば理解しやすいだろう。政府の権威によって、額面どおりの価値がない物に価値を与えているのである。

これは幕府のみが金山銀山を独占し、海外からの金銀流入のない鎖国政策実施中だからこそ可能だった政策だった。

当然、流通している貨幣は銀であり、このためハリスは日本が銀本位制度であると誤解したのである。金でできた小判類は、記念硬貨のような物と勘違いしたらしい。

このため、日本の金は国際価格に比べて安価となり、海外へどんどん流出していった。そして、金本位制度における金の海外流失は急激なインフレをもたらす。

物価は毎日のようにはね上がって商人は大儲けし、日給制の職人は賃金上昇で影響を免れた。しかし、純粋な消費者で年棒制の武士は直撃を食らって貧窮していった。支配階級であり知識階級であり、なおかつ戦力を持った武士が真っ先に食い詰めたのである。彼らの中にはこうした現実的な問題から攘夷に走った者も多い。

明治維新は、武士という支配階級の主導によって成立した、世界史上極めて稀な革命である。

な

長井《ながい》雅楽《うた》

生没年 1819〜1863

変名：とくになし
身分：藩士
所属：長州藩
思想：開国
関連事件：とくになし

文政2年(1819)、上士の家に生まれた。長井家は藩主と家系を同じくする名流であり、代々秀才を輩出していたために藩の重職に就く者が多かった。雅楽自身も毛利広封の近侍に取り立てられ、後に直目付となり、政務役を兼任している。

当時、長州には誇るべき人材がふたりいるといわれた。それが周布政之助と長井雅楽である。政務役は数人いたが、彼らの能力は群を抜いていた。

文久元年(1861)、重職に就いていた雅楽は、攘夷派と開国派の両方を納得させる政策として「航海遠略論」を起草し、藩主に提出した。日本の防衛のためには艦船を増やし、軍事力と経済力をつけるべきだといったのである。

雅楽の真意がどうであれ、これは公武合体論と見なされ、幕府に歓迎された。また藩内の尊攘派から命を狙われ、朝廷からも嫌われることとなった。薩摩の西郷隆盛までが彼を大奸物と決めつけ、抹殺の示唆と攘夷を叫んだという。

こうして文久2年(1862)、雅楽は失脚させられ、ちょうど1年後、萩にて切腹を命じられた。

航海遠略論は国内の意見が固まる慶応3年(1867)か4年(1868)に出されるべきものだった。攘夷一点張りの文久時代には早すぎたのである。

永井《ながい》尚志《なおゆき》

生没年 1816〜1891

変名：とくになし
身分：幕臣
所属：幕府→政府
思想：佐幕
関連事件：長州征伐、鳥羽伏見の戦い
大政奉還、箱館戦争

名は「なおむね」とも読む。

長崎海軍伝習所監督と外国奉行を務めたが、安政の大獄で罷免される。文久2年(1862)8月、松平慶永(春嶽)の意向で京都町奉行となり、攘夷派と対決した。慶応3年(1867)若年寄格となり、大政奉還の上表文の起草もしている。鳥羽伏見の戦いでは敗戦で混乱する幕軍を収拾して江戸に退いた。江戸城開城後は箱館奉行となって、官軍との戦いに身を投じた。

戦後は投獄されていたが、後に許され、開拓使用掛などの職に就いた。

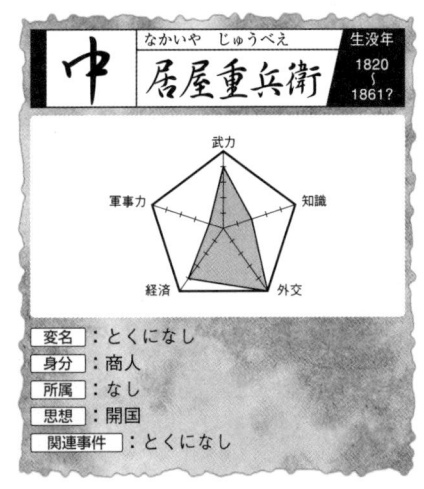

中居屋《なかいや》重兵衛《じゅうべえ》

生没年 1820〜1861?

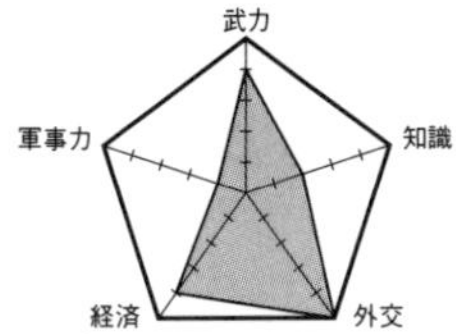

変名：とくになし
身分：商人
所属：なし
思想：開国
関連事件：とくになし

本名を黒岩撰之助。上州吾妻郡に生まれた彼は20歳で江戸へ出奔、丁稚をしながら、林鶴梁らに学んだ。

彼の専門分野は火薬製造で、後に上野国吾妻郡に火薬製造所を設立し、安政2年(1855)には『集要砲薬新書』という専門書を発表した。

安政6年(1859)、横浜港が開港するや、真っ先に横浜に移り住み、上州と信州から生糸を仕入れ、外国商館に売り込んでいる。生糸は当時の日本の主力貿易商品だが、横浜で一番最初にこれを売り込んだのは重兵衛といわれている。彼は火薬を扱う技術者であると同時に、優秀な商人でもあったのだ。

巨万の富を築いた重兵衛は42歳という若さでこの世を去っているが、その晩年は謎に包まれている。

水戸浪士を保護した罪で捕らわれて獄中死したという説、尊皇派の商人を匿っての牢死説。また捕らわれなかったものの逃亡して行方不明になったという説、幕府の輸出制限を無視した罪で捕まり、牢死した説もある。

いずれにせよ、重兵衛の活躍で横浜港が栄えたのは事実であり、後に「横浜開港の先駆者」という別名が与えられた。

長岡《ながおか》謙吉《けんきち》

生没年 1834～1872

変名：とくになし
身分：医者・商人・志士
所属：海援隊
思想：開国
関連事件：いろは丸事件、大政奉還

坂本龍馬の興した海援隊には、いくつかの性格があった。海援隊は内外貿易の斡旋や海運業といった商務を行う会社であり、航海技術を学ぶ船舶学校であり、そして私設海軍であり、倒幕活動の一大拠点であった。これだけではなく、龍馬は倒幕後に人々を啓蒙するための出版事業も計画していた。その準備にあたっていたのが、長岡謙吉である。

医師の家に生まれた謙吉には学があった。河田小龍に学んだ彼は江戸や大阪で遊学し、家業を継ぐために長崎へ出てシーボルトから西洋医術を学んだ。ここでシーボルト事件の嫌疑を受けた。高知へ送還されて半年の獄中生活を余儀なくされ、長岡郡鹿児村に蟄居の身となり、その後に脱藩した。

長崎で龍馬や池内蔵太らと合流、亀山社中の結成と同時に、書記官として龍馬の片腕になったのである。

海援隊創設にあたっては組織規約を作成したり、さまざまな契約の内容を明文化するなどの仕事をし、龍馬に請われて海外の法律や政治についての書籍翻訳などを行っていた。

いろは丸沈没事件では、紀州藩を相手に交渉し、その審判を記録した。

また海援隊の往復文書のほとんどは、謙吉の手によるものである。もっとも有名なのは、土佐藩船・夕顔船上での会見時に龍馬から後藤に示された船中八策だろう。これは龍馬の口述を謙吉が記録し、起草したものである。

また、著者名は入っていないが、龍馬の新国家構想の評論を『藩論』として、謙吉の仏教振興論を『閑愁録』として海援隊から出版している。

龍馬亡き後、謙吉は海援隊隊長に新任された。ここでも明治新政府に海軍創立案を提出するなど、龍馬の遺志を継ぐような活動を行っている。

長岡《ながおか》是容《これかた》

生没年 1812～1859

変名：とくになし
身分：家老
所属：肥後藩
思想：尊皇・攘夷
関連事件：黒船来航

熊本藩永代家老三家のひとつ、米田家に生を受ける。生年については1813年説もある。

20歳の時、父・是睦が死去し、その後任として家老に就任。2年間の江戸詰めの後、文武芸倡方として熊本藩の文教にあたった。

藩校・時習館に広く人材を求めるため、横井小楠を塾長に抜擢したが、反対派の学校党の妨害で失敗に終わる。この事件は、横井を中核とする実学党の台頭と暴走のきっかけとなった。この動きに危機感を抱いた藩は、再び是容を文武芸倡方に任じている。

しかし幕府が尊攘派で知られる水戸藩主・徳川斉昭とその腹心・藤田東湖を処分すると、水戸と関係の深かった是容と実学党は藩政の中心から追放された。

黒船来航後は強硬な拒絶論を藩主に直書し、相模海岸警固の総帥に任じられて江戸に赴く。ここで藤田東湖らと交遊して帰国した。また吉田松陰密航事件の時には、その罪を軽くするべく各方面に働きかけている。

その後、無二の親友だった横井が水戸学を批判するようになって絶交。このために実学党は、是容を中心とする上士～中士層の明徳派（坪井派）と、横井を中心とする下士～郷士層の新民派（沼山津派）に分裂してしまう。最終的に、この政争には負けることになるが、彼は死ぬまで横井と和解しなかった。

西郷隆盛らと交遊し、尊攘を実行しようとするが、安政6年（1859）8月10日、病のために没した。

中岡慎太郎《なかおか　しんたろう》

生没年 1838～1867

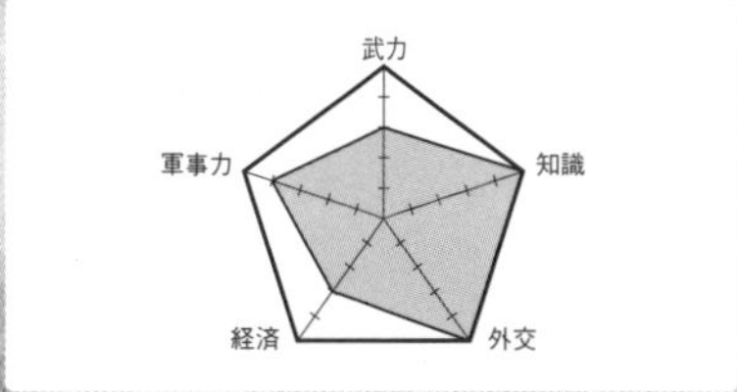

変名：石川誠之助、大山彦太郎、横山勘蔵
身分：農民→藩士→志士
所属：土佐藩→陸援隊
思想：尊皇・攘夷→尊皇・倒幕
関連事件：禁門の変、薩長同盟、幕長戦争

信念と義の人

中岡慎太郎は土佐藩北川郷の庄屋の家に生まれた。

父の小伝次は14村をまとめる大庄屋で、苗字帯刀を許され、徳望ある人物として知られていた。

慎太郎はその父より手習いを受け、寺小屋で学んだ後、7歳で隣村の島村岱作《たいさく》の私塾に通った。14歳でさらに遠くの岡本寧甫《ねいほ》や高松順蔵の塾に通い、15歳のころには間崎滄浪《そうろう》の門を叩いた。彼は経書や歴史、和歌や書に明るかったと伝えられるが、これだけ勉学好きだったところを鑑みるに、当時でも第一級の知識人だったに違いない。

彼はまた武にも長じ、18歳で武市半平太（瑞山）の道場に入門している。技は居合術が得意だったという。

病の父に代わって、彼が庄屋見習いになったのは20歳の時である。疫病や飢饉で人々が苦しんでいるのを見た慎太郎は、中岡家の山林や田畑を担保に米や麦を入手し、さらに800両もの大金を借りて施した。

そんなわけで慎太郎は土佐の人々に慕われており、死を悼む彰徳碑も建てられている。これは彼の庄屋としての功績を讃えたものだ。

心に根付く勤皇の志

土佐藩は厳格な階級差別で知られているが、他にも意外な特徴があった。

天保11年（1840）、土佐郡、吾川郡、長岡郡、高岡郡の庄屋の間で秘密同盟が結ばれた。内容は無礼討ちに反抗する誓いである。「無法な身柄要求には応じない」「公裁で真実を明らかにする」「なおも強制されたら、その武士を斬る」とまで書かれており、これは封建社会においては異常ともいえる盟約だ。

土佐には、農民は武士や大名の私民ではなく皇民だという考え方がある。庄屋は農民の代表であり、下級武士より実質的な身分は高かったのである。慎太郎が志士として活躍できたのも、こういった環境があったためだろう。

文久元年（1861）、24歳になった彼は、旗揚げしてまもない土佐勤皇党に加盟し、志士としての活動をはじめた。

故郷を捨て天下へ

文久3年（1863）、京都の藩邸に着いた慎太郎は、徒目付他藩応接密事用に任じられているが、すぐに罷免されている。勤皇派の暴走を恐れた山内容堂が藩政改革に乗り出したためだ。吉田東洋謀殺以来、土佐藩は武市半平太に掌握されてきた。容堂はこれを快く思わず、勤皇党の息のかかった藩の重臣らを断罪し、勤皇党の大弾圧も行っている。

京都に残っていた慎太郎は、三条実美ら勤皇七卿を訪ねて長州・三田尻に赴き、その足で土佐に帰国した。ここで藩内の状況を確認すると、脱藩して長州へ出奔した。慎太郎の活動は、この時からさらにあわただしくなる。

東奔西走

長州入りした慎太郎は、高杉晋作ら長州藩重臣と会う一方、七卿を慕って長州に来ていた土方楠左衛門、清岡半四郎ら土佐浪士5人と語らい、七卿の身辺警護をさせている。長州藩内に忠勇隊という浪士部隊を組織させたのも、このころである。

彼は再び京都へ上り、諸藩や幕府の動向を探るほか、薩摩の西郷吉之助(隆盛)や長州の桂小五郎(木戸孝允)と会談するなど、京と大阪を中心に奔走していた。

この時期の慎太郎は、ほとんど長州藩士として活動している。禁門の変で進退極まった長州藩の復権に努め、幕府寄りだった薩摩に対しても互いに歩み寄るように働きかけた。その一方で武力による倒幕論を説き、遊撃隊に参加して奮戦している。

彼は慶応年間に『時勢論』などいくつかの著作を世に出しているが、その中で攘夷と倒幕の理由と必然性を述べ、薩長2藩を中心とした政権の誕生を予言し、革命による政変をほのめかしている。また、別の著作では外国による侵略の危険性をも説いている。

多くの尊皇攘夷論者が水戸学的な観念論を唱えている時代、慎太郎は徹底した現実論を主張していた。数年後にやってくる戦乱を見越し、陸援隊に象徴されるような戦闘部隊の必要性も示している。

薩長同盟と薩土倒幕

禁門の変で朝敵となった長州に対し、幕府軍の征伐がはじまった。

慎太郎は池内蔵太らとともに長州藩内の軍備を助けて活動した。薩摩の西郷に薩長連合の必要性を説き、また土佐の乾(板垣)退助や福岡孝弟らと密会して説得にあたっている。

記録によると、彼が坂本龍馬とはじめて会ったのは、慶応元年(1865)のことである。慎太郎は攘夷倒幕論、龍馬は開国倒幕論と思想は異なっていたが、ともに広い視野と識見を持つ現実家である。慎太郎は武市半平太の愛弟子、龍馬は武市の親友という縁もあってか、両者はたちまちのうちに意気投合した。

この後、ふたりは双輪となって薩長同盟のために活動するが、慎太郎は表立った活躍を龍馬に任せ、根回しなど裏方の仕事に従事している。

慶応2年(1866)正月に薩長同盟は成立したが、この功を龍馬に譲った慎太郎は、即座に次の策に取りかかっている。同年5月、すでに武力倒幕派になっていた乾を西郷に紹介すると、薩摩と土佐との倒幕の密盟を結ばせたのである。

こうして維新の原動力となった薩長土の3大雄藩が、不完全とはいえ、ついに結ばれたのである。

朝廷への工作

同年6月、第二次長州征伐が強行されるも幕府軍は各地で敗退を続け、翌月の将軍・徳川家茂の死去もあって講和が結ばれた。慎太郎はこの戦役で小倉城攻めに参加したが、講和後は九州諸藩を遊説して世論を動かし、親長州的な動きを作るのに努めている。

同年12月、孝明天皇崩御の報が伝わると、太宰府へ赴いて三条ら有力公卿と面談した。ここで、佐幕派公卿で固められた朝廷内部に対抗するため、岩倉具視の登用を提案している。

岩倉は大老・井伊直弼の強行開国に同調し、その後も幕府の意を受けて宮廷内で活動した人物である。佐幕派の岩倉は三条らとは犬猿の仲であったが、登用後は変心し、尊皇の志を抱くようになった。

三条にすべてを任された慎太郎は京都の岩倉に会って意志を確かめ、策を打ち明けた。こうして、岩倉は朝廷工作にあたることになった。

慶応3年(1867)2月、長崎で土佐藩家老・後藤象二郎と龍馬の会見があった。慎太郎はその場にいなかったが、龍馬とともに土佐脱藩の罪を許されている。

この後で龍馬が示唆した大政奉還案に、武力倒幕派の薩摩と長州が難色を示したため、後藤は説得に奔走している。

陸援隊の結成

同年7月、慎太郎は陸援隊を結成し、土佐の京都白川藩邸に本部を置いた。表向きは龍馬の海援隊と同様の土佐藩支援組織だが、その実状は勤皇浪士集団を集めた倒幕部隊だった。これによって慎太郎の倒幕構想は、ほぼ完成したといってよかった。

薩長土による倒幕の密盟はすでに成立していた。3藩の蜂起に在京勤皇浪士たちが呼応する。これが彼の作戦だった。決め手になるのは、朝廷からの正式な倒幕の密勅で、それが下されたのは10月14日の夜のことだ。

しかし、奇しくもこの日に大政奉還の上奏が成されてしまった。龍馬は半日だけ慎太郎を出し抜き、武力によらない革命を成功させたのである。

維新前夜の悲劇

中岡慎太郎は、薩長土の3藩による勤皇倒幕構想を実践し、それを徒手空拳でほとんど成し遂げた。

当時の薩長の関係は険悪を極め、特に長州人にとって薩摩は会津と並んで憎んでも憎みきれない仇敵であったのだ。幕府に対する以上の憎悪を抱いていたといっても過言ではない。常識で考えれば、同盟はまったくの夢物語でしかなかったのである。

土佐藩にしても同様であった。武市半平太の一藩勤皇構想が破れて以来、藩政は乱れる一方だった。土佐藩は多くの有能な勤皇志士を有していたというのに、彼らは藩を捨てて天下に活動の場を求めるしかなかったのである。慎太郎は(龍馬もあきらめた)土佐藩重臣の説得工作を根気よく続け、最後には藩主を無視する形で倒幕の密盟締結に踏みきらせた。

武力による倒幕のために活動した彼は、最後の仕上げとして朝廷工作を行い、倒幕の密勅まで得た。まさにあと一歩のところまで準備を進めてきたのである。

その慎太郎も、慶応3年(1867)の11月15日、京都の近江屋で龍馬と同席しているところを刺客に襲われ、その時に受けた傷が元で、同月17日に30歳の生涯を閉じた。精密な頭脳、冷静な判断力、優れた構想力、そして並外れた行動力を備え持った幕末期最大の活動家のひとりであった。

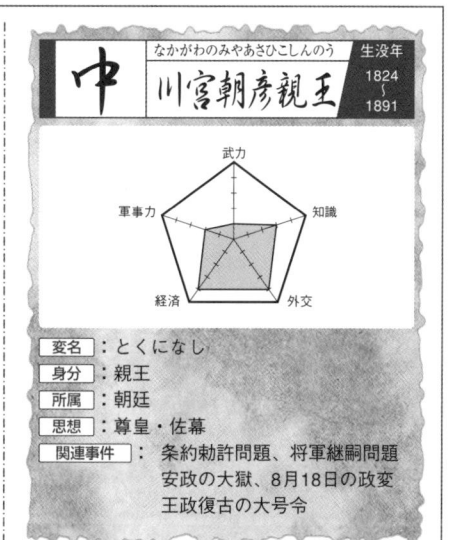

中川宮朝彦親王《なかがわのみやあさひこしんのう》

生没年 1824～1891

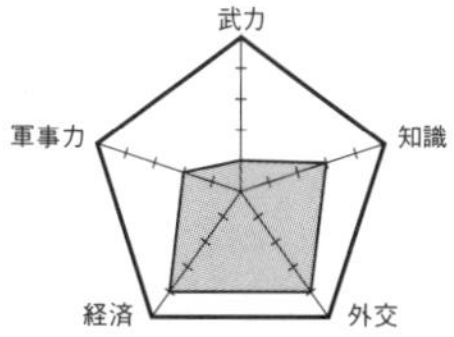

変名：とくになし
身分：親王
所属：朝廷
思想：尊皇・佐幕
関連事件：条約勅許問題、将軍継嗣問題
安政の大獄、8月18日の政変
王政復古の大号令

僧侶の親王

中川宮朝彦親王は、文政7年(1824)に伏見宮邦家親王の第四子として生まれた。8歳で出家して奈良一条院に住み、天保8年(1837)に親王宣下を受け、尊応入道親王と称した。嘉永元年(1848)、京都の青蓮院門跡を相続し、尊融と改称。青蓮院が粟田口にあることから粟田宮とも呼ばれた。当時の仏教界の最高の地位である天台座主にもなっている。

安政の大獄に連座

日米通商条約勅許問題が起こると、彼は勅許に反対した。また将軍継嗣問題では一橋派に協力している。

豪気な性格から、水戸の藩士は中川宮を「今大塔宮」と呼んだ。大塔宮とは後醍醐天皇の皇子、護良《もりなが》親王のことで、建武の新政に尽力し、征夷大将軍にも任ぜられた人物だ。大塔宮も天台座主だったことから、水戸藩士は中川宮を幕末の大塔宮であるとして期待したのである。

しかし、安政の大獄が起こると中川宮はこれに連座し、安政6年(1859)、相国寺の塔頭に蟄居謹慎させられる。この時には獅子王院宮と称しているが、これは彼の派手な性格を表している。

天皇の信頼

文久2年(1862)4月、京都に上ってきた島津久光は朝廷に対し、安政の大獄で処分された公家たちを許すよう進言した。朝廷はこれを受け入れ、中川宮も朝廷への復帰を許された。

特に孝明天皇は、復帰した中川宮を深く信頼した。12月に国事御用掛に任命され、翌年正月には勅命によって還俗し、中川宮と称している。これも中川宮を信頼し、その協力を得ようとする天皇の意向であった。

文久3年(1863)ごろ、京都では攘夷の炎が燃え盛っていた。三条実美ら攘夷派の若手公卿が攘夷に関する計画を次々と実行していたのである。大和行幸の詔が発せられると、薩摩と会津は、攘夷派公家と長州藩を排除する決意をした。

天皇の意思は攘夷にあったが、攘夷急進派の独断専行に中川宮は心を痛めていた。それで彼もこのクーデターに参加したのである。

8月18日、中川宮、前関白の近衛忠煕、薩摩、会津、淀の藩兵は武力蜂起し、長州藩と三条実美ら攘夷派公家を追放。京都は公武合体派が支配した。

同月27日、中川宮は天皇から朝彦の名前を賜る。こうして彼は、関白の二条斉敬とともに佐幕派として朝政を支配するのである。

ちなみに元治元年(1864)には賀陽宮《かやのみや》と改称している。

政権のほころび

京都には朝廷、幕府、雄藩から成る連合政権が成立したが、平和は長く続かなかった。

幕府と薩摩藩が横浜鎖港を巡って対立し、薩摩が連合から脱退したのだ。

慶応元年(1865)、洛北の岩倉村で隠遁中の岩倉具視が、朝廷への復帰を画策する。しかし、中川宮はこれに反対した。岩倉が薩摩と組んで策謀を巡らせているという噂があったからである。

岩倉は朝廷での政敵を中川宮だと明確に認識し、反中川宮の政治工作をはじめることになる。

慶応2年(1866)、将軍家茂の死去をチャンスと見た岩倉は、8月に大原重徳、中御門経之ら22人の公家に列参建言を行わせる。天皇に中川宮と二条関白の辞職を求め、朝政の刷新を図るというものであった。

弾劾を受けたふたりは、一度は辞職願いを出したものの天皇はこれを認めず、逆に列参を行った公家たちを謹慎処分にした。岩倉の中川宮排除計画は失敗したのである。

中川宮失脚

慶応2年(1866)12月25日、孝明天皇が崩御し、後ろ盾を失った中川宮の立場は危うくなる。

折しも、新帝の践祚で復帰した王政復古派の勢力が強くなってきていた。また外では薩長同盟を結んだ薩摩藩と長州藩が武力倒幕を目指して動き出していた。

慶応3年(1867)10月、王政復古派の公家は薩長に倒幕の密勅を下し、これを察知した幕府は大政奉還で対抗した。続く12月9日、岩倉が中心となった王政復古のクーデターが成功し、中川宮はついに失脚し、官職を失った。さらに慶応4年(1868)8月、反政府運動に参加した疑いで、親王の地位を剥奪され、広島藩に幽閉されてしまう。

明治3年(1870)に幽閉を解かれ、京都伏見宮で謹慎していたが、後に許されて久邇宮《くにのみや》と称した。晩年はまったく政治に関わらず、神宮祭主として一生を終わったという。

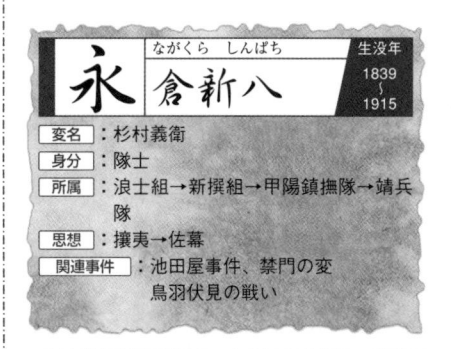

永倉新八《ながくら しんぱち》

生没年 1839～1915

変名：杉村義衛
身分：隊士
所属：浪士組→新撰組→甲陽鎮撫隊→靖兵隊
思想：攘夷→佐幕
関連事件：池田屋事件、禁門の変
鳥羽伏見の戦い

福山藩の武家の出で、本名は長倉新八。神道無念流を極めると、あちこちに道場破りに出かけた。

そのうちに試衛館を知り、いつしか近藤勇たちと意気投合するようになる。新撰組が結成された後は、沖田や斉藤一とともに剣術指南方として若い隊士をしごき、常に幹部であり続けた。

しかし、甲陽鎮撫隊の敗戦後は、意見の合わなくなった近藤と袂を分かつことになる。新八は会津藩を救うため、靖兵隊を結成し、再び戦火に飛び込んでいった。

明治以降は杉村義衛と名乗り、北海道に渡って監獄の剣術師範を務めた。また、新聞記事や書籍として自身の記録を発表したり、近藤と土方の石碑を建てるなど、新撰組を歴史に残そうと活動を続けている。大正4年(1915)、奇しくも斉藤一と同年に死没した。

中島三郎助《なかじま さぶろうすけ》

生没年 1820～1869

変名：とくになし
身分：幕臣
所属：幕府→蝦夷共和国
思想：佐幕
関連事件：黒船来航、箱館戦争

代々が浦賀与力を務める家柄に生まれる。嘉永6年(1853)の黒船来航の際、小舟で旗艦に乗り込み、最初に対応した人物として有名。

安政2年(1855)、長崎海軍伝習所の1期生として勝海舟らとともに入所、後に軍艦教授、軍艦頭取などを歴任した。

榎本艦隊に同行して北海道に着き、箱館奉行並となって千代ヶ岡の守備を担当する。

明治2年(1869)5月の新政府軍総攻撃後、15日に恭順を説く軍使がやって来たが拒否。また松平太郎から陣地を焼き払って五稜郭へ移るように勧められるが、「吾はこの地を墳墓と定め候」と断っている。

翌16日、新政府軍は箱館、七重浜、桔梗野の3道から攻撃を開始した。三郎助は22歳の長男・恒太郎と18歳の次男・英次郎、そして柴田伸助らを率いて奮戦し、玉砕を遂げた。

中島信行《なかじま のぶゆき》

生没年 1846～1899

変名：とくになし
身分：藩士→志士
所属：土佐藩→海援隊→政府
思想：尊皇・開国
関連事件：長州征伐、いろは丸事件
戊辰戦争

中島作太郎信行は、土佐郷士の生まれである。土佐勤皇党で活動していたが、武市の下獄以後の藩論の変化に憤激し、元治元年(1864)、中島与一郎、細木核太郎らと脱藩した。

京都で坂本龍馬に出会い、私淑して神戸軍艦操練所に入っている。操練所閉鎖後は龍馬らとともに薩摩藩の大阪藩邸に入るが、朝敵となった長州藩を救うために活動を開始した。長州では中岡慎太郎と合流し、また高杉晋作や山県狂介(有朋)と語らっている。

第一次長州征伐後、彼は五卿守護隊の再編成を助け、山県率いる奇兵隊と連携して藩政府と戦う準備を行った。第一次征伐で長州藩は打撃を受けたが、信行ら土佐の志士には、この惨状が故郷と同じに見えたのかもしれない。

一方、龍馬は薩長同盟を成立させ、幕府の第二次長州征伐に対抗する活動に入っていた。亀山社中に入った信行も長州藩の兵器購入の手伝いをし、戦争がはじまるとユニオン号に乗船して戦っている。

海援隊結成後の活躍といえば、いろは丸事件の処理が挙げられる。彼は長崎で紀州藩との交渉を行い、報告に戻った神戸で龍馬の悲報を知った。

維新後は戊辰戦争に従軍し、会津攻撃に参加した。新政府内では通商正、出納正、紙幣権頭、租税権頭などの役職を歴任した。自由党の副総裁も務め、総裁の板垣退助を助けている。

第1回の選挙では衆議院議員に当選して初代議長を務めたり、イタリア公使になるなど、その官歴は華やかである。

温厚な性格で知られ、神戸軍艦操練所以来の同志、陸奥陽之助の妹と結婚した。

中島登《なかじま のぼり》

生没年 1838～1887

変名：とくになし
身分：隊士
所属：新撰組→甲陽鎮撫隊→蝦夷共和国
思想：佐幕
関連事件：鳥羽伏見の戦い、箱館戦争

武州多摩八王子出身。近藤らとは旧知の仲で元治元年(1864)に入隊した、と本人の述懐があるが、史料に登場するのは鳥羽伏見の戦いのころからである。それ以前は、京都で密偵をしていたのではないかといわれている。
箱館で降伏した後、捕虜として収容されたが、その時に新撰組隊士の覚え書きとして絵姿と履歴を書き残した。
釈放された後は、葉蘭の栽培を行ったり、鉄砲火薬店を営んだ。中島は明治20年（1887）に病没したが、その絵姿は今も残っている。

中根雪江《なかね せっこう》

生没年 1807〜1877

変名：とくになし
身分：藩士
所属：越前藩→政府
思想：尊皇→尊皇・佐幕
関連事件：将軍継嗣問題、条約勅許問題

名について「ゆきえ」とも読む。
越前藩士・中根衆諧の長男で、天保元年（1830）に家督を継ぐ。天保7年（1836）、福井に来遊した国学者・橘尚平に感銘を受け、天保9年（1838）には平田篤胤の門に学んだ。
諸役を歴任した後、弘化3年（1846）に藩主・松平慶永（春嶽）の側用人となり、藩財政の建て直しを中心とした藩政改革を推し進めた。また藩主をよく援護し、中央政界へ出すのに成功した。
安政2年（1855）、春嶽の命で藤田東湖を訪ね、老中・阿部正弘や熊本藩・長岡是容らとの折衝にあたった。その後は橋本左内とともに、将軍継嗣問題や条約勅許問題にまつわる政争に関わっている。
一橋派の敗北で帰郷謹慎を余儀なくされるが、その間に『昨夢紀事』の執筆に従事。文久2年（1862）に春嶽が政界に復帰すると、彼も政治活動を再開した。橋本左内亡き後は横井小楠と協力して主君を助け、薩摩や幕府に接近。また越前との連合を画する長州藩の桂小五郎（木戸孝允）や朝廷とも協議し、公武合体運動に奔走した。
王政復古後の慶応3年（1867）、それまで調整役として各方面で働いてきた彼は、徳川家救済のために尽力するが、新政府に怪しまれ、政治から身を引いた。その後は故郷に退隠して著述に専念。多くの著作を世に送り、明治10年（1877）に世を去る。
松平慶永に34年間に渡って仕えた忠臣であり、『再夢紀事』『丁卯日記』『戊辰日記』など幕末維新の裏側を探る貴重な資料を後世に遺した。

長野主膳《ながの しゅぜん》

生没年 1815〜1862

変名：和田多仲、小川大介
身分：国学者→藩士
所属：彦根藩
思想：佐幕
関連事件：安政の大獄

名について、義言《よしとき》とも称する。出自などに関しては謎が多い。
国学を通じて井伊直弼と知り合い、直弼の藩主就任と同時に彦根藩に召し抱えられた。所属こそ彦根藩だが、井伊大老のブレインかつ腹心の部下として、幕政に大きな影響を与えた。
京都では公家に顔が利き、九条家の島田左近とともに京都の情勢を探る。そして安政の大獄の実行に尽力した。直弼の死後、勤皇に転じた彦根藩によって死罪に処せられている。

中野竹子《なかの たけこ》

生没年 1847〜1868

変名：とくになし
身分：志士
所属：会津藩・娘子軍
思想：佐幕
関連事件：会津戦争

会津藩江戸詰藩士・中野平内の長女、容姿艶麗にして男勝りな少女として知られ、幼少のころより赤岡大助の門下で書と薙刀を学んでいた。17歳で赤岡の養女となり道場師範代を務める。
慶応4年（1868）、江戸を引き払って会津の本家に戻り、母や妹とともに祖国を守る覚悟を決めた。
8月23日朝、白河口の戦線を突破した西軍は会津城に迫った。会津の主力部隊は出払っており、残留兵はわずかだった。竹子は髪を切り落とし、白鉢巻きに白タスキ、義経袴をつけ、長刀を取って戦場へ駆けつけた。そこへ勇ましく戦おうとする女性薙刀使いが数人集まってきたのだった。こうしてできたのが娘子軍で、総勢は6〜9名だったという。

従軍したいと申し出た彼女たちの願いは認められ、25日になって古屋佐久左衛門率いる衝鋒隊とともに移動中、官軍と遭遇した。

一同は勇んで薙刀を振るい、敵を蹴散らした。竹子も果敢に戦ったが、銃弾を額に受けて戦死した。

その3日後、娘子軍のメンバー5名は銃弾をかいくぐって若松城への入城に成功。以後は傷病兵の看護や兵糧弾薬運搬の任に就いている。また竹子の首は、乱戦の中、母と娘が介錯して持ち帰り、坂下の法界寺に葬った。

中浜万次郎《なかはま まんじろう》

生没年 1827〜1898

- 変名：ジョン・マン
- 身分：町人→藩士
- 所属：土佐藩
- 思想：開国
- 関連事件：咸臨丸派遣

土佐国・中浜浦の漁師の息子。漁の途中で遭難し、アメリカの捕鯨船に助けられて渡米した。この時にジョン・マンという英名を使っており、帰国後は「ジョン万次郎」とも呼ばれるようになった。

嘉永4年（1851）に帰国。長崎藩、土佐藩にて西洋技術を伝える。特に河田小龍が作成した『漂巽《ひょうそん》紀略《きりゃく》』は幕府などにも西洋事情を伝えた。

その後、英語の才能を生かして咸臨丸に通訳として乗り込んだ。維新後は開成学校の教師になり、日本の英語教育の確立に貢献している。

しかし、明治政府は万次郎を必要としなかったため、彼は寂しい晩年を送った。

中御門経之《なかみかど つねゆき》

生没年 1820〜1891

- 変名：とくになし
- 身分：公家
- 所属：朝廷→政府
- 思想：王政復古
- 関連事件：戊午の密勅

洛北で幽居中の岩倉具視と関係を持った数少ない公家のひとり。岩倉の意を受け、さまざまな朝廷工作を行った。22卿列参によって孝明天皇の怒りを受けたが、明治天皇の践祚で許される。岩倉、大久保利通とともに王政復古を画策。倒幕の密勅を出すことに尽力した。王政復古後は参議。維新後は会計官知事・留守長官となる。

中村敬宇《なかむら けいう》

生没年 1832〜1891

- 変名：とくになし
- 身分：蘭学者・漢学者・幕臣
- 所属：幕府→政府
- 思想：開国
- 関連事件：とくになし

与力の子として江戸に生まれる。昌平坂学問所に学び、また桂川甫周に蘭学を教わる。慶応2年（1866）、幕府の留学生としてイギリスに渡航。帰国後、徳川家の静岡学問所の教授となる。明治6年（1873）には明六社結成に参加した。

彼が翻訳したスマイルズの『西洋立志編』、ミルの『自由之理』は自由民権運動に大きな影響を与えた。

中山忠光《なかやま ただみつ》

生没年 1845〜1864

- 変名：森俊斎、森秀斎
- 身分：公家
- 所属：朝廷
- 思想：尊皇・攘夷
- 関連事件：馬関戦争、天誅組の乱

中山忠能の七男。父のもとに出入りする尊皇攘夷の志士たちと知り合い、攘夷派の公家として知られるようになった。彼が交遊した志士の中には、武市瑞山（半平太）、久坂玄瑞、真木和泉、吉田寅太郎らがいる。

文久3年（1863）2月、国事寄人の職が設けられると19歳の若さでこれに任じられたが、3月には官位を返上して長州に入り、下関の外国船砲撃事件に関与した。その後、6月に帰京している。

攘夷祈願のための大和行幸が決まると、倒幕攘夷の先駆けとして吉田寅太郎らの同志を率いて京都を出発。8月17日に奈良の五条代官屋敷を襲撃して代官らを殺害した。いわゆる天誅組の乱である。しかし、8月18日の政変で忠光らは賊軍となり、幕府の追撃を受けることになる。なおも十津川郷士を引き込んで高取城奪取を試みたが敗北し、長州藩内に潜伏した。

第一次長州征伐によって恭順派が藩の実権を握ると危険人物と見なされ、元治元年(1864)11月、下関郊外で暗殺された。享年20歳。

中山忠能《なかやま　ただやす》

生没年 1809～1888

変名：とくになし
身分：公家
所属：朝廷→政府
思想：王政復古・尊皇・攘夷・佐幕
関連事件：条約勅許問題、和宮降嫁
王政復古の大号令

中山忠能は、尊皇攘夷派でありながら攘夷派からも攻撃された不思議な公家である。また明治天皇の外祖父でもあった。

黒船来航以来、一貫して攘夷を唱え、特に日米通商条約勅許問題に関して勅許を許した関白九条尚忠に対しては、88人の公卿を率いて抗議し、関白の職を退かせている。

公武合体論が起こると岩倉具視らとともに和宮の降嫁に尽力し、和宮の東下に従っている。主義が変わったように見えるが、朝廷の権勢を拡大するという点では岩倉具視と同じく一貫していた。

だが、このために攘夷派から攻撃されることになり、文久2年(1862)8月には朝廷より退けられた。同年12月には、新たに設置された国事御用掛として復活している。

しかし、元治元年(1864)7月、禁門の変に際して長州藩に協力したとして謹慎を命じられた。慶応3年(1867)に明治天皇が践祚すると罪を許され、岩倉具視らと王政復古に動き出した。同年10月には、長州藩と薩摩藩に倒幕の密勅を出させることに成功。王政復古により議定に任ぜられた。維新後は神祇伯などの神道関係の職を歴任した。

長与専斎《ながよ　せんさい》

生没年 1838～1902

変名：とくになし
身分：医師
所属：肥前藩→政府
思想：開国
関連事件：とくになし

天保9年(1838)、肥前大村藩(現在の長崎県)に生まれ、11歳から藩校・五教館で漢学を学ぶ。17歳で大阪に出て緒方洪庵に入門、4年後には福沢諭吉の後を受けて塾頭となった。

文久2年(1862)、長崎に遊学し、長崎大学医学部の前身である精得館でオランダ人医師ポンペ・ファン・メルデルフォールトについて西洋医学を学んだ。

明治元年(1868)、長崎医学校校長に就任。明治4年(1871)11月、岩倉使節団の一員として欧米の衛生医療を視察。

その後、文部省医務局長、東京医学校校長、内務省衛生局長、中央衛生会長、大日本私立衛生会頭などの要職を歴任し、日本の衛生行政を確立した。

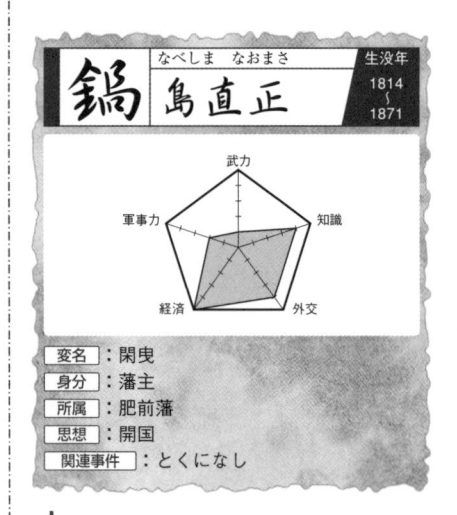

鍋島直正《なべしま　なおまさ》

生没年 1814～1871

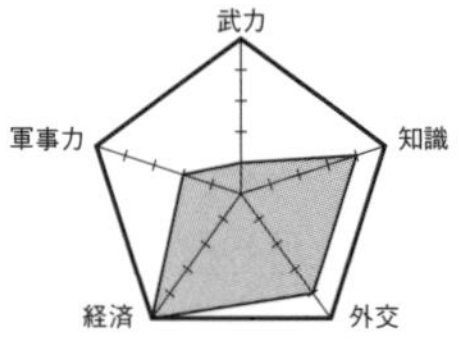

変名：閑叟
身分：藩主
所属：肥前藩
思想：開国
関連事件：とくになし

そろばん大名

文化11年(1814)12月7日、肥前藩主・鍋島斉直の子として江戸の桜田藩邸に生まれ、天保元年

(1830)に17歳で家督を相続した。

天保6年(1835)の佐賀城二の丸焼失を機に実権を手に入れ、保守派の抵抗を排して人材を登用。諸制度を改めて産業を振興した。

直正は経済的手腕に優れ、大阪や長崎の商人から「そろばん大名」と呼ばれた。長崎の警備強化を名目に幕府から5万両を借り入れ、軍事力も強化している。また、徹底した開明思想の持ち主で、率先して自分の子に種痘を施したりもした。

藩校・弘道館の拡張と刷新にも努め、中国の科挙制度にならった実力登用を打ち出した。名門出身者であっても成績不良であれば、家禄の8割を没収され役職に就けなかったという。また、当時の武士の学問といえば儒学だが、ほかに蘭学や英学も学ばせた。

佐賀藩は長崎警備を担当していたために西洋技術に触れる機会も多く、幕末で唯一、重工業を保有する藩となった。

弱腰の晩年

文久元年(1861)12月7日、隠居して閑叟《かんそう》を名乗る。晩年は病気のせいもあって何事にも消極的になってしまった。

日本最大最強の近代軍備を誇り、維新において上席に座る資質を備えた佐賀藩が、重い腰を上げるのは王政復古が成ってからのことだった。

しかし、政治的判断において、直正は薩摩や土佐の藩主に勝るところがある。幕末期、佐賀藩ではただのひとりも粛正による犠牲者を出していないのだ。このため、佐賀藩は長州藩と並んで優秀な人材を温存でき、出遅れたにも関わらず明治の政界で優位に立つことができた。

直正自身は維新後、開拓使長官を務め、明治4年(1871)に亡くなっている。

楢山佐渡《ならやま　さど》

生没年 1831〜1869

変名：とくになし
身分：家老
所属：盛岡藩
思想：佐幕
関連事件：戊辰戦争

楢山家は代々家老の職にあり、藩主・南部利剛の母は佐渡の叔母であった。利剛が藩主になった時から重用されるが、一揆の責任を取って辞職。一時、藩政から離れることになる。

代わりに起用されたのが東次郎(東中務)だが、もともと利義派だった彼は非利剛派で中枢を固め、藩内の派閥争いを再燃させてしまった。やがて佐渡は藩政に復帰、東と全面対決することになる。

戊辰戦争時、佐渡は保守派(佐幕派)であり、列藩同盟を裏切った秋田藩を討つべしと主張。東は列藩同盟に最初から反対していた。

藩内抗争は佐渡が勝利を収めるが、これは大局的に見て必ずしも正しくはなかった。彼は自ら鹿角口攻撃軍の総大将として大館を攻撃したが、官軍を破れず、盛岡藩を窮地に追い込んだのである。

佐渡が反薩長路線を取ったのには、いくつか理由がある。ひとつには、以前に京都で会見しようとした西郷隆盛の印象が悪かったことだ。彼は西郷に面会を求めたものの、相手にされなかったのである。また彼は同じく京都で、岩倉具視とも会っている。この時、岩倉はこう語った。「朝廷は薩長を信用していない。薩長は幕府に取って代わろうと目論んでいるかも知れぬ。そうなったら、戦えるのは奥羽の諸藩しかない」

こうして佐渡は薩長への疑念を深めたらしい。

歴史に踊らされた感のある佐渡は、明治2年(1869)6月22日、ひとりで戦争責任を背負いつつ、城下報恩寺で自刃している。

成島柳北《なるしま　りゅうほく》

生没年 1837〜1884

変名：とくになし
身分：儒学者・幕臣
所属：幕府
思想：体制批判
関連事件：とくになし

儒者の成島家に生まれ、徳川家定や家茂に儒学を教えた。幕府を批判した漢詩を詠んだために一時期謹慎させられたが、慶応元年(1865)に許されて騎兵奉行と外国奉行を務めた。

維新後は朝野新聞社を作り、ジャーナリストとして新政府を批判した。

成瀬正肥《なるせ　まさみつ》

生没年 1835〜1903

変名：とくになし
身分：家老（犬山藩主）
所属：尾張藩
思想：尊皇
関連事件：長州征伐、鳥羽伏見の戦い

丹羽国篠山藩主・青山下野守忠良の三男として生を受けた。安政2年（1855）7月に尾張藩両家年寄（御付家老）で犬山城主の成瀬隼人正正住の婿養子となり、養父の死後は、9代目当主として成瀬家を継いだ。

文久3年（1863）、権力を取り戻した前藩主・徳川慶勝に随従して上洛、朝廷幕府間の周旋に尽力した。

元治元年（1864）の第一次長州征伐では、総督の慶勝に先んじ、1150名の兵を率いて京都から広島へ出陣。第二次長州征伐の時も大阪まで出兵した。

慶応4年（1868）の鳥羽伏見の戦いでもただちに参内し、皇居の南門を守衛した後、甲信地方へ出兵。

めざましい活躍で出世した正肥は、王政復古後に犬山藩知事に任命され、明治28年（1895）には犬山城を譲り受けるまでに至った。

南部利剛《なんぶ　としひさ》

生没年 1826〜1896

変名：とくになし
身分：藩主
所属：盛岡藩
思想：佐幕
関連事件：戊辰戦争

幕末期の南部家では、面倒な、お家騒動が起こった。前藩主の南部利済が引退した後も独裁を振るい続けたため、その子で藩主に就任した利義が、ストレスでノイローゼになってしまったのだ。そこで弟の利剛が藩主となった。嘉永2年（1849）のことである。

この時点で、藩内は前々藩主の利済派、前藩主の利義派、そして現藩主の利剛派の3派に分裂した。そこへ1万6000人からなる三陸大百姓一揆が発生し、農民たちは仙台藩に祖国の悪政を訴えるという行動に出た。仙台藩は盛岡に介入し、結果、利済は権力抗争の場から消えていく。

以後は利剛が藩政の中心に据えられたが、他の派閥はなおも勢力を失っておらず、藩をまとめるのに大変な苦労を強いられた。

利剛は安政の大地震で負傷してからというもの、身体に故障が多かった。また温厚な性格で知られ、藩政は信頼する家臣に一任するという方針だったのである。

彼は特に従兄弟の関係にあった楢山佐渡を起用したが、佐渡が佐幕派だったため、盛岡藩はのちに朝敵の汚名を着せられる羽目になった。戦後、利剛は隠居のやむなきに至っている。

新見錦《にいみ　にしき》

生没年 ?〜?

変名：田中伊織？
身分：隊士
所属：浪士組→新撰組
思想：佐幕
関連事件：新撰組結成

水戸脱藩者で神道無念流の岡田助右衛門の門に学び、免許皆伝の腕前を誇っていた。

浪士組では3番隊伍長を務め、芹沢の相棒として知られている。その後、新撰組では3局長のひとりとなっている。「局中法度」は局長クラスには適用されないとタカをくくっていたが、近藤勇らにはめられ、祇園新地にある貸座敷の山絹で切腹させられた。

なお死亡時期が似ていることと、新見の墓碑がないことから、田中伊織こそ新見の別称ではないかといわれる。藩庁などの記録でも、両方記載されているものがなく、否定する証拠もない。

ニール

➡エドワード・ジョン・ニール

ニコライ・ペトロヴィッチ・レザノフ

NIKOLAI PETROVICH REZANOV

生没年 1764〜1807

身分：外交官・商人
所属：露国
関連事件：丁卯の変

イルクーツクの裕福な毛皮商の家に婿入りした彼は、経済界と政界で活動した。寛政11年（1799）には、露米会社の設立に参加し、総支配人となっている。事業拡大の一環として日本との交易を望んでいたが、これがかなえられ、ロシア皇帝アレクサンドル1世から遣日全権大使に任ぜられる。

文化元年（1804）に来日した時は、鎖国中のため交渉は失敗した。その2年後、レザノフは強攻策に出た。部下のフボストフ大尉とダビドフ小尉に、日本への威嚇を命じたのである。

命令を受けたふたりは文化3年（1806）から翌年にかけて、サハリンや択捉島の日本人部落を襲い、利尻島と礼文島沖の日本船を攻撃した。

だがレザノフはこの成果を見ることなく、文化4年（1807）、クラスノヤルスクにて死亡した。彼は結局、日本の土を踏めなかったのである。

西《にし》周《あまね》

生没年 1829〜1897

変名：とくになし
身分：洋学者・藩士→幕臣
所属：津和野藩→幕府→政府
思想：開国
関連事件：とくになし

津和野藩医の家に生まれ、藩校の養老館に入る。嘉永6年（1853）、江戸にて蘭学を学ぶ。蕃書調所に入り、ここで西洋哲学に接した。文久2年（1862）にはオランダに渡り、津田真道とともにライデン大学で法学およびカントの哲学を学ぶ。帰国後は開成所の教授となった。

維新後は明治政府に入り、軍人勅諭の起草文を書いた。その一方で明六社にも参加、西洋思想の啓蒙に努めた。

日本近代哲学の父とも呼ばれる。

錦小路《にしきこうじ》頼徳《よりのり》

生没年 1835〜1864

変名：桑原頼太郎
身分：公家
所属：朝廷
思想：尊皇・攘夷
関連事件：8月18日の政変

8月18日の政変で京都を追われた七卿のひとり。文久3年（1863）2月に国事寄人となり、7月の攘夷親征の建言など攘夷運動を盛り上げたが、政変で失脚し、三条実美らとともに長州藩に逃れた。元治元年（1864）4月、滞在中の下関で病没。

二条《にじょう》斉敬《なりゆき》

生没年 1816〜1878

変名：とくになし
身分：公家
所属：朝廷
思想：尊皇・佐幕
関連事件：安政の大獄、8月18日の政変

母方の叔父が徳川斉昭という関係から一橋派と連携し、このため安政の大獄に連座して落飾謹慎させられた。文久2年（1862）右大臣・国事御用掛に任じられる。文久3年（1863）には中川宮朝彦親王・近衛忠熙とともに8月18日の政変を起こして、攘夷急進派を追放。その後は左大臣・関白に任ぜられ、朝廷の実権を支配した。王政復古によって職を解かれ、参朝を停止された。明治になって許されるも政治には参加していない。

乃木《のぎ》希典《まれすけ》

生没年 1849〜1912

変名：とくになし
身分：藩士
所属：長州藩→政府
思想：尊皇
関連事件：第二次長州征伐、戊辰戦争 萩の乱、西南戦争

乃木希典は、若いころに吉田松陰の叔父・玉木文之進に師事し、尊皇思想を学んでいる。

慶応2年（1866）、山県有朋指揮下の奇兵隊に参加し、第二次長州征伐に先立って起こった長州政変、並びに第二次長州征伐に従軍した。

以後、戊辰戦争を境に陸軍に入隊し、明治4年（1871）には御堀耕助と黒田清隆の推薦で陸軍少佐に任官する。

明治9年（1876）、萩の乱鎮圧で功を上げ、翌年の西南戦争でも小倉第14連隊長として参加した。

後の日清・日露戦争での活躍は有名。明治天皇に愛され、戦後は学習院院長を務めた。

野村《のむら》帯刀《たてわき》

生没年 1814〜1876

変名：とくになし
身分：藩士
所属：芸州藩
思想：尊皇
関連事件：禁門の変、長州征伐、戊辰戦争

芸州の藩政改革の際、政治の刷新と人材登用に尽力。文久2年（1862）には無断で上京し、関白・近衛忠凞と会見し、勤皇の誠意を伝えた。

帰国後、無断出国の罪を問われそうになったが、藩主はこれを不問としたため、芸州からは国事に奔走する志士が相次いで出ることになった。

元治元年（1864）の禁門の変においては、兵を出して皇居周辺を警護。続く第一次長州征伐では幕府軍の斡旋に努めたが、第二次長州征伐では謹慎を命じられる。理由は、長州藩との内通嫌疑をかけられたためであった。その後、戊辰戦争の時に許され、江戸にあって軍務に従事した。

は

パークス

➡ハリー・スミス・パークス

羽倉《はくら》簡堂《かんどう》

生没年 1790〜1862

変名：とくになし
身分：幕臣
所属：幕府
思想：佐幕・攘夷
関連事件：とくになし

代官の子として大阪に生まれる。父の日田赴任に伴って日田に移り、広瀬淡窓の咸宜園《かんぎえん》に学ぶ。父の跡を継いで代官となり、関東・伊豆を治めた。職を退いて隠居していたが、外国船が来航するようになると、嘉永2年（1849）、老中・阿部正弘に海防秘策を建白した。

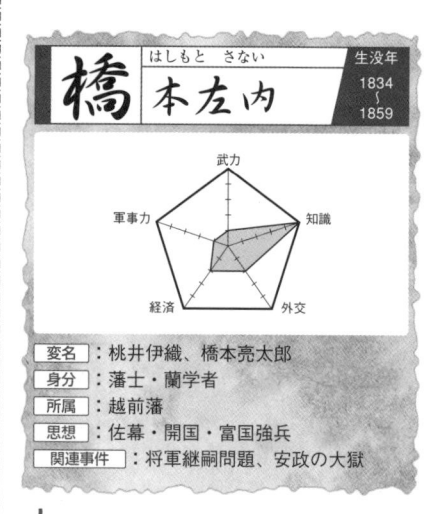

橋本《はしもと》左内《さない》

生没年 1834〜1859

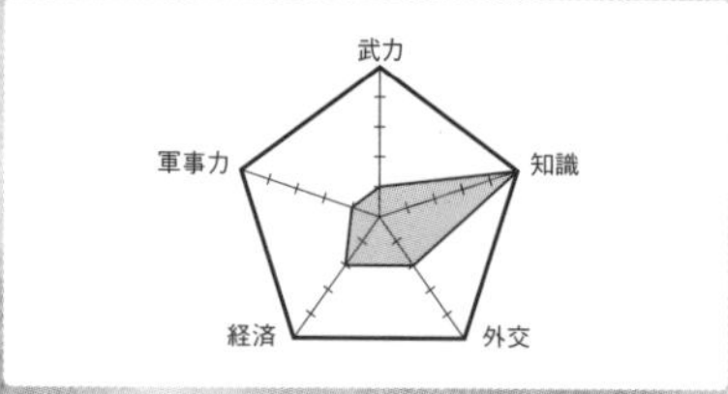

変名：桃井伊織、橋本亮太郎
身分：藩士・蘭学者
所属：越前藩
思想：佐幕・開国・富国強兵
関連事件：将軍継嗣問題、安政の大獄

天才少年

越前（福井）藩の奥外科医・橋本彦也長綱の長男として生まれ、幼少期より俊才として評判だった。

藩の儒者・吉田東篁に従い、わずか15歳にして

5徳目を掲げた『啓発録』を執筆した。16歳の時、大阪で緒方洪庵の適塾に学び、蘭学と蘭方医学を学んでいる。ここでは梅田雲浜、横井小楠と交流があった。入門から3年後の嘉永5年(1852)、父親が病に倒れたと聞いて帰郷。ほどなく父が亡くなったため、家督を相続し、藩医として活動をはじめた。

故郷への貢献

安政元年(1854)、上府した左内は杉田成卿、坪井信良、戸塚静海などから蘭学を学ぶ一方、独学で西洋学一般、英語、独語を修めた。

また藤田東湖、西郷隆盛ら他藩士と交遊し、日米和親条約成立時を背景とした世界情勢への理解を深め、後に『西洋事情書』という聞書を記した。

安政2年(1855)、医員を免ぜられて御書院番となり、念願であった政界への足がかりを築く。後に藩校・明道館の学監同様心得に取り立てられ、「政教一致」「実学精神」を唱えて学風を変えた。また館内に洋書習学所を設けて学制改革、藩政刷新に尽力した。

慶永の懐刀となる

左内は、一橋慶喜を頂点とする統一国家の樹立を理想としていた。その体制下では、有能な者は身分に関わりなく政治に参加させる。また、対外的には積極的に開国し、特にロシアとの攻守同盟のもと統制貿易を活発に行う。そして富国強兵策を進めていくべきだと主張した。

この思想は、頂点に立つのが天皇であれば、後の明治政府の掲げる政策とほぼ同じといえるだろう。

開明な藩主・松平慶永は、こんな左内をいたく気に入った。安政4年(1857)、侍読兼内用掛に就任、そして当時最大の政治的争点であった将軍継嗣問題の担当者に任命された。

井伊との戦い

こうして将軍継嗣問題での政敵・井伊直弼との戦いがはじまった。左内は井伊を失脚させるべく、朝廷工作をはじめとするさまざまな手段を講じたが、敵は一枚上手だった。大老に就任した井伊は、松平慶永の足下をすくって隠居謹慎に処し、越前の動きを封じたのだ。

藩全体に処罰がおよぶのを恐れた左内はこの時点ですべての政治活動を断念し、謹慎生活に入らざるを得なくなった。

厳しい処罰

安政5年(1858)、安政の大獄がはじまると、左内はさっそく弾圧を受ける。彼は町奉行所で取り調べを受けた後、福井藩士・滝勘蔵方に預けられ、軟禁された。後に7回の訊問(8回説もあり)を受けた後、安政6年(1859)に入獄した。

左内は別に幕府転覆を狙っていたわけではなかったので、越前藩も楽観視していたが、将軍継嗣問題に関わって井伊の妨害をしたことが仇になったらしい。彼は斬罪を言い渡され、同年10月7日、江戸伝馬町獄舎で刑死した。処刑時、牢名主は左内の才能と若さを惜しみ「できれば代わってやりたい」と泣いたという。

浜口梧稜《はまぐち　ごりょう》

生没年 1820～1885

変名：とくになし
身分：商人
所属：なし→政府
思想：開国
関連事件：とくになし

天保12年(1841)、蘭法医・三宅艮斎と交わり、蘭学を志す。嘉永3年(1850)ごろ、佐久間象山に師事し、渋田利右衛門の紹介で勝海舟の知遇を得た。

嘉永6年(1853)、浜口家当主となり7代目浜口儀兵衛を襲名。この浜口家が現在のヤマサ醤油の元となっている。

彼は商人であったが、私塾・耐久舎を開き、江戸・神田の種痘館の再興などにも尽くした。熱心な開国派であり、幕末維新時代に活躍した人々の陰の援助者として知られている。

その他の大きな功績としては、安政年間の大地震後の復興、そして天洲が浜の堤防築造などが挙げられる。堤防の工事には銀94貫344匁、延べ5万人を超える人足が投入され、梧稜は「浜口大明神」と仰がれる存在となった。地元には神社を建てる計画まで持ち上がったという。

明治4年(1871)8月には駅逓局の初代駅逓頭(現在の郵政大臣)に就任。郵便制度を創始した。その後は和歌山県初代県議会議長などを務めている。

林玖十郎《はやし くじゅうろう》

生没年 1837〜1896

変名：とくになし
身分：藩士
所属：宇和島藩
思想：尊皇
関連事件：王政復古の大号令、江戸城開城
会津戦争

安政年間初期に江戸に遊学し、大村益次郎から兵学を学んだ。帰藩後は、安政の大獄で処罰された吉見左膳に代わって前藩主・宗城の近侍に登用される。

慶応3年（1867）までは薩長への密使などを務め、後に京都留守居役に就任。京では薩摩の小松帯刀、大久保利通、土佐の坂本龍馬、後藤象二郎らと王政復古を画策。新政府の参与となった。翌年2月には、薩摩藩の西郷隆盛とともに大総督府参謀に任じられた。3月に東下し、駿府で上野寛永寺の堯忍や義観とともに前将軍慶喜の恭順について協議。そして4月には、無血開城となった江戸城に入っている。その後は東海道先鋒総督・柳原前光の軍監として甲州の鎮撫に赴き、9月には会津若松の総攻撃にもあたった。明治以降は政府に出仕したが、明治4年（1871）に病のために帰国した。

林忠崇《はやし ただたか》

生没年 1846〜1940

変名：とくになし
身分：藩主
所属：請西藩・幕府遊撃隊
思想：佐幕
関連事件：戊辰戦争

請西藩は小藩ながら譜代であり、幕末にあっても幕府に忠実であった。忠崇も慶応3年（1867）に藩主となると、人見勝太郎や伊庭八郎と意志を通じて、戊辰戦争に身を投じた。

藩兵を率いて遊撃隊に参加し、要衝・箱根で戦ったが敗れ、東北に転戦。しかし明治元年（1868）10月、仙台で降伏し、東京で禁固の身となる。

明治5年（1872）に許され、故郷に帰っている。その後、94歳まで生きた。

原田左之助《はらだ さのすけ》

生没年 1840〜1868

変名：とくになし
身分：隊士
所属：浪士組→新撰組→甲陽鎮撫隊→彰義隊
思想：佐幕
関連事件：池田屋事件、禁門の変
鳥羽伏見の戦い、上野戦争

伊予松山の足軽の子に生まれる。

切腹しかけたことがあって、腹に生々しい傷が残っていたが、なかなかの美男と伝えられている。また、傲慢な性格で「斬れ、斬れ」というのが口癖だった。

松山藩邸で小使をしていたが、思うところあって江戸に来た。そこで近藤勇と知り合い、以後は行動をともにするようになる。副長助勤、10番隊組長と新撰組では幹部を務め、宝蔵院流の槍使いだった。

甲陽鎮撫隊の敗戦まで近藤らと同行するが、永倉とともに離別する。しかし、会津に向かう途中で急に引き返し、江戸で彰義隊に加わっている。そして、上野戦争で傷を負い、それがもとで死亡した。

ちなみに、左之助は坂本龍馬を暗殺した人物ではないかといわれている。殺害現場から彼の刀の鞘が発見されたこと、襲撃者が「こなくそっ」という方言を使っていたことがその理由である。真相はわからないが、物的証拠がある以上、容疑者のひとりには違いない。

また、戦死せずに大陸に渡り、馬賊になったという逸話も残っている。

ハリー・スミス・パークス

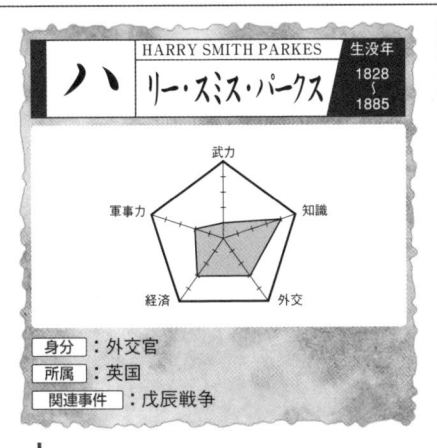

HARRY SMITH PARKES

生没年 1828〜1885

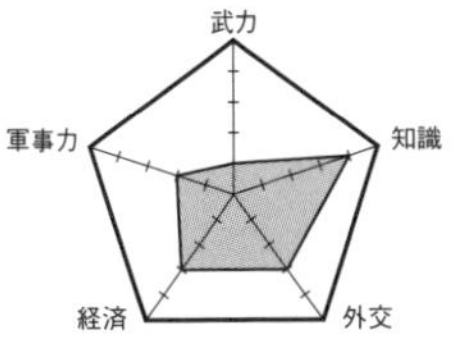

身分：外交官
所属：英国
関連事件：戊辰戦争

生粋の外交官

スタッフォードシャーに生まれたパークスは、弱冠13歳で通弁官として中国に渡り、ポッティンジャー特命公使の下で忠実に仕事をやり遂げた。その後もずっと外交畑のベテランとして、アジア各国を転々とし、とくにアヘン戦争では優れた外交手腕で名を上げている。

安政3年（1856）3月、オールコックの後任として、駐日特命全権公使兼総領事に任命され、横浜に着任した。

彼は就任と同時に英仏米蘭の艦隊を出動させ、圧力で条約勅許を得、対日自由貿易を確立した。

パークスは表向き中立を保っていたが、仏公使が幕府との関係を強化していると知るや、高杉晋作や伊藤博文など倒幕派と接触し、これを後押しした。薩長が使った新式のミニエー銃はパークスのはからいで調達されたものである。

鉄の教師

パークスは冷徹な男だったが、日本の歴史に通じ、本当の君主は「ミカド」であることを知っていた。大政奉還の際も、いち早く本国に天皇に対する信任状を要求している。

そして彼は生涯、日本は自分の教え子であるという意識を持っていたようだ。

明治4年（1871）、造幣局の祝宴が秤量局で催された時、パークスは日本の1円金貨の純良を讃えた後、「金貨の分量を乱してはならない。もしも、悪貨に改鋳するようなことがあれば、国家の信用は破壊されるであろう」といい、手に持ったシャンパングラスを床に叩きつけ、「かくのごときに」と粉々にした。

征韓論が問題になった時も「列強は無防備な国だという理由で、他国の征服を企んだことはない。もしも、日本が朝鮮国を攻めるなら、列強は朝鮮国を助け、貴国を打ち破った後に朝鮮国から謝礼として割譲や権益を受け取るだろう」と釘を刺したという。

彼は常に尊大だったが、たびたび日本に対して有益な示唆を行っている。

明治18年（1885）、日本を去った後、彼は清国にて客死している。死因は過労によるものだった。

ハリス

➡タウンゼント・ハリス

東《ひがし》中務《なかつかさ》

生没年 1835〜1912

変名：とくになし
身分：家老
所属：盛岡藩→政府
思想：尊皇
関連事件：戊辰戦争

東家は藩主・南部氏の一門である。父の政博は3000石取りだったが、天保12年（1841）の新年賜餐において軽輩出身家老・横沢兵庫に先を越されたため、憤慨のあまり下城の途中で自害してしまった。こうして、東家は称号と家禄を取り上げられている。

嘉永2年（1849）、元服して14代藩主・利義に仕えたが、その在位はたったの1年だった。以後は次の藩主・利剛に仕え、しだいに力をつけていった。一揆の責任で家老・楢山佐渡が罷免された後、藩政を牛耳るようになる。

彼は財政改革を推進し、その一環としてリストラを行い、藩内に残っていた利済派の重臣も粛正した。これら急激な改革に恐れをなした反対派は、楢山を立てて対抗するようになった。以後、戊辰戦争が終わるまで、中務と楢山は何度も対立した。

戦後は藩政に復帰。政敵・楢山亡き後、戦後処理に奔走し、後に日本の対外戦略に名を残した。

東久世《ひがしくぜ》通膳《みちとみ》

生没年 1833〜1912

変名：大藪竹斎
身分：公家
所属：朝廷→政府
思想：尊皇・攘夷
関連事件：8月18日の政変

いわゆる七卿落ちで、三条実美らとともに京都を追い出された急進派公卿のひとり。長州兵に守られて周防三田尻に逃げ延びたが、この際に官位を剥奪され、変名を用いている。

後の王政復古によって帰洛した折には政界復帰を果たした。明治新政府下では外交事務を掌握し、明治4年(1871)の岩倉使節団に同行し、翌年帰国。以後は元老院、貴族院、枢密院などで幅広く活躍した。

土方《ひじかた》歳三《としぞう》

生没年 1835〜1869

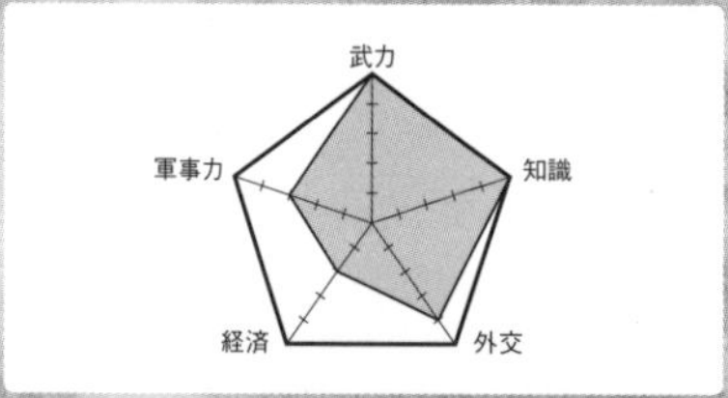

変名：内藤隼人
身分：隊士→幕臣
所属：浪士組→新撰組→甲陽鎮撫隊→蝦夷共和国
思想：佐幕・攘夷
関連事件：池田屋事件、禁門の変
鳥羽伏見の戦い、東北戦争
箱館戦争

紅い胴の二枚目剣士

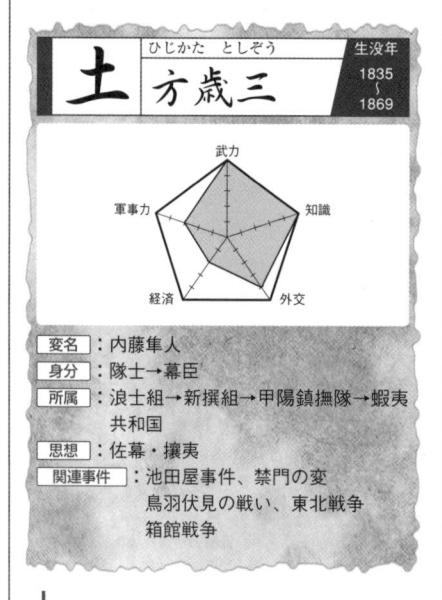

天保6年(1835)、土方歳三は多摩石田村に生まれている。実家は「石田散薬」という打ち身薬を売る裕福な農家だった。父親は生まれる前に死別しており、兄夫婦に養われたが、彼は姉・のぶの嫁ぎ先である佐藤家に入り浸っていた。

若き日の土方は、散薬の行商をしながら武州内の道場を渡り歩いていた。そのうちに天然理心流道場に出入りするようになり、以後の人生をともにする近藤勇と知り合ったのである。

試合の時は真紅の面紐を長く垂らし、紅い胴をつけていたというから、かなり自己顕示欲の強い人柄だったのだろう。またその剣法は我流であった。近藤が“剛剣”とすれば、彼の剣は型にはまらない“柔剣”だったのである。

よく知られていることだが、土方はまるで俳優のように容姿端麗で、身長は5尺5寸ほどもあった。そして大変な女好きだったとされる。これはごく若いころからのことで、丁稚の身で女性と恋仲になり、奉公に出ていた佐藤家に迷惑をかけたという話が残っているほどだ。

鉄の掟と「死番」

彼は浪士組に参加したが、当初はさほど目立つこともなく、ただ近藤につき従っていた。

しかし、芹沢一派を粛正して副長の座に就いた後は、隊内での権力を一手に掌握し、組織作りに励んでいる。

新撰組には「局中法度」という隊規があった。破るとただちに切腹が申し渡されるという非常に厳しい掟だが、この発布には土方が一枚噛んでいると思われる。

また、新撰組では戦闘時に一番に敵中に斬り込む者が決められており、これを「死番」と呼んだ。戦死する可能性がとても高いからである。死番は当番制だったが、こういった戦術を考案したのも土方ではないかといわれている。彼は他に隊旗のデザインも行っている。

鬼の副長

元治元年(1864)6月5日早朝、古高俊太郎が捕縛された。長州藩の動きを吐かせるため、ただちに厳しい拷問が開始されたが、彼はいっこうに口を割らない。

業を煮やした土方は古高を逆吊りにして、両足の甲から裏へ五寸釘を突き通し、先端に蝋燭を灯した。傷口に熱い蝋が流れ込み、たまらなくなった古高はたった1時間ですべてを自白したという。このことから、土方は「鬼の副長」というあだ名をもらうことになる。

尊皇派の計画は明らかになった。京都に火を放ち、混乱に乗じて天皇を拉致するつもりなのだ。新撰組はただちに行動を開始したが、これによって池田屋での惨劇が引き起こされた。宮部鼎蔵や吉田稔麿などの人材を一夜で失った倒幕派は、この事件で維新を大幅に遅らせたといわれている。

血塗られた陰謀

近藤が新撰組の顔役だとすれば、土方はその女房役であり、陰の支配者だった。彼が新撰組の暗黒面を担当していたといっても過言ではないだろう。土方に自覚があったかどうかは不明だが、嫌われ者という役割は組織のナンバー2に課せられた使命なのかもしれない。そんな彼の暗躍を物語るエピソードがある。

池田屋での一件以降、新撰組は隊士を増やし、最盛期を迎えていた。この時期には粛正も数多く行われているが、大方は土方が断行したものだった。

新参隊士の伊東甲子太郎は、知性派で隊内での人望も厚く、近藤にもかわいがられていた。しかし、彼は新撰組の本来のあり方とは違う思想を抱いていた。

土方は権力を握りつつあった伊東を新撰組から追い出し、残った伊東派を粛正した。

次に彼は、伊東に近づけておいた自らの腹心・斉藤一を使って罠を仕掛ける。談合と称して伊東を呼び出し、油小路で暗殺したのである。さらに屍を放置し、死体を引き取りに来た高台寺党員をも一網打尽にしてしまった。

粛正は新撰組を存続させる上で、必要不可欠な措置だった。汚い仕事をあえて引き受けた土方への評価は、我々が下すべきではないだろう。

死地を求める戦いへ

薩長連合の成立以後、幕府側は窮地に立たされることになった。その配下にある新撰組も例外ではない。

鳥羽伏見の戦い以後、新撰組は組織を建て直せないまま江戸へ落ち延びている。生き残りは雑兵を加えて甲陽鎮撫隊に改編されたが、戦況は悪化するばかりだった。部隊は流山に移陣するも降伏。数人で民家に潜むが、官軍に発見され、近藤は土方らを逃がすためにあえて投降した。そして、これが幼少時以来の親友との永遠の別れとなってしまったのである。また、敗戦後、結成以来の戦友である永倉新八らとも決別している。

土方はその後も会津、白河、仙台へと転戦した。ともに戦ってきた新撰組の古参メンバーは次々と戦死・投降していくが、彼はその屍を乗り越えるかのごとく北へ北へと進んでいったのである。

箱館に消ゆ

仙台で合流した榎本武揚軍に参加し、土方は蝦夷に渡った。ここで蝦夷共和国陸軍奉行並に命じられている。だが、もはや幕府はなかった。

箱館の五稜郭に立て籠る彼は、小姓の市村鉄之助に自分の写真、手紙、そして長らく愛用してきた銘刀和泉守兼定を手渡す。

遺品を託した彼は出陣した。

諸説あるが、土方歳三の死に関しては場所も状況も確定されていない。はっきりしているのは、明治2年(1869)5月11日に銃撃を受けて死んだことだけである。

榎本武揚以下蝦夷共和国首脳陣はその後に降伏し、明治政府の寛大な措置で、多くが生き延びている。だが、死の旅の途中で次々と仲間を失ってきた土方にとって、生き続けることは耐え難い屈辱だったに違いない。

一橋慶喜

➡徳川慶喜(とくがわよしのぶ)

人見《ひとみ》勝太郎《かつたろう》

生没年 1843～1922

変名：とくになし
身分：幕臣
所属：幕府遊撃隊→蝦夷共和国→政府
思想：佐幕
関連事件：鳥羽伏見の戦い、箱館戦争

天保14年(1843)、京都同心・勝之丞の子として生まれる。

慶応3年(1867)12月に遊撃隊に入り、翌年の鳥羽伏見の戦いに参戦した。その後は江戸に戻り、榎本武揚の艦隊に合流したが、考えるところあって木更津に上陸。ここで請西藩主の説得に成功、再生した遊撃隊に加わる。

遊撃隊は諸藩兵を吸収し、数百人に膨れ上がって館山に布陣した。その後、山岡鉄舟が説得に来たが応じず、箱根の関所を占拠している。本州での戦いに敗れた後は箱館へ脱走し、蝦夷共和国の松前奉行に着任した。

北海道では松前から木古内での激戦の中で負傷し、箱館五稜郭に籠城している。

赦免後、内務省や茨城知事を務め、後年には会社を設立した。

ヒュースケン

➡ヘンリー・ヒュースケン

平田篤胤《ひらた　あつたね》

生没年 1776〜1843

変名：とくになし
身分：国学者
所属：なし
思想：尊皇
関連事件：とくになし

出羽に生まれ、江戸に出て国学を独学で習得し、本居宣長の門人と称した。篤胤の国学は尊皇復古の色合いが強く、むしろ宗教に近いものがある。その思想は「平田派」と呼ばれ、幕末の尊皇思想の成立に大きな影響を与えた。水戸藩に接近したが相手にされず、幕府の命令で出羽・久保田に帰ることを余儀なくされ、そこで門人を育てた。

平田銕胤《ひらた　かねたね》

生没年 1799〜1880

変名：とくになし
身分：国学者・藩士
所属：秋田藩→政府
思想：尊皇
関連事件：とくになし

伊予に生まれ、江戸に出て国学者・平田篤胤の門に入り、その養子となる。

文久2年(1862)、藩士に取り立てられ、朝廷に接近した。また薩長勢力に接触を図ろうともしているが、これは失敗に終わった。朝廷内では岩倉具視と親しかったという。

維新後は神祇事務局、大教正などを歴任し、国家神道の発展に尽くした。明治天皇の侍講を務めたこともある。

広沢真臣《ひろさわ　さねおみ》

生没年 1833〜1871

変名：とくになし
身分：藩士
所属：長州藩→政府
思想：尊皇・攘夷
関連事件：第二次長州征伐

藩士・柏村安利の子として生まれ、波多野家の養子となり、波多野金吾と称した。

元治元年(1864)、尊攘家である彼は禁門の変のあおりを受け、俗論党によって投獄された。その後の政変で出獄し、政務役に取り立てられる。

慶応元年(1865)、藩命により広沢藤右衛門と改名し、兵助と称した。慶応2年(1866)の第二次長州征伐後、交渉に来た勝海舟と広島厳島で会見。休戦協定を結んでいる。

明治元年(1868)、新政府に入って参与となり、翌年には参議に進む。維新に対する賞典禄では、木戸孝允や大久保利通と同額の1800石を手にした。高杉晋作や伊藤博文、山県有朋がいなかったら維新史は確実に変わっていただろう。しかし、功績を認められたのは、長州では木戸と真臣だけだった。

明治4年(1871)1月、東京で愛妾と寝ていたところを暗殺された。犯人とその動機は未だ不明である。

今日において、木戸や大久保と同列の功績ありと評価された広沢真臣の名を知る者は少ない。

広沢安任《ひろさわ やすとう》

生没年 1830〜1891

変名	：とくになし
身分	：藩士
所属	：会津藩
思想	：開国
関連事件	：会津戦争

幼少より学問に励み、日進館では抜群の成績であった。24歳で江戸の昌平黌に学び、若干26歳で舎長となる。

佐久間象山とも交遊があり、箱館でロシア外交団の交渉員にもなったことがある開国論者だった。

藩主に従って京都入りし、藩公用方として各藩との折衝に活躍した。

戊辰戦争のころ、江戸に残って和平運動を行ったが、投獄される。イギリス公使館のアーネスト・サトウが助命運動をしなければ、死刑になっていたかもしれない。安任の学識の広さは内外によく知られており、おかげで命を落とさずにすんだのである。

会津藩は降伏後、下北半島の斗南藩《となみはん》に移されたが、彼はそこで小参事として活躍した。斗南藩解体後は政府から望まれたが仕官せず、開拓に専心した。

イギリス人2名を雇って、日本に西欧式大牧場を導入した。これが広沢牧場である。さらに太平洋と陸奥湾を直結する「陸奥小川原の開発計画」を提唱し、小川原湖運河工事にも着手した。

明治9年(1876)7月、天皇の東北巡幸時に、牛180頭と馬19頭を三本木原まで引き天覧に供した。

広瀬淡窓《ひろせ たんそう》

生没年 1782〜1856

変名	：とくになし
身分	：儒学者
所属	：なし
思想	：佐幕
関連事件	：とくになし

豊後日田に生まれ、筑前博多の亀井南冥に儒学を学ぶ。日田に帰って私塾・咸宜園《かんぎえん》を開く。塾では漢学を教えたが、門人には学問だけでなく労働も体験させた。試験による進級制度などの画期的な教育方式もあって評判を呼び、3000人もの門人がここで学んだ。その中には高野長英、羽倉簡堂、村田蔵六(大村益次郎)などがいる。

福岡孝弟《ふくおか たかちか》

生没年 1835〜1919

変名	：とくになし
身分	：藩士
所属	：土佐藩→政府
思想	：尊皇・佐幕→尊皇・倒幕
関連事件	：8月18日の政変、禁門の変 大政奉還、五箇条の御誓文

孝弟は土佐藩家老・福岡家の分家に生まれた。とがめを受けて蟄居した吉田東洋の塾に入門し、後藤象二郎や板垣退助らとともに師事している。

藩政に復帰した東洋は門人を取り立てて藩職に就けたが、孝弟も大監察として登用されている。

東洋が謀殺されると、後藤や板垣らと同様に辞職するが、文久3年(1863)に行われた藩論一新では藩主・山内豊範の御側役になっている。藩の重臣として江戸や京都を舞台に活動するが、倒幕の気運が高まる中、中岡慎太郎に感化され、藩の行く末を考えるようになった。雄藩の家老格が脱藩者の意見を聞くなど前代未聞だが、孝弟にはそんな柔軟さがあった。

その後は坂本龍馬とも親交を深めた。後藤とともに江戸に行き、大政奉還の建白書を幕府に提出するという大役もこなしている。

維新後は新政府に出仕して議事制度の確立に尽力し、由利公正と五箇条の御誓文の原案を起草した。由利案の第一条を加筆修正したのは有名。

彼は政府の顕職を歴任し、大正8年(1919)に85歳でこの世を去っている。

福沢諭吉《ふくざわ　ゆきち》

生没年
1834
〜
1901

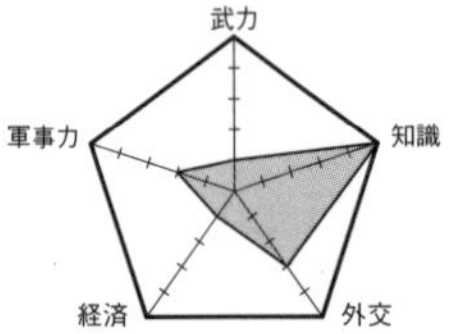

変名：とくになし
身分：藩士→幕臣
所属：中津藩→幕府
思想：開国
関連事件：咸臨丸派遣

門閥制度は親の仇

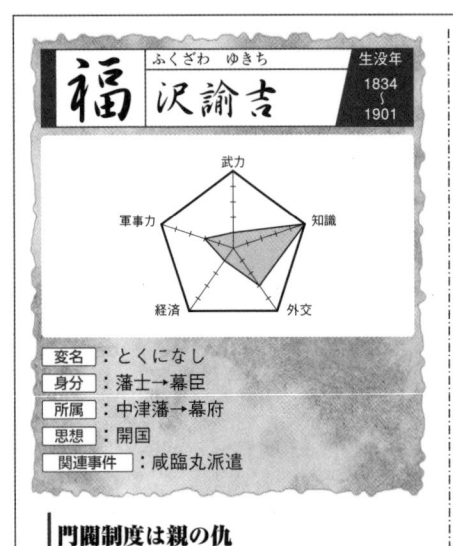

福沢諭吉は天保5年（1834）12月12日、大阪に生まれた。父・百助の身分は下級武士で中津藩の大阪蔵屋敷の経理を担当していたため、一家は大阪に住んでいた。百助は漢学などの教養に秀でた人物だったらしいが、身分のために低い官職に甘んじなければならなかった。

諭吉が生まれた時、父は息子を僧侶にしたいと家族に語った。武士は生まれた身分によって一生が決まっているが、僧侶は勉学に励めば出世も望めるという理由からである。

後にこのことを聞いた諭吉は父を絶望させた封建制度を憎み、「門閥制度は親の仇でござる」とまでいっている。

その父は諭吉が1歳半の時に病気で亡くなり、家族とともに九州・中津へと戻った。

反骨の少年時代

諭吉は白石常人という儒学者に漢学を学んだ。14歳で学びはじめたというから藩士の子弟としては遅い学問のスタートだった。しかし、上達は早かった。

少年時代の諭吉にこんなエピソードがある。ある日、彼は藩主の名前が書いてあった紙切れを何気なく踏んでしまった。これを見ていた兄が主君の名前を踏むとはけしからん、と諭吉を激しく叱った。その場では、彼は謝ったが、心の中では殿様の頭を踏んだわけでもないのにと思っていたという。忠義などの伝統的な考えを重んじる兄とは、あまり反りが合わなかったようだ。

諭吉はそんな中津での暮らしになじめず、都に出ることばかり考えていた。

適塾の諭吉

ペリーが来航してから世の中は騒然となり、兄は諭吉に西洋砲術を習得するためのオランダ語を学ぶことを勧めた。

そこで、諭吉は安政元年（1854）、長崎に留学する。ここでオランダ語の基礎を学んだが、居候していた家にいられなくなり、江戸で本格的に蘭学を学ぼうと東へと向かった。ところが途中で路銀が尽きてしまい、父の跡を継いで大阪に出てきていた兄のところに転がり込むしかなくなったのである。結局、彼は江戸行きをあきらめ、ここで蘭学を習うことにした。そして安政2年（1855）、緒方洪庵の適塾に入門したのである。

彼は3年ほど適塾で学び、後に塾長まで務めた。病気になった時に洪庵自ら診察してくれたこともあり、諭吉はすっかり洪庵に惚れ込んで勉学に励んでいる。書物を読む間にうたた寝するていどで、枕をして寝たことがなかったほどだった。

独学の英語

安政5年（1858）、諭吉は藩命によって江戸に出ることになった。中津藩は江戸の藩邸に蘭学の塾を開設しようとしたが、適塾の噂を聞き、諭吉を教師として招いたのである。彼は蘭学を教えたが、これが後の慶応義塾大学のもととなった。

江戸に赴任した諭吉は横浜に出かけた。当時の横浜には外国人居留地があり、そこで自分の語学力を試してみようと思ったのだ。しかし、横浜では英語ばかりが使われていて、オランダ語は通用しなかった。諭吉は英語の必要性を痛感したが、江戸に英語を教える先生はいない。それで横浜の商人から英蘭辞書を購入し、苦労して英語を独習した。

諭吉、洋行す

幕府はアメリカと修好通商条約を結び、その条約書の交換のため、使節を派遣することにした。これを聞いた諭吉は蘭方医の桂川甫周に、使節に同行させてもらえるよう頼んだ。桂川甫周は幕府の奥医師であり、軍艦奉行・木村摂津守喜毅の義弟である。甫周の推薦で、諭吉は木村の従者として使節に参加できた。

安政7年（1860）1月、勝海舟を艦長とする咸臨丸は米軍艦ポーハタンに同行して太平洋に乗り出した。航海中、船は大いに揺れたが、諭吉は元気に過ごしたという。

咸臨丸は37日間の航海の後、サンフランシスコに無事到着した。

一行はサンフランシスコで大歓迎された。諭吉も書物でアメリカについて知っているつもりだったが、実際に見聞すると珍しいことばかりだった。たとえば、彼は部屋に敷かれた絨毯の上を土足で歩く風習や、氷入りのシャンパンに驚いたという。

50日ほどの滞在の後、一行はハワイを経由して日本へと戻った。

今度はヨーロッパへ

帰国した諭吉は幕府の翻訳方として雇われた。英語ができるという理由だったが、まだまだうまくなかったので、幕府が持っていた書物を読んでさらに勉強したという。

文久2年（1862）、諭吉は通訳として幕府の欧州派遣使節に随行することになった。同行した役人の中には箕作秋坪、福地源一郎（桜痴）、松木弘安（寺島宗則）らがいた。

使節は1年近くかけてフランス、イギリス、オランダ、プロシア、ロシアを巡り帰国した。

諭吉はこの時、ヨーロッパの政治システム・情勢・文化などを自分の目と耳で確かめ、この貴重な体験をもとに『西洋事情』を出版することになる。

たとえば、政権内部で争っている人間同士がひとつのテーブルで酒を飲みながら食事するという姿があったが、何日かかけると、それが議会政治だと肌で理解できるようになった。こういった体験は当時の日本にいては得られない。諭吉の西洋に対する理解力は、国内にいた志士たちのそれをはるかに超えていたのである。

激動の時代の中で

帰国した諭吉の見たものは、攘夷運動に燃え盛る祖国の姿であった。この状況の中で彼が選んだ方法は「何もしないこと」であった。目立たないようにし、ひたすら翻訳と著述、後進の指導に励んでいた。中津藩の塾教師という立場を考えれば、いくらでも意見を述べることができたはずだが、諭吉はそれもしていない。

彼自身は「大君のモラルキ」、つまり徳川将軍による絶対主義を理想としていたようだが、その実現のために動くことはなかった。幕府は長州藩などに比べればはるかに開国的ではあったが、実はその根底には攘夷の精神があることを見抜いていたからだ。幕府が崩壊しても仕方ないと諭吉は考えていた。

元治元年（1864）、彼は幕府に召し抱えられて外国奉行翻訳方の役人となり、慶応3年（1867）には購入した軍艦の受け取りのために再び渡米した。しかし、基本的な態度は変わっていない。

明治を動かした「大平民」

元号が慶応から明治に変わる1868年、諭吉は御暇願を出して幕臣を辞し、塾の名前を慶応義塾と改めた。慶応義塾大学のはじまりである。

この時代にあってさえ、彼は時局と無関係な立場を取り続けた。上野で彰義隊と官軍が戦争している最中も、大砲の音を聞きながら講義をしていたほどである。

それでいながら、諭吉は著書『西洋事情』によって人々に強い影響を与えていた。これは慶応2年に初編、明治元年に外編、明治3年に二編が出版され、当時としてはベストセラーになった。日本全体は、この本によって攘夷から開国へと雰囲気が変わっていくのである。

明治政府は諭吉を何度も出仕させようとしたが、彼は頑固に拒み続け、死ぬまで「大平民」を通した。明治になってから著した『学問ノススメ』も大ベストセラーとなり、また明六社を作って啓蒙運動に尽くした。

明治34年（1901）、諭吉が没すると、平民議会である衆議院は彼に哀悼の意を表した。

福原越後《ふくはら えちご》

生没年 1815～1864

変名：とくになし
身分：家老
所属：長州藩
思想：尊皇・攘夷
関連事件：禁門の変

長州三家老のひとり。

は

文化12年（1815）、長州の支藩である周防徳山4万10石の藩主・毛利広鎮の子として生まれた。毛利宗家の永代家老・福原家を継いだ後は名を越後と改め、宇部領主となる。

元治元年（1864）兵を率いて上洛、禁門の変を引き起こす。しかし途中で負傷し、御所付近の戦いには加われなかった。

同年11月、出兵の責任を問われて切腹した。歌人としても才能があり、歌集『縁浜詠草』一巻を遺している。

藤田小四郎《ふじたこしろう》

生没年 1842〜1865

変名：小野贇男
身分：藩士
所属：水戸藩・天狗党
思想：尊皇・攘夷
関連事件：天狗党の乱

天保13年（1842）、水戸学の権威・藤田東湖の四男として生まれた。東湖には四男五女があり、小四郎ただひとりが妾腹であった。しかし彼は兄弟中もっとも秀才、早熟にして聡明だったという。

しかし、小四郎の従兄妹にあたる豊田芙雄女史の回述によると「鬼ごっこなどでは井戸の中に隠れたりして、ずいぶん危ないことをする人」だったそうだ。東湖も生前「自分が早く死んだら、あの子はまわりの手に負えないような男になるだろう」といっていた。

この危惧は現実となった。安政2年（1855）10月2日に起きた安政大地震によって、東湖は死んでしまったのである。

文久3年（1863）、藩主・徳川慶篤に随従して上洛。小四郎は藤田東湖の遺子として尊重され、桂小五郎（木戸孝允）をはじめとする尊攘志士らと交わり、帰藩後は水戸藩尊攘過激派の領袖となった。

そして元治元年（1864）3月、筑波山で水戸天狗党を決起挙兵した。これは水戸、長州、因幡、備前など東西諸藩共同で幕府に攘夷を迫るという計画の一環であった。

しかし、9月下旬の那珂湊《なかみなと》の敗戦で、天狗党の命運は尽きる。彼らは頼みとした慶喜からも見捨てられ、討伐の憂き目に遭うのだった。

10月に武田耕雲斎の軍と合流して西上するが、結局は加賀藩に降伏する。幕府の威光に汲々とする加賀藩は、天狗党一派を敦賀のニシン倉に押し込めた。

元治元年（1865）2月、小四郎以下四百数十名は敦賀で斬罪に処せられた。

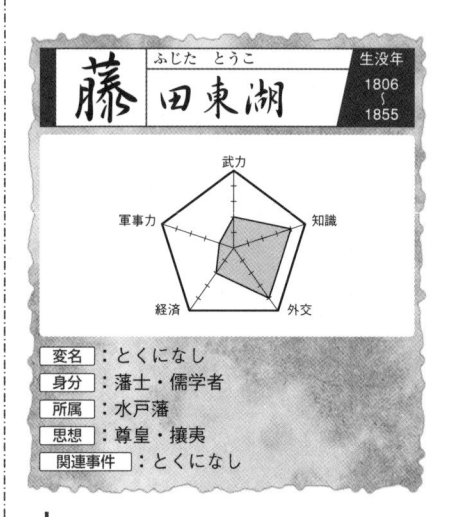

藤田東湖《ふじたとうこ》

生没年 1806〜1855

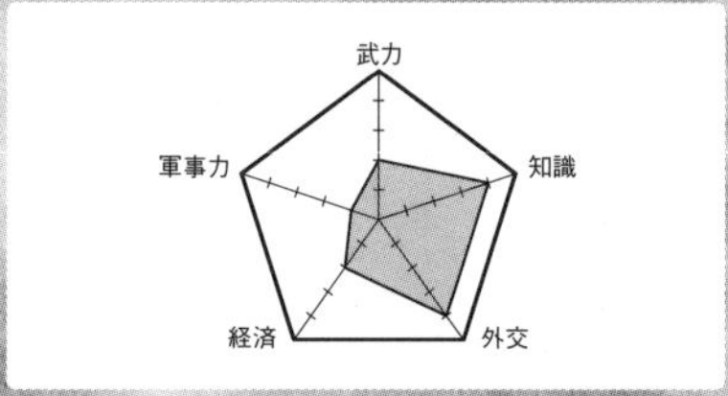

変名：とくになし
身分：藩士・儒学者
所属：水戸藩
思想：尊皇・攘夷
関連事件：とくになし

学閥・藤田家

東湖は水戸藩の学者・藤田幽谷の次男として水戸に生まれた。父は『大日本史』編纂に携わる彰考館の総裁として、水戸藩の学問の中心的な人物である。その父の影響を強く受け、早くから学問に親しんだ。文政2年（1819）には江戸に出て、亀田鵬斎と太田錦城に儒学を、岡田十松に撃剣を学んだ。

文政10年（1827）には藤田家を相続し、同時に父の私塾・青藍舎を継ぐ。そして2年後には彰考館の総裁代役を務めるようになった。激動の時代に生まれなければ、学問づくしの静かな一生を終えたはずの人物である。

栄光と没落

東湖は藩内では改革派に属しており、徳川斉昭を次代藩主にするための擁立運動に奔走した。そして後に斉昭が藩主になると、その片腕として重用されている。

郡奉行、江戸通事、側用人、弘道館懸などを歴任して藩政改革を行ったほか、藩主の命で『弘道館記』の草案を作成するなど、学問の分野でも活躍した。

　ところが弘化元年（1844）、幕府は寺院破却の罪で、斉昭を処断してしまう。この時、東湖も役職を取り上げられ、蟄居謹慎を余儀なくされた。

　この幽囚時代には『回天詩史』『和文天祥正気歌』『弘道館記述義』など著作に励んでいる。

　嘉永2年（1849）、斉昭の藩政参与が認められると、東湖の謹慎生活も緩和され、私塾での講義が認められた。しかし藩政への復帰は許されず、しばらくは門弟の教育に励んだ。

広まった水戸学

　ペリーの来航をきっかけに斉昭が海防参与になると、東湖も海岸防禦御用掛に任ぜられた。彼は、再び主君の片腕として働く機会を得たのである。緊迫する情勢の中、東湖は斉昭をよく補佐した。また蟄居期に書いた数冊の本が、この時期に大人気を博し、尊皇攘夷運動に大きな影響を与えた。

　彼の思想は尊皇愛国の「正気」を高く保ち、日本の独立を守り抜こうというものであった。これに志士たちは感銘を受け、東湖と水戸学は広く世間に知られるようになったのである。

突然の死

　名声が上がると、東湖のところには志士が集まってくるようになった。とくに彼は橋本左内、佐久間象山、西郷隆盛らと親しく交流したという。

　これからの活躍が期待されていた東湖だが、安政2年（1855）10月2日、突然の災難に見舞われる。江戸全域を大地震が襲ったのだ。小石川の藩邸にいた東湖は、倒壊した建物の下敷きになって死んだ。享年50歳だった。

藤田幽谷《ふじた　ゆうこく》

生没年 1774〜1826

変名：とくになし
身分：藩士・儒学者
所属：水戸藩
思想：尊皇・攘夷
関連事件：とくになし

　水戸の古着商の家に生まれ、立原翠軒に学ぶ。水戸の彰考館に入り、士分に取り立てられた。文化4年（1807）、彰考館総裁の地位に就く。郡奉行も務め、民政に尽力した。

　著書としては『正名論』があり、国学と儒学を混合させた水戸学を確立した人物である。その門下からは、会沢正志斎など水戸の尊皇攘夷派が数多く出た。

　藤田東湖は彼の次男である。

プチャーチン

➡エウフェミィ・ヴァシリエヴィチ・プチャーチン

船越衛《ふなこし　まもる》

生没年 1840〜1923

変名：とくになし
身分：藩士
所属：芸州藩→政府
思想：尊皇・攘夷
関連事件：第一次長州征伐、戊辰戦争

　幼いころから藩校で学び、武術は細氏（鉄腸斎）について修めた。父・寿左衛門は勘定所詰であったが、安政4年（1857）に冤罪《えんざい》で閉門を命じられている。その間に父から大きな影響を受けたらしい。

　嘉永6年（1853）、攘夷論が盛んになると、同志と相談して脱藩計画を立てた。辻維岳が上京する機会にともに上京。公卿や諸藩有志と交わり、本格的な尊皇攘夷運動に身を投じていくが、幕府の尊攘家取り締まりの直前に帰藩を命じられ、広島に帰って危機を逃れている。

　衛の名前が諸藩に知られるようになったのは、第一次長州征伐の時である。彼は幕府と長州藩の調停役として働き、とくに薩長から重んじられた。

　戊辰戦争では、倒幕軍総督・久我通久の参謀として参加し、奥州を転戦。その功績により賞典禄を与えられ、明治以降は政府高官を歴任した。

は

古屋佐久左衛門《ふるや　さくざえもん》

生没年 1833〜1869

変名：とくになし
身分：幕臣
所属：衝鋒隊→蝦夷共和国
思想：佐幕
関連事件：箱館戦争

筑後御原郡に生まれる。嘉永4年(1851)に脱藩し、江戸に出て幕臣を務める古屋家の養子になった。英語に堪能で、『歩兵操練図解』という本も翻訳している。

慶応4年(1868)、衝鋒隊を率いて会津で戦い、敗戦後は榎本艦隊の北上に従って蝦夷に渡った。

明治2年(1869)5月11日の激戦にて負傷、治療を受けたが、そのかいなく死亡した。

ペリー

➡マシュー・カルブレイス・ペリー

ヘンリー・ヒュースケン

HENRY HEUSKEN

生没年 1832〜1861

身分：外交官
所属：米国
関連事件：日米通商条約
ヒュースケン殺害事件

オランダのアムステルダムに生まれ、嘉永6年(1853)にアメリカはニューヨークに移住、帰化して米国籍を得る。

安政2年(1855)、ハリスの書記兼通弁官に採用され、以来、アジアを飛び回るハリスと行動をともにしている。ハリスいわく「食べること、飲むこと、眠ることだけは忘れないが、その他のことはあまり気にしない」25歳の若者であった。

当初、日本では蘭語しか通じなかったため、蘭英独仏語をこなすヒュースケンは交渉の仲介役として、各国の外交官などから非常に重宝・厚遇された。後に米公使館初代書記官に昇進し、ハリスの代理として幕府との直接交渉もこなした。

「本日、馬を1頭入手。(中略)日本に来て、まず下男を雇った。今度は馬持ちだ。この調子だと、自分の馬車を持って皇帝の娘に結婚を申し込むことにもなりかねない」日記にこう書き記すくらいに、ヒュースケンは上機嫌だった。

文久元年(1861)、江戸・芝の赤羽橋付近にあったプロシア使節の宿舎から帰宅途中のことである。彼は麻布付近で突然に攘夷派浪士の襲撃を受けた。両脇腹に受けた傷は深く、彼は絶命した。

ヒュースケンの亡骸は麻布光林寺に埋葬され、幕府は補償金として銀1万ドルを彼の母親に支払った。犯人はわからずじまいだったが、後に薩摩藩士・伊牟田尚平ら7名と判明している。

この事件は大きな反響を呼び、外国公使たちはただちに江戸を引き払って横浜に移ったという。

星恂太郎《ほし　じゅんたろう》

生没年 1840〜1876

変名：とくになし
身分：藩士
所属：仙台藩・額兵隊→蝦夷共和国
思想：佐幕
関連事件：箱館戦争

陸奥仙台藩にある神社の家に生まれる。

尊攘派と開国派による藩内抗争が激化すると、家臣・但木土佐の暗殺を謀った。これに失敗したため、元治元年(1864)に脱藩。その後は横浜に出て、アメリカ人ヴァン・リードから西洋兵学を学んだ。

慶応4年(1868)、仙台藩で額兵隊が組織されると帰藩し、その隊長となった。額兵隊は洋式銃隊であったため、洋兵学を修めた恂太郎の経験が買われたのである。

会津では藩が降伏するまで戦い、その後は新撰組、彰義隊、幕府遊撃隊らとともに船で蝦夷に渡り、土方歳三の指揮下に入った。

戦後まで生き残り、開拓使として出仕した後、北海道で製塩業を興した。

細川斉護《ほそかわ なりもり》

生没年 1804〜1860

変名：とくになし
身分：藩主
所属：肥後藩
思想：佐幕→尊皇
関連事件：とくになし

肥後支藩の宇土藩主・細川立之の長子として誕生。文政元年(1818)、父の死によって家を継ぎ、立政と名乗る。

さらに文政9年(1826)、宗家である肥後熊本藩に男子がなかったので、藩主・細川斉樹の養子となって家督を相続し、12代藩主となった。この時、名を斉護に改めている。

彼が藩政を担当している間は災害や凶作が続き、また財政も困窮していた。その借財は80万両以上、年々3万石が不足したといわれている。

そんな状況の中、弘化4年(1847)に天草警備を命じられ、金のかかる海防を強いられた。さらに嘉永6年(1853)、本牧と相模の警備も任される。

しかも藩内部にあっては、実学党と学校党の対立に苦しめられた。斉護は実学党の長岡是容を支持しながらも、藩上層部に強い影響力を持つ学校党との軋轢に苦慮していた。

細谷十太夫《ほそや じゅうだゆう》

生没年 1840〜1907

変名：とくになし
身分：藩士
所属：仙台藩・衝撃隊
思想：佐幕
関連事件：東北戦争

天保11年(1840)、陸奥国仙台に生まれる。50石の下級武士ながら、20歳で郡役人となった。両親を早くに亡くしていたが、性格は豪胆にしてあらゆる武器の技に長じた戦闘のエキスパートだった。

戊辰戦争勃発と同時に偵察方に転じた彼は、慶応4年(1868)5月、江戸事情を探るために、郡山まで出てきた。そこで白河口における仙台藩の敗北を聞いて憤慨し、衝撃隊を組織することにした。

掛田の善兵衛や桑折の和三郎など、顔見知りの博徒を郡山で誘い、須賀川に移動。そこで妓楼・柏木屋を借り切って「仙台藩細谷十太夫本陣」と大書きして兵を集めた。

この時に集まった隊員は57名で、当初は変装しての情報収集を主任務としていたが、やがてさまざまなゲリラ活動をするようになった。

制服は黒の筒袖、黒の小袴、紺の股引、脚絆、紺の足袋、紺の鉢巻きで統一し、もっぱら夜襲を行った。

こうして衝撃隊は、官軍から「鴉組《からすぐみ》」の異名で恐れられるようになる。彼らは転戦する先々で地元の博徒を味方につけ、神出鬼没に活躍したのである。

奥羽の降伏後は加美郡に潜伏したが、明治2年(1869)4月に佐幕派狩りが行われると逆に仙台に潜入し、民衆の保護を受けながら活動を続けた。

明治10年(1877)の西南戦争では官軍として転戦。日清戦争まで従軍した。

後年の十太夫は、林子平の墓所がある仙台市の伊勢堂下龍雲院住職となり、明治40年(1907)5月、68歳で死亡した。

堀田正睦《ほった まさよし》

生没年 1810〜1864

変名：とくになし
身分：老中・藩主
所属：幕府・佐倉藩
思想：開国
関連事件：日米通商条約、将軍継嗣問題

水野忠邦の推薦で老中となったが、天保の改革に失敗し、老中を罷免される。安政2年(1855)、今度は阿部正弘の要請で老中首席となる。

外国御用取扱としてハリスと交渉し、通商条約の締結を決意。安政5年(1858)に条約の勅許を求めて上洛したが、朝廷の強い抵抗にあってこれに失敗。大老・井伊直弼の政敵ということもあって、罷免と謹慎の処分を受けてしまった。

ま

前原《まえばら》一誠《いっせい》

生没年 1834〜1876

変名：米原八十槌、米原直蔵、米原誠蔵
身分：藩士
所属：長州藩→政府→殉国隊
思想：尊皇・攘夷→尊皇
関連事件：長州征伐、戊辰戦争、萩の乱

厚狭郡船木村大組の佐世彦七の子として生まれ、24歳で松下村塾に入門。

幕末期には、久坂玄瑞や高杉晋作らと行動し、倒幕運動に尽力した。長州に逃れてきた三条実美ら尊攘公卿の用掛と右筆を務めたことで知られ、戊辰戦争では北越軍参謀となって戦った。

明治元年（1868）以降は越後府判事として、新潟にて占領地行政に携わっている。松下村塾随一の原理主義者として知られた一誠は、有能な行政官として多くの事業を行おうとした。

しかし、政府は財政難を理由に彼の計画を却下。人々に仁政を敷くことを夢見ていた一誠だが、ここにきて新政府に失望し、故郷の萩へ戻った。

明治4年（1871）1月9日の夜半、辞職から4か月後のことである。自宅に6発の銃弾が撃ち込まれた。幸い命に別状はなかったが、犯人は不明であった。

一誠は木戸孝允の義理の甥にあたるが、維新後は仲たがいしていた。このため、彼は黒幕を木戸と断定し、仇敵視するようになった。彼のまわりにいる萩の士族たちも維新後の藩閥政治に不満を抱いており、決起を促した。また政府側も、不平士族を侍らせるような一誠の行動に疑惑を抱きはじめる。

明治9年（1876）、九州にて神風連の乱と秋月の乱が発生した。これに呼応した一誠も殉国隊を率いて萩に挙兵する。地租改正、対露対韓政策、士族冷遇、政府高官の腐敗などに対する批判を掲げた反乱だった。

彼は500余名を率いて山陰へ進んだが、残してきた家族が虐待されていると聞き、負けるのを承知で引き返している。

こうして反乱は鎮圧され、12月3日、一誠は斬罪に処せられた。斬られる直前「これまでよくがんばったなあ」と、自分の身体をいたわったという。身を病みながらも、国事に奔走した一生であった。

真木《まき》和泉《いずみ》

生没年 1813〜1864

変名：浜忠太郎
身分：神官
所属：長州諸隊総督
思想：尊皇・攘夷
関連事件：寺田屋事件、8月18日の政変
禁門の変

文化10年（1813）、筑後国久留米に、水天宮神官・真木旋臣の長男として生まれる。11歳で神官職を相続、保臣《やすおみ》と名乗った。

弘化元年（1844）、水戸に遊学し、水戸学の重鎮・会沢正志斎に会って尊皇攘夷思想を啓蒙された。帰国後は久留米天保学連を結成して藩政改革を唱えたが失敗、10年の幽閉に遭う。しかし、この間『大夢記』や『義挙三策』を著し、倒幕運動の理論的指導者となった。

文久元年（1861）に脱藩。翌年、島津久光の上洛に呼応して挙兵を謀るが、寺田屋事件によって不発に終わり、禁固刑を受ける。その後、佐幕派家老・有馬《ありま》監物《けんもつ》を批判して、またも禁固。生涯に3度の幽閉を経験した。

文久3年（1863）、京都に出て学習院御用掛となるが、8月18日の政変で七卿に従って長州へ下る。

元治元年（1864）7月、長州藩主の依頼を受け、諸隊総督として進発。禁門の変を引き起こす。

この後に朝廷の追訴を受け、同志16人とともに山崎天王山にて自刃を遂げた。享年51歳。彼が神官を務めた水天宮には、真木神社が建てられている。

牧野《まきの》忠恭《ただゆき》

生没年 1824〜1878

変名：とくになし
身分：藩主
所属：長岡藩
思想：佐幕
関連事件：鳥羽伏見の戦い

天保9年（1838）、牧野忠雅の養子となり、11年（1840）には従五位下玄蕃頭に叙任され、安政5年（1858）になって家督を継いだ。

文久2年（1862）3月に寺社奉行、8月には京都所司代となったが、情勢悪化に危機を感じ、「東北の一小藩の任には耐えられず」として翌年6月にこれを辞した。

しかし、9月には老中に上げられ、外国事務管掌を担当して外交談判の中心人物になっていく。

しかし、これも荷が重すぎるとして、慶応元年（1865）4月には辞した。

「北陸の雄」とあだ名された河井継之助を発掘し、藩政改革に起用したことで知られる。

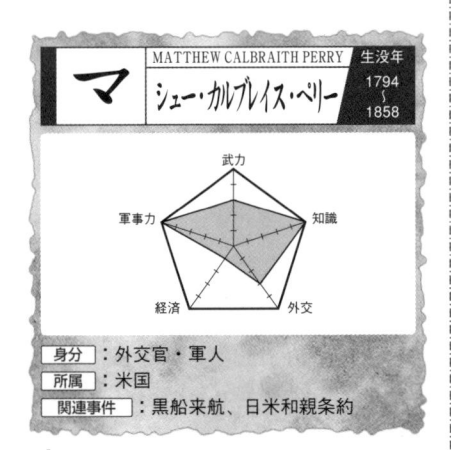

マシュー・カルブレイス・ペリー

MATTHEW CALBRAITH PERRY

生没年 1794〜1858

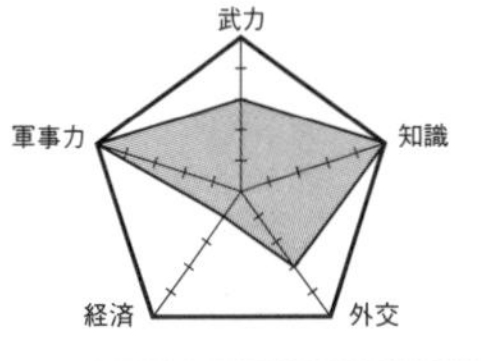

身分：外交官・軍人
所属：米国
関連事件：黒船来航、日米和親条約

超エリート軍人

寛政6年（1794）4月10日、米国ロードアイランド州にて、米国海軍大佐クリストファー・ペリーの三男として生まれる。父親は厳格な海軍至上主義者であり、ペリーも海軍軍人になることを前提に育てられた。

文化6年（1809）、海軍に入隊した彼は、先に入隊していた兄のオリバー・ペリーの指揮する艦に配属された。

文化9年（1812）の英米戦争に参加したペリーはめざましい活躍を認められ、翌年に大尉に昇進。国民的英雄となった兄とともに、その名を米国中に知らしめたのである。

この後、西インド諸島にて海賊討伐、地中海遠征、ロシア遠征と世界各地で活躍し、順調に出世コースを突き進んだ。ちなみに兄のオリバーは地中海に派遣された後、ベネズエラの特使に昇進したが、文政2年（1819）に黄熱病で死んでいる。

特にロシア遠征でのペリーの活躍はすばらしく、ロシア海軍からも一目置かれるほどだった。ロシア側は彼を自軍の将軍として招こうとまでしたという。

日本へ

基地司令に任命されたペリーは海軍の近代化を強く訴え、海軍工兵隊や海軍兵学校などの大改革を行い、ただの戦争屋でないことを周囲に知らしめた。

天保8年（1837）、英雄となった彼に、米海軍初の蒸気機関船フルトン号が与えられた。ペリーはこの船を運用して、軍艦としての能力や利用価値を確かめた。この時の的確なデータ収集能力から「蒸気船海軍の父」とまで呼ばれている。

彼が世界をまたにかけての活躍を続けているうち、米国内ではアジア各国との国交を開けとの世論が高まりはじめた。

当初は海軍准将J・オーリックが司令官に任じられたが、ペリーが適任だという意見が多く、急遽、司令官の交替が発表された。このことからも、ペリーの識見と能力がいかに高く評価されていたかがわかるだろう。

嘉永5年（1852）、彼は准将に昇格し、東インド艦隊を率いて、日本遠征に出発した。その目的は日本と国交を持ち、通商条約を結ぶことだった。

黒船襲来

大統領からの訓令には「日本人との条約交渉には断固とした決然たる態度が必要だが、なるべく平和的な手段にとどめるのが望ましい」とあった。

これは難題である。ペリーは日本に関する文献を漁ったり、情報を集めるなどの準備を進めた。

旗艦以下3隻を率いるペリーは香港から琉球、小笠原諸島に寄港した後、嘉永6年（1853）7月、最終目的地である浦賀沖に到着した。

ペリー艦隊は「黒船」と呼ばれた。黒船来航は、天下泰平の日本を大きく揺さぶり、幕末の動乱の火種を振りまいた。

「泰平の眠りを醒ます正喜撰《じょうきせん》、たった四杯で夜も眠れず」……当時の混乱ぶりを表した狂歌である。飲むと興奮して夜も眠れなくなるというお茶の正喜撰と、蒸気船をかけた言葉だ。

日米和親条約締結

幕府は江戸湾からの撤退を要求したが、ペリーはこれを拒否し、最高位の日本人役人との面会を要求した。しかし、幕府との交渉は先が見えず、結局、久里浜でフィルモア大統領の国書を浦賀奉行に渡し、翌年に返事を聞きにくると告げて、中国方面へと引き上げた。

そして半年後の翌嘉永7年（1854）2月、今度は7隻の軍艦を率いて再び江戸湾にやって来たのである。

幕府ではこの半年間、米国艦隊を追い返す方法はないかと考え、広く公募した。しかし「江戸湾に堤防を作って封鎖する」とか、「江戸湾全体に筏を浮かべ、ペリー艦隊もろとも火の海に包む」とか、「艦隊にこっそり近づき、船底に穴を開けて沈没させる」など、あまり効果の期待できないアイデアしか集まらなかった。

度重なる交渉要求に対し、幕府は明確な答えを出さず、しびれを切らして相手が去るのを待つ策に出たが、さすがに通じず、しぶしぶ応じざるを得なかった。

そして、ついに3月31日、米国と幕府との間で日米和親条約（神奈川条約）が締結された。日本は長きに渡る鎖国から、開国への一歩を踏み出したのである。

旅を終えて

和親条約で決められたことは「下田と箱館の開港」、「石炭と食料の供給」、「米国人遭難船員の救助と保護」、「領事駐在の約束」などで、米国が望む通商条約は結べなかった。このため、帰国したペリーは厳しく非難された。

こうなることを予測していたのか、彼は遠征中に本国に琉球と小笠原諸島占領の打診をしている。だが、日本開国を目指す政府は、ペリーの意見を却下してしまった。

安政2年（1855）1月、ペリーは政府からの要求で、全三巻に渡る『日本遠征記』を記した。この中で彼は、日本の経済大国化や日米間による通商競争を予言している。これは現代になって、ペリーの鋭い洞察力を物語る逸話となった。

益田右衛門介《ますだ うえもんのすけ》

生没年 1833～1864

- 変名：とくになし
- 身分：家老
- 所属：長州藩
- 思想：尊皇・攘夷
- 関連事件：8月18日の政変、禁門の変

天保4年（1833）、毛利家永代家老・益田元宣の子として生まれた。吉田松陰に兵学を学んだこともある。

文久3年（1863）、京都にて天皇の攘夷親征を画策。勅命は下ったが、後に七卿落ちとも呼ばれる8月18日の政変で朝議が一変する。京を追い出された彼は勤皇の公家を連れて長州へ帰った。

翌元治元年（1864）、禁門の変を引き起こし、11月には国司信濃、福原越後らとともに切腹を命じられた。彼らは長州征伐を回避するため、恭順の証として幕府へ供じられた生贄である。

増田虎之助《ますだ とらのすけ》

生没年 1836～1881

- 変名：とくになし
- 身分：藩士
- 所属：肥前藩→政府
- 思想：尊皇
- 関連事件：戊辰戦争、箱館戦争

天保7年（1836）、佐賀生まれ。

慶応4年（1868）8月、軍務官に就任。翌月には東征軍大総督府参謀試補となって、戊辰戦争時に、二本松や仙台に出陣、同年12月に軍務官裁判事として東京に勤務した。

明治2年（1869）、海軍参謀に就任し、3月に政府軍諸艦を率いて品川を出港した。同月26日、宮古湾沖で蝦夷共和国海軍と戦った。さらに4月18

日、山田市之丞の指揮下に入り、弘前藩兵を率いて松前へ進軍している。

戦後は兵部権大丞や神祇省七等などに任じられ、明治5年(1872)11月に海軍少佐となり、1年後に中佐に昇進。免官後の明治14年(1881)、45歳で死亡した。

松浦松洞《まつうら　しょうどう》

生没年 1837～1862

変名：とくになし
身分：絵師・志士
所属：なし
思想：尊皇・攘夷
関連事件：とくになし

苗字は「まつら」と読むこともある。天保8年(1837)、萩松本村の魚屋に生まれ、亀太郎と名づけられた。幼いころから神童との評判が高く、絵画に長じていた。萩で師匠についた後、京に出て四条派・小田海僊《おだかいせん》に学ぶ。

その後、安政3年(1856)、松下村塾に入った。この時、吉田松陰より松洞の号をもらっている。師から「才あり、気あり、一奇男子なり」と評され、その耳目として働いた。

安政6年(1859)5月、安政の大獄で捕まった吉田が江戸に送還される時、その姿絵を描いている。今日、見ることができる吉田の肖像画は松洞によって描かれたものだ。

文久2年(1862)4月、京の粟田山の山村で自刃した。

松岡四郎次郎《まつおか　しろうじろう》

生没年 1836～?

変名：とくになし
身分：幕臣
所属：幕府→蝦夷共和国
思想：佐幕
関連事件：箱館戦争

天保7年(1836)幕臣の子として江戸に生まれ、フランス式軍隊・一聯隊の隊長として、品川より榎本と同行する。

明治元年(1868)11月、兵200を率いて二股口の間道から進軍するが、江差で新政府軍の来攻に遭い、五稜郭に退いた。翌年5月の新政府軍総攻撃の時は、主将として防戦にあたった。

降伏後、明治5年(1872)の特赦で出獄。開拓使などを務め、明治13年(1880)に三井物産の支店が開設された時に支店長として北海道に赴任。以後は後志国岩内の炭鉱経営などに参画した。

松岡磐吉《まつおか　ばんきち》

生没年 ?～1871

変名：とくになし
身分：幕臣
所属：幕府→蝦夷共和国
思想：佐幕
関連事件：咸臨丸派遣、箱館戦争

韮山代官・江川太郎左衛門の家士で、安政3年(1856)に長崎の幕府海軍伝習所入りした。卒業後は御軍艦組・軍艦役へと進み、安政7年(1860)、遣米使節団の随行船・咸臨丸に乗り組んだ。

慶応4年(1868)8月、榎本艦隊の品川脱出に軍艦・蟠竜の艦長として同行する。翌年3月の宮古湾奇襲作戦では、回天や第二回天とともに出撃したが、荒天で機関が故障して脱落した。

新政府軍の総攻撃があった明治2年(1869)5月11日、この時も蟠竜を操って交戦。この時、砲手・永倉伊佐吉が放った一弾が敵船硝煙庫を直撃し、敵艦・朝陽を沈没させた。その後も善戦し、船体が砕けて機関が停止すると浅瀬に乗り上げさせて火を放ち、味方のいる弁天砲台に合流した。この活躍が共和国軍最後の勝利であった。

降伏後、東京の獄舎に送られたが、取り調べ中の明治4年(1871)、獄中にて病死した。

松平容敬《まつだいら　かたたか》

生没年 1806〜1852

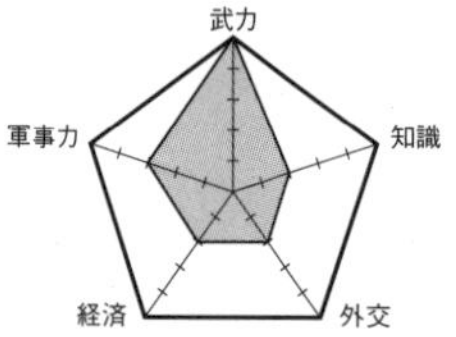

変名：とくになし
身分：藩主
所属：会津藩
思想：佐幕
関連事件：とくになし

文政4年(1821)2月、兄・容衆の養子となり、同年4月21日に会津藩主となり、正四位下侍従兼肥後守に叙任される。

政務には31年間携わり、その間、藩政改革と民治に励み、藩校・日新館の充実と学問の奨励を図った。彼の努力は、その後の会津の文化レベルを一段と高める原動力となった。

また弘化4年(1847)2月より会津藩が房総海岸の防備にあたることになった時には、これをきっかけに洋式の軍備を整えている。

松平容保《まつだいら　かたもり》

生没年 1835〜1893

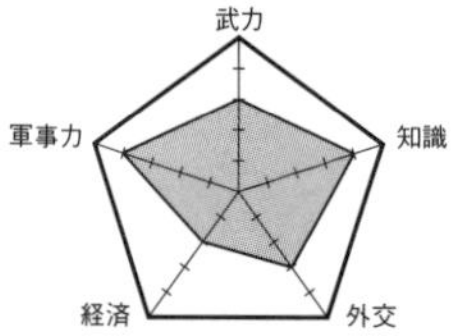

変名：とくになし
身分：藩主
所属：会津藩
思想：尊皇・佐幕→佐幕
関連事件：桜田門外の変、8月18日の政変
禁門の変、会津戦争

紅顔の美少年

松平容保は、美濃国・石津郡高須の松平義健《よしたつ》の六男として生まれ、幼いころから美少年として知られていた。

彼は12歳の時、伯父にあたる会津藩主松平容敬の養子となっている。会津松平家には男子がおらず、容敬の娘・敏姫の婿として会津に迎えられたのだった。

容保は若いころから朱子学者の山口闇斎《あんさい》に師事して儒学や禅学を修め、神道や国学にも傾倒したというから、藩の後継者としては最適な人材だった。

彼が第9代藩主の座に就いたのは弱冠18歳の時で、初めて政治的手腕を振るったのは桜田門外の変の事後処理においてだった。事件の責任を問われた水戸藩と幕府の間に入って、細やかな調停を行ったのである。水戸藩は容保の取りなしによって取り潰しを免れている。

押しつけられた重責

文久2年(1862)ごろ、世には尊皇攘夷の嵐が吹き荒れていた。薩摩藩の島津久光が藩兵を率いて上洛したのが、大きな原因のひとつである。久光自身の目的は幕政改革であったにもかかわらず、攘夷を叫ぶ志士たちはこれに呼応して京に集結してしまった。

無法者が集まったために京の治安は乱れ、辻斬

りなども横行した。そこで京を守る治安部隊が編成されることになった。当初、この部隊の統括者には越前福井藩主・松平慶永が推されたが、最終的に松平容保に白羽の矢が立ったのである。

会津藩家老の西郷頼母は「薪を背負って火中へ飛び込むようなものだ」と、容保の上洛に大反対した。この仕事を引き受けた者は、朝廷と幕府の板挟みとなって苦しみ、双方から恨みを買うことになる。ましてや攘夷論の盛んな時代である。長州などの急進派雄藩からも攻撃を受けるだろう。

容保も病気を理由に役職を辞退しようとしたが認められず、京都守護職という重責を押しつけられる形となった。

反幕勢力との対立

容保は当初、平和的な手段で攘夷派を押さえようとしたが、成果ははかばかしくなかった。足利将軍の木像の首が三条大橋に晒されるという事件を知った彼はついに激怒し、攘夷派を徹底的に弾圧しはじめる。主従関係を尊ぶ容保にとって、幕府を愚弄する者は許し難い存在だったのだろう。

文久3年(1863)、彼は将軍警護のために上洛していた浪士組の残党を配下に加えている(これが新撰組のもとになった)。さらに翌年には、剣術家を集めて京都見廻組を結成させた。その中には新撰組の姿もあり、攘夷派の志士たちを震え上がらせ、一時的にせよ京の平和は取り戻された。

蛤御門の武力衝突

同年8月18日、攘夷派弾圧の最終計画が実行された。朝廷内の公武合体派勢力が、攘夷派を都から排除することにしたのである。これには会津だけではなく、薩摩なども協力した。

会津藩を率いる容保は兵を率いて御所に通じる道を封鎖し、長州藩兵の侵入を防ごうとした。

計画が成功して攘夷派が閉め出されると、すぐに朝議が開かれる。攘夷派公卿は官位を剥奪され、長州藩関係者は京から追い出される形となった。7人の有力公卿が処断されたために、この事件は「七卿落ち」として後世に知られている。

以後、攘夷派は混乱、分裂し、吹き荒れる嵐もやんだかに見えた。しかし、翌元治元年(1864)に池田屋事件が起こると、激昂した志士によって京都への進軍がはじまる。

これまでの多大な功績によって、孝明天皇から絶大な信頼を受けていた容保は徹底弾圧を叫ぶ。

会津藩は御所の九門のひとつ、蛤門で長州軍と激しく戦い、これを破った。会津軍との戦闘で、長州軍は全滅に近い損害を受けて退却したという。

この武力衝突事件は「禁門の変」というが、蛤御門の戦闘が一番激しかったため、蛤御門の変とも呼ばれている。

落日

慶応2年(1866)、その後の歴史に大きく影響をおよぼす転機が訪れる。それまで会津と協力体制にあった薩摩が長州と手を結んだのである。加えて将軍交代、孝明天皇崩御などの事件が続き、国内のパワーバランスは大きく崩れた。そして、慶応4年(1868)に至ると、薩摩、長州、土佐をはじめとする雄藩連合の力は幕府と同等以上となっていたのである。

大政奉還とともに京都守護職を罷免された容保は徳川幕府最後の将軍慶喜を守るため、弟の定敬とともに大阪城入りした。そして、薩長連合が守る京都へ、旧幕府勢力を率いて進軍を開始したのである。戊辰戦争のきっかけとなる鳥羽伏見の戦いはこうしてはじまった。

鳥羽伏見の戦いでは、容保は慶喜につき従っていたため、戦中に慶喜が大阪を脱出した時にも、これに伴い江戸に戻り、活躍の機会はなかった。

その後、江戸城無血開城の結果、彼は会津に更迭され、これを機に会津藩主の座を養子の喜徳《よしのり》に譲っている。

主人なき忠臣

江戸開城によって、戦いは終結したかに見えた。しかし、鳥羽伏見の戦いの首謀者である会津藩・庄内藩を討たんとして、新政府軍はさらなる戦いを開始した。

容保は事態を予測し、すでに臨戦体制を整えていた。江戸を去る時に分け与えられた城内の大砲や新式銃、軍資金などを持ち帰り、オランダ武器商エドワード・スネルから武器弾薬を購入している。さらにエドワードの兄であるヘンリー・スネルを軍事顧問に据え、兵制改革をも行った。藩兵を年齢別に玄武隊、青龍隊、朱雀隊、白虎隊などの歩兵隊に分割し、遊撃隊、砲兵隊、娘子軍、正奇隊、奇勝隊ほかの支援諸隊も結成させた。

さらに会津藩は、立場を同じくする出羽庄内藩と同盟を結ぶのに成功している。

最後の決戦

着々と準備を進めていた容保だが、新政府軍は破竹の勢いで進撃してきた。当時、会津藩兵は禁門の変の活躍などから最強とうたわれていたが、官軍の装備する新式の兵器には太刀打ちできなかったのだ。

奥羽列藩はことごとく降伏していき、会津はついに最後の拠点となってしまったのである。

明治元年(1868)9月、官軍は会津若松に入り、籠城戦となった。この時点で会津藩の兵力は5000、官軍は3万だった。城は毎日のように砲撃を受け、ひどい時には3000発もの砲弾が降り注いだという。火の海となった市街を見た容保はこれまでと悟り、同月20日に降伏勧告を受け入れた。

城内からは、布きれを縫い合わせて作った白旗が振られたと伝えられている。まともな白布はすべて包帯に使用されており、残っていなかった。1か月にもおよぶ籠城で食料は尽き、城兵たちは「土塀を湯に溶かして食らう」ほどに追い詰められていたという。

武士としての生き方

容保はもともと穏健派だったと思われる。それに、孝明天皇の寵愛を受け、御所を死守したことを考えれば、決して朝廷を軽んじていたわけでもない。しかし、徳川幕府の忠臣という立場から、彼は佐幕派として生きるしかなかったのだ。会津藩が朝敵として征伐を受けたのもいいがかりであり、実権を握った薩長首脳の個人的な恨みと見る意見さえある。

戦後、容保は紀州藩での永禁固という処分を受けたが、明治5年(1872)には許された。以後は、孝明天皇から賜った書簡を納めた筒を首から下げ、維新についてはいっさい語らなかったという。明治26年(1893)12月5日、58歳で没した。

松平《まつだいら》権十郎《ごんじゅうろう》

生没年 1838〜1914

変名：とくになし
身分：家老
所属：庄内藩・新徴組
思想：佐幕
関連事件：とくになし

庄内藩・中老の子に生まれ、文久3年(1863)に中老になり、12月には新徴組取締に命じられた。

新徴組とは、もともと清河八郎が組織した浪士隊のことである。部隊を仕切っていた清河の死後、新徴組と名前を変えて庄内藩預かりとなったのだ。市中を見回る佐幕警備部隊ということでは、江戸版の新撰組といえるかもしれない。

ちょうどこのころ、倒幕を狙う相楽総三が江戸市中で騒ぎを起こしていた。幕府寄りで知られる庄内藩邸への発砲事件を知った権十郎は、新徴組に加えて各藩の手勢を繰り出し、三田の薩摩藩邸を襲撃、焼き討ちした。

彼は幕政でも改革派を処断し、慶応3年(1867)3月には家老に就任している。

大政奉還の後、徳川慶喜が水戸に蟄居すると、新徴組、藩士、各家族は庄内藩へ帰郷した。

しかし、庄内藩が官軍に敗北した後、新徴組の構成員は、後田山の開墾を強制され、権十郎もこの時、開墾事業総取締を務めた。

松平《まつだいら》定敬《さだあき》

生没年 1846〜1908

変名：とくになし
身分：藩主
所属：桑名藩
思想：佐幕
関連事件：禁門の変、鳥羽伏見の戦い
長州征伐、戊辰戦争

美濃国高須藩主・松平義建の七男。後に急死した桑名藩主・松平猷の養子となり、14歳で家督を相続した。また彼は、会津藩主・松平容保の実弟でもある。

元治元年(1864)に京都所司代となり、京都守護職の容保とともに京の治安維持に努めた。同年、禁門の変で活躍し、孝明天皇から鞍一具を賜っている。

慶応4年(1868)、鳥羽伏見の戦いでは将軍慶喜を護衛して、海路を江戸城に逃げ帰った。そのころ主君を欠く桑名藩では、義弟の定教を立て、城を政府軍に明け渡している。

官位を奪われた定敬は主戦論を唱えたが受け入れられず、横浜で雇った外国汽船に乗って所領の越後柏崎に上陸し、政府軍と交戦した。

その後は会津へ走り、籠城を決意するが、兄・容保の勧めで米沢藩に向かう。しかし会津も米沢も降伏したため、仙台から榎本艦隊に合流し、箱館・五稜郭で最後の戦いに参加した。

定敬の身を心配した桑名藩は、酒井孫八郎を現地へ向かわせて服罪を説いている。翌、明治2年(1869)、降伏した彼は死罪を免じられ、津藩に永固の身となる。その後、明治5年(1872)には許された。

松平《まつだいら》太郎《たろう》

生没年 1839〜1909

変名：とくになし
身分：幕臣
所属：幕府→蝦夷共和国→政府
思想：佐幕
関連事件：鳥羽伏見の戦い、箱館戦争

旗本の子として江戸に生まれる。

鳥羽伏見の戦いの時には陸軍奉行並に出世しており、慶喜脱出後の大阪城から御用金18万両を回収し、軍艦・富士山丸にて移送を行った。その後、フランス軍事顧問団とともに主戦論を唱え、箱根決戦を画策したが慶喜の反感を買い、陸軍奉行を罷免された。

明治元年(1868)、榎本武揚らとともに箱館に上陸し、選挙で副総裁の座に就く。榎本の女房役として内部調整に奔走し、榎本の「洋才」に対する松平の「和魂」と称されて人気を博した。

明治2年(1869)5月の総攻撃では箱館奪回指揮官として奮戦したが、果たせなかった。

明治5年(1872)の特赦の後、開拓使5等出仕で箱館在勤となり、明治12年(1879)、外務省出仕としてウラジオストックに駐留した。

松平《まつだいら》猷《みち》

生没年 1834〜1859

変名：とくになし
身分：藩主
所属：桑名藩
思想：佐幕
関連事件：とくになし

先代藩主・松平定和の長男として生まれ、天保12年(1841)、父の没後に遺領を継ぐ。この時の彼は8歳だった。

桑名藩は天保13年(1842)の大豊作のおかげで、一時的に豊かになった。しかし弘化年間以降は幕府から沿岸や京都の警備などを申しつけられ、出費を強いられた。このため、財政的に苦しい立場に立たされることになったのである。このように弱体化した藩は、幕末維新の激動期に際し、時代の主導権を握ることはできなかった。

折しも黒船の来航や各種条約の締結問題などで、幕府や諸藩は大揺れ状態だった。桑名を切り盛りする猷も時代に翻弄され、思うように政治を行えなかった君主のひとりである。彼は安政6年(1859)、26歳という若さで江戸にて急死した。

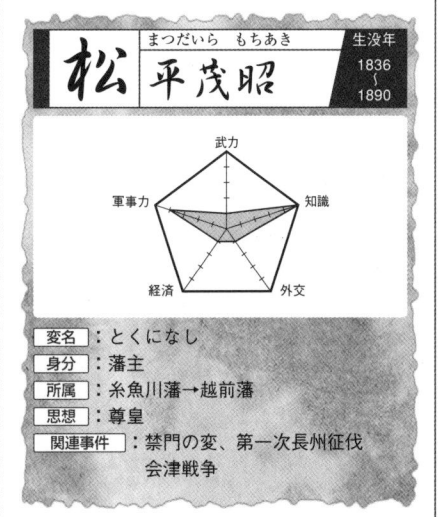

ま

松平《まつだいら》茂昭《もちあき》

生没年 1836〜1890

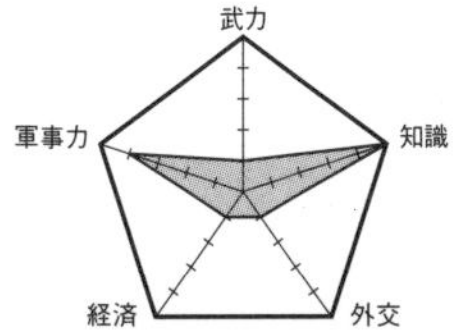

変名：とくになし
身分：藩主
所属：糸魚川藩→越前藩
思想：尊皇
関連事件：禁門の変、第一次長州征伐
会津戦争

糸魚川藩主・松平直春の長男として生まれ、安政4年(1857)に家督を相続する。

安政5年(1858)、政争に負けて隠居させられた越前藩主・松平慶永の後を受け、幕府の命で越前藩主となった。この時、名を直廉から茂昭へ変えている。それまで1万石取りだったが、いきなり約40万石の主になった幸運な人物である。

ちなみにこれ以後の越前では、藩民の名に「茂」の字を使うことを禁止し、それまで茂を使っていた者は代わりに「藻」の字を使うよう強制した。

しかし先代の慶永が大物だったため、越前の有力家臣らは茂昭に見向きもしなかった。藩主でありながら、彼は浮いた存在であったという。

元治元年(1864)、禁門の変では自ら兵を率いて上洛するも途中で病に倒れ、引き返している。同年の第一次長州征伐では副総督に任ぜられて出陣、続く第二次長征時ではまた病に倒れて参加できなかった。

慶応4年(1868)の戊辰戦争では会津討伐を命じられたが、やはり病で出動せず、藩兵のみを派遣した。

翌年にこれまでの功を認められて賞典禄1万石を受け、知事に任ぜられている。

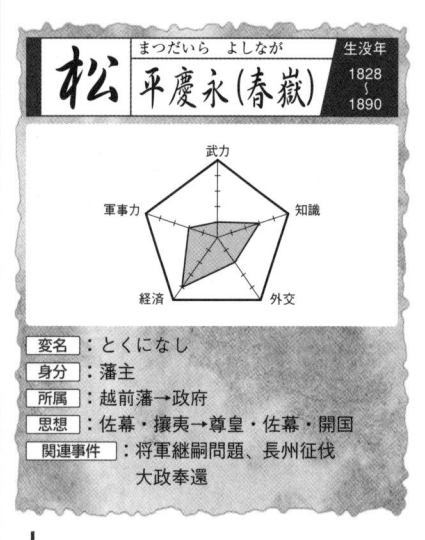

松平《まつだいら》慶永《よしなが》(春嶽)

生没年 1828～1890

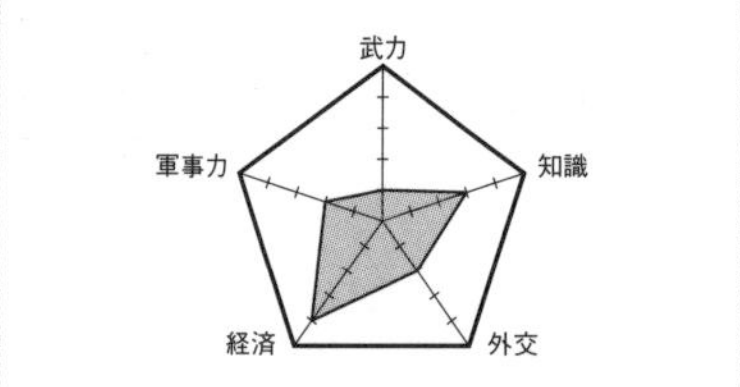

変名：とくになし
身分：藩主
所属：越前藩→政府
思想：佐幕・攘夷→尊皇・佐幕・開国
関連事件：将軍継嗣問題、長州征伐、大政奉還

厳格な家柄

文政11年(1828)9月2日、江戸城内田安邸で生まれる。田安家は徳川親族のひとつで、将軍を輩出する名門として知られていた。

ただし、経済的にはそれほど裕福ではなく、倹約質素の家風もあって、幼い慶永は厳しくしつけられたという。

慶永の1日のスケジュールは以下のようなものであったと記録されている。

朝6時に起床、書物の素読に専念し、10時ごろに朝の挨拶をすませ、昼食まで諸芸の稽古。午後は習字、2時からは自由時間だったが、邸外への自由外出は許されなかった。

彼は特に読書を好み、また筆まめだった。書籍を借りてきては会心の部分を丹念に筆写したという。この習慣は、生涯に渡って続けられている。

第16代越前藩主

天保9年(1838)の春、慶永11歳の時、越前松平家への養子縁組が決まった。そして先代藩主・斉善の死没後に家督を継ぎ、16代藩主となって、江戸常磐橋の越前藩邸に移った。元服後に決まった号を「春嶽」というが、名前の慶永よりこの春嶽のほうがむしろ通り名として有名だ。

彼は中根雪江や橋本左内など賢才を登用し、早々と藩政改革に取りかかっている。

開国論

嘉永6年(1853)、ペリーが浦賀に来航したころの慶永は激情的な攘夷派だった。しかし安政3年(1856)までに世界情勢の総合的判断を行った結果、攘夷は不可能と判断。その言動を慎重かつ冷静に開国論へと変化させている。

当時の世の中では尊皇攘夷論が幅を利かせていたから、かなり先見の明があったというべきだろう。

配下の中根雪江や橋本左内も慶永と同意見で、熱心に献策した。安政4年(1857)の幕府の外国方策下問に対しても、越前藩は積極的な開国論を答申している。慶永の行動は、朝廷の岩倉具視の関心を引き、また薩長には維新意識を決意させた。政治家としては押しが弱かったため、あまり活躍しなかったように思われているが、慶永は幕末の賢侯のひとりに違いなかったのである。熟友である土佐藩主・山内容堂は「一橋慶喜の英明、松平慶永の誠実、それに私の果断を加えて、天下のことを決めよう」といったが、それほどの実力者として認められていたのだ。またその誠実さと率直さは、周囲から愛されるものだった。

誤解された先覚者

開国論を掲げる慶永は、当初は朝廷をはじめとする尊攘派から攻撃され、朝敵、国賊、佐幕兇党などと呼ばれた。また越前と薩摩が友好関係にあったことから、幕府も慶永を疑った。将軍の一族でありながら幕府転覆を謀る者と誤解したのである。彼の考え方はまだまだ一般には理解され難いものだった。

ただ水戸の徳川斉昭、薩摩の島津斉彬、幕府老中・阿部正弘などは先進的な思想を理解し、慶永の味方となっている。特に島津、阿部は慶永と互いに交流するうちに、公武合体論を完成させていった。

将軍継嗣の争い

嘉永から安政年間には、将軍継嗣問題が表面化しはじめたが、この時に慶永は一橋慶喜の後援者となった。一橋慶喜は次期将軍にふさわしい人材だったし、また慶永の実家・田安家と一橋家は数代に渡って密接な関係を持っていたためである。

しかし、大老となった井伊直弼の反撃で、慶永ら一橋派は辛酸を舐めることになった。安政5年（1858）、井伊の独断による日米通商条約調印に怒りを覚えた一橋派の実力者たちは、江戸城に押しかけ登城して抗議するも受け入れられず、逆に後日になって、井伊によって処罰されてしまう。慶永もこの不時登城事件に連座し、隠居謹慎を命じられた。ちなみに次の越前藩主には、糸魚川支藩の松平直廉（後の茂昭）が就任している。

同年10月14日以降、慶永は通称として春嶽を名乗るようになった。霊岸島別邸に閉門された彼は、そこから出ることや文通も禁じられ、世間から切り離された状態となった。

出馬と転落

文久2年（1862）5月7日、島津久光が朝廷に大赦を建議したおかげで勅旨が下され、慶永は幕政に参加できることになった。幕府も雄藩との妥協融和路線を選んだのである。

当初の慶永は5年に渡る幽閉で意気消沈しており、閣老（幕府の老中）らもこれを助ける努力をしていなかった。島津に出馬を懇請され、越前藩顧問になっていた横井小楠の進言を受けた彼は、やっと重い腰を上げる気になったという。

彼は一橋慶喜と協力して、公武合体と近代化を念頭に置いた幕政改革を断行した。急激な改革に不満の声も多かったが、そうした攻撃はすべて政治顧問・横井小楠が受け止めた。

しかし一橋慶喜との対立が起こり、公武合体計画が行き詰まるようになると、慶永は政治的立場を失って失脚した。一方、越前藩では攘夷論が沸騰し、藩をあげて上洛する意見も出たが、帰藩した彼はこれを何とか押しとどめている。

第一次征長軍出立

しかし、またも情勢は一転する。文久3年（1863）5月の下関戦争、7月の薩英戦争の惨敗で、薩長両藩が攘夷から開国派に転向したのである。京都でも8月18日の政変で、公武合体派が天下を取った。

こうして、かねてより公武合体を唱えていた慶永の上京と参政が切望されるようになったのである。

彼はなおも攘夷を叫ぶ朝廷を説得し、また御所に銃弾を撃ち込んだ長州藩を征伐することにした。この第一次征長軍の総督に尾張前藩主・徳川慶勝を、副総督には越前藩主・松平茂昭を抜擢している。この第一次長州征伐戦は、戦火を交える前に長州が降伏して終結した。

第二次征長軍敗北

慶応2年（1866）、尊攘派が再び勢力を盛り返したため、幕府は再度の長州征伐を画策したが、これは大失敗だった。

薩長が手を結んだことで幕軍は敗北し、しかも雄藩四侯は慶永ひとりをつまはじきにして、新政権樹立計画を進めたのである。

自藩の保身や利益を考える雄藩四侯と対照的に、慶永は頑固なまでに公武合体のみを考えていた。彼は政治家ではなく思想家だったのだろう。内戦を避け、滅びようとする幕府を存続させるには、もはや大政奉還しかない。ただちに検討が進められたが、慶永にとって、それは最後の手段であり、なるべくなら実行したくない策であった。

賢者の苦悩

将軍慶喜が大政奉還を行えば、維新は平和的に成立するはずだったが、これも裏切られた。生贄の血を望む雄藩と、意固地に幕府を援護する佐幕派……それぞれに言い分はあるだろうが、とにかく戊辰戦争がはじまってしまう。この時点で慶永にできることは、ただただ徳川一族の存続懇願だけだった。

明治になって、彼は議定などを歴任したが、新政府のやり方には当初から大きな不満を持ち、明治3年(1870)にはすべての公職を辞している。以後、死ぬまでの20年間は著述に専念した。

松本奎堂《まつもと けいどう》

生没年 1831〜1863

変名：とくになし
身分：藩士→志士
所属：三河刈谷藩→天誅組
思想：尊皇
関連事件：大和義挙

天保2年(1831)、三河に生まれる。生家の印南家は刈谷藩の家老を務めたこともある名門だった。18歳の時、槍の稽古中の事故で左眼を失った。さらに片足が不自由だったという説もある。

風采の上がらない小柄な男だったが、昌平坂学問所に学んで頭角を現し、特に詩作に才を発揮。また三味線も得意だったという。

一時は刈谷藩の藩政に携わったが、脱藩し、名古屋や大阪で私塾を経営した。

文久3年(1863)、天誅組を結成してその総裁となり、同年8月に大和五条の代官所を襲撃した。しかし8月18日の政変で攘夷派が追放されると、大和の十津川郷へ立て籠った。

彼が死亡したのは9月25日のことである。敵兵を前にして自刃したという説と、高取城へ突撃中に胸に2発の弾丸を受けて戦死したという説がある。

間部詮勝《まなべ あきかつ》

生没年 1804〜1884

変名：とくになし
身分：老中・藩主
所属：幕府・鯖江藩
思想：佐幕
関連事件：安政の大獄

罷免された堀田正睦の後任として老中に起用され、井伊直弼の政治を補佐。

安政5年(1858)9月に京都に入り、長野主膳や酒井忠義とともに京都における安政の大獄の実行者となり、朝廷を恐怖に陥れた。しかし水戸藩の処分を軽減するよう主張したため、安政6年(1859)12月に老中を罷免された。このためか、安政の大獄の実行者でありながら、明治の世まで生き延びた。

仏典に通じ、詩文を好み、書画、馬術、剣技などに優れた人物だったという。

三浦啓之助《みうら けいのすけ》

生没年 1848〜1877

変名：とくになし
身分：隊士
所属：新撰組
思想：佐幕
関連事件：とくになし

本名は佐久間恪次郎。開国派の知識人として知られた佐久間象山の子息であり、勝海舟の甥にあたる。

元治元年(1864)の秋、啓之助は勝の口添えで新撰組に入った。同年に暗殺された父の仇討ちをするためである。

身分は平隊士ではあったが、このような経緯で入隊した彼は別格の扱いを受けていた。しかし、啓之助は亡父に似て傲慢な性格をしており、隊規を乱した。それで粛正されそうになり、隊士の芦屋登とともに脱走している。故郷の信州に戻ったが、罪がばれて松代藩の獄舎に繋がれたらしい。

明治に入ると、またもや勝海舟の紹介で西郷隆盛に預けられ、2年後に上京。福沢諭吉の慶応義塾に入ったが、明治10年(1877)に29歳で急死している。新撰組隊士としてはかなり変わった人生を歩んだ男といえるだろう。

箕作阮甫《みつくり げんぽ》

生没年 1799～1863

変名：とくになし
身分：蘭方医・幕臣
所属：津山藩→幕府
思想：佐幕・開国
関連事件：日米和親条約、日露和親条約

津山藩医であり、藩主に従って江戸に出て、宇田川玄真に蘭学を学ぶ。天保10年（1839）、幕府天文方に雇われる。嘉永6年（1853）には川路聖謨とともに長崎でロシア使節と、さらに日米和親条約締結の時にアメリカ使節と応対した。蕃書調所の教授を経て、文久2年（1862）には幕臣として取り立てられた。

箕作秋坪《みつくり しゅうへい》

生没年 1825～1886

変名：とくになし
身分：儒学者・蘭学者・幕臣
所属：津山藩→幕府
思想：佐幕・開国
関連事件：とくになし

津山藩の儒者の家に生まれた。江戸に出て箕作阮甫に学ぶ。箕作省吾亡き後、阮甫の養子となる。

安政6年（1859）、蕃書調所教授手伝。文久2年（1862）の幕府遣欧使節に随行。帰国後、幕臣となる。慶応2年（1866）、小出大和守のロシア行きに随行。

明治政府から招かれたが受けず、明治6年（1873）に福沢諭吉らと明六社を作る。明六社の解散後、文部省で師範学校の基礎を築いた。福沢諭吉の友人。

箕作省吾《みつくり しょうご》

生没年 1822～1847

変名：とくになし
身分：蘭学者
所属：なし
思想：佐幕・開国
関連事件：とくになし

仙台藩士の子として生まれる。江戸で箕作阮甫に入門し、弘化元年（1844）、阮甫の娘と結婚して養子となった。地理学に通じ、吉田松陰に世界の知識を伝えた人物である。

水泳中に死亡したが、その才能と早い死が世間から惜しまれた。

三野村利左衛門《みのむら りざえもん》

生没年 1821～1877

変名：とくになし
身分：商人
所属：なし
思想：とくになし
関連事件：とくになし

利左衛門は文政4年（1821）11月10日生まれとされているが、前半生については不明な点が多い。伝えられている話では、父・木村松三郎は出羽庄内藩水野家の家臣だったが、わけあって浪人となり、幼い利左衛門を連れて諸国を放浪したという。

若き日の利左衛門は、江戸で住み込み奉公をしていたが、25歳で紀伊国屋美野川利八の婿養子となった。当時の紀伊国屋は砂糖菓子を扱う小さな商家だったが少しずつ店を大きくし、嘉永5年（1852）に両替屋の株を購入した。このころから大商家の三井家と交流をはじめ、営業担当者として破格の待遇で迎え入れられた。ここで姓名を三野村利左衛門に改めている。

その商才を発揮して三井家の中枢に食い込んだ利左衛門は、井上馨、伊藤博文など新政府の要人と交流し、数々の事業計画を成功に導いた。そして明治9年（1876）、組織改編成った三井銀行の総長代理副長に指名された。彼は他企業に先んじて欧米先進諸国の経済制度を取り入れ、日本経済の改革に大きな役割を果たした。

壬生《みぶ》基修《もとなが》

生没年 1835～1906

変名：万治修一郎
身分：公家
所属：朝廷→政府
思想：尊皇・攘夷
関連事件：和宮降嫁、8月18日の政変
会津戦争

8月18日の政変で京都を追われた七卿のひとり。和宮降嫁の際、公武合体派の公家を失脚させるなどの活動をし、文久3年(1863)には国事寄人となる。8月18日の政変で失脚、王政復古によって新政府に参与として加わる。会津戦争では越後口総督として参加。戦後は東京府知事など地方官を歴任した。晩年には貴族院議員も務めている。

宮島《みやじま》誠一郎《せいいちろう》

生没年 1838～1911

変名：とくになし
身分：藩士
所属：米沢藩→政府
思想：尊皇
関連事件：戊辰戦争

窪田梨渓の門で学び、若くして藩校の助教となる。江戸藩邸に勤め、また全国各地を遊歴して見聞を広めた。

戊辰戦争において、誠一郎は当初から反薩長的会津藩救済運動が時勢的に不利と判断していた。江戸にいた彼は故国の主戦派の行動を抑制し続け、同時に朝廷や長州にかけ合って出兵の中止を求めていた。

奔走の甲斐あって、戦争は回避されたかに見えた。しかし、列藩同盟はこれを信じず、また官軍参謀・世良修蔵の暗殺が実行されてしまったため、彼の努力は水泡に帰したのだった。

明治の世になってから政界入りし、いくつかの功績を残している。

宮部《みやべ》鼎蔵《ていぞう》

生没年 1820～1864

変名：とくになし
身分：藩士
所属：肥後藩
思想：尊皇
関連事件：黒船来航、8月18日の政変
池田屋事件

上益城郡七滝村で宮部春吾の長男として生まれる。家業は医者だったが継がず、叔父について山鹿流兵法を学び、嘉永3年(1850)に藩の兵法師範役に任じられた。

嘉永4年(1851)、家老・有吉頼母立道に従って上京し、吉田松陰や東北の志士と交流した。帰国後は林桜園に入門して、国典を学び、尊攘思想に染まっていく。黒船来航時に再び出国、吉田松陰の密航事件に際して幕府から尋問を受けた。

安政2年(1855)に水前寺で実弟と弟子らが乱闘事件を起こし、その責任を取って辞職、七滝村に隠居した。

文久2年(1862)から肥後の勤皇運動の興起に努め、8月18日の政変では三条実美ら七卿とともに長州に逃れている。その後すぐに上京し、三条小橋池田屋で同志と会合中、新撰組に襲われる。これが池田屋事件である。彼は奮戦したが力およばず、自刃して果てた。

椋梨《むくなし》藤太《とうた》

生没年 1805～1865

変名：とくになし
身分：藩士
所属：長州藩
思想：佐幕
関連事件：長州征伐

文化2年(1805)、藩士・椋梨次郎佐衛門の子として萩城下に生まれた。学識を認められ、50石の中堅藩士から江戸方の右筆(書記官)となった。保守派の第一人者・坪井九右衛門の直系として派閥を組み、村田清風や周布政之助など革新派と対立し、藩の実権を奪い合った。

元治元年(1864)の9月ごろに長州征伐の動きを

知り、革新派に対して血の粛正を決行。周布を自決させ、家老らを切腹させた。すべて幕府に恭順の意を表し、征伐の取りやめを願うためだった。

高杉晋作のクーデターによって失脚。逃亡するも捕らえられ、慶応元年(1865)5月に斬首された。

藤太は極悪人とされ、その名は長州維新史から抹殺されている。だが、彼が手がけた天保の改革に関する功績は評価されるべきだろう。維新における長州の働きを支えたのは、藤太らが藩政改革によって増やした財力に他ならない。

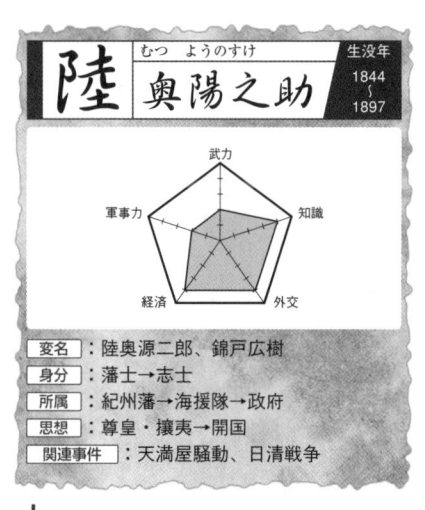

陸奥《むつ》陽之助《ようのすけ》

生没年 1844〜1897

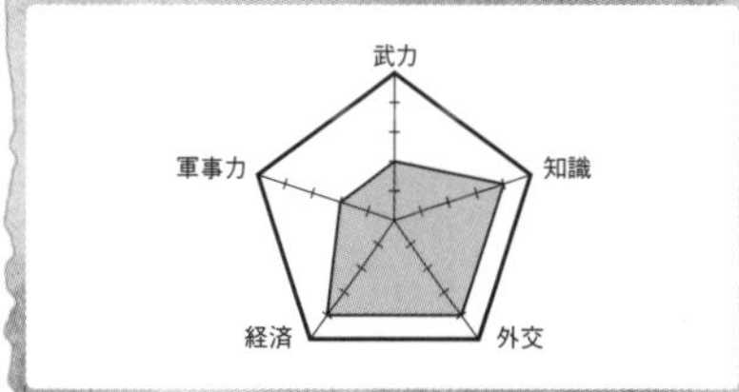

変名：陸奥源二郎、錦戸広樹
身分：藩士→志士
所属：紀州藩→海援隊→政府
思想：尊皇・攘夷→開国
関連事件：天満屋騒動、日清戦争

名門の悲劇から勤皇活動へ

陸奥陽之助は伊達宗広の第六子として生を受け、小二郎と名乗った。伊達家は紀州和歌山藩の名家で、当主の宗広も藩の勘定奉行や寺社奉行などを務める藩財政の重鎮であった。しかし、嘉永5年(1852)の藩内政争に巻き込まれて失脚し、改易処分を受けている。陽之助が10歳にも満たないころのことだった。

陽之助は江戸に出て、苦労しながら勉学に励んだ。儒学者の安井息軒や水本成美に学んだのが15歳の時である。

江戸で苦学する陽之助をよそに、宗広と兄の五郎は文久2年(1862)に紀州を脱藩して京都に入り、中川宮や姉小路公知らを担ぐ尊皇攘夷志士として活動している。

陽之助も翌年にこの活動に加わり、坂本龍馬と出会った。この出会いが彼の人生を変えた。以後、陽之助は龍馬と行動をともにしている。

龍馬は多くの浪士たちを神戸海軍操練所に誘っていたが、陽之助もこの年のうちに入所している。

前歴を考えれば当然だが、陽之助はよほど紀州藩を憎んでいたらしい。土佐脱藩浪人と偽り、伊達姓を陸奥に変えて、陽之助(源二郎説もある)と名乗った。この変名については、龍馬の配慮によるものかもしれない。

亀山社中から海援隊へ

陽之助は才気煥発で弁が立ち、鋭い頭脳を持っていたが、小生意気で口の悪いところがあり、やや攻撃的な性格であった。しかし、龍馬は陽之助の才を愛し、常に身近に置いたという。

海軍操練所が閉鎖された後、陽之助は龍馬とともに長崎に出て、亀山社中を興す手伝いをした。社中ができてからは商務担当としてその能力を発揮し、組織が海援隊になってもそれは変わらなかった。

後年に名外相としてその手腕を発揮した陽之助だが、この時期は交渉役の近藤長次郎や秘書役兼書記官の長岡謙吉と一緒に龍馬を支える柱として働いている。

彼の商才は龍馬も認めており、社中の取引の一切を任されていた。「両刀を廃しても食っていけるのは君とわしだけだ」と語ったと伝えられ、遺された手紙の中にも、「金銭のことで陽之助が了承したことはすべてその通りにしろ」とまで書かれている。

陽之助も龍馬の期待に応え、商事に関する意見書を書いている。内容は、商取り引き上の為替制度や損害保険制度の提案であり、職務ごとによる事業部形式を説いている。龍馬がこれを喜んだのは想像に難くない。

紀州藩への復讐

慶応3年(1867)11月15日、龍馬暗殺の悲報が伝えられるや、在京していた陽之助はすぐさま現場に駆けつけた。しかし臨終には間に合わず、遺体と無言の対面となった。陽之助の心中は察するにあまりあるが、復讐を誓ったのは間違いない。

龍馬暗殺の下手人については、佐々木唯三郎ら京都見廻組というのが現代の定説だが、当時の状況や龍馬の活動から他の説もある。

その中に、いろは丸沈没事件に対する報復説があり、陽之助もこれを信じた。蒸気船いろは丸沈没事件の経緯に恨みを持つ紀州藩士・三浦休太郎が、新撰組の助けを借りて行ったというものだ。

新撰組は龍馬暗殺を狙う最右翼の集団だし、紀州藩は陽之助が憎む対象である。彼は三浦を黒幕と断定し、行動を開始した。

同年12月7日。陽之助は陸援隊や十津川郷士の同志と謀って、三浦と新撰組を宴席で強襲した。この事件は天満屋騒動として知られている。

陽之助は16人を率いて乱入、宴席にいた十数人と合わせて30人以上の大乱闘となったが、結局、三浦は軽傷ですんでいる。この後、陽之助は海援隊を離れた。

カミソリ外相

その後、鳥羽伏見の戦いに従軍した陽之助は、大阪で英国公使パークスと会談して外交問題などを語り、岩倉具視に開国通商の献策を行った。

岩倉は陽之助を新政府に登用。外国事務局権判事に任命し、当時頻発していた外国人関係の事件や対外商務問題などを処理させている。世に知られる外相・陸奥宗光の活躍のはじまりである。

その後、因縁ある和歌山藩の要請を受けて藩政改革を行い、再び新政府に仕えて、地租改正局長、元老院議官などを務める。

西南戦争の時、土佐の立志社の陰謀に荷担して服役するが、出獄後は伊藤博文と欧米諸国を訪ね、駐米公使、農商務大臣、枢密顧問官などを歴任した。

そして安政年間に結ばれた不平等条約の改正を行い、日清戦争の講和談判で活躍して「カミソリ外相」の異名を取った。彼は日本外交史上最高の外相と讃えられたのである。

坂本龍馬の死後、彼はことあるごとに龍馬の言動や逸話などを語り残したが、対外交渉に後半生を賭けた陽之助自身、まさに龍馬の遺志の遂行者であったといえるだろう。

村田《むらた》新八《しんぱち》

生没年 1836〜1877

変名：とくになし
身分：藩士
所属：薩摩藩→政府→私学校
思想：攘夷→征韓
関連事件：寺田屋事件、戊辰戦争、西南戦争

日本最初の英語辞典『薩摩字書』の編纂者・高橋新吉の従兄弟で、郷士・高橋八郎の子として生まれ、幼少のころに村田家の養子となる。

10歳のころから西郷隆盛にかわいがられ、後輩としては唯一、西郷と組み打ちのケンカをした経験のある人物だという。

文久2年（1862）、寺田屋事件に連座して鬼界が島に流されたが、元治元年（1864）になって西郷とともに赦免され京に上った。そして以後の生涯は、ほとんど西郷と行動をともにしている。

明治4年（1871）、宮内大丞に就任し、明治天皇を象徴君主から薩摩型の君主となさしめた。この年の後半に、彼は岩倉使節団の一員として洋行している。

明治7年（1874）、帰国と同時に帰郷。岩倉使節団といえば西郷の征韓論に猛反対したことで知られるが、新八はただひとり西郷側についた。このために西郷とともに下野して西郷の私学校設立に協力し、砲隊学校を主宰した。

明治10年（1877）の西南戦争においては、高瀬川決戦で活躍。後に城山にて西郷とともに散った。

ちなみに新八は、当時一流の人物鑑定眼を持った勝海舟から「西郷や大久保に次ぐ者である」と高い評価を受けていた。また、重大懸案を持って来た人物に対し西郷が「新八にも相談したか」といったとも伝えられる。

村田《むらた》経芳《つねよし》

生没年 1838〜1921

変名：とくになし
身分：藩士
所属：薩摩藩・高岡隊→政府
思想：開国
関連事件：鳥羽伏見の戦い、戊辰戦争
西南戦争

射撃の名手として知られ、戊辰戦争から目立った活躍をはじめる。高岡隊の隊長として鳥羽伏見、会津、奥羽まで転戦した。

明治4年(1871)、陸軍に入って歩兵大尉に任官され、欧州に渡って小銃について学ぶ。帰国してからは西南戦争に従軍し、その後に本格的な国産小銃の製作に取りかかった。

明治13年(1880)に発明した「13年式村田銃」はフランスのグラー銃やオランダのボーモン銃をもとに研究改良したもので、これは陸軍制式銃となった。村田銃は狙撃銃としては最高レベルにあり、以後も改良が加えられ、日清戦争で威力を発揮した。また後に「38式歩兵銃」として昭和20年(1945)まで使用された銃の原型となる。

また経芳は銃発明の功績により少将に昇進、後に男爵、勅選議員になった。

村山《むらやま》次郎《じろう》

生没年 1833〜?

変名：肥塚貴正
身分：隊士
所属：遊軍隊
思想：尊皇
関連事件：箱館戦争

天保4年(1833)、播磨国・大江島村に生まれた。

明治元年(1868)12月に、箱館裁判所総督・清水谷公考が青森に避難する時、潜伏して敵情を探るよう命じられる。彼は支度金として受け取った150両をもとに遊軍隊を組織し、その隊長となった。この部隊には官吏、農民、神官、商人などが参加し、新政府軍を側面から支援した。

作戦を続けるうちに顔を知られてしまったため、後任に藤井民部を据え、いったん青森へ退いた。しかし翌年4月、会計方(主計将校)として乙部に上陸し、二股口に陣屋40余棟を築造。5月には再び遊軍隊の隊長として、諜報破壊活動などに専念した。

蝦夷共和国降伏後、5月25日に隊を解散したが、9月になって開拓使権少主典記録係を任じられている。ここで肥塚貴正と改名した。

後に大蔵省に移り、奥並継を補佐して明治18年(1885)まで開拓使事業報告の編纂にあたった。

明治天皇《めいじてんのう》

生没年 1851〜1912

変名：とくになし
身分：天皇
所属：朝廷
思想：尊皇
関連事件：戊午の密勅、王政復古の大号令
五箇条の御誓文

第122代天皇、名を睦仁。孝明天皇が亡くなると慶応3年(1867)1月に16歳で天皇として践祚。だが、実際の政治は摂政が代行した。同年10月に倒幕の密勅、12月には王政復古の大号令を発した。慶応4年(1868)には、五箇条の御誓文を神に誓い、元号を明治と改めた。明治2年(1869)には東京に行幸し、事実上の遷都を行っている。新政府の絶対的シンボルとして明治日本に君臨した。

目時《めとき》隆之進《ゆうのしん》

生没年 1823〜1869

変名：とくになし
身分：藩士→志士
所属：盛岡藩→東北遊撃隊
思想：尊皇
関連事件：戊辰戦争

名は「たかのしん」とも読む。

慶応4年(1868)4月、御所の警護に加わるため京都に上る。この時、上司だった楢山佐渡は来るべき戦争に備えて準備を進めていた。熱心な勤皇家である隆之進は故国が朝敵となるのを恐れ、佐渡を何とか説得しようとしたが聞き入れられなかった。

同年6月、開戦近しとの報を受けた彼は脱藩し、息子の貞次郎とともに長州藩邸に身を投じた。以後は東北遊撃隊に入り、久保田に上陸して盛岡藩を降伏せしめた。

政府は隆之進を家老に推し、盛岡藩の戦後処理にあたらせた。しかし、政府が「藩主を7万石に減じ、白石に転封する」という厳しい処分を下したため、藩論は沸騰。隆之進を姦賊として弾劾する者が多く出た。

新政府と旧藩士の間で板挟みとなった彼は、帰国の途中、黒沢尻町鍵屋旅館の庭で自刃してしまった。

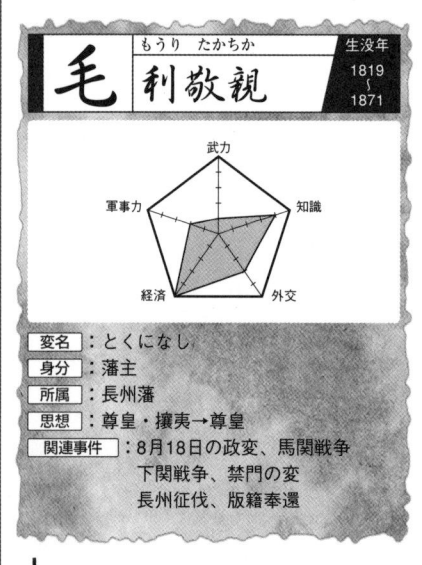

毛利敬親《もうり たかちか》

生没年 1819〜1871

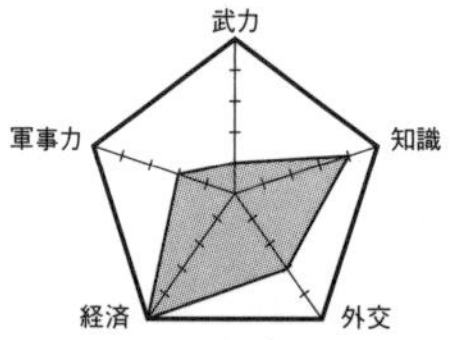

変名：とくになし
身分：藩主
所属：長州藩
思想：尊皇・攘夷→尊皇
関連事件：8月18日の政変、馬関戦争
下関戦争、禁門の変
長州征伐、版籍奉還

名流・毛利氏

毛利氏は平安時代に文章博士を輩出した大江氏の流れを汲む名流である。源頼朝の顧問であった大江広元の曾孫・毛利時親が、建武3年(1336)に安芸国・吉田荘に土着して一族を成した。

戦国時代の毛利元就は中国地方を制したが、この時より支配体制を固めるために朝廷に数々の献金を行うようになった。江戸幕府は大名と朝廷の直接的なつき合いを禁じたが、毛利家だけは代々の慣例として、朝廷への直接献金を許されている。このことから、毛利家は幕府の家来ではなく天皇の直臣であるという意識が強かった。そして幕末期には、長州から勤皇の志士たちが出たのである。

部屋住みから藩主へ

後に11代藩主となる毛利斉元の第一子が敬親である。彼は文政2年(1819)、江戸麻布の長州藩邸で生まれた。当時、斉元は嫡流でなかったため、敬親は庶公子として3歳で国許の萩に移り、跡目とは無関係に育った。いわゆる「部屋住み」である。

しかし天保7年(1836)、異常事態が発生した。10代藩主の斉熙、11代斉元、12代斉広が相次いで死亡したのである。この時、斉広には5歳になる娘しかいなかった。このままでは、お家断絶となるため、敬親は遺児の許嫁となり、急遽、藩主となった。天保8年(1837)、彼が17歳の時のことだった。

天保の改革

天保2年(1831)、長州全土を揺るがす大一揆が発生し、農民の苦しさを緩和する対応策として天保の改革が行われた。

最高責任者に起用された村田清風は、実務担当者から意見書を集め、先例を破る人材登用を行った。困窮する財政状況をあえて公開し、商人を藩政に参加させたのである。また干拓事業を奨励し、特産品を開発し、これの販売ルートを確立している。

まさに領民レベルでの建て直しを行ったわけだが、これは封建時代としてはかなり画期的というか、恐れを知らぬ改革といえるだろう。

しかし、敬親はどんな奇抜な提案も承認した。彼はいつもガクッと首を折るようにうなづき、「そうせい(そのようにするがいい)」というのだった。

雄藩となる

改革は数年で実を結んだ。赤字はすべて返済でき、余剰金が出るほどになったのである。一挙に豊かになった長州は、次に近代化を推し進めた。

洋学興隆を図った結果、洋医学所・好生堂が設置され、嘉永2年(1849)には種痘を導入して藩内全域で実施している。

天保14年(1843)には、羽賀台において大軍事演習を実施した。このため、嘉永6年(1853)の黒船来航に対して迅速に対応でき、雄藩としての地位を確立できたのである。

しかし、急な改革で領民は反発し、村田は失脚した。それに替わって起用されたのが坪井九右衛門である。敬親はやはり口出しせず、自由に手腕を振るわせた。

以後、藩内には村田派(革新)と坪井派(保守)の2大政党が形成され、交互に政権を担当することになる。都合のよいことに、これで長州の政治は柔軟性の高いものとなった。

将に将たる「そうせい侯」

「そうせい侯」と呼ばれた敬親は、雄藩の主としては珍しく独裁的ではなかった。風見鶏との批判もあるが、対立する両者の意見に耳を傾け、変わりやすい幕末の動乱期をうまく乗り切った名君である。

それに敬親はたとえ罪人とされた者であっても、理があれば採用して藩政に携わらせた。このため、長州の人材は常に豊富で、維新を迎えた後も大きな影響力を持続できたのである。

彼の器を示すエピソードがある。

第二次長州征伐時、幕府の大軍は雪崩を打って長州に攻め込んできた。緒戦の大敗を見た重臣たちは動揺したが、敬親は悠然と言い放ったのである。「勝負は兵家の常である。一敗を聞いただけで驚愕することもあるまい」

しかも、彼はこの戦いでの勝利を確信していたらしい。各地の勤皇家からの密書などで、敵の懐具合を知っていたのである。幕府は軍を長州へ動かすまでに軍資金を使い果たしており、江戸や大阪における打ち壊しで膝元がぐらついていたのだった。

版籍奉還

敬親は禁門の変での責任を問われて官位を失っていたが、尊皇派が力を盛り返した慶応3年(1867)12月、王政復古の大号令直前に官位を取り戻している。

そして翌年には、維新の元勲として上洛した。

明治2年(1869)1月、薩長土肥の4藩主連名の形で版籍奉還が行われた。後年、桂小五郎(木戸孝允)は当時を回顧し、敬親の功績が大きかったと語っている。

大役を終えた敬親は版籍奉還後すぐに隠居し、明治4年(1871)3月28日、脳溢血で死亡した。

元田《もとだ》永孚《ながざね》

生没年 1818〜1891

- 変名：とくになし
- 身分：藩士・儒学者
- 所属：肥後藩→政府
- 思想：尊皇・攘夷→尊皇
- 関連事件：長州征伐

10歳の時、村井次郎作について漢籍を学び、翌年には藩校・時習館に入った。20歳で時習館の居寮生となり、その当時に塾長を務めていた横井小楠に師事した。そして横井が塾長を辞した時に、彼も学校を辞めている。

天保13年(1842)、横井が帰国すると同志とともに近思録の読書会に加わり、5年間を勉学に費やした。この間、弘化元年(1844)9月に長崎に遊学し、帰路に久留米に寄って真木和泉を訪ね、強烈な尊攘意識に深い感銘を受けている。

第一次長州征伐では小倉方面へ出陣、営中で西郷隆盛と会談。第二次長征の時は出兵を拒み、諸藩の情勢を藩内に伝えた。

明治元年(1868)以降は側用人兼奉行に任じられ、藩内で勤皇を説く。翌年には住まいを大江に移し、私塾・五楽園を開いた。明治4年(1871)、大久保利通の推挙を受けて宮内省に出仕。明治天皇の侍講となり、以後20年間に渡って儒学を進講した。

また明治政府の文教政策に従って「幼学綱要」や「教育勅語」を作成し、儒教教育による国民教化に尽くしたことが知られている。

桃井《もものい》春蔵《しゅんぞう》

生没年 1825〜1885

- 変名：とくになし
- 身分：剣客・幕臣
- 所属：幕府→遊撃隊
- 思想：尊皇
- 関連事件：とくになし

沼津藩士・田中十郎左衛門の次男として生まれ、はじめは田中甚助と名乗っていた。

14歳で鏡新明智流剣術で有名な士学館に入門し、17歳で初目録を取得。その腕を見込まれ、桃井家の婿養子に入る。23歳で免許皆伝、25歳で奥伝、そして28歳にして4代目桃井春蔵を襲名した。桃井の道場は幕府との関係も深く、彼は21歳で与力、37歳で講武所剣術教授方に任じられ、禄も受け取っていた。

春蔵は容姿端麗にして文武両道の人だったという。折目正しい性格で知られ、「位の桃井」道場にふさわしい人材だった。

また士学館は土佐藩邸に近く、土佐藩士がよく出入りしていた。土佐勤皇党で有名な武市半平太(瑞山)は士学館で塾頭をやっていたことがあり、岡田以蔵らもここで教えを受けている。

文久2年(1862)、将軍上洛にあたり、春蔵は護衛役として同行した。この時、遊撃隊の頭取並となっている。

ちなみに鳥羽伏見の戦いの時、大阪城で小火騒ぎがあった。新撰組の永倉新八はこれを「遊撃隊の桃井の仕業である」と書き残しているが、定かではない。

春蔵はその後、将軍慶喜に従って大阪に戻り、慶応3年(1867)に大阪玉造講武所に出仕したが、11月に辞任した。後に浪華隊の監軍兼剣術師範も務めている。

明治になってからは大阪で道場を開いていたが、明治18年(1885)にコレラで死亡した。

コラム

会津藩の忠誠心

会津の支配者のルーツは葦名氏だが、会津藩は第2代将軍家忠の庶子、保科正之を藩祖としている。いわば将軍の隠し子として生まれたわけだが、3代将軍家光は正之を徳川に連なる者として認知し、信州高遠の地に封じた。

これに深く感動した正之は恩に報いるため、子々孫々に至るまで幕府に忠実に仕えることを誓った。保科家はやがて会津に移封され松平姓に改めることになるが、その家法には「尊神崇祖」(皇室を尊び、幕府に絶対服従すること)の思想が表れ、会津藩士は文武両道を極めるよう指導がなされていたのである。

幕末という激動期にあって、会津松平家は武家の鑑のような存在であり、徳川家にとってはもっとも信頼できる臣下として認められていた。

や

安岡金馬《やすおか　かねま》

生没年 1844〜1894

変名：安並直樹
身分：農民→志士
所属：土佐藩→海援隊→政府
思想：開国
関連事件：禁門の変

庄屋の子として生まれた安岡金馬は、中岡慎太郎に啓蒙されて勤皇活動に入った。文久2年(1862)、江戸に出て遊学するが、坂本龍馬の紹介を得て、勝海舟のもとで航海術を学ぶ。

元治元年(1864)、長州藩の忠勇隊に所属して禁門の変で戦い、逃れて長州で活動する。その後は長崎に出て亀山社中に入り、海援隊結成後も活動を続けた。

維新後、大津裁判所の判事に任命された。退官後は神戸に行き、アメリカ人ワッチと組んで計画した事業が法に触れ、永禁固に処せられた。

山尾庸三《やまお　ようぞう》

生没年 1837〜1917

変名：山尾要蔵
身分：藩士
所属：長州藩→政府
思想：尊皇・攘夷
関連事件：とくになし

天保8年(1837)、周防吉敷郡秋穂に生まれる。文久2年(1862)12月、御盾組(御盾隊とは別組織)の一員として、江戸のイギリス公使館焼き討ちに参加した。

この後、老中・安藤対馬守の命を受け、伊藤俊輔(博文)と組んで、上天皇廃帝の先例を探した国学者・塙《はなわ》次《じ》郎《ろう》を麹町三番町の塙邸付近で暗殺。

翌年、伊藤や井上らとともにロンドンへ向かい、明治3年(1870)まで留学した。帰国と同時に政界入りし、横須賀精練所の創設、別子銅山や三池炭田など資源開発に尽くした。

山岡鉄舟《やまおか てっしゅう》

生没年 1836～1888

変名：とくになし

身分：幕臣・剣客

所属：幕府・浪士隊

思想：佐幕

関連事件：江戸城開城、上野戦争

江戸の旗本、小野家に生まれる。

井上清虎から北辰一刀流を学び、嘉永5年（1852）に槍術の山岡家を継いだ。母方は剣豪・塚原ト伝の家系で、武術には生まれつきの才能があったのかもしれない。幕府の講武所では剣術教授方心得に任ぜられ、後進の教育を行った。

文久2年（1862）、浪士組の取締役として京都に赴いたが、清河八郎が反幕と攘夷の立場を鮮明にすると、鉄舟も疑われて江戸に呼び戻された。その直後、外国使節の警護を拒否し謹慎処分を受ける。

慶応4年（1868）3月、高橋泥舟の推薦によって幕府の使者となり、東征軍参謀・西郷隆盛と会うため静岡に向かった。この時、死罪にされるはずだった薩摩藩士・益満休之助とともに東海道を歩いて行き、兵士に見つかると「幕臣山岡が命により西郷参謀と面会するのだ。首を打ちたければ打て」と毅然として通り抜けたという。

彼は西郷との会見で、江戸での全面戦争を回避する工作を行い、江戸城無血開城の下地を作った。

維新後は徳川家に従って静岡に移り、静岡藩権大参事、明治5年（1872）には特別の要請によって、まだ幼い天皇の侍従となった。相撲で天皇を投げ飛ばすなど、厳しい教育を施したという。

その後も剣と禅の奥義を追求し、無刀流を編み出した。

山県有朋《やまがた ありとも》

生没年 1838～1922

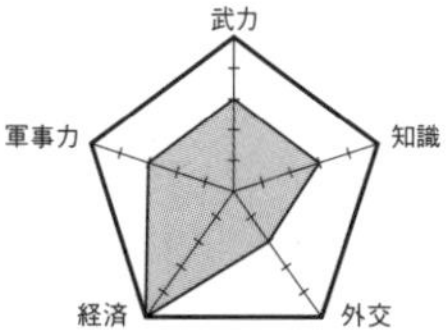

変名：萩原鹿之助

身分：足軽→藩士

所属：長州藩→奇兵隊→政府

思想：尊皇・攘夷→開国・富国強兵

関連事件：下関戦争、第二次長州征伐
戊辰戦争、西南戦争

有効に使われる棒きれ

山県有朋（狂介）は天保9年（1838）、蔵元付け仲間・山県有稔《ありとし》の子として、長州萩の川村庄・玖珂郡高水村に生まれた。5歳の時に母・松子を失い、祖母と継母に育てられた。継母は厳しく、彼はかなり不幸な幼年期を送った。

安政5年（1858）9月、21歳で松下村塾々生となる。ここでの逸話として、松下村塾四天王のひとり、吉田稔麿の判じ絵の話がある。

鼻輪を通していない牛、裃を着た坊主頭の人物、その横に木剣、最後に1本の棒きれ……吉田は、これらは松下村塾の人物を表したものだといった。

牛は高杉晋作。門弟の中ではすば抜けて身分の高い家のひとり息子であり、すばらしい素質を備えている。しかし、とんでもない暴れん坊だった。坊主頭は、医者の息子で有髪のまま家督を継いだ久坂玄瑞。その次の木剣は入江九一。素質はあるがまだまだ一人前とはいえない。そして最後の棒きれが山県有朋で、木剣にもおよばぬという意味らしい。

後年、有朋は好んでこの話を口にした。たとえ棒きれとはいえ、評価に値する人物と認められたのが誇らしかったのだ。

吉田松陰も有朋の気迫や根性を認めていたが、優れた人物に使われてこそ真価を発揮すると評している。確かに彼は創意において凡庸で、その代わり実行者としての能力に優れていた。

腹芸

元治元年(1864)、幕府による第一次長州征伐の後、長州藩は俗論党と呼ばれた幕府恭順派の天下になった。

後に高杉晋作は有志を率いて決起するが、この時、有朋は日和見をしていた。俗論党が尊攘派討伐を決定するに至って、彼はやっと重い腰を上げる。送られてきた解散命令書を前に、有朋はほかの隊長らと今後の行動について話し合った。

すでに腹は決まっていたが、彼は自分の意志を表さず、それでいて自分の思いの方向に全員を引っ張っていった。責任者になったら、負けた時に厳罰に処せられるからである。

有朋は、解散を受け入れるふりをして時間を稼いだ。そして夜半、討伐軍の本陣に奇襲をかけ、用意しておいた「討姦ノ檄」を配った。このビラには、洞春公(毛利元就)の御意志を奉戴すると書かれている。戦国の雄・毛利元就を持ち出し、自らの決起を正統化したのである。

焼山かつら

有朋は守備に適した大田へ退き、続く討伐軍に備えた。ここで彼は非常に用心深く、そして策をもって敵軍を見事に蹴散らしている。主力部隊を囮にして、伏兵を置くという戦法を取ったのだ。そして、彼の活躍によって討伐軍は壊滅し、高杉の決起は成功した。

決起当初に袂を分けた高杉も、この後で勝利を祝う手紙を送ってきた。

「わしとお前は焼山かつら　うらは切れても根は切れぬ」……先の争いは水に流すというメッセージだった。

その後、戊辰戦争がはじまると、有朋は長州の前線司令官として転戦したが、北越戦争では長岡藩の罠にしばしば掛かり、ほとんど逃げているような戦いぶりだったという。しかし無能というわけではない。常に慎重で、無理な戦いをしたり、引き際を誤るようなことはなかった。

史上最大の汚職

維新後、陸軍の公金65万円が政商によって使い込まれるという大事件が起こった。65万円といえば、当時の国家予算の1割以上に相当する。有朋はこの前代未聞の汚職事件に関与して、罷免された。また大正時代になってわかったことだが、彼は奇兵隊時代から隊士の給料をピンハネしていたらしい。

しかし、軍政に長じた人材がいなかったために彼は許され、明治6年(1873)には陸軍卿に任命されている。

この時代に、近代軍隊の原則を理解し、その建設を指揮できたのは有朋をおいてほかにいなかったのだ。

石橋を叩いて渡る

明治10年(1877)の西南戦争で、有朋は自身でこしらえた鎮台兵を率いて、日本最強の士族集団と戦った。

麾下の兵に対して、彼は「案ずるな、弾に当たれば死ぬ。斬り込まれる前に撃ちまくれ！」と命じた。膨大な兵力と火力を集中し、ジリジリと敵軍を圧迫する戦法である。

有朋は自分に才能がないと悟り、慎重に慎重を重ねて行動した。「予と西郷とでは井目の差がある」とまでいい、逆転がありえないとわかった時点から実に5か月もかけて、私学校軍を追い詰めていったのである。最後の城山での戦闘では、400人を相手になんと5万(一説によると10数万)の大兵力を投入したという。

嫌われた悲将

西南戦争終結後、勲一等旭日大綬章を得た有朋は名実ともに日本陸軍の頂点に立った。以後、政略眼と力関係を見切る能力に優れた有朋は、持ち前の慎重さと堅実さで派閥を形成し、後に政界入りも果たしている。

さまざまな面で維新に貢献をした有朋だが、ほとんど誰からも愛されなかった。

たとえば、明治天皇は彼をなかなか政界入りさせなかったし、大正天皇はもっとひどかった。有朋が参内すると、身の回りにある物を次々と与え、早く帰らせようとしたのである。

他人から嫌われる原因は、彼の人格にあったようだ。有朋は誰にも気を許さない人柄だったと伝えられる。

山崎《やまざき》烝《すすむ》

生没年 ?〜?

変名：とくになし
身分：隊士
所属：新撰組
思想：佐幕
関連事件：池田屋事件、禁門の変
鳥羽伏見の戦い

一説には大阪の針医者の息子だったというが、確証に至る史料はない。副長助勤、2回目の編成では諸士取調役兼監察を務めている。どうやら、諜報活動を主任務としていたらしい。また香取流棒術の達人で、長刀を好んで使用したという。

池田屋事件では島田魁、浅野藤太郎、川島勝治とともに古高俊太郎の探索を行っているが、会津からの報奨金リストに山崎の名は載っていない。どうやら、この一件には参加していなかったようである。

鳥羽伏見の戦いで傷を負って戦線から脱落したらしいが、淀での死亡説、橋本での死亡説、江戸へ向けて出航した船中での死亡説と3つあり、生まれどころか死亡日すらはっきりしていない。知名度が高いわりには謎の多い人物である。

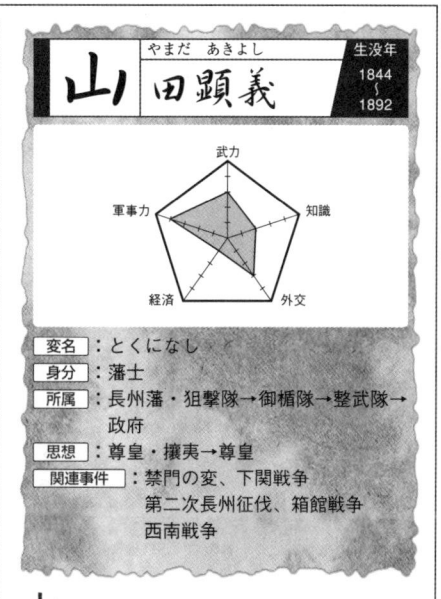

山田《やまだ》顕義《あきよし》

生没年 1844〜1892

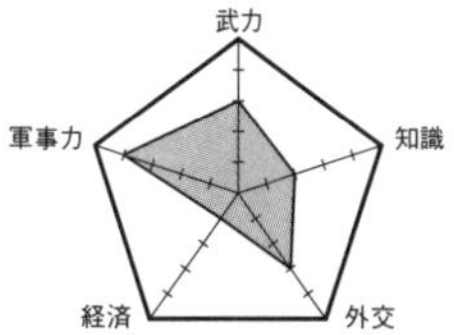

変名：とくになし
身分：藩士
所属：長州藩・狙撃隊→御楯隊→整武隊→政府
思想：尊皇・攘夷→尊皇
関連事件：禁門の変、下関戦争
第二次長州征伐、箱館戦争
西南戦争

長州諸隊を率いて

弘化元年(1844)、長州藩士・山田七兵衛顕行の子として生まれ、安政5年(1858)、松下村塾65番目の入門者となった。先輩である高杉晋作らとともに尊攘運動に身を投じた志士である。

文久3年(1863)、狙撃隊を結成してその長となり、元治元年(1864)の禁門の変や下関戦争に参戦。慶応元年(1865)の長州内戦では御楯隊司令(将校)として活躍した。さらに翌年の第二次長州征伐戦では軍艦・丙寅丸の砲術隊長として大島口の夜襲に参加するなどの功績を上げている。このころ、整武隊の総督となった。

戦士と政治家

慶応4年(1868)にはじまる戊辰戦争では、副参謀として征討総督・仁和寺宮とともに各地を転戦。7月の秋田征伐では特に大きな働きをした。箱館戦争にも参加し、長州・徳山藩兵1000を率いて乙部に上陸。翌年の5月11日の激戦では、大川、桔梗野、海岸の3方から分進して、五稜郭、千代ヶ岡、弁天砲台を除く市街地を平定した。

その後、明治2年(1869)7月に兵部大丞となり、明治4年(1871)の岩倉使節団に加わって欧米を歴遊。帰国後は東京鎮台司令長官、元老院議官、工部卿、司法卿を歴任した。

反乱鎮圧

政界入りしたとはいえ、彼の軍人としての腕は衰えを見せなかった。明治7年(1874)の佐賀の乱を鎮圧し、明治10年(1877)の西南戦争でも別動隊を率いて八代から上陸して相応の軍功を上げ、陸軍中将に昇進した。その後はさらに政界の高みに上り、伯爵に叙せられた。日本法律学校も設立したが、これは現在の日本大学の元となっている。

明治25年(1892)11月、山口から東京へ向かう途中、生野銀山に立ち寄ったところで卒倒し、そのまま帰らぬ人となった。享年49歳。

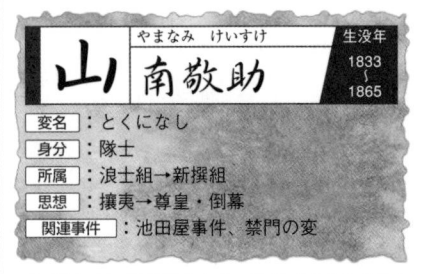

山南敬助《やまなみ けいすけ》

生没年 1833〜1865

変名：とくになし
身分：隊士
所属：浪士組→新撰組
思想：攘夷→尊皇・倒幕
関連事件：池田屋事件、禁門の変

生年は1836年の説もあり、姓は「さんなん」と読む説もある。

仙台出身で、試合で近藤に負けたのを期に食客となったという。しかし、その実力は確かで、隊内でも一目置かれる存在だった。

近藤体制下の新撰組では副長に就任したが、池田屋事件の前後から影が薄くなりはじめた。目立った活躍がなかったのも確かだが、隊の実権を握らんとする土方が山南を取り除こうと動いていたふしもある。

隊内で孤立した彼は、土方との確執が深まったことなどから、元治2年(1865)に脱走。追いかけてきた沖田に連れ戻され、2月23日に切腹した。この時の介錯はやはり沖田が行ったという。

山内豊範《やまのうち とよのり》

生没年 1846〜1886

変名：とくになし
身分：藩主
所属：土佐藩→政府
思想：尊皇・佐幕
関連事件：大政奉還、版籍奉還

山内豊範は土佐藩12代藩主豊資《とよすけ》の四男で、15代藩主容堂(豊信)の養子となった。容堂が将軍継嗣問題や日米通商条約勅許問題などの活動で幕府に睨まれて隠居した後、16代藩主として家督を継いでいる。

文久2年(1862)、吉田東洋の謀殺後、彼は武市半平太の主宰する土佐勤皇党の台頭と、土佐藩の勤皇化の進む中で、朝廷の召命を受けて京都に上った。そして京都都衛、国事周旋の内勅を受け、薩摩、長州の両藩とともに「勤皇三藩」と称せられた。

同年10月には攘夷督促のための勅使を送るよう、薩摩や長州と共同の建議を行い、三条実美、姉小路公知の攘夷別勅使の護衛役として江戸下向のお供を務めた。

藩内では終始中立を守り、8月18日の政変後、江戸藩邸にいた老公・容堂が土佐に入ると、容堂の後見で藩政を執った。

戊辰戦争では、藩兵を率いて東山道を進撃し、東北まで転戦した戦功によって賞典禄4万石を下賜されている。

明治2年(1869)、薩摩、長州、肥前の藩主との共同連名で版籍奉還の奏請書を提出し、版籍奉還後は高知藩知事として藩政改革を行っている。

明治4年(1871)の廃藩置県後は東京に出て、華族社会の事業に協力する傍ら、私塾を経営した。

山内容堂《やまのうち　ようどう》

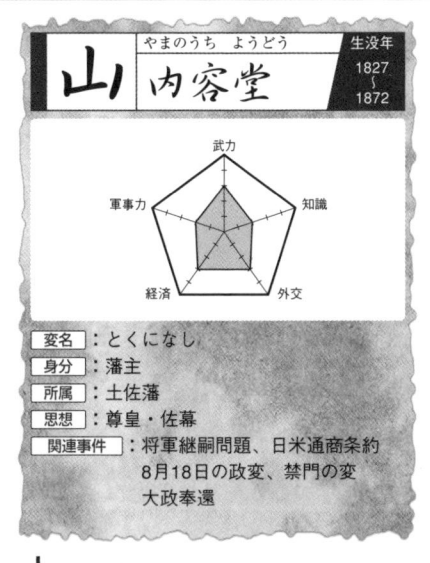

生没年 1827〜1872

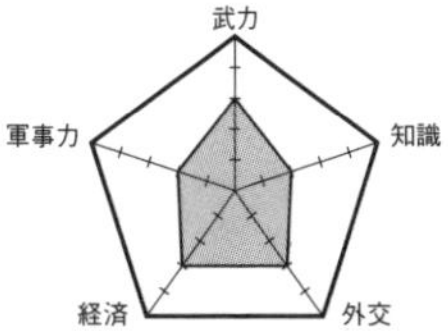

変名：とくになし
身分：藩主
所属：土佐藩
思想：尊皇・佐幕
関連事件：将軍継嗣問題、日米通商条約
8月18日の政変、禁門の変
大政奉還

乱世の賢候

山内豊信は、土佐藩主から退く際に容堂と改名した。彼は天下の賢侯として誉れ高く、英邁豪気で知られていた。また、詩文に明るく、剣術、乗馬、能楽にも達していた。柔軟な思考ができる優れた人物だったが、意見されるのは嫌いで、たいへんな気分屋だったともいう。

容堂は政治家として無能ではなかったが、時代に合った意見を持ってはいなかったようだ。そして、土佐藩独特の階級制度を改めようとはしなかった。幕末を駆け抜けた土佐の勤皇志士たちは、郷士という低い身分にあって、故郷では思うように活動できなかったのである。

公武合体論

山内家は徳川恩顧意識の強い家柄である。もとは遠州の小大名であったのに、関ヶ原の戦いの恩賞で土佐24万石を授かったのだ。

容堂も雄藩の藩主である以上、親徳川幕府の態度を見せていたが、同時に熱心な尊皇論者でもあった。当時の識者はそろって勤皇論を唱えており、学問に通じた容堂もまた例外ではなかったということだろう。

尊皇と佐幕は相反する思想で、とくに激動の幕末期にそんな曖昧な思想を主張するのは難しかった。それでも容堂は、いわゆる公武合体論を押し通そうとした。土佐24万石の軍事力と経済力を持ち、派手好きな彼の行動は、世間の注目を浴びた。尊皇派も佐幕派も、この英雄に期待していたのだった。

文久3年（1863）に起こった8月18日の政変の前後、容堂は吉田東洋謀殺以来、尊皇攘夷思想一色に染まった藩を正すことを決意する。この結果、土佐藩は藩論として公武合体を掲げながらも、実状は幕府寄りという形になった。

尊皇攘夷派はこの政変と勤皇党の弾圧に失望したが、倒幕には土佐の力が必要なため、以後は中岡慎太郎などが容堂の側近を説得することになった。

慶応2年（1866）、幕府は第二次長州征伐を断行して敗退した。瀕死だったはずの長州は薩摩との同盟を果たし、一挙に形成を逆転させた。

幕府の威信は地に落ち、政権を維持する能力もなくなっていたが、それでも容堂は幕府支援の姿勢を変えなかった。一方、土佐藩内では次第に倒幕派が幅を利かせるようになっており、容堂は孤立しはじめた。

大政奉還の建白

この時期を狙って、列侯会議が催された。発案者は薩摩の島津久光で、参加者は越前福井藩の松平慶永（春嶽）、伊予宇和島藩の伊達宗城、それと土佐藩の容堂、つまり「天下の四賢侯」のみの会議だった。そこでは幕府側の謀略によって朝敵とされた長州の宥免と、兵庫港の開港問題などが議論されたが、容堂は裏で薩摩の陰謀が動いていることに気づいていた。

薩摩は幕府を倒し、新政府樹立を画策している……そう感じた容堂は会議の途中で土佐へ戻り、会議は中断された。しかし、時勢はすでに倒幕派のものだった。

岩倉具視を中心に朝廷工作が行われ、大藩も次々に倒幕派に転じていく……打つ手もなく歯がみする容堂の元に家老・後藤象二郎が策を携えて帰ってきた。この策が船中八策、大政奉還の草案である。

徳川家が政権を朝廷に返上すれば、倒幕派は名目を失う。天皇の親政となっても徳川家は天下最大の雄藩として生き残れるだろう。狂喜する容堂は建白書としての体裁を整え、幕府に打診した。また、大政奉還を藩の方針としたのである。

ちなみに船中八策は後藤が坂本龍馬から授けられた策だが、後藤は容堂にそれを報告しなかった。いったとしても階級意識の強い容堂の不興を買うだけだし、それは龍馬も了解していたはずである。

慶応3年(1867)10月。京都二条城大広間にて、15代将軍徳川慶喜は大政奉還の意思を表明した。

維新後、容堂は議定になり、次いで内国事務総長などの要職に就いた。

豪傑の逸話

容堂には、その人物を示す逸話が多い。

かつて勝海舟が龍馬の脱藩罪の赦免を願いに訪ねてきたことがある。容堂はゴロ寝で酒を呑んでおり、承諾の印として白扇にひょうたんの絵を描き、それに一筆添えて渡したという。「歳酔三百六十回、鯨海酔候」……自らを「年中酔っている土佐の酔っぱらい」と称したわけだ。勝は、そんな彼を「天資豪宕、襟懐洒落、真に英雄の資を備えておられた」と評している。辛口批評で知られる勝が絶賛するのだから、容堂は確かに賢侯の資質を持っていたのだろう。

自負心と階級差別が強く、妥協性に薄くて調和に欠けるといわれたが、これは封建時代の名門の生まれゆえの性格だろうか。容堂は特に勤皇志士と呼ばれる浪人を侮蔑し、嫌った。彼が土佐勤皇党を弾圧し、その主宰者である武市半平太を断罪した背景はここにある。ただし、武市の才能は愛していたらしい。晩年の彼は泥酔するたびに、無理矢理切腹させた武市に詫びていたという。才能を理解しながら、身分の低い者を認められなかった……それが賢候の限界だったのである。

明治5年(1872)、脳卒中で倒れた容堂は、半年後に再度の発作に倒れ、そのまま息を引き取った。享年46歳であった。

山本覚馬《やまもと かくま》

生没年 1828〜1892

変名：とくになし
身分：藩士
所属：会津藩
思想：佐幕・開国
関連事件：禁門の変、鳥羽伏見の戦い

9歳で藩校・日新館に入り、24歳で弓馬槍刀の奥義を極めた文武両道の天才。嘉永6年(1853)、江戸に出て蘭学を大木衷城に、砲術を佐久間象山に学んでいる。

その後、自ら着発銃を発明した。この後、日新館教授や軍事取調役兼大砲頭取などを歴任。

元治元年(1864)に上洛し、禁門の変で殊功を立てた。また、会津において洋学所を設け、藩士の教育に力を尽くす。

鳥羽伏見の戦いにも出陣したが、今度は捕らえられて入獄。しかし、「管見録」の一筆を薩摩藩主・島津久光に提出したところ、その識見を認められて釈放された。

この時の知遇によって、明治3年(1870)に京都府顧問となり、府政に尽力する。彼の門下からは京都経済界の人材が多く出た。

山本権兵衛《やまもと ごんのひょうえ》

生没年 1852〜1933

変名：とくになし
身分：藩士
所属：薩摩藩→政府
思想：富国強兵
関連事件：薩英戦争、鳥羽伏見の戦い

名前の読みは「ごんべえ」とも称する。

薩英戦争時たった12歳で従軍し、砲弾運びなど雑役をこなした。戊辰戦争では、年齢制限があったため、歳をふたつばかりごまかして、軍務に就くことを許されている。

維新後、西郷従道の信任を得て栄達する。将来の戦争に備え、近代海軍論を唱え、連合艦隊を創り上げた。後年は、総理大臣に就任するなど政治家としても頂点を極めたが、十分に実力を発揮できないまま失脚している。

山本《やまもと》帯刀《たてわき》

生没年 1845〜1868

変名：とくになし
身分：家老
所属：長岡藩
思想：佐幕
関連事件：鳥羽伏見の戦い、長岡戦争
会津戦争

長岡の山本家は、甲斐武田家の軍師山本勘助の後裔だとされていた。伝説に残るほど有名な軍師の子孫の誉れもあって、山本家は代々、藩家老を務めてきたのである。

帯刀自身は長岡藩士・渡辺渡の子だった。しかし藩老・山本勘右衛門に嫡子がなかったため、藩主の命によって8歳で山本家に養子入りした。慶応3年(1867)、養父の勘右衛門が没すると、家督を継いでいる。

彼は学問においては儒学書を2行ずつ読破して神童と称せられ、また槍刀弓馬などすべての武芸においても技が巧みだったという。

先代家老の山本勘右衛門は、河井継之助の台頭には反対で、一度は辞任に追い込んでいるほどだった。しかし帯刀は、河井継之助の理解者として、よく協力した。このために長岡の藩政改革と軍制改革は大いに進んだ。

戊辰戦争では、長岡藩の大隊長として活躍した。特に長岡城奪回作戦において、帯刀の大隊は先頭に立って八丁沖を渡河し、夜襲戦を成功させている。

長岡城が再度落城すると残兵を率いて会津へ逃れ、引き続き前線に立った。しかし9月4日、飯寺村に布陣していたところを濃霧に巻かれ、敵に包囲されてしまった。官軍は降伏を勧めたが、これを断って戦い、斬首刑に処せられている。

山脇《やまわき》十左衛門《じゅうざえもん》

生没年 1820〜1878

変名：とくになし
身分：藩士
所属：桑名藩
思想：佐幕
関連事件：鳥羽伏見の戦い

藩主・松平定永から、定和、猷、定敬まで4代に渡って仕えた忠臣。

白川藩江戸留守居役・山脇十左衛門正格の長男として生まれた。幼少より文武に秀れ、着々と藩政中枢への階段を上っていった。

万延元年(1860)の大洪水では、部下を統括して救済活動に励んだ。元治元年(1864)、藩主・松平定敬が京都所司代となるとこれに従って上京、公用方調役兼外交掛周旋方として他藩との交渉にあたった。

慶応4年(1868)正月の鳥羽伏見の戦いでは隊列外軍状視察を行い、ここでの敗戦後、定敬とともに柏崎に上陸した。

十左衛門は根っからの主戦派であり、主君とともに最後まで戦うつもりだった。対する恭順派の中心人物・吉村権左衛門を息子の隼太郎に殺害させ、同じ主戦派の重臣数人を柏崎へ呼び寄せた。

定敬軍は兵制を整え、越後からさらに東北へと転戦したが、ついに庄内で降伏に至る。

定敬を逃がした十左衛門は抗戦の責任を一身に負い、同行した藩兵らに寛大な措置を下すよう、新政府に嘆願した。

明治2年(1869)、身柄を桑名に移送された彼は入寺謹慎の身となるが、後に釈放され、桑名藩大参事と督学を兼任した。文武教育を統括したことでも知られる。

結城《ゆうき》寅寿《とらじゅ》

生没年 1818〜1856

変名：とくになし
身分：藩士
所属：水戸藩
思想：佐幕
関連事件：とくになし

門閥派（結城派）の中心人物として、藤田東湖ら水戸藩改革派と対立。

弘化元年（1844）、徳川斉昭の隠居後に藩の実権を握ったが、後に斉昭が幕政に復帰すると失脚した。弘化4年（1847）、阿部正弘が処罰を命じたため、寅寿は隠居謹慎の身となる。その後も改革派に対する反撃を試みたが、そのために安政3年（1856）4月、死罪に処せられた。

結城《ゆうき》無二三《むにぞう》

生没年 1845〜1912

変名：とくになし
身分：隊士
所属：京都見廻組→新撰組→甲陽鎮撫隊
思想：攘夷
関連事件：禁門の変、鳥羽伏見の戦い

甲州東山梨の出身。父が医者で、その跡を継ぐために江戸で医学を学んでいた。しかし、激動する世間に影響され、大橋順蔵の門徒となって砲術を学ぶことを決意する。

修行を終えた後はまず京都見廻組に入り、元治元年（1864）に新撰組に移籍している。このころの結城はドクロ紋の着物を着て、朱色の鞘の刀を提げていたという。また大酒飲みで、酔うと詩吟に興じた。実戦に強く、伊東甲子太郎暗殺にも参加した。

鳥羽伏見の戦い以降は江戸周辺の戦いで戦線から脱落、そのまま明治時代を迎えている。

その後、結城は藩閥政治に怒って山中に籠り、聖書に出会い、いたく感銘を受ける。人斬りから一転、敬虔なクリスチャンとなった彼は、静岡県各地に教会を建てた。甲府に戻った後は日本で最初の伝道士となって布教活動を続け、大正元年（1912）まで生きた。

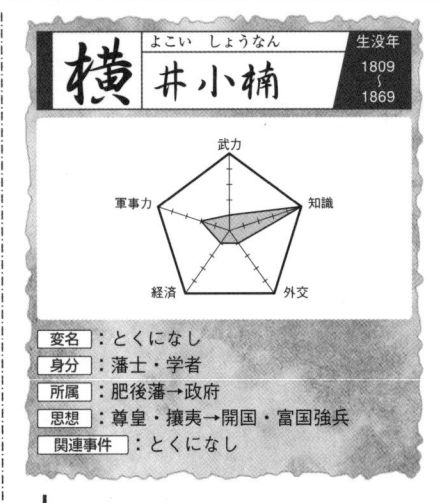

横井《よこい》小楠《しょうなん》

生没年 1809〜1869

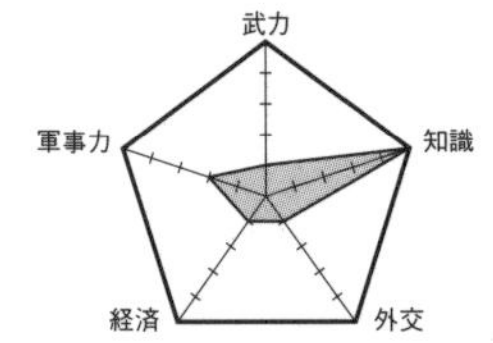

変名：とくになし
身分：藩士・学者
所属：肥後藩→政府
思想：尊皇・攘夷→開国・富国強兵
関連事件：とくになし

努力型秀才

熊本城下内の坪井町は横井家の次男として生まれる。家は決して裕福ではなく、しかも次男の小楠は、より苦労を強いられたらしい。政治に深い関心を寄せるようになったのはそのためだろう。彼は水戸学、陽明学などの文献を貪るように読み、藩校・時習館で勉学に励んだ。ただ、抜きん出た才覚があったわけではなく、努力型の秀才だったという。

ちなみに「小楠」という呼び名は号だが、これを用いた理由についてはふたつの説がある。ひとつは相撲町に開いた私塾・小楠堂からきたというもの、もうひとつは楠木正行に傾倒していたために「小さい楠」と称したという説である。

藩財政のひっ迫

肥後藩では、3代藩主・細川綱利以降、次第に藩財政がひっ迫しはじめた。農民から搾取し、藩士の給与を引き下げても財政はいっこうに回復せず、あげくに毎年8万石もの赤字が続くようになってしまった。第6代藩主・重賢は掘平太左衛門を家老に起用して改革を行ったが、これは応急処置に過ぎなかった。

小楠の時代には、農民からの搾取も藩士の知行引き下げも限界に来ていた。不換紙幣が乱発され、高利貸しが跋扈し、農民と下級武士は餓死寸前の状態になっていた。

幕末維新期において最後に天下を取ったのは雄

藩だった。藩政改革に成功し、財政的にも人材的にも余裕がなければ、明治維新という大イベントに参加する権利は得られなかったのである。莫大な財政赤字を抱える肥後藩は、その点では大きく出遅れていた。

藩政改革

天保8年(1837)、小楠は時習館の塾長に抜擢された。天保10年(1839)に江戸に遊学し、そこで水戸学の権威・藤田東湖らと交わり、尊攘思想に傾倒していく。

しかし彼は酒に酔って失態を演じ、帰国を命じられてしまう。小楠は酒乱であり、以後の生涯で何度か酒で失敗している。

その後、彼は家老・長岡監物(是容)の後援を受け、実学党という実践学問を推進する組織を結成した。長岡のさらに背後には藩主・細川斉護がおり、実学党は藩政改革に着手することになる。

しかし儒学者で占められ、藩政に大きな影響力を持っていた時習館は、革新的な実学党を敵視しはじめる。この保守派は学校党と称し、筆頭家老・松井山城とその嗣子佐渡と結んで、実学党をことごとく妨害した。

弘化元年(1844)、水戸藩の徳川斉昭や藤田東湖らが幕府より処分を受けると、交流のあった長岡は失脚した。さらに翌年、小楠は長岡と争いを起こし、絶交してしまう。

開国論へのめざめ

当時の肥後藩は、実学党と学校党、それと勤皇党の3派に分かれていた。小楠は実学党を率いてはいたが、攘夷を旨とする実学党と朝廷を立てる勤皇党は相通ずるところがあり、交流があったという。攘夷論者だった彼は安政年間に思想を変えていくが、この交流も影響していたのかもしれない。

安政元年(1854)、日米和親条約が締結された。幕府の弱腰な外交が非難される中、小楠は条約締結の事実を踏まえた外交論を展開した。そして、翌年からは積極的に開国論を唱えはじめている。

「開国して富国強兵策を推進し、日本を世界一流の国家とする。アメリカと協力して世界平和を実現すべきだ」……この意見は幕府流の盲従主義でもなく、佐久間象山流の侵略主義でもなかった。彼が掲げたのは、それらよりはるかに進んだ自主的かつ平和的な思想だったのである。

越前藩への招聘

越前藩士・三寺三作が諸国遊歴の途中で小楠堂に留まったことがきっかけで、小楠は越前藩と深く交流するようになった。嘉永4年(1851)以降は彼も遊歴に出かけ、何度か越前に賓客として招かれている。そして藩主の松平春嶽(慶永)や由利公正に気に入られ、学校の設立、殖産や貿易の振興などに協力した。

そして安政6年(1859)、安政の大獄で越前藩が窮地に追い込まれた際には、藩論の分裂を防ぎ、「富国」「強兵」「士道」から成る国是三論を唱えている。

春嶽の右腕

文久2年(1862)、小楠は松平春嶽に懇請されて江戸に向かった。松平は謹慎処分を解除され、政事総裁職に就任した。小楠はそのブレインとして呼ばれたのである。

春嶽の仕事は幕政改革、そして公武一体の政権を樹立することだった。小楠の献策を受けた春嶽は一橋慶喜などに図って、公武合体計画を推進した。

理想実現のため、土佐の山内容堂、薩摩の島津久光、越前の松平春嶽が上洛することになったが、この直前に大事件が発生する。

肥後藩の尊皇派にとって、力をつけた小楠は邪魔な存在だった。小楠が朝廷に接触して公武合体を実現したなら、肥後勤皇党は存在価値を失ってしまう。彼らはそう危惧して、刺客を送り込んだのだった。

士道忘却

文久2年(1862)12月19日午後9時ごろ、吉田平之助の別荘にいた小楠を3人の覆面男が襲った。部屋にいたのは、小楠の他は吉田と都築鶴州の2名だったが、酒宴をしていたため、全員の刀は床の間に置かれていた。

小楠は素早く立ち上がって敵をかわしたが、床の間は敵の向こう側である。素手で戦うことはできないので常磐橋の越前藩邸まで逃げ戻り、代わりの刀を持ち、10名の援軍を引き連れて戻ったという。しかし、敵の姿はなかった。家主の吉田はここで重傷を負い、後に死亡している。

この暗殺未遂事件の後、肥後藩は妙な処分を行っている。被害者であるはずの小楠に、士道忘却という汚名を着せたのだ。罪状は「刺客から逃げ、吉田平之助を死に到らしめたこと」である。士籍剥奪、知行取り上げという過酷な処分を受けた小楠は社会から葬り去られ、右腕を失った松平春嶽は公武合体計画に失敗し、失脚した。

ちなみに肥後藩は事件の黒幕も捜索しなかったばかりか、事件の直後に肥後勤皇党の住江松翁を重用している。

隠居した活動家

小楠は越前藩に身を寄せ、雄藩連合によるクーデターを企画した。しかし今や一大勢力となった尊攘派の核に越前を据えるのは不可能であり、計画は挫折した。

その後5年間、熊本近郊の沼山津で蟄居生活を送る彼の元には、多くの志士が訪れた。小楠は活動家を引退し、若き同志によき助言を与える立場になったのである。

熊本を一躍政局の表舞台に上げることのできる逸材を擁していながら、肥後藩は寒村に蟄居させたまま、放っておいた。松平春嶽も復籍交渉を行ったが、藩主はいっこうに聞き入れなかったという。

再度の襲撃

王政復古のクーデター直後、岩倉具視は小楠に新政府入りするよう要請を出した。しかし肥後藩はこれに猛反対。京都留守居役を通じ「小楠は病気のため任に耐えない」という報告書まで送っている。

重ねて来た召命により、小楠はようやく上京を許された。

明治元年（1868）のことである。政府入りした者の中で小楠は最年長で、しかも抜群の識見を持っていた。このため最初は顧問になるはずだったが、制度局判事を経て参与となっている。

さらなる活躍が期待されていた彼を、再度の凶刃が襲った。襲撃者は京都・寺町御門を出て丸田町に差しかかったところで飛びかかってきた。小楠はとっさに駕籠の後ろに隠れ、短刀で防いだものの、病後で61歳という老体ではかわしきれるものではなかった。明治2年（1869）1月5日のことであった。

吉田《よしだ》賢輔《けんすけ》

生没年 1838〜1893

変名：とくになし
身分：学者・儒学者
所属：幕府
思想：開国
関連事件：とくになし

天保8年（1837）、幕府の御徒士で水練を家技とする吉田定八郎彦保の子として生まれる。幼いころより、田辺石庵に朱子学を、古賀茶渓から洋学を学んだ。

嘉永2年（1849）、家技の水練にオランダ泳法を取り入れ、上覧を賜る。嘉永4年（1851）、朱子学は素読吟味に成功し、銀子3枚を与えられた。万延元年（1860）、九段坂下に設置された蕃書調方にて、洋学に関する仕事を任されるようになった。また慶応3年（1867）には、朱子学の学識を買われて幕府の儒者となった。

維新後は福沢諭吉に助力し、西洋に関する書籍を著したりした。

福沢諭吉、勝海舟、榎本武揚、荒井郁之助など明治の顕臣を親友とし、大きな才能を持ちながら、彼は自ら隠棲した。今日、その業績として残っているものは6冊の著書と『英語字典』『大日本貨幣史』53巻のみである。

吉田松陰《よしだ しょういん》

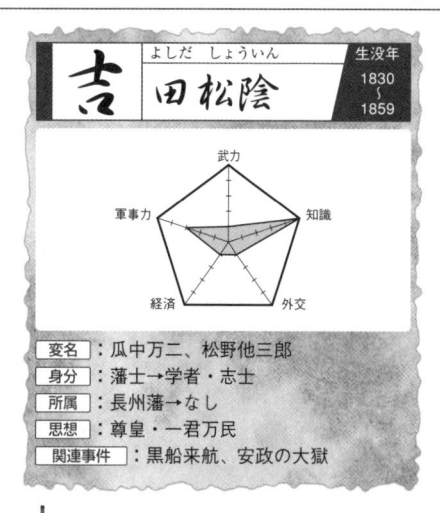

生没年 1830〜1859

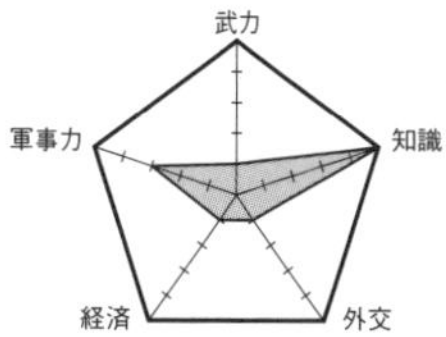

変名：瓜中万二、松野他三郎
身分：藩士→学者・志士
所属：長州藩→なし
思想：尊皇・一君万民
関連事件：黒船来航、安政の大獄

厳しすぎる養父

吉田松陰は天保元年(1830)、26石取りの下級藩士・杉百合之助常道の次男として生まれ、幼いころに叔父・吉田賢良の養子となった。

吉田家は杉家の宗家であり、大番組57石取りの上士として山鹿流軍学の師範を務める家である。松陰が5歳の時に養父は早世したが、家学の絶えるのを惜しんだ藩の命によって彼は家督を相続し、もうひとりの叔父・玉木文之進が後見となった。

この玉木は教育者としては苛烈だった。ある時、玉木は素読中の松陰をいきなり殴り倒した。なぜ殴られたのか理解できない少年に、叔父は説明した。書物の開き方がぞんざいであったとか、書物を持つ手の肘が緩んでいたとか、ささいなことが殴った理由だという。

またある時、少年は顔にたかる蠅を叩くため、頬を掻いた。すると玉木は「それでも侍の子か！」と殴り倒し、起き上がるとまた殴り、ついには庭の前の崖から突き倒し、松陰は転げ落ちて切株に脇腹をぶつけて気絶してしまった。学問は公の仕事、頬を掻くのは私事。私事を許せば、長じて私利私欲を貪る人間になる。こう玉木は説いたという。

後年、松陰は「あんなひどい目に遭ってよく死ななかったものだ」と門人にそっと漏らしたことがあった。

スパルタで生まれた秀才

松陰は厳しい英才教育を受けて育ち、8歳で明倫館に入って教授見習いとなり、10歳で早くも講義を行っている。もちろん異例のことで、彼は毛利敬親の前で『武教全書』という兵法書の一篇、『戦法篇』を講じたという。

嘉永元年(1848)、松陰は18歳で兵学家として自立した。彼はこの年に藩校制度改革の建白書を提出している。また、嘉永2年(1849)3月に藩庁から異族防御に関する意見を求められると「根本的な兵理は古今東西変わりないので、西洋兵学も取り入れるべきである」と語った。

同年7月、御手当御内用掛に就任する。

憂国の使徒

嘉永3年(1850)、松陰は遊学に出て兵学のほか朱子学、陽明学、国学と多彩な学問に触れた。また詩人・森田節斎から詰誦を学び、佐久間象山より西洋兵学も学んだ。

この時期、列強に植民地化された清国の様子を知った松陰は、兵学者というよりは宗教家のように祖国の危機を訴えるようになった。日本の将来の危機を救う方法を模索しつつ勉学に励んでいたのである。

義を通す

嘉永4年(1851)12月、彼はのっぴきならない事情から脱藩者となった。

この時、松陰は東北への遊学を願い出て許可を受けている。しかし、通行手形が下りるのに時間がかかった。

このままでは、藩外の友人たちと約束した日限に間に合わなくなる。法を犯しても罪に服することで償えるが、約束を守るという人間の根本道徳を破れば償いようがない。

手形なしで出発すれば脱藩と見なされ、吉田家も潰れるだろうが、大いなる義の前には一身の安全などケシ粒のようなものだ。松陰はそう考えて無断で出立し、脱藩の罪を課せられた。

脱藩した以上、家禄は没収、士籍も抹消である。松陰はすべてを失ったが、藩はその才を惜しみ、実父・杉百合之助の育《はぐくみ》とした。「育」とは公的な居候という意味で、武士としての身分保証である。藩は、さらに諸国修行を許可し、学問完成の暁に

や

は罪を許すことをほのめかしたのだった。

野山獄にて

安政元年(1854)3月、松陰は祖国の危機を救うという動機から、金子重之輔とともに黒船密航を企てた。ちょうど来航していたペリーの艦隊に近づいた彼らだが、乗船を拒否されて失敗に終わっている。

松陰は直ちに自首し、自ら罪人となった。伝馬町入牢後、在所蟄居の判決を受けて萩に送還。そして野山獄に下る。

『野山獄読書記』によると、彼は1年2か月の獄中生活で554冊におよぶ書物を読破している。続く2年間でおよそ1500冊を読み、45篇もの著述を完成させた。

脱藩事件、密航事件、獄中での生活など鑑みると、松陰はどうやら世俗とは離れた感覚を身につけた人物だったようだ。自らの意志に忠実であり、どこにいても好きなように振る舞える剛胆さがあったのだ。

松下村塾を開く

松陰はやがて出獄を許され、蟄居の身となる。このころ、彼は玉木の主宰していた松下村塾を継ぐことになった。

有名な松下村塾は、これより3年足らずの時期を指す。『吉田松陰全集』の関係人物略伝によれば、松下村塾に学んだ者は71人。その内訳は士分49、陪臣6、医師2、僧侶3、他藩1、町人4、不明6と多岐に渡り、最年長は小野為八の40歳、最年少は岡田耕作の9歳、平均年齢は18.8歳であった。

松陰は子供相手でも「あなた」と敬語を使い、入門希望者には「自分は人の師となり得ない人間であるが、兄弟のようにともに学ぼう。それでもいいなら来てもよい」と答えた。松陰は塾生の師に違いないが、彼から見れば塾生全員が師だったということだろう。

昭和14年(1939)まで在命した塾生・天野清三郎(渡辺蒿蔵)氏の述懐によると、松陰は話は流暢ではなかったが、講義は巧みで説得力があったという。

革命の導火線

穏やかに教鞭を執っていたように見えた松陰だが、その言動は時に過激であり、門下生を使っての尊攘活動も多くなった。これが幕府に探知され、彼は極刑に処せられることになる。

安政6年(1859)5月、彼は幕命によって江戸に送られ、10月27日、安政の大獄最後の犠牲者となった。

その気になれば刑は免れることもできたが、あえて革命の計画とその必要性を幕府に述べて死んでいったのである。

松陰はまさに維新の殉教者であり、その死は彼にとっての勝利だった。松陰は自分の死をもって、門下生らが心に持っている革命の導火線に火を点けたのである。これ以後、尊皇攘夷活動は盛んになっていく。

吉田《よしだ》東洋《とうよう》(正秋)

生没年 1816〜1862

変名:とくになし
身分:藩士
所属:土佐藩
思想:尊皇・佐幕
関連事件:安政の大獄

吉田東洋は文化13年(1816)高知帯屋町に生まれた。正式には吉田正秋といい、よく知られている東洋は雅号である。生家は馬廻役だが、学才と見識の高さで知られ、若くして郡奉行、船奉行などを務めていた。

嘉永6年(1853)、ペリーの来航に対して提出した対外政策の意見書を藩主の山内容堂に認められて、大目付に登用され、まもなく参与に抜擢された。

安政元年(1854)、江戸に出府して藤田東湖、塩谷宕陰らの知遇を得るが、酒席にて容堂の血縁にあたる松下嘉兵衛を殴打したことから土佐へ追還させられ、職禄没収、城下禁足の処分を受けた。

東洋は鋭い頭脳を持つ反面、傲岸不敵、攻撃的な性格をしていた。先の事件は容堂の面前で松下に愚弄されたために起きたという。

土佐に帰った彼は蟄居先の長浜村にて私塾を開き、後藤象二郎、福岡孝弟、板垣退助、岩崎弥太郎などを指導した。

安政4年(1857)、許されて再び参与に復職すると、文武館や住吉陣営を造営し、律令の編集を行い、海防策の強化と民兵制度を作り、藩内の殖産に努めるなど藩政改革を一挙に推し進めた。彼は階級制度や文武世襲制の廃止まで行い、門閥や守旧派の反発を買ったが、公武合体論者であったため、容堂の全面支援を受けることができた。

また彼は後藤、福岡、板垣ら塾生を取り立てて役職に就けたため、この一派は「新オコゼ組」と呼ばれ、藩内の羨望を集めた。

土佐勤皇党を主宰する武市半平太が、東洋を訪ねたのはこのころのことである。武市は天下の情勢を語り、尊皇倒幕論を説いたが、頑固なまでに親幕意識を持つ東洋は一顧だにしなかった。話し合いが無駄と悟った武市は東洋の失脚を謀るが、うまくいかない。勤皇党の過激派は東洋暗殺を持ちかけ、焦った武市はついにそれを許可してしまった。

暗殺が実行されたのは、東洋が藩主に進講する日だった。講義の後に酒肴が出て、下城するころには夜になっていた。若党と草履取りだけを従えて家路に向かう東洋を、土佐勤皇党の那須信吾、安岡嘉助、大石団蔵の3人が襲った。

文久2年(1862)年4月8日、雨の夜。享年47歳。この凶行を江戸藩邸で聞いた容堂は激怒したという。

吉田稔麿《よしだ としまろ》

生没年 1841〜1864

- 変名：松村小介、松里勇
- 身分：足軽→藩士
- 所属：長州藩→奇兵隊
- 思想：尊皇・攘夷・一君万民
- 関連事件：池田屋事件

稔麿は山下新兵衛組下の卒族(足軽)の子に生まれ、安政3年(1856)に松下村塾入りし、松陰門下の四天王として師の意をもっとも理解していた人物といわれた。

吉田松陰の唱えた一君万民とは「天皇の統治のもと、すべての国民が平等であるべし」という思想である。これに従った稔麿は、被差別民からなる屠《と》勇隊《ゆうたい》を設立し、自らも屠勇隊取立方となった。諸隊の隊士となればみな平等だ。このように、身分制度撤廃の先鞭をつけた彼の功績は大きい。

8月18日の政変後、彼は京都に潜入して工作を行っていたが、元治元年(1864)6月5日、池田屋にて新撰組に襲われ、落命した。稔麿たちの死は維新を1年遅らせたといわれる。

吉富簡一《よしとみ かんいち》

生没年 1838〜1914

- 変名：とくになし
- 身分：農民→藩士
- 所属：長州藩→鴻城軍→政府
- 思想：尊皇・攘夷
- 関連事件：長州征伐

長州藩の大庄屋・吉富惣右衛門の長男として生を受けた美之助は、安政元年(1854)に病気の父に代わって家督を継ぎ、藤兵衛と名乗る。後年、簡一と改名。

元治元年(1864)に馬関攘夷費として藩札85貫を献納し、士籍に編入される。また、この年の彼は、俗論党に襲われる井上聞多(馨)を助けたりもしている。彼は一貫して尊皇攘夷派を支持・支援し、周布政之助の活動を助けた。

慶応元年(1865)、長州諸隊挙兵の時は同志とともに鴻城軍を結成。閉門謹慎中の井上馨を総督に推し、自分は作戦参謀兼会計として采配を振って、俗論党を倒した。

明治3年(1870)に小菅県大属、翌年には大蔵省営繕寮大属となったが、廃藩置県の影響で家が傾いたため、一時帰郷している。

以後の活躍としては、反民権論を掲げる鴻城立憲政党を結成し、主幹となっている。晩年に至るまで長州閥の故地である山口県の県政に尽力し、「矢原将軍」と称された。

吉見左膳《よしみ さぜん》

生没年 1817〜1875

- 変名：伊能友鴎
- 身分：家老
- 所属：宇和島藩
- 思想：尊皇
- 関連事件：将軍継嗣問題

天保14年(1843)に目付兼軍使となり、伊達宗城の代になると側近として重用され、密議に参画した。また罪人・高野長英の招聘は、彼の工作によるものだったという。

将軍継嗣問題に際しては、藩主の意を受け、薩摩の日下部伊三次らと接触して一橋慶喜擁立を図ったが、安政の大獄で逮捕され、安政6年(1859)に重追放の処罰を受ける。それまでは吉見を名乗っていたのだが、このような不祥事があったためか「伊達の能臣」の意を採って伊能に改姓させられている。

文久2年(1862)に大赦を受け、宗城に従って上京、その右腕として働いた。イギリス公使パークスの宇和島訪問時には応接主任を務め、慶応4年(1868)には執政となって藩政改革を指導した。

幕末維新期における宇和島藩政の中心人物だったが、明治3年(1870)に退隠した。

吉村《よしむら》権左衛門《ごんざえもん》

生没年 1820〜1868

変名：とくになし
身分：家老
所属：桑名藩
思想：尊皇
関連事件：鳥羽伏見の戦い

桑名藩家老・吉村半右衛門宣陽の長男として誕生。慶応元年(1865)に家督を継いだ。新陰流の使い手で、国学を修め、和歌にも秀でていたという。酒、煙草、囲碁将棋などはやらず、謡曲をたしなみ、部屋には常に小鳥を飼っていた。

吉村家の祖は吉村又右衛門宣充といって福島正則に仕えていたが、後に浪人となり、後に桑名藩主・松平定綱の家臣となった。以来、吉村家は代々家老を務める名門である。

激動の時代にあって権左衛門は勤皇恭順派だったが、当初、藩とは完全な意志疎通が取れなかったようである。藩主・松平定敬は京都所司代として京都におり、権左衛門自身は江戸に勤務していて、桑名本国の情勢が把握できなかったのだ。明治維新間際になって彼は京都に向かったが、時すでに遅く、その後の藩論に影響を与えることはできなかった。

慶応4年(1868)の鳥羽伏見の戦いで、桑名藩は幕軍の有力な一隊として参加したが、敗北を喫する。当時、藩主・定敬の側近には恭順派の藩士が多かったのだが、定敬は徹底抗戦の決意を固めていた。転戦を続ける定敬に対し、権左衛門は執拗に恭順を説いたが、血気盛んな23歳の青年藩主にそんな軟弱な提案が受け入れられるはずもなかった。

そして定敬は抗戦派の藩士2名に、恭順派の暗殺密命を下したといわれている。4月3日、権左衛門は勝願寺に向かう途中、山脇十左衛門の息子・隼太郎によって暗殺された。

吉村《よしむら》寅太郎《とらたろう》

生没年 1837〜1863

変名：とくになし
身分：農民→志士
所属：土佐藩→天誅組
思想：尊皇・攘夷
関連事件：寺田屋事件、大和義挙

天保8年(1837)、土佐の高岡郡北川村の庄屋の家に生まれる。嘉永2年(1849)に父の跡を継いで庄屋となった。

文久元年(1861)、土佐勤皇党に加盟し、翌年に武市半平太の命令で長州・萩へ赴き、久坂玄瑞と会見した。久坂に大いに感化された寅太郎は、脱藩して志士としての活動をはじめた。

熱狂的な勤皇家である彼は、寺田屋事件に関係して薩摩藩に捕まり、土佐へ送られて入獄した。許されると再び脱藩している。

文久3年(1863)、長州の運動で大和行幸が決定した時、彼は挙兵を計画する。明治天皇の叔父にあたる公卿・中山忠光を連れて京を抜け、河内から大和に入り、天誅組を結成したのだ。

手はじめに五条代官所を襲撃し、桜井寺に本陣を構えた。しかし、政変によって尊攘派は中央政界を追われ、その瞬間に天誅組は政治的な後ろ盾を失った。

寅太郎らは、平安以前の古代から尊皇派の住民がいる十津川郷へ逃れて根拠地とし、高取城を攻めた。しかし、結果は大敗だった。

彼は戦闘で重傷を負い逃亡。吉野郡高見村鷲家口に隠れていたところを襲撃され、もはやこれまでと自刃した。遺体はその地に葬られたという。

ら

頼《らい》 山陽《さんよう》

生没年 1780〜1832

変名：頼久太郎
身分：儒学者
所属：なし
思想：尊皇
関連事件：とくになし

広島藩の儒者・頼春水の子として大阪に生まれる。江戸に遊学したころより奇行が多く、座敷牢に幽閉されたこともあるという。文化6年(1809)、備後の菅茶山の塾頭となったが、不満を持ち、翌年京都に出て私塾を開く。その後はよく旅行し、各地の文化人と交流した。

文政10年(1827)、『日本外史』を完成させ、松平定信に献上している。

頼《らい》 三樹三郎《みきさぶろう》

生没年 1825〜1859

変名：とくになし
身分：儒学者・志士
所属：なし
思想：尊皇・攘夷
関連事件：戊午の密勅、安政の大獄

頼山陽の三男として京都に生まれた。梅田雲浜、梁川星巌らと尊皇攘夷運動に奔走する。朝廷より水戸藩に攘夷の命令が下された戊午の密勅事件に関係し、幕府から梅田雲浜、梁川星巌、池内大学らとともに「悪謀の四天王」と呼ばれて敵視された。その結果、安政の大獄で捕えられて刑死した。

ラザフォード・オールコック

RUTHERFORD ALCOCK

生没年 1809〜1897

身分：外交官・医師
所属：英国
関連事件：馬関戦争、下関戦争

ロンドン郊外のイーリング生まれのオールコックは、外科医資格を取った後、従軍医師としてポルトガル戦争に参加した。その後、弘化元年(1844)に中国の福州領事に任命されたのを皮切りに、外交官を生涯の仕事とした。

初代駐日英外交代表兼総領事に任命されたのは安政5年(1858)。翌年には江戸へ着任し、同年中に全権大使へと昇格した。

着任早々、オールコックは日本語修得と日本の理解に努め、2年後には日本語の文法書を著している。

しかし交渉のほうは強引で、日本の利益を顧みなかったため、米国公使ハリスと衝突している。日本人の反発も激しく、文久元年(1861)には水戸浪士の襲撃を受けた。

この難を逃れた彼は、以後ますます態度を硬化させ、仏米蘭と組んだ4か国連合艦隊を結成した。そして慶応元年(1865)、攘夷運動の盛んな長州藩を砲撃し、武力で屈服させた。このころ親日家のハリスはすでに帰国しており、在日公使団の主導権を握った彼を止められる者はいなかった。

長州藩は開国方針への転換を余儀なくされたが、事態を重く見た英国外相ラッセルは、オールコックを解任して帰国させた。

外交官としては強引で迷惑な存在だったが、オールコックは日本美術に感銘を受け、文化に理解を示した人物であった。日本の風物を絵画として描き残したりもしている。

リチャードソン

➡チャールズ・レノックス・リチャードソン

レオン・ロッシュ

LEON ROCHES

生没年 1808〜1901

身分：外交官・軍人
所属：仏国
関連事件：下関戦争、慶応の軍事改革

仏国グルノーブル生まれ。バカロレア(大学入学資格)を修得後、グルノーブル大学に入学したが、熱しやすく冷めやすい性格のため、6か月で飽きて退学した。

その後、アルジェリアに渡ってアラビア語を学ぶが、イスラム教に興味を抱いて入信している。そして、アルジェリアを治めるアブデル・カデルの側近となった。

軍籍を取得し、仏軍の通訳官となったロッシュは、タンジール、チュニスなど北アフリカで外交活動に従事した。

元治元年(1864)、リュイス仏外相から駐日全権公使に命じられた彼は30年以上も暮らした北アフリカを離れ、一路日本へと向かった。

フランスは前任公使ド・ベルクールの代までは列強各国との協調政策を取っていたが、ロッシュには日本における貿易の主導権をイギリスから奪い取れとの訓令が与えられていた。このため、ロッシュは日本の実質的支配者である幕府に肩入れし、英国を誹謗中傷した。英国側は倒幕派の支援を決定し、真っ向から対抗の姿勢を見せた。

幕府が軍備充実のために製鉄所や造船所を創設しようとすると、ロッシュは工事を請け負い、本国から技師を呼ぶなど全面的な支援を行っている。また横浜に仏語学校を創設し、仏国軍事教官団を呼び、さらにカノン砲16門を原価で提供した。

ロッシュは幕府の顧問的な立場となり、以上のような軍事改革を推し進めたほか、責任が不明瞭な合議制度を官僚による分担制に改めさせたりもした。

しかし、徳川慶喜が将軍に就任するころ、仏国の対日政策が消極的な政策に転換した。新外相ムーティエより召還命令が出され、彼は泣く泣く帰国していった。

慶応3年(1867)の大政奉還まで、ロッシュは徳川将軍が日本の主権者であると信じ続け、「慶事の名声さらに高まり、憲法制定のため天皇の召集する会議の議長となるであろう」などと本国に報告している。どうやら彼は幕府を援助するあまり、冷静な判断力を失ってしまったらしい。費やした時間や金を惜しむあまりに、現実に気づくのが遅れたのだ。

故国に戻った彼は退官し、アフリカ時代の回顧録を出版。続いて日本での回顧録の執筆に取りかかったが、ほとんど筆を進めないうちに他界した。

レザノフ

➡ニコライ・ペトロヴィッチ・レザノフ

ロッシュ

➡レオン・ロッシュ

わ

渡辺《わたなべ》華山《かざん》

生没年 1793～1841

- 変名：とくになし
- 身分：洋学者・家老
- 所属：田原藩
- 思想：倒幕・開国
- 関連事件：蛮社の獄

三河国田原藩の家老。儒学を佐藤一斎に学ぶ。江戸詰海防係を命じられ、外国について興味を持った。鷹見泉石に蘭学を学び、蘭学を研究する尚歯会を結成。

モリソン号事件に際し『慎機論』を著して幕府の対応を批判。結果、蛮社の獄に連座し、国元での蟄居中に自殺。

若いころから画家としても知られており、代表作に『鷹見泉石像』がある。

コラム

尊皇派のバイブル『日本外史』

頼山陽の著書の中で、後の歴史にもっとも影響を与えたのが『日本外史』だろう。これは源平の争いから徳川家までの武家の歴史を漢文で述べた歴史書である。山陽の死後、天保8年(1837)ごろに刊行され、幕末の志士たちに広く読まれた。

山陽は武家の争いの中でも天皇家が続いたことに着目し、そこから天皇の権威を絶対化する大義名分論を導き出した。また武家がその時々で覇権を握る様子を「勢」という観点で説明し、武家政権の変動を認めた。これが志士たちに尊皇倒幕という思想を植えつけた。

〜付録〜

幕末維新データ集

幕末維新関連事件年表

年月日		事件名	主要関連人物(掲載頁)	備考
1839年	5月14日	蛮社の獄	高野長英(P.108)	
1849年		お由良騒動	島津斉彬(P.94)	
1853年	6月3日	黒船来航	阿部正弘(P.10)	尊皇・攘夷・倒幕などの思想が志士たちの間に生まれるきっかけとなる
1854年	3月3日	日米和親条約締結	阿部正弘(P.10)	
	12月21日	日露和親条約締結	筒井政憲(P.123)	
1858年～		条約勅許問題	井伊直弼(P.14)	
		将軍継嗣問題	徳川慶喜(P.131)	
1858年	4月23日	井伊直弼大老就任	井伊直弼(P.14)	雄藩を幕政から追い出し、独断で開国を強行。攘夷派の反感を買う
	6月19日	日米通商条約締結	井伊直弼(P.14)	
	8月8日	戊午の密勅	三条実万(P.89)	
	9月7日～	安政の大獄	井伊直弼(P.14)	尊皇攘夷派の一掃。勤皇運動やや沈静化
1860年	1月13日	咸臨丸派遣	勝海舟(P.51)	
	3月3日	桜田門外の変	井伊直弼(P.14)	水戸藩浪士たちにより決行される。全国各地で勤皇志士の活動が盛んに
	12月5日	ヒュースケン殺害事件	安藤信正(P.14)	
1861年	8月	土佐勤皇党結成	武市半平太(P.111)	
1862年	1月15日	坂下門外の変	安藤正信(P.14)	
	2月11日	和宮降嫁	孝明天皇(P.68)	攘夷を条件に勅許。公武合体の布石
	4月8日	吉田東洋暗殺	武市半平太(P.111)	
	4月23日	寺田屋事件	島津久光(P.95)	
	5月15日	ニール中佐暗殺未遂事件	伊藤軍兵衛(P.20)	
	8月21日	生麦事件	島津久光(P.95)	
1863年	2月4日	浪士隊結成	清河八郎(P.61)	
	3月13日	新撰組結成	近藤勇(P.72)	
	5月	光明寺党結成	久坂玄瑞(P.62)	
	5月10日～	馬関戦争	毛利敬親(P.178)	攘夷勅許による最初の行動。列強の強さを知る
	6月16日	奇兵隊結成	高杉晋作(P.106)	
	7月2日	薩英戦争	島津久光(P.95)	列強の軍事力の前に敗北。海軍軍備強化の必要性を知る
	8月18日	8月18日の政変	三条実美(P.89)	一部で画策していた倒幕派を朝廷から追放。公武合体派強化
	10月10日	遊撃隊結成	来島又兵衛(P.59)	
1864年	3月27日	天狗党挙兵	武田耕雲斎(P.110)	
	6月5日	池田屋事件	沖田総司(P.48)	

年月日		事件名	主要関連人物(掲載頁)	備考
1864年	7月19日	禁門の変	松平容保(P.166)	公武合体の実現。長州は朝敵に
	8月5日	下関戦争	毛利敬親(P.178)	軍備を強化して再び攘夷を試みるが、圧倒的な力の差に攘夷不可能と判断
	11月	第一次長州征伐	西郷隆盛(P.75)	
1865年	10月5日	条約勅許	孝明天皇(P.68)	
1866年	1月21日	薩長同盟	坂本竜馬(P.81)	攘夷から開国に転じた2国が同盟を結ぶ。武力倒幕への大きな一歩
	6月7日～	第二次長州征伐	木戸孝允(P.59)	
	12月5日	徳川慶喜将軍就任	徳川慶喜(P.131)	
	12月25日	孝明天皇崩御	孝明天皇(P.68)	幕府に信頼を寄せていた孝明天皇の死により、公武合体の道が閉ざされる
1867年	4月23日	いろは丸事件	坂本竜馬(P.81)	
	6月22日	薩土倒幕の密盟	板垣退助(P.19)	
	8月	生野の変	沢宣嘉(P.88)	
	8月17日	天誅組の乱	中山忠光(P.143)	
	8月28日～	慶応の軍事改革	レオン・ロッシュ(P.195)	
	10月13日～14日	討幕の密勅	明治天皇(P.177)	政権の拡大した雄藩や朝廷の王政復古派の思惑により勅許
	10月15日	大政奉還	徳川慶喜(P.131)	態勢の整った倒幕を避けるための策。薩長土を半歩出し抜く
	12月	高野山挙兵	田中顕助(P.117)	
	12月7日	天満屋騒動	陸奥陽之助(P.175)	
	12月9日	王政復古の大号令	岩倉具視(P.25)	武力倒幕強行の指令
1868年	1月23日	鳥羽伏見の戦い	黒田清隆(P.65)	雄藩による新政府樹立のための戦いのはじまり
	3月14日	五箇条の御誓文	福岡孝弟(P.155)	
	4月11日	江戸城開城	勝海舟(P.51)	
	5月15日	上野戦争	大村益次郎(P.42)	
	4月～7月	東北戦争	伊達慶邦(P.116)	
	8月21日	長岡戦争	河井継之助(P.55)	
	9月	会津戦争	松平容保(P.166)	
1869年	3月～5月	箱館戦争	榎本武揚(P.32)	旧幕府勢力滅亡
	6月17日	版籍奉還	毛利敬親(P.178)	
1871年	7月14日	廃藩置県	西郷隆盛(P.75)	
1873年		明治6年の政変	西郷隆盛(P.75)	
1874年	2月～	佐賀の乱	江藤新平(P.30)	
1876年	10月24日	神風連の乱	太田黒伴雄(P.38)	
	10月27日	秋月の乱	大木喬任(P.34)	
	10月28日	萩の乱	乃木希典(P.148)	
1877年	2月15日～9月24日	西南戦争	西郷隆盛(P.75)	
1878年	5月14日	紀尾井坂の変	大久保利通(P.35)	

各人物能力一覧

ここでは、本文中で紹介したレーダーチャートの能力値を一覧で見られるようにまとめてある（もっとも能力の高い5は見やすいように網をかけてある）。

名前	武力	軍事力	知識	経済	外交
阿部正弘	1	1	3	4	4
荒井郁之助	3	4	4	1	1
有馬新七	4	2	1	1	1
井伊直弼	3	1	3	3	1
池内蔵太	1	2	4	5	4
伊藤博文	1	1	3	5	5
井上馨	3	4	2	1	3
岩倉具視	1	1	4	3	5
エウフェミィ・ヴァシリエヴィチ・プチャーチン	3	3	3	2	3
江藤新平	1	1	5	1	3
榎本武揚	1	2	5	2	5
大久保利通	1	3	5	1	3
大隈重信	2	1	5	1	4
大槻玄沢	1	1	3	5	2
大鳥圭介	1	2	4	2	4
大村益次郎	1	5	5	1	1
岡田以蔵	4	1	1	1	1
緒方洪庵	1	1	5	1	1
沖田総司	5	2	3	1	5
勝海舟	4	2	4	2	5
河井継之助	2	5	4	5	1
木戸孝允	3	2	4	4	4
国司信濃	1	5	5	1	1
黒駒の勝三	1	2	3	5	5
黒田清隆	3	5	3	1	2
孝明天皇	1	2	3	3	4
小松帯刀	1	2	4	5	3
近藤勇	5	3	2	2	2
西郷隆盛	2	5	4	2	5
西郷頼母	4	1	4	3	2
坂本龍馬	3	3	4	5	5
佐久間象山	1	4	5	1	1
佐野常民	1	2	5	1	1
三条実美	1	1	3	2	3
島津斉彬	2	3	5	4	2
島津久光	2	2	3	5	3
清水卯三郎	1	1	3	5	3
清水谷公考	2	3	5	4	2

名前	武力	軍事力	知識	経済	外交
清水の次郎長	4	1	2	4	5
ジュール・ブリュネ	3	5	3	1	2
白石正一郎	1	2	2	5	4
新門辰五郎	4	1	1	1	3
芹沢鴨	2	3	3	1	3
副島種臣	1	1	5	2	5
タウンゼント・ハリス	2	2	4	3	5
高杉晋作	4	5	4	1	5
高松凌雲	1	1	3	2	3
武田耕雲斎	2	3	4	3	3
武市半平太	4	3	5	4	5
但木土佐	1	2	5	2	5
伊達宗徳	3	3	4	4	2
伊達宗城	1	2	3	4	4
伊達慶邦	2	3	3	1	3
千坂高雅	3	3	3	2	3
トーマス・ブレーク・グラバー	1	2	3	5	5
徳川家慶	3	2	3	5	4
徳川斉昭	3	2	3	5	4
徳川慶篤	3	4	4	2	3
徳川慶勝	3	3	4	4	2
徳川（一橋）慶喜	2	1	4	3	3
中居屋重兵衛	4	1	2	4	5
中岡慎太郎	3	4	5	3	5
中川宮朝彦親王	1	2	3	4	4
鍋島直正	1	2	4	5	4
橋本左内	1	1	5	2	2
ハリー・スミス・パークス	1	2	4	3	3
土方歳三	5	3	5	2	4
福沢諭吉	1	2	5	1	3
藤田東湖	2	1	4	2	4
マシュー・カルブレイス・ペリー	3	5	5	1	3
松平容敬	5	3	2	2	2
松平容保	3	4	4	2	3
松平茂昭	1	4	5	1	1
松平慶永	1	2	3	4	2
陸奥陽之助	2	2	4	4	4
毛利敬親	1	2	4	5	3
山県有朋	3	3	3	5	2
山田顕義	3	4	2	1	3
山内容堂	3	2	2	3	3
横井小楠	1	2	5	1	1
吉田松陰	1	3	5	1	1

幕末維新に散った人物たち

歴史上、もっとも暗殺が横行し、数多くの自害や処刑が実行された時代、それが幕末である。ここでは、暗殺、自害、処刑、戦死で倒れた人物たちを年号順に掲載頁とともにリストアップして紹介しておこう。

被暗殺者&暗殺者リスト

年	被暗殺者	掲載頁	暗殺者(団体)
1858	島津斉彬	94	井伊派★
1860	井伊直弼	14	関鉄之介ら水戸浪士
	徳川斉昭	127	彦根藩足軽★
1861	ヒュースケン	160	伊牟田尚平ら薩摩藩士
1862	有馬新七	13	薩摩藩の刺客
	大橋訥庵	41	宇都宮藩の刺客★
	リチャードソン	121	奈良原喜左衛門ら薩摩藩士
	吉田東洋	192	那須信吾など
1863	姉小路公知	10	田中新兵衛★
	清河八郎	61	佐々木唯三郎
	芹沢鴨	103	新撰組
	池内大学	18	岡田以蔵★
1864	佐久間象山	84	河上彦斎など
	中山忠光	143	長州藩恭順派★
	宮部鼎蔵	174	新撰組
	吉田稔麿	193	新撰組
1866	武田観柳斎	110	新撰組
1867	伊東甲子太郎	20	新撰組
	藤堂平助	124	新撰組
	坂本龍馬	81	佐々木唯三郎★
	中岡慎太郎	137	佐々木唯三郎★
1868	世良修蔵	103	仙台藩士
	吉村権左衛門	194	隼太郎
1869	横井小楠	188	不明
1871	広沢真臣	154	不明
1878	大久保利通	35	長連豪など三光寺派
1909	伊藤博文	21	安重根

※暗殺者氏名欄の★は、暗殺したといわれているが特定できない場合。

自害した人物

年	氏名	掲載頁
1841	渡辺華山	196
1850	高野長英	108
1859	安島帯刀	10
1860	有村治左衛門	14
	高橋多一郎	109
1862	伊藤軍兵衛	20
	松浦松洞	165
1863	田中新兵衛	118
	長井雅楽	135
	吉村寅太郎	194
1864	入江九一	24
	久坂玄瑞	62
	国司信濃	63
	福原越後	157
	益田右衛門介	164
	周布政之助	102
	真木和泉	162
1865	武市半平太	111
	山南敬助	184
1866	近藤長次郎	74
1868	色部長門	24
	川路聖謨	58
	沢村惣之丞	88
	神保修理	100
	田中土佐	118
1869	萱野権兵衛	55
	玉虫三太夫	119
	楢山佐渡	145
	目時隆之進	177
1876	太田黒伴雄	38
不明	新見錦	146

処刑された人物

年	氏名	掲載頁
1856	結城寅寿	188
1859	橋本左内	148
	吉田松陰	191
	頼三樹三郎	195
1861	金子孫二郎	54
1862	関鉄之介	102
	長野主膳	142
1864	古高俊太郎	70
1865	岡田以蔵	45
	武田耕雲斎	110
	藤田小四郎	158
	椋梨藤太	174
1866	赤根武人	8
1867	大谷千乗	39
1868	小栗忠順	49
	近藤勇	72
	相楽総三	83
	山本帯刀	187
1869	市川三左衛門	20
	但木土佐	113
1870	雲井竜雄	63
1871	河上彦斎	57
	黒駒の勝三	65
1874	江藤新平	30
1876	前原一誠	162
1878	島田一郎	93
	長連豪	122

戦死した人物

年	氏名	掲載頁
1860	斎藤監物	79
1864	来島又兵衛	59
1868	井上源三郎	24
	河井継之助	55
	木村銃太郎	61
	佐々木唯三郎	86
	時山直八	126
	中野竹子	142
	原田左之助	150

年	氏名	掲載頁
1869	甲賀源吾	67
	中島三郎助	141
	土方歳三	152
	古屋佐久左衛門	160
1877	桐野利秋	62
	西郷隆盛	75
	佐川官兵衛	84
	篠原国幹	92
	村田新八	176

全国の民兵部隊

幕末維新の時代には、全国に多くの非正規部隊が誕生した。身分や掲げる思想はさまざまだったが、多くは戊辰戦争で活躍している。ここでは、全国の主な諸隊を地域別に紹介していく。なお、リーダーの呼称は各組織で異なる。

凡例　…0〜100人　…101人〜1000人　…1001人以上　…不明

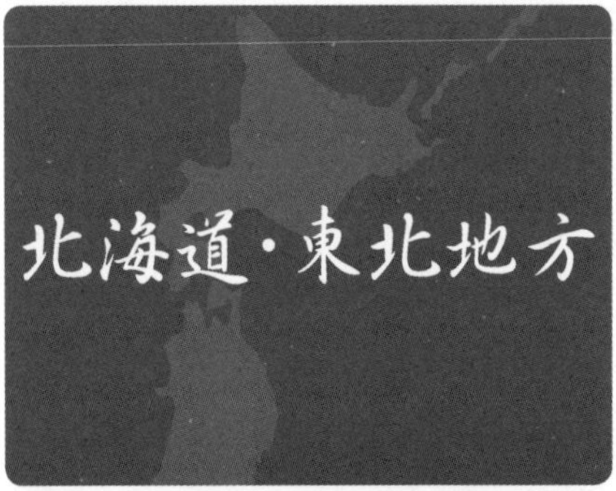

北海道・東北地方

遊軍隊（ゆうぐんたい）

編成日：明治元年（1868）10月
隊　長：氏家丹宮
人　数：150人

榎本艦隊に備えて編成された義勇軍で、松前徳広の北海道脱出後に四散した。

正義隊（せいぎたい）

編成日：不明
統轄者：下国安芸
人　数：300人

戊辰戦争中に松前藩で編成された勤皇軍。明治2年（1869）11月、藩政改革で官軍に編入され、解散。

秋田槍隊（あきたやりたい）

編成日：慶応4年（1868）7月
隊　長：不明
人　数：80人

勤皇を標榜する秋田藩で編成される。隊士は藩士子弟の中から槍術に優れた者のみが選ばれた。後に藩軍へ編入。

秋田農兵（あきたのうへい）

編成日：慶応4年（1868）7月
隊　長：滝田喜蔵
人　数：800人

秋田藩の戦力不足を補うためにできた農兵隊。明治元年（1868）9月25日の盛岡藩の降伏により、次第に解散。

額兵隊（がくへいたい）

編成日：慶応4年（1868）4月
隊　長：星恂太郎
人　数：800人以上

奥羽列藩同盟の最精鋭部隊。隊士には砲兵150人、土坑兵200人も含まれる。明治2年（1869）5月18日に解散。楽兵隊とも呼ばれる。

鴉組（からすぐみ）

編成日：慶応4年（1868）4月
隊　長：細谷十太夫
人　数：74人

またの名を衝撃隊。諜報部隊だったが、戦況激化で戦闘部隊に転身。明治元年（1868）10月、藩命により解散。

見国隊（みくにたい）

編成日：明治元年（1868）12月
隊　長：二関源治
人　数：480人

仙台領石巻で組織された佐幕部隊。藩士の子や浮浪の徒で編成され、先鋒に立って官軍と戦った。明治2年（1869）5月18日、五稜郭の陥落で投降。

新徴組（しんちょうぐみ）

編成日：文久3年（1863）4月17日
取　締：俣野一郎右衛門
人　数：200人

江戸から引き揚げた幕府浪士組の再結成部隊。明治元年（1868）9月下旬に壊滅。

新整組（しんせいぐみ）

編成日：文久3年（1863）5月
隊　長：上野織衛・朝比奈長十・石原数右衛門
人　数：95人

江戸市中取り締まり警察隊。後に「新徴隊」と改称。明治元年（1868）9月に壊滅。

奇銃隊（きじゅうたい）

編成日：慶応4年（1868）4月
頭　取：北原守弥・安藤定右衛門
人　数：53人

庄内藩の洋式銃隊で各地を転戦した。明治元年（1868）9月、庄内藩の降伏と同時に解散。

集合隊（しゅうごうたい）

編成日：慶応4年（1868）7月
頭　取：北楯小八
人　数：68人

庄内藩有志により編成された部隊。南下する秋田藩兵を迎撃した。明治元年（1868）9月下旬に壊滅。

白虎隊（びゃっこたい）

編成日：慶応4年（1868）3月10日
隊　長：日向内記
人　数：300人

会津藩が編成した予備軍。隊士は15～17歳までの少年のみ。明治元年（1868）9月24日、会津藩の降伏により解散。

二本松少年隊（にほんまつしょうねんたい）

編成日：慶応4年（1868）7月下旬
隊　長：木村銃太郎
人　数：37人

二本松城内の少年たちによって編成された。編成後すぐに官軍と交戦し、多数の戦死者を出して壊滅。

三春奇兵隊 (みはるきへいたい)

編成日：慶応4年(1868)5月
隊　長：河野広中
人　数：80人

三春藩内の有志により編成された勤皇隊。当初は偵察や情報収集を行っていたが、戦闘激化に伴い第一線で戦う。明治元年(1868)11月に解散。

衝鋒隊 (しょうほうたい)

編成日：慶応4年(1868)4月初旬
総　督：古屋佐久左衛門
人　数：850人

旧幕府歩兵を中心に編成された佐幕部隊。明治2年(1869)5月18日に降伏。

関東地方

新田官軍 (にったかんぐん)

編成日：慶応4年(1868)3月12日
盟　主：岩松俊純
人　数：80人

岩松俊純を盟主とした草莽義軍。慶応4年(1868)12月に解散。

出流糾合隊 (いずるきゅうごうたい)

編成日：慶応3年(1867)11月29日
隊　長：竹内啓
人　数：40～50人(現地参加を含め200人)

浪人や町人、博徒らにより編成され、野州出流山へ挙兵した。慶応3年(1867)12月、近隣諸藩の討伐により壊滅。

玉砕組 (ぎょくさいぐみ)

編成日：慶応3年(1867)12月12日
隊　長：川田太郎
人　数：11人

出流糾合隊の囮部隊。編成同日夜半に幕軍と戦い、全員が玉砕を遂げた。

利鎌隊 (とがまたい)

編成日：慶応4年(1868)4月
隊　長：黒川豊麿
人　数：56人

神官を中心に編成され、戊辰戦争中の治安を維持し、王政復古精神を住民に徹底させた。明治3年(1870)1月5日解散。

彰義隊 (しょうぎたい)

編成日：慶応4年(1868)2月23日
隊　長：小田井蔵太・池田大隅守
人　数：3000～4000人

旧幕臣と徳川一門ゆかりの有志で結成された佐幕部隊。慶応4年(1868)5月15日に官軍の総攻撃に遭って壊滅。隊長ではないが、率いた中心人物は天野八郎。

振武軍（しんぶぐん）

編成日：慶応4年（1868）春
主　将：渋沢成一郎
人　数：400人

彰義隊から分裂した反薩長抗戦部隊。一橋家の側近を中心に編成。慶応4年（1868）5月23日に官軍と戦い壊滅。

甲陽鎮撫隊（こうようちんぶたい）

編成日：慶応4年（1868）2月中旬
隊　長：近藤勇
人　数：150人

新撰組残党に雑兵を加えた部隊。慶応4年（1868）3月6日に壊滅し、隊士は八王子方面へと敗走した。

春日隊（かすがたい）

編成日：慶応4年（1868）3月
隊　長：佐藤彦正
人　数：100人

「甲陽鎮撫隊」の別隊として兵糧輸送に従事し、戦闘がはじまるや参戦した。慶応4年（1868）3月6日に官軍と戦い壊滅。

靖兵隊（せいへいたい）

編成日：慶応4年（1868）3月中旬
隊　長：芳賀宜道
人　数：100人

近藤勇と袂を分けた新撰組残党と旧幕歩兵で編成。江戸開城後に関東各地で戦い、勇名を馳せる。会津落城前後に解散した。

幕府遊撃隊（ばくふゆうげきたい）

編成日：慶応4年（1868）4月
総　督：林忠崇
人　数：280人

旧幕府の有志で編成された。五稜郭の陥落まで戦ったが、蝦夷共和国降伏で解散した。

撒兵隊（さんぺいたい）

編成日：慶応3年（1867）夏
幹　部：福田道直
人　数：500人以上

幕府の洋式銃砲隊。明治2年（1869）5月18日、榎本軍とともに戦ったが、蝦夷共和国解体で消滅。

伝習隊（でんしゅうたい）

編成日：慶応3年（1867）秋
総　督：大鳥圭介
人　数：1000人

馬丁、雲助、博徒、火消しなど関東の乱暴者が中核だが、蝦夷に渡った後は共和国の主力部隊として活躍した。明治2年（1869）5月、五稜郭陥落で壊滅。

中部地方

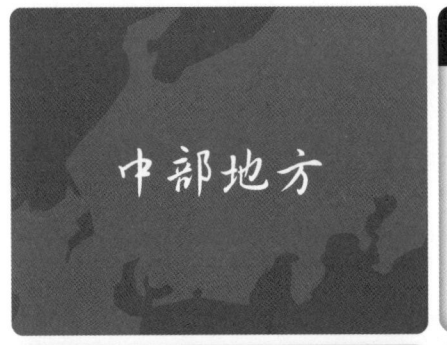

駿州赤心隊（すんしゅうせきしんたい）

編成日：慶応4年（1868）2月25日
隊　長：不明
人　数：110人

遠州・報国隊の幹部と、尾張藩の勤皇訪引掛の働きによって編成された草莽隊。明治元年（1868）11月下旬に解散した。

遠州報国隊（えんしゅうほうこくたい）

編成日：慶応4年（1868）2月13日
幹　部：池田庄三郎・山本金木
人　数：306人

遠州・浜松の草莽隊。明治元年（1868）11月下旬に解散。

赤心隊（せきしんたい）

編成日：慶応4年（1868）3月下旬
隊　長：不明
人　数：25人

清水港に入港した官軍艦船を警備するため、「駿州赤心隊」より選抜された者により編成。慶応4年（1868）夏に清水港を引き払って本隊と合流。11月に解散した。

草薙隊（くさなぎたい）

編成日：慶応4年（1868）1月
隊　長：林金兵衛
人　数：62人

尾張藩で討幕戦力の補充として編成された農兵隊。後に田宮如雲の働きによって戦闘部隊へと変更。明治2年（1869）11月に解散。

凌霜隊（りょうそうたい）

編成日：慶応4年（1868）3月20日
隊　長：朝比奈茂吉
人　数：47人

郡上藩の佐幕派有志により編成された。客員としてかの服部半蔵も入隊したという。明治元年（1868）9月22日、会津若松城の陥落により投降。

神木隊（しんぼくたい）

編成日：慶応4年（1868）春
取　締：近田六郎太夫
人　数：82人

反薩長を掲げた官軍抗戦隊。隊士は槍剣に優れた者ばかりで編成された。

居之隊（きょしたい）

編成日：慶応4年（1868）2月中旬
隊　長：秋田秀次郎
人　数：200人

官軍の先鋒隊として発足、当初は名を「方義隊」としていた。後に「第三遊軍隊」と名を変えて上京。明治3年（1870）9月2日に解散。

北辰隊（ほくしんたい）

編成日：慶応4年(1868)7月26日
隊　長：遠藤七郎
人　数：170人

越後・水原で編成された草莽隊。主に北越戦に従軍し、後に庄内方面を転戦した。

正気隊（せいきたい）

編成日：慶応4年(1868)7月
幹　部：曾我長左衛門・前田又之丞
　　　　曾我静治・菅原益太郎
人　数：40人

官軍の侵攻に対し、村方有志を募って編成された。明治元年(1868)10月ごろに解散。

新撰組（しんせんぐみ）

編成日：文久3年(1863)3月13日
局　長：芹沢鴨・近藤勇・新見錦
人　数：26人(第一次編成時)

京都守護職お抱えの市中警察隊。尊攘派志士の捕斬に活躍した。明治2年(1869)5月11日に壊滅。

高台寺党（こうだいじとう）

編成日：慶応3年(1867)3月10日
盟　主：伊東甲子太郎
人　数：14人

尊攘派の元新撰組隊士が中心となって編成された。伊東の死で解散し、後に「赤報隊二番隊」となる。

京都見廻組（きょうとみまわりぐみ）

編成日：元治元年(1864)4月
組　頭：蒔田相模守・松平因幡守
人　数：不明

京都で編成された幕府の検察隊。鳥羽伏見の戦いに参加し、敗北して壊滅。その後、メンバーの多くは旧幕府抗戦部隊へと身を投じた。

別選組（べっせんぐみ）

編成日：元治元年(1864)7月
隊　長：佐川官兵衛
人　数：40人

在京会津藩士で編成された精鋭。徳川軍の最前線部隊として薩長軍と戦った。鳥羽伏見の戦いの後、会津へ帰って「朱雀士中隊」に編入された。

本圀寺組（ほんこくじぐみ）

編成日：不明
幹　部：大場一真斎・鈴木縫殿
　　　　山口徳之進・長谷川作十郎
人　数：不明

水戸天狗党系の在京藩士、神官、郷土からなる本圀寺の駐屯部隊。大政奉還までは徳川慶喜の親衛隊として活躍した。

山国隊 (やまぐにたい)

編成日：慶応4年(1868)1月5日
沙汰人：水口市之進・藤野斎
人　数：76人

山陰道鎮撫使・西園寺公望の呼びかけで作られた。別名「西軍」、「河童隊」とも呼ばれる。明治3年(1870)春に解散。

新兵組 (しんぺいぐみ)

編成日：慶応4年(1868)1月11日
沙汰人：鳥居五兵衛・川原林安左衛門
人　数：27人

丹羽山国郷の草莽隊。別名「東軍」とも呼ばれ、後に山国隊へと編入された。

赤報隊 (せきほうたい)

編成日：慶応4年(1868)1月9日
大　将：綾小路俊実・滋野井公寿
人　数：300人

戊辰戦争で東征軍先鋒隊として組織される。隊士の一部は偽官軍として処刑され、生き残った者は「徴兵七番隊」へと編入。

天誅組 (てんちゅうぐみ)

編成日：文久3年(1863)8月18日
盟　主：中山忠光
人　数：1000人

別名を「天忠組」ともいう倒幕武装隊。文久3年(1863)9月24日、大和吉野郡鷲家口の激戦で壊滅。

十津川親兵 (とつがわしんぺい)

編成日：文久3年(1863)8月
隊　長：不明
人　数：不明

「天誅組」に呼応した十津川の郷土隊。戊辰戦争では征討大総督宮の親衛隊を務め、後に会津若松へと転戦した。明治元年(1868)10月下旬に解散。

但馬農兵 (たじまのうへい)

編成日：文久3年(1863)8月
取　締：美玉三平
人　数：不明

「天誅組」に呼応し、但馬農民を中心に編成された農兵隊。文久3年(1863)10月、近隣諸藩の攻撃を受けて壊滅。

中国地方

備州精鋭隊 (びしゅうせいえいたい)

編成日：不明
隊　長：岩田七郎兵衛
人　数：100人

岡山藩で編成され、近代兵器で武装していた。明治3年(1870)10月、藩の軍制改革により解散。

新武隊（しんぶたい）

編成日：慶応4年（1868）秋
監　軍：雀部八郎
人　数：150人

岡山藩編成の倒幕部隊で北海道に遠征した。明治3年（1870）10月に解散。

勇戦隊（ゆうせんたい）

編成日：元治元年（1864）
監　軍：平井源八郎
人　数：200人

岡山藩で編成。戊辰戦争を皮切りに関東、奥羽各地を転戦した。明治3年（1870）10月、軍制改革で常備軍に再編成された。

神機隊（しんきたい）

編成日：慶応3年（1867）8月
提唱者：木原秀三郎
人　数：300人

民間有志で編成され、戊辰戦争では仙台方面に転戦して勇名を馳せた。明治5年（1872）2月15日に解散。

応変隊（おうへんたい）

編成日：慶応3年（1867）秋
奉　行：神尾尚太郎
人　数：220人

広島藩が編成した士庶混成部隊で、倒幕軍となった。鳥羽伏見の戦いを皮切りに各地を転戦。明治5年（1872）2月15日に解散。

日新隊（にっしんたい）

編成日：慶応4年（1868）4月
隊　長：不明
人　数：80人

岩国領が下級武士を中心に編成した倒幕隊。越後口から会津方面に転戦した。明治2年（1869）秋に山口藩が常備軍を設置したため、吸収された。

献功隊（けんこうたい）

編成日：慶応3年（1867）秋
参　謀：林与憙之
人　数：不明

徳山藩で編成された倒幕隊。北海道へ進軍し、明治2年（1869）6月の凱旋後、常備軍に再編成された。

奇兵隊（きへいたい）

編成日：文久3年（1863）6月6日
総　督：高杉晋作
人　数：300人

武士、農民、町民からなる部隊で、諸隊の先駆けとして名高い。4か国連合艦隊と戦い、その後は各地を転戦して戦功を立てた。明治2年（1869）の改革で正規軍となる。

振武隊（しんぶたい）

編成日：慶応3年（1867）2月
幹　部：石川厚狭介
人　数：400人

長州藩の諸隊のひとつで「南園隊」と「義昌隊」を合併したもの。鳥羽伏見の戦いから奥羽方面に転戦し、明治2年（1869）に常備軍に編入。

御楯隊（みたてたい）

編成日：文久2年（1862）12月
提唱者：高杉晋作
人　数：12人

尊攘隊であり、御殿山の英国公使館に潜入して焼き払った後、解散している。

遊撃隊（ゆうげきたい）

編成日：文久3年（1863）10月10日
総　管：来島又兵衛
人　数：500人

長州諸隊のひとつで「遊撃軍」ともいう。禁門の変に参加して壊滅。後に河瀬真孝によって再建される。明治2～3年（1869～1870）の脱隊騒動では隊員の大半がこれに参加し、反乱の中心となった。

長府報国隊（ちょうふほうこくたい）

編成日：元治元年（1864）春
軍　監：熊野直介
人　数：250人

長府藩の5万石藩士を中心に編成。後に毛利元敏が正規軍とした。征長戦、戊辰戦争で活躍し、明治2年（1869）暮れに解散。

干城隊（かんじょうたい）

編成日：慶応元年（1865）1月
総　督：福原駒之進
人　数：1885人

高杉晋作の挙兵に呼応した萩藩士によって編成された。戊辰戦争で活躍し、明治2年（1869）11月、常備軍となって解散している。

海援隊（かいえんたい）

編成日：慶応3年（1867）4月
提唱者：坂本龍馬
人　数：26人

長崎の亀山で組織された貿易商社だが戦闘にも参加した。坂本龍馬の死後、隊員は四散し、慶応4年（1868）早々に藩命で解散した。

陸援隊（りくえんたい）

編成日：慶応3年（1867）7月
提唱者：中岡慎太郎
人　数：50人

尊攘派隊「五十人組」を母体としている。「翔天隊」とも呼ばれたが、鳥羽伏見の戦いの後に解散。

梅花隊（ばいかたい）

編成日：不明
隊　長：長岡謙吉
人　数：120人

坂本龍馬の死後、新海援隊ができたが、その中の戦闘集団がこれである。明治元年（1868）秋に解散。隊士たちはそのまま奥羽方面征討戦に参加した。

胡蝶隊（こちょうたい）

編成日：慶応4年（1868）1月
総　督：深尾丹波
人　数：400人

倒幕部隊として上士階級で編成された洋式銃隊。明治3年（1870）に解散。

銃士隊（じゅうしたい）

編成日：慶応元年（1865）
中　核：上田友秦
人　数：1600人

徳島藩でできた洋式銃砲隊。対奥羽戦で活躍したが、明治3年（1870）6月、徳島藩の内乱に参加し、その後に解散した。

勇敢隊（ゆうかんたい）

編成日：慶応4年（1868）1月
隊　長：勇敢仁平
人　数：500～800人

筑前と福岡で編成された倒幕部隊。奥羽征伐戦に参加し、明治2年（1869）7月20日に帰国後、解散した。

赤心隊（せきしんたい）

編成日：慶応2年（1866）8月1日
提唱者：島村志津馬
人　数：1330人

長州軍の領内侵攻に対し、徹底交戦を主張する島村の元へ集まった町民、農民たちで編成された。明治元年（1868）12月18日、長州との講和後に解散。

新檄隊（しんげきたい）

編成日：慶応4年（1868）春
軍　監：姉川行道
人　数：200人

筑後久留米藩にて下級武士、町民、農民などで編成された。奥羽や北越を転戦後、北海道まで進撃した。明治3年（1870）春、クーデターに失敗して解散。

振遠隊（しんえんたい）

編成日：慶応4年（1868）4月
幹　部：石田栄吉
人　数：400人

「海援隊」と「幕府遊撃隊」のメンバーで編成した長崎警備部隊。奥羽方面へ出征し、明治2年（1869）6月に東京にて解散。

花山院隊（かざんいんたい）

編成日：慶応4年（1868）1月10日ごろ
盟　主：花山院家理
人　数：150人

脱藩者や志士を中心に編成された倒幕義勇軍。長州藩の倒幕戦略に不満を持ち決起するが、攻撃を受け、慶応4年（1868）1月29日に壊滅した。

誕生から幕府滅亡までの 徳川慶喜の足跡

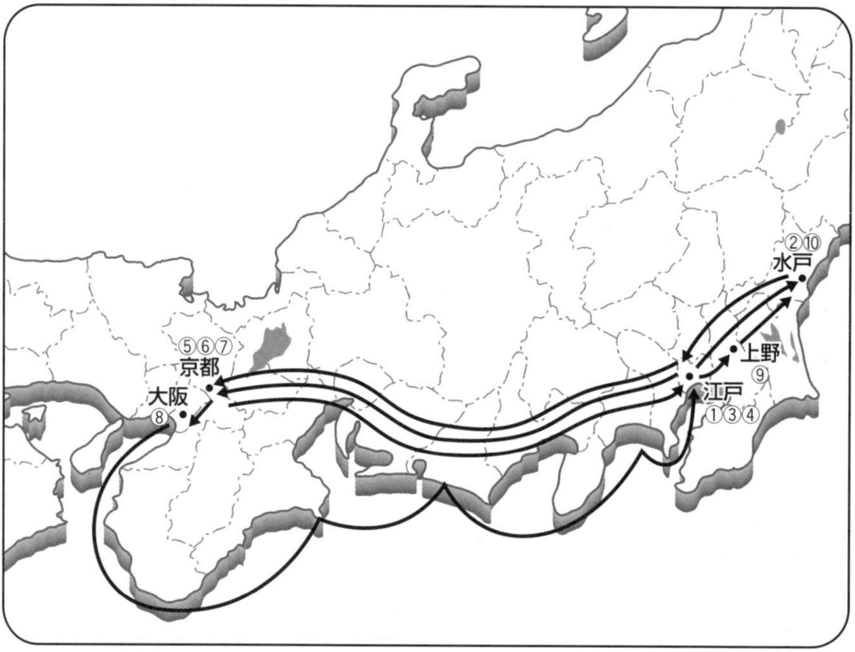

①慶喜誕生（1837年）
②幼年期を水戸で過ごす
③一橋家継嗣
④将軍後見職として幕政に復活
⑤朝廷が命じた将軍家茂上洛に同行（1863年2月）
⑥参与会議に参加するために再上洛
⑦大政奉還するものの、王政復古の大号令により京から大阪へ脱出
⑧鳥羽伏見の戦いに敗れて、大阪から海路江戸へ撤退
⑨朝廷への恭順を決意し上野で謹慎
⑩江戸城無血開城後、水戸で徳川家存続を許され、余生を過ごす

薩長同盟から鳥羽伏見の戦いまでの
西郷隆盛の足跡

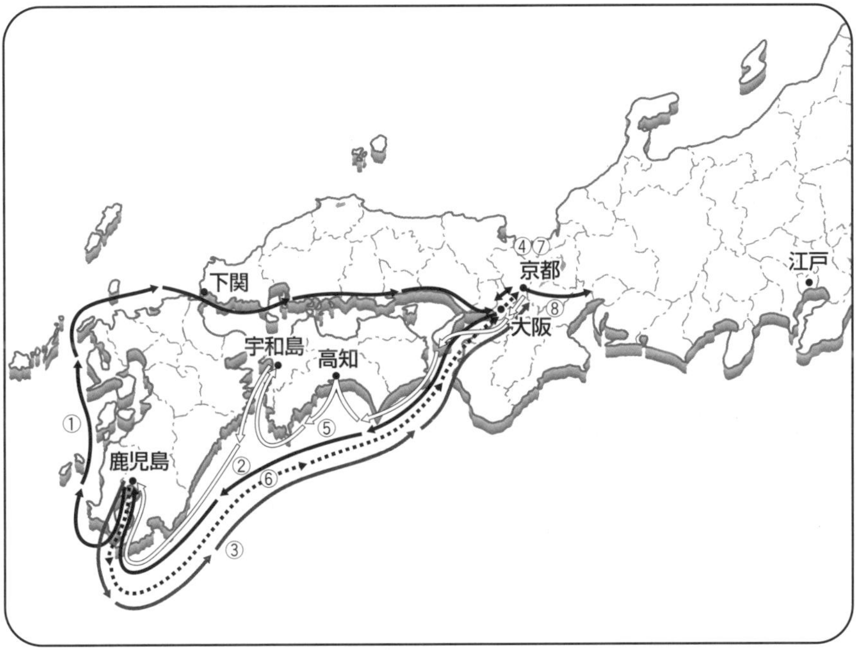

①1865年５月　木戸孝允と会うため、中岡慎太郎とともに下関に向けて出帆するが、大久保利通から緊急の報が入り京都へ向かう

②1865年９月　4か国艦隊の摂海入りの報を持って鹿児島へ帰投

③1865年10月　藩主に出兵を説いて京都へ

④1866年１月　坂本龍馬を立会人に木戸孝允と会い、薩長同盟を結ぶ

⑤1867年２月　高知、宇和島を訪れ、山内容堂、伊達宗城と謁見し上京を促す

⑥1867年３月　鹿児島に帰着し、再び藩兵を率いて上洛する

⑦1867年９月～12月　京都にて薩土倒幕の密盟成立、討幕の密勅降下、大政奉還、王政復古の大号令発令

⑧1868年１月　鳥羽伏見で幕軍と戦闘開始。これに勝利して連合軍に錦旗が下賜され、官軍として江戸へ進軍する

禁門の変から鳥羽伏見の戦いまでの 木戸孝允の足跡

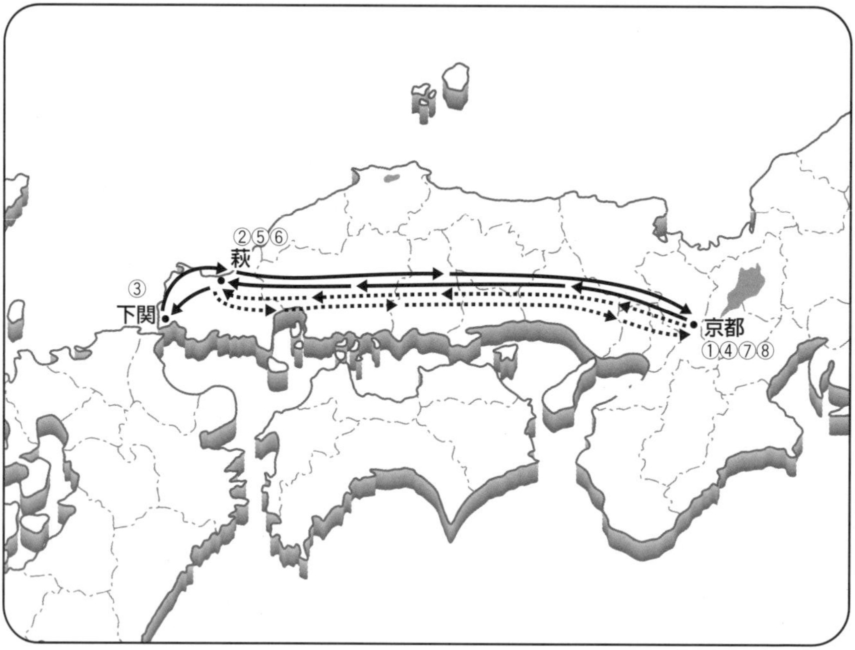

①1864年７月　禁門の変後、藩の名誉回復をするため京都に潜伏して活動する

②1865年３月　第一次長州征伐のあと、幕府恭順派となっていた長州藩で高杉晋作が挙兵。革命政権が樹立され、政務担当として呼び戻される

③1865年11月　坂本龍馬・中岡慎太郎の仲介で西郷隆盛と会うために下関に赴くが、西郷が藩命で京都に行き、すっぽかされた形になったことに怒る（坂本が諌める）

④1866年１月　坂本龍馬の仲介で西郷隆盛と会い、薩長同盟を結ぶ

⑤1866年６月　第二次長州征伐で長州軍完勝

⑥1867年９月　大久保利通と西郷隆盛が長州を訪れ、倒幕のための出兵について会談する

⑦1867年10月～12月　討幕の密勅降下、大政奉還、王政復古の大号令発令

⑧1868年１月　太政官の総裁局顧問に任命され、新政府の政策にあたる

新撰組、組織の変遷

※結成当時は、3名の局長、2名の副長だったが、局中法度書に背いたため新見、山南は切腹、芹沢は近藤に暗殺され、近藤、土方が新撰組を動かしていく。

①1863年ごろ

局長	芹沢鴨
	近藤勇
	新見錦
副長	山南敬助
	土方歳三
助勤	沖田総司
	永倉新八
	原田左之助
	藤堂平助
	斉藤一
	井上源三郎
	松原忠司
	安藤早太郎

※芹沢、新見、山南らを粛正した後の組織。伊東らはこの後、新撰組から脱退していく。

②1865年ごろ

局長	近藤勇
副長	土方歳三
参謀	伊東甲子太郎＊
1番隊組長	沖田総司
2番隊組長	永倉新八
3番隊組長	斉藤一
4番隊組長	松原忠司
5番隊組長	武田観柳斎
6番隊組長	井上源三郎
7番隊組長	谷三十郎
8番隊組長	藤堂平助＊
9番隊組長	鈴木三樹三郎＊
10番隊組長	原田左之助

＊は土方との対立により、後に新撰組から分かれ高台寺党を作った人たち。

新撰組局中法度書

一、士道ニ背キ間敷事
一、局ヲ脱スルヲ許サズ
一、勝手ニ金策致スベカラズ
一、勝手ニ訴訟取リ扱ウベカラズ
一、私ノ闘争ヲ許サズ
右条々相背ムク候者ハ切腹申付ベク候也

五箇条の御誓文

一、広ク会議ヲ興シ、万機公論ニ決スヘシ。
一、上下心ヲ一ニシテ、盛ニ経綸ヲ行フヘシ。
一、官武一途庶民ニ至ル迄各其志ヲ遂ケ、
人心ヲシテ倦マサラシメン事ヲ要ス。
一、旧来ノ陋習ヲ破リ、天地ノ公道ニ基クヘシ。
一、智識ヲ世界ニ求メ、大ニ皇基ヲ振起スヘシ。

※五箇条の御誓文は明治天皇が三条実美に読ませて天神地祇に誓った、新政府の政治上の方針。越前藩・由利公正の原案を土佐藩の福岡孝弟が修正し、長州藩の木戸孝允が加筆している。

幕末に新設された主な幕府の役職

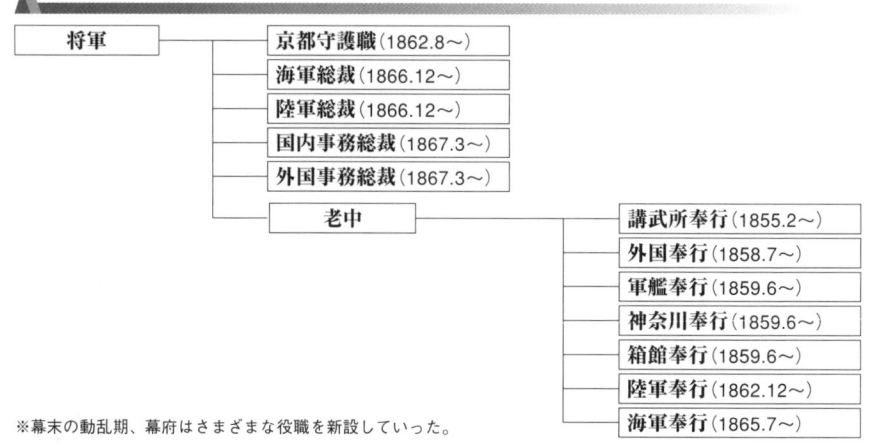

- 将軍
  - 京都守護職（1862.8～）
  - 海軍総裁（1866.12～）
  - 陸軍総裁（1866.12～）
  - 国内事務総裁（1867.3～）
  - 外国事務総裁（1867.3～）
  - 老中
    - 講武所奉行（1855.2～）
    - 外国奉行（1858.7～）
    - 軍艦奉行（1859.6～）
    - 神奈川奉行（1859.6～）
    - 箱館奉行（1859.6～）
    - 陸軍奉行（1862.12～）
    - 海軍奉行（1865.7～）

※幕末の動乱期、幕府はさまざまな役職を新設していった。

奇兵隊の足跡

年月日		内容
年	月日	
1863年	6月6日	奇兵隊結成。初代総督は高杉晋作（本陣は白石正一郎邸。後に阿弥陀寺に移動）。奇兵隊の結成に伴い各地で民兵部隊が結成される
	8月16日	元・正規兵からなる先鋒隊と奇兵隊の衝突、「教法寺事件」発生
	8月29日	「教法寺事件」の責任として、総督の高杉晋作は更迭され藩の政務に就く。2代目総督は、河上弥一と滝弥太郎。奇兵隊は下関から小郡に転陣
1864年	8月5日	4か国連合艦隊の下関への砲撃に対し奇兵隊初陣。結果は惨敗
	10月19日	幕府恭順を方針とする俗論派の台頭により、奇兵隊は徳地に転陣
	10月21日	奇兵隊ほか諸隊に俗論派から解散命令
	11月17日	3代目総督赤根武人ほか奇兵隊は、三条実美ら五卿とともに下関に結集
	12月15日	高杉晋作、諸隊を率いて俗論派にクーデター、下関に決起（兵数約80人）
1865年	1月7日	奇兵隊ほか諸隊が同調して各地で決起
	1月21日	奇兵隊および諸隊、山口に転陣
	2月14日	諸隊の一部が萩城を包囲。奇兵隊は東光寺に駐屯
1866年	6月7日	第二次長州征伐で小倉入りした幕軍に先制攻撃
	8月21日	幕軍、第二次長州征伐の中止を決定

四境戦争（第二次長州征伐）における両軍の戦力

	長州軍		幕軍	
戦場	代表的な部隊	兵数	代表的な部隊	兵数
小倉口	奇兵隊	約1000	小倉藩	約50000
芸州口	遊撃隊	約1000	紀州藩	約50000
大島口	第2奇兵隊	約1500	松山藩	約20000
石川口	清末藩兵	約1000	浜田藩	約30000

※圧倒的な数的優位を誇った幕軍だったが、最新兵器を駆使する長州軍の前に敗れ去ってしまう。

長州藩の勢力争い（保守派と革新派）

1840年	天保の改革。村田を中心とした革新的な改革で藩財政を建て直す	革
1844年	近代化に急ぎすぎて反感を買った村田は失脚。保守派が台頭する	保
1846年	革新派の周布が藩政を改革。藩論も攘夷急進となる	革
1855年	坪井・椋梨らが藩政改革し、政権を奪取。藩は再び保守派に	保
1858年	藩内の攘夷運動激化により保守派失脚。坪井は流刑後刑死	革
1860年	第一次長州征伐で幕府に恭順を示すため、椋梨が革新派の家老を処刑	保
1865年	高杉晋作らによる奇兵隊のクーデターで藩論は攘夷一色になる	革

保守派	坪井九右衛門
	椋梨藤太
革新派	村田清風
	周布政之助

明治以降に薩摩、長州、土佐の藩士が就いた主な役職

	人名	役職
薩摩藩	西郷隆盛	参与→東征大総督府参謀→陸軍大将兼参議
	大久保利通	参与→参議兼内務卿
	黒田清隆	陸軍参謀→陸軍中将兼開拓次官→総理大臣→枢密院議長
	小松帯刀	参与→外国事務局判事
	西郷従道	参議兼文部卿→陸軍卿→農商務卿→海軍大臣
	五代友厚	参与→外国事務掛→大阪府判事
	桐野利秋	親兵大隊長→陸軍少将→陸軍裁判所長官
	大山巖	陸軍大臣→元帥
	伊地知正治	左院議長→侍講→修史館総裁
	海江田信義	奈良県令→元老院議長→貴族院議員→枢密院顧問官
長州藩	木戸孝允	総裁局顧問官→外国事務掛→参与→参議→内閣顧問
	伊藤博文	外国事務掛→外国事務局判事→工部卿→内務卿→総理大臣→枢密院議長
	山県有朋	陸軍卿→参議→内務卿→内務大臣→陸軍大臣→司法大臣→総理大臣
	井上馨	参与→外国事務掛→大蔵大輔→外務卿→内務大臣→大蔵大臣
	品川弥二郎	宮中顧問官→御料局長→内務大臣→枢密院顧問官
	広沢真臣	参与→参議
	乃木希典	陸軍少佐→学習院院長
土佐藩	山内容堂	議定→内国事務総長
	後藤象二郎	工部大輔→左院議長→参議→左院事務総裁→逓信大臣→農商務大臣
	板垣退助	参議→内務大臣
	福岡孝弟	参与→議事体裁取調御用掛→文部大輔→司法大輔→元老院議官→参議
	小南五郎右衛門	刑法官判事→宮内省御用掛
	中島信行	通商正→出納正→紙幣権頭→租税権頭→衆議院議長→貴族院勅選議員
	岩村高俊	宮中顧問官→貴族院議員
	大橋慎三	軍務官→行政官→刑法官→開拓使→大議生

※明治初期の役職の「～卿」は、現在の「～大臣」にあたる。

土佐藩の政策の移り変わり

中心人物	年	関連事件	思想・政策
山内容堂	1853〜1859	黒船来航	幕府への恩顧と尊皇の両方を立て公武合体を主張
武市半平太	1860〜1863	桜田門外の変	朝廷を頂点に新政府の発足を目指し、尊皇・倒幕・攘夷を主張
山内容堂	1863〜1865	横浜鎖港	幕府と雄藩の協力による幕政改革を狙い、参与会議に参加
後藤象二郎	1866〜1867	薩長同盟	新政府に幕府を中心として残すために、大政奉還を進言

※武市半平太が勢力を誇ったのは、1863年8月ころまでで、8月18日の政変の前後に藩主山内容堂が土佐勤皇党の弾圧に乗り出す。

肥前藩の軍備増強の足跡

年	内容
1844年	オランダから洋式大砲を購入、3ポンド洋式大砲の鋳造
1850年	反射炉などの鋳造砲設備を整える
1852年	36ポンド鉄製砲4門を鋳造
1855年	長崎海軍伝習所へ伝習生(47名)を派遣
1857年	長崎の造船所でコットル型帆船を建造
1863年	最新式アームストロング砲の鋳造に成功
1865年	蒸気船「凌風丸」を建造

※肥前藩の軍事力は当時日本一で、射程が3㎞以上にもおよぶアームストロング砲は上野戦争、会津戦争でその力をいかんなく発揮した。

幕末の主な私塾

名称	創設者	場所
芝蘭堂	大槻玄沢	江戸(東京)
護園塾	荻生徂ライ	江戸(東京)
韮山塾	江川坦庵	韮山(静岡)
藤樹書院	中江藤樹	青柳(滋賀)
適塾	緒方洪庵	大阪(大阪)
松下村塾	吉田松陰	萩(山口)
咸宜園	広瀬淡窓	日田(大分)
鳴滝塾	シーボルト	長崎(長崎)

※場所の( )内は現在の都道府県名。

松下村塾生

赤根武人	伊藤博文
入江杉蔵	金子重之輔
久坂玄瑞	品川弥二郎
高杉晋作	時山直八
前原一誠	松浦松洞
山県有朋	吉田稔麿
木戸孝允※	

※表は五十音順。木戸孝允は兵学門下。

主な藩校

創設	名称	藩主
1719	明倫館【めいりんかん】	毛利(萩)
1736	養賢堂【ようけんどう】	伊達(仙台)
1748	明倫館【めいりんかん】	伊達(宇和島)
1754	時習館【じしゅうかん】	細川(熊本)
1760	教授館【きょうじゅかん】	山内(高知)
1773	造士館【ぞうしかん】	島津(鹿児島)
1776	興譲館【こうじょうかん】	上杉(米沢)
1781	弘道館【こうどうかん】	鍋島(佐賀)
1782	修道館【しゅうどうかん】	浅野(広島)
1789	明徳館【めいとくかん】	佐竹(秋田)
1791	立教館【りっきょうかん】	松平(白河・桑名)
1799	日新館【にっしんかん】	松平(会津)
1799	弘道館【こうどうかん】	井伊(彦根)
1838	弘道館【こうどうかん】	徳川(水戸)

幕末三大流系

系統	流派	流祖	主な使い手
一刀流系	北辰一刀流	千葉周作	坂本龍馬
			清河八郎
			山南敬助
			伊東甲子太郎
	鏡新明智流	桃井八郎左衛門	武市半平太
			岡田以蔵
新陰流系	神道無念流	福井平右衛門	桂小五郎
			藤田東湖
			芹沢鴨
			永倉新八
	直心影流	山田平左衛門	勝海舟
神道流系	天然理心流	近藤内蔵助	近藤勇
			土方歳三
			沖田総司
			斉藤一
	示現流	東郷藤兵衛	田中新兵衛

江戸三大道場

流派	道場名
北辰一刀流	玄武館
鏡新明智流	士学館
神道無念流	練兵館

※江戸の三大道場とは一刀流系の「北辰一刀流」「鏡新明智流」と新陰流系の「神道無念流」の3流派の道場を指し、多くの志士たちが集まり剣技を競った。

幕末維新風俗略年表

年	内容
1857年	キャベツの輸入がはじまる
1858年	初めて佃煮が売られる
1859年	外国人によって屠牛場が作られる
1860年	ミシンが輸入される（ジョン万次郎） コウモリ傘が持ち込まれる（木村摂津守）
1861年	長崎出島にボーリング場が作られる 洋服着用がはじまる 牛乳販売がはじまる
1862年	初のマンガ雑誌「ジャパン・ポンチ」創刊 初の牛鍋屋「伊勢熊」開業 横浜、長崎に写真館が開業される
1863年	インド象の見世物が流行る

年	内容
1865年	日本人の新聞第1号「海外新聞」創刊
1866年	中川屋嘉兵衛によって牛肉販売店開業（横浜）
1867年	三河屋久兵衛によって西洋料理店開業（神田）
1868年	ハワイへの移民はじまる（サトウキビ畑での労働） 西洋式洗濯屋開業（神田） 書店丸屋開業（後の丸善） 富くじ禁止される ビールが輸入される（イギリスのバールビール） ラムネの製造販売がはじまる

戊辰戦争3大決戦　その①

鳥羽伏見の戦い

■鳥羽伏見の戦いの軌跡

1867年12月	王政復古の大号令が発せられたあと、西郷隆盛の配下の者たちが、江戸の内外で騒ぎを起こす
12月25日	江戸で薩摩藩邸焼き討ち事件
1868年1月1日	徳川慶喜が「討薩の表」を得るために京に向かうことを決意
1月2日	大阪から幕府軍1万5000が出兵。倒幕軍は伏見奉行所北面に向かい、西に土佐、中央に長州、東に薩摩で布陣。鳥羽方面には伊地知正治率いる部隊（薩摩藩）が向かった
1月3日	鳥羽街道を北上する幕府軍と薩摩軍が対峙。午後5時に幕府軍が、強硬突破を図る。これに薩摩軍が発砲。戦いの火蓋が切られた
1月3日	鳥羽の砲声が合図となり、伏見でも戦いが始まる。会津藩や新撰組が奮戦するが、最新兵器を使う倒幕軍に圧倒され、撤退。鳥羽では夜襲をかけるがこれも失敗する
1月4日	朝になって、幕府軍は再び鳥羽・伏見に進み反撃を開始。しかし「錦の御旗」が倒幕軍に翻る。これで倒幕軍は「官軍」、幕府軍は「賊軍」となり、倒幕軍の士気が上がる。幕府軍の士気は下がり撤退
1月5日	拠点としていた淀藩が裏切り、淀城に入城できなくなる
1月6日	津藩が裏切り、側面より幕府軍を砲撃。幕府軍は壊滅的な打撃を被る。夜、慶喜は、再挙を望む兵たちを見捨て、大阪城を放棄。海路、江戸へ向かう。こうして戦いは幕府軍の敗北で終わる

●伏見の戦いの主要部隊の人数

藩名	人数
薩摩藩	800名
薩摩藩第二砲隊	800名
長州藩	125名
土佐藩	100名
会津藩	1500名

※3000～4000の倒幕軍に対し、幕府軍の数はその約5倍の1万5000だったといわれている。

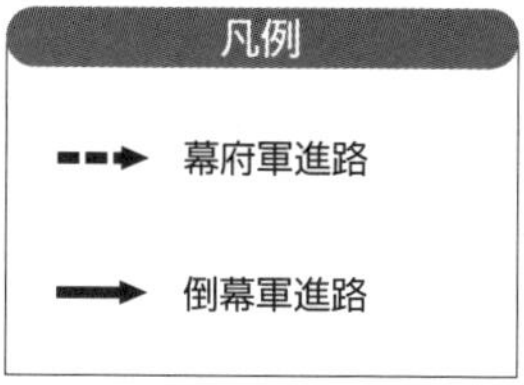
凡例
幕府軍進路
倒幕軍進路

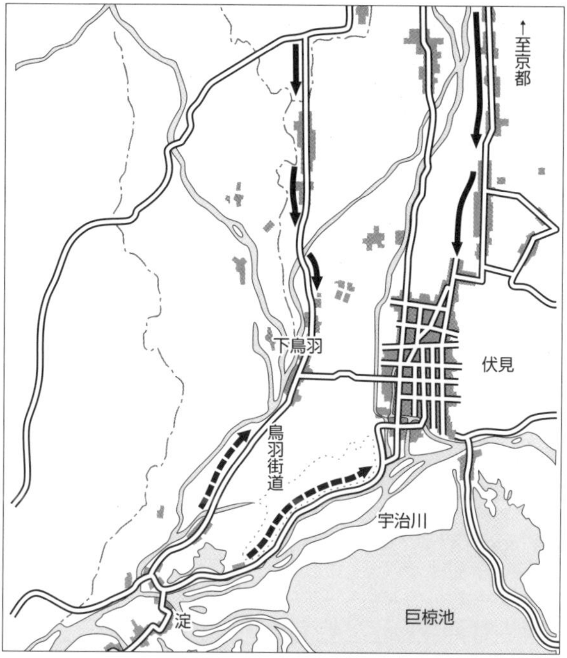
↑至京都
下鳥羽
伏見
鳥羽街道
宇治川
淀
巨椋池

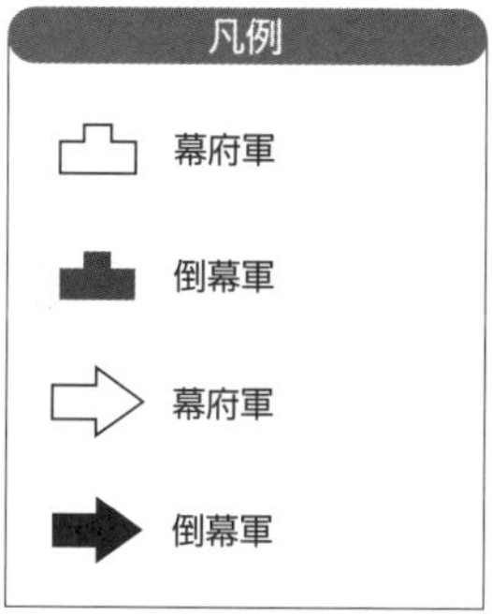
凡例
幕府軍
倒幕軍
幕府軍
倒幕軍

高瀬川
土佐藩
堀川
長州藩
薩摩藩
第二砲隊
会津白井隊
薩摩藩
幕府軍
石川藩
←至淀城
幕府軍
新撰組
会津藩
会津藩
浜田藩
会津藩
会津藩
宇治川

戊辰戦争3大決戦　その②

会津戦争

■会津戦争の軌跡

主力部隊の動き	日時（1868年）	別働隊の動き
官軍の進攻に備えて軍を3つに分け、越後口・日光口・白河口に配置する	閏4月	
白河小峰城を占拠	20日	
奥羽25藩、攻守同盟を結ぶ	22日	
白河城近郊で会津軍と官軍が最初の戦闘。会津が勝利し、官軍は日光口と江戸に増援を要請	25日	
官軍、増援された兵700砲7門をもって白河城を攻撃。会津&同盟軍も増援し、兵2000余り、砲8門で迎撃するが兵器に差があり敗退。白河城落城	5月1日	
第一次白河奪還作戦、失敗	26日	
第二次白河奪還作戦、失敗	27日	
第三次白河奪還作戦、失敗	28日	
官軍、増援到着。兵数約1500人になる	29日	
第四次白河奪還作戦、失敗	6月12日	
	16日～20日	平潟に官軍の別動隊（平潟隊）、兵1500人が到着
官軍、棚倉城を占拠	24日	
第五次白河奪還作戦、失敗	25日	
	28日	別働隊、泉城占拠
	29日	湯長谷城占拠
第六次白河奪還作戦、失敗	7月1日	
	14日	平城占拠
第七次白河奪還作戦、失敗。平潟隊が合流し、官軍は兵数約2500人になる	15日	←平潟隊が棚倉から三春、二本松へと進軍する本体と合流
官軍、二本松城を占拠	29日	
	8月16日	長岡城を占拠した官軍、越後口津川に進攻。会津軍、必死の抵抗で領内侵入を防ぐ
官軍、母成峠を占拠	21日	
官軍、猪苗代・十六橋を突破。官軍兵数約2800人になる	22日	
前藩主・松平容保、官軍の猛進攻に城内へ撤退を決意。撤退中にはぐれた白虎隊士20名、飯盛山で自刃（うち1名蘇生）	23日	
若松城下各地で乱戦。西郷頼母の家人・21名、西郷邸にて自刃	25日～	越後口官軍、兵力を増強して突破を図る。日光口会津軍、藤原から進軍する官軍を横川で阻む
各藩境の前線を守備していた部隊が、本城の危機を知り帰還。城内兵数約3000人	～26日	
官軍、若松城の南東にある小田山（高さ約300m）にアームストロング砲ほか、大砲を多数設置。城内への砲撃を開始	26日～	
	28日	日光口官軍、宇都宮から援軍を得て横川の会津軍を退ける
外部の米沢軍と連絡を取るため、決死の出撃隊（約1000人）を編成するが失敗	29日	
	9月4日	日光口官軍、本郷に到着し宿営
	5日	日光口官軍軍監・中村半次郎、白河口の主力部隊と連絡を取るため一次離脱
佐川官兵衛率いる出撃隊の生き残りの一部と水戸出身の諸生党が日光口から進軍してきた官軍を急襲。多数の兵器・食料を奪う	2日～6日	越後口官軍、津川から侵入し会津軍と戦闘。これを破り若松へ進軍する
佐川官兵衛率いる部隊、城内からの命により城下高田の官軍を急襲。兵器・食料を奪い城内へ送る	8日	
越後口官軍、若松到着	10日	
越後口官軍、会津北部鎮圧へ進むが、その防衛にあたっていた会津軍がこれを退ける	11日	米沢藩がすでに敗れ、米沢口から官軍が進軍してくる
官軍約30000。若松城は完全に包囲され、孤立無援となる	12日	

主力部隊の動き	日時	別働隊の動き
官軍、早朝より約50門の大砲による一斉砲撃開始。1門につき1日50発発射。そして、城内への侵入を開始。各所で会津軍を退け、糧道を絶つため包囲網を狭めていく	14日～	
松平容保、使者を使わせ米沢藩を通して官軍に会津藩の意向を伝える	16日	
官軍、高田にて奮戦する佐川官兵衛率いる部隊など、城外で転戦する会津兵を攻撃。山中へ追い込み城内を完全に孤立させる	18日	
官軍先鋒の土佐藩参謀らが会津藩の意向に同意。使者を城内に帰して2日間の猶予を与える	19日	
会津、城門に「降参」と書かれた白旗を掲げ、官軍に降伏する	22日	

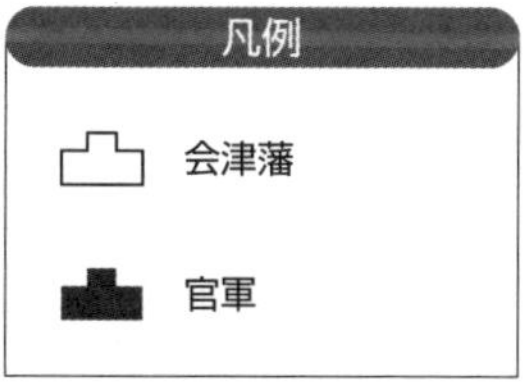

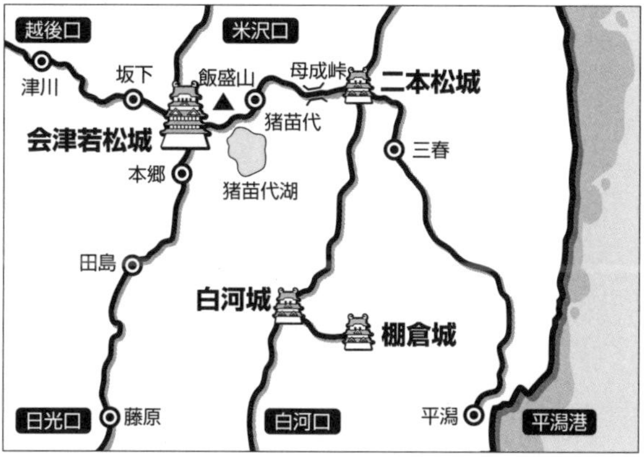

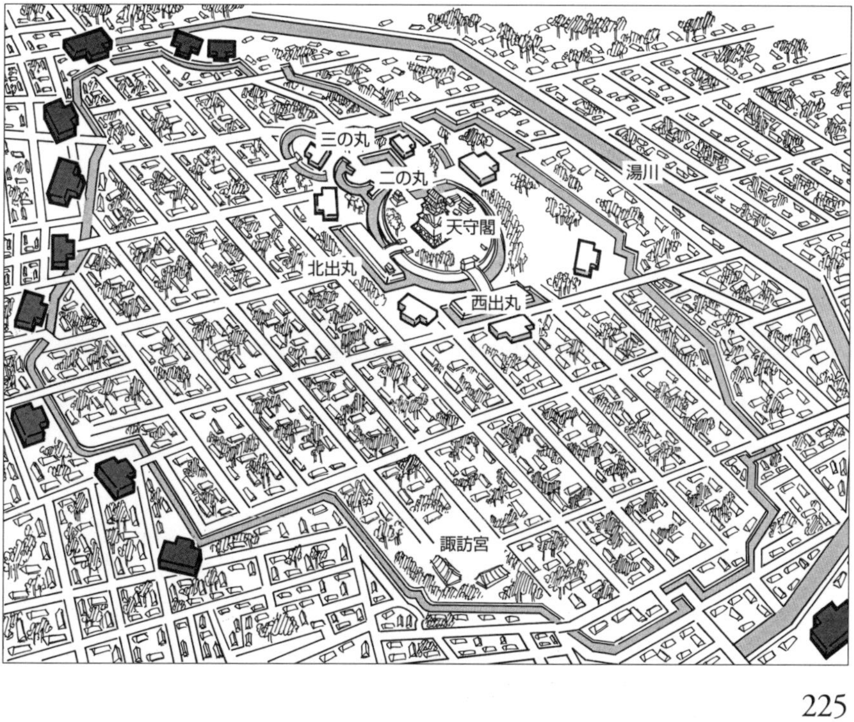

戊辰戦争3大決戦　その③

箱館戦争

■箱館戦争の軌跡

日時		出来事
1868年	8月19日	旧幕府軍・榎本艦隊、品川より北に向かって出航
	10月21日	蝦夷島鷲ノ木沖に集結、上陸。津軽、松前、越前大野、備後福山などの官軍部隊集結
	10月22日	箱館戦争開戦(峠下の戦い)、旧幕府軍勝利
	10月23～24日	藤山、大野、七重の戦い。旧幕府軍勝つ。官軍は数が多いにも関わらず五稜郭に敗走
	10月25日	箱館知事(官軍の将)、青森へ避難
	10月26日	旧幕府軍、五稜郭を無血占領
	10月～11月	旧幕府軍、松前藩を攻撃
	11月5日	旧幕府軍、松前城攻略
	11月15日	旧幕府軍、館城攻略、江差無血占領。旗艦開陽座礁、その後全壊
	12月	蝦夷仮政権樹立
1869年	1月	官軍アメリカより甲鉄(ストンウォール・ジャクソン号)を入手
	3月	官軍の蝦夷征伐軍、東京を出発
	3月20日	宮古湾の戦い、官軍勝利
	4月9日	官軍乙部に上陸、江差を占領
	4月12～14日	木古内口、二股口の戦い、旧幕府軍勝利
	4月17日	官軍、春日の砲撃によって松前城を奪回
	4月22日	官軍、木古内を占領
	4月～5月初	箱館海戦、甲鉄、春日の活躍で官軍勝利、旧幕府軍の海軍全滅
	4月29日	矢不来、有川の戦い、旧幕府軍敗走
	5月3～8日	七重浜、大川の戦い、旧幕府軍敗走
	5月11日	官軍、箱館を総攻撃、土方戦死
	5月12日	官軍、五稜郭を攻撃
	5月15日	五稜郭内、弁天台場降伏
	5月18日	官軍、五稜郭へ入城

※箱館に作られた新政権もわずか5か月あまりで崩壊してしまった。快進撃を続ける旧幕府軍が敗れた原因は甲鉄の参加と旗艦・開陽を座礁で失ったことが大きい。

■榎本艦隊と官軍艦隊

●主な榎本艦隊の排水量と砲門数

船名	船種	排水量	砲門数
開陽	軍艦	2817トン	26門
回天	軍艦	1678トン	13門
蟠竜	軍艦	370トン	4門
長鯨	輸送船	996トン	―
神速	輸送船	250トン	―
大江	輸送船	160トン	―
鳳凰	輸送船	130トン	―
千代田形	軍艦	138トン	3門

※千代田形の軍艦は4隻が同行した。

●主な官軍艦隊の排水量と砲門数

船名	船種	排水量	砲門数
甲鉄	軍艦	1358トン	8門
朝陽	軍艦	不明	12門
春日	軍艦	1269トン	6門
丁卯	軍艦	125トン	5門
陽春	軍艦	530トン	6門
延年	軍艦	250トン	4門
飛竜丸	輸送船	不明	―
豊安丸	輸送船	256トン	―
戊辰丸	輸送船	316トン	―

※官軍は他にも軍需輸送船として、外国汽船を数隻、借りて使用している。
※『幕末維新戊辰戦争事典』(新人物往来社)を参考に表を作成。

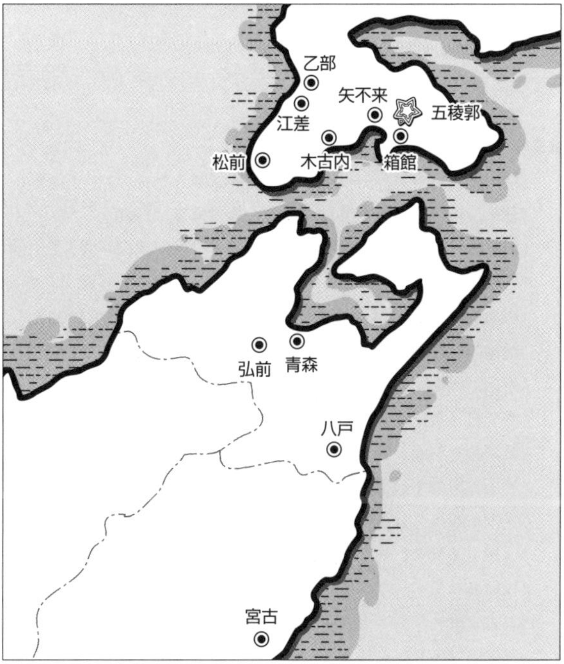
乙部
矢不来
五稜郭
江差
松前
木古内
箱館
弘前
青森
八戸
宮古

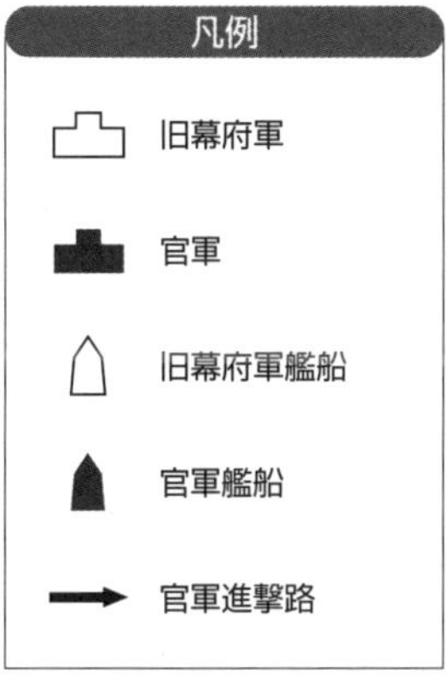
凡例
旧幕府軍
官軍
旧幕府軍艦船
官軍艦船
官軍進撃路

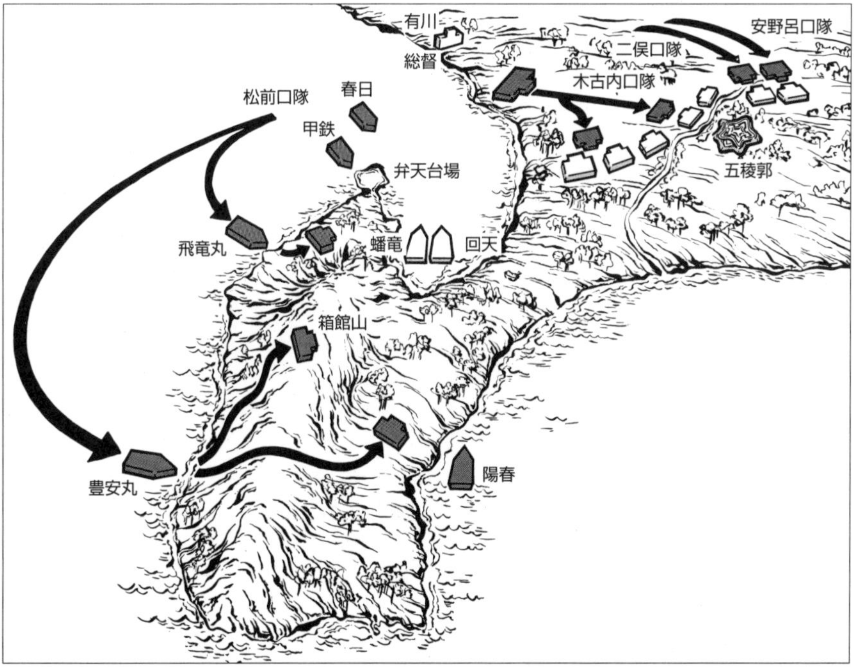
有川
総督
安野呂口隊
二俣口隊
木古内口隊
松前口隊
春日
甲鉄
弁天台場
五稜郭
飛竜丸
蟠竜
回天
箱館山
豊安丸
陽春

参考文献

●書籍

『幕末維新史事典』……小西四郎監修／新人物往来社　1983
『幕末維新戊辰戦争事典』……新人物往来社　1980
『幕末維新人名事典』……宮崎十三八・安岡昭男編／新人物往来社　1994
『三百藩藩主人名事典』1～4……藩主人名事典編纂委員会／新人物往来社　1987
『徳川300藩最後の藩主人物辞典』……新人物往来社　1996
『増補版　新編武術叢書（全）』……武道書刊行会編／新人物往来社　1995
『新撰組顛末記』……永倉新八著／新人物往来社　1968
『聞き書き新撰組』……佐藤晃著／新人物往来社　1972
『新撰組史料集　コンパクト版』……新人物往来社　1995
『沖田総司のすべて』……新人物往来社編／新人物往来社　1973
『定本新撰組史録』……平尾道雄著／新人物往来社　1977
『戊辰東北戦争』……坂本守正著／新人物往来社　1988
『戊辰戦争』……平尾道雄著／新人物往来社　1978
『幕末実戦史』……大鳥圭介著／新人物往来社　1978
『幕末の群像』……早乙女貢著／新人物往来社　1979
『日本の合戦八　明治維新』……桑田忠親監修／新人物往来社　1978
『会津藩校日新館と白虎隊』……早乙女貢著／新人物往来社　1988
『会津藩最後の首席家老』…長谷川つとむ著／新人物往来社　1992
『二本松少年隊』……青木更吉著／新人物往来社　1991
『高杉晋作のすべて』……古川薫著／新人物往来社　1978
『古文書解読入門』……笹目蔵之助著／新人物往来社　1979
『物語藩史第2巻』……新人物往来社　1964
『物語藩史第3巻』……新人物往来社　1964
『物語藩史第4巻』……新人物往来社　1964
『歴史読本セレクト幕末維新シリーズ2　戊辰戦争』……新人物往来社　1993
『歴史読本　特集沖田総司と土方歳三』……新人物往来社　1995
『別冊歴史読本　ロマンシリーズ決定版　新撰組・彰義隊・白虎隊のすべて』……新人物往来社　1995
『別冊歴史読本　新撰組新聞』……新人物往来社　1997
『明治維新人名辞典』……日本歴史学会編／吉川弘文館　1994
『国史大辞典』……国史大辞典編集委員会編／吉川弘文館　1980
『人物叢書　横井小楠』……圭室諦成著／吉川弘文館　1988
『人物叢書　松平春嶽』……川端太平著／吉川弘文館　1990
『佐久間象山』……大平喜間多著／吉川弘文館　1987
『和宮』……武部敏夫著／吉川弘文館　1987
『勝海舟』……石井孝著／吉川弘文館　1986

『井伊直弼』……吉田常吉著／吉川弘文館　1985
『黒田清隆』……井黒弥太郎著／吉川弘文館　1987
『山内容堂』……平尾道雄著／吉川弘文館　1987
『近代天皇制への道程』……田中彰著／吉川弘文館　1979
『戊辰戦争論』……石井孝著／吉川弘文館　1984
『日本歴史叢書　庄内藩』……斎藤正一著／吉川弘文館　1990
『奥羽越列藩同盟』……星亮一著／中央公論社　1995
『王政復古』……井上勲著／中央公論社　1991
『新撰組始末記』……子母澤寛著／中央公論社　1977
『新撰組遺聞』……子母澤寛著／中央公論社　1977
『新撰組物語』……子母澤寛著／中央公論社　1977
『戊辰戦争』……佐々木克著／中央公論社　1977
『江戸から東京へ・第5巻』……矢田挿雲著／中央公論社　1981
『相楽総三とその同志』上下巻……長谷川伸著／中央公論社　1981
『岩倉具視』……大久保利謙著／中央公論社　1990
『軍艦奉行木村摂津守』……土居良三著／中央公論社　1994
『榎本武揚』……加茂儀一著／中央公論社　1988
『日本の歴史　別冊4』……中央公論社　1972
『廃藩置県』……松尾正人／中央公論社　1986
『松陰と女囚と明治維新』……田中彰著／日本放送出版協会　1992
『明治維新の敗者と勝者』……田中彰著／日本放送出版協会　1980
『江戸幕府・破産への道』……三上隆三著／日本放送出版協会　1991
『「明治」という国家』……司馬遼太郎著／日本放送出版協会　1994
『爆笑剣豪伝』……シブサワ・コウ編／光栄　1996
『爆笑新撰組』……シブサワ・コウ編／光栄　1996
『維新の嵐ハンドブック』……シブサワ・コウ編／光栄　1989
『岩波西洋人名辞典増補版』……岩波書店編集部編／岩波書店　1981
『増補　幕末百話』……篠田鉱造著／岩波書店　1996
『福翁自伝』……福沢諭吉著／岩波書店　1991
『知ってるつもり4・地球時代の先駆者たち』……日本テレビ放送網　1992
『知ってるつもり5・人生の熱き指導者たち』……日本テレビ放送網　1992
『知ってるつもり8・伝説に生きるヒーローたち』……日本テレビ放送網　1992
『歴史群像シリーズ16　西郷隆盛』……学研　1990
『歴史群像シリーズ23　坂本龍馬』……学研　1991
『歴史群像シリーズ31　血誠新撰組』……学研　1992
『歴史群像シリーズ46　高杉晋作』……学研　1996
『士道残影ー新撰組』……学研　1996
『幕末　写真の時代』……小沢健志編／筑摩書房　1996

『年表　日本歴史5』……筑摩書房　1993
『年表　日本歴史6』……筑摩書房　1988
『幕末漂流伝』……村上貢著／PHP研究所　1988
『勝海舟』上下巻……勝部真長著／PHP研究所　1992
『新撰組100話』……鈴木亨著／立風書房　1981
『幕末維新人物100話』……泉秀樹著／立風書房　1995
『氷川清話』……勝海舟著／講談社　1974
『肥後細川藩幕末秘聞』……河津武俊著／講談社　1993
『世界史小辞典』……山川出版社　1981
『世界史用語集』……山川出版社　1983
『天狗党が往く』……光武敏郎著／秋田書店　1992
『新・日本剣豪100選』……綿谷雪著／秋田書店　1990
『戦国と幕末』……池波正太郎著／角川書店　1980
『歴史誕生13』……角川書店　1992
『ジョミニ・戦争概論』……ジョミニ著・佐藤徳太郎訳／原書房　1979
『軍事思想史入門』……浅野祐吾著／原書房　1979
『翔ぶが如く』……司馬遼太郎著／文芸春秋社　1980
『名君保科正之 歴史の群像』……中村彰彦著／文芸春秋社　1996
『維新を語る』……下中彌三郎著／平凡社　1934
『江戸参府日記』……ケンペル著・斎藤信訳／平凡社　1977
『戊辰の役百二十年』明治維新と東北……河北新報社編集局編／河北新報社　1987
『戊辰役戦史』……大山柏著／時事通信社　1988
『幕末新聞』……幕末新聞編纂委員会編／アスペクト　1997
『幕末・維新おもしろ事典』……奈良山辰也監修／三笠書房　1994
『幕末維新ガイド』……小山内信著／新紀元社　1993
『幕末維新・知れば知るほど』……勝部真長監修／実業之日本社　1997
『幕末の日本』……金子治司著／早川書房　1992
『戦乱の日本史〔合戦と人物〕第12巻　幕末維新の争乱』……安田元久監修／第一法規出版　1988
『幕末の密使』……好川之範著／道新撰書　1992
『幕末維新人名事典』……奈良本辰也著／學藝書林　1978
『維新風雲回顧録』……田中光顕著／大和書房　1968
『明治維新私論』……松浦玲著／現代評論社　1979
『コンサイス日本人名事典』……三省堂　1996
『世界人物事典』……旺文社編／旺文社　1969
『郷土資料事典山梨県・観光と旅15』……人文社観光と旅編集部編／人文社　1981
『日本史小百科　武道』……二木謙一・入江康平・加藤寛共編／東京堂出版　1994
『ペルリ提督日本遠征記』……ペルリ著、土屋喬雄・玉城肇共訳／臨川書店　1988
『日本史の迷宮・いまだ解けざるミステリー』……三浦竜著／青春出版社　1996

『名言・名句が語る人物日本史』……奈良本辰也監修／主婦と生活社　1991
『東北戦争』……山田野理夫著／教育社　1978
『会津白虎隊』……星亮一著／成美堂出版　1988
『白虎隊』……星亮一著／教育書籍　1986
『明治暗殺史』……森川哲郎著／毎日新聞社　1993
『日本史資料集成』……福尾猛市郎／第一学習社　1972
『西郷隆盛をめぐる群像』……古川薫／青土社　1993

●雑誌・新聞・同人誌など

『学研・6年の学習』1974年10月号学習教材
『学研・5年の学習』1990年3月号学習教材
『学研・6年の学習』1990年4月号学習教材
『読売新聞』「ペリー提督に随行した謎の中国人通訳」……昭和56年6月20日記事
『神戸新聞』「砲台建設にからむ幕府役人汚職の実態」……昭和54年5月30日記事
『神戸新聞』「幕末の漂流民・清太郎の手記」……昭和56年6月6日記事
『京都新聞』「新門辰五郎の供養碑建立」……昭和53年12月12日記事
『幕末陰謀史　第一講・大老暗殺編・改訂版』……サークル幕末学園　1993
『幕末陰謀史　第二講・和宮降嫁編』……サークル幕末特捜隊　1994
『歴史研究432号　特集藩校藩学の謎』……新人物往来社・歴史研究会　1997
『歴史研究436号　特集大久保利通の謎』……新人物往来社・歴史研究会　1997

Truth In History 2
幕末維新人物事典

発行日　2004年5月3日　初版発行

監修　高平鳴海

執筆　幕末研究会
糸井賢一／大林憲司／関口康太郎
株式会社コスモエンジニアリング（秋山真之／立川司郎／魔竜斗）

編集　新紀元社編集部

発行者　髙松謙二

発行所　株式会社新紀元社
〒101-0054　東京都千代田区神田錦町1-7
錦町一丁目ビル2F
TEL:03-3291-0961　FAX:03-3291-0963
郵便振替　00110-4-27618

カバーイラスト　諏訪原寛幸

本文イラスト　菊池竜也

デザイン・DTP　株式会社明昌堂

印刷・製本　東京書籍印刷株式会社

ISBN4-7753-0237-X
定価はカバーに表示してあります
Printed in Japan

■新紀元社のホームページアドレス
http://www.shinkigensha.co.jp

※本書は弊社刊『Truth In Fantasy 29 幕末維新 新撰組・勤皇志士・佐幕藩士たちのプロフィール』（1997年刊）を再編集し、加筆、修正の上、改題して発行したものです。